詹万生先生

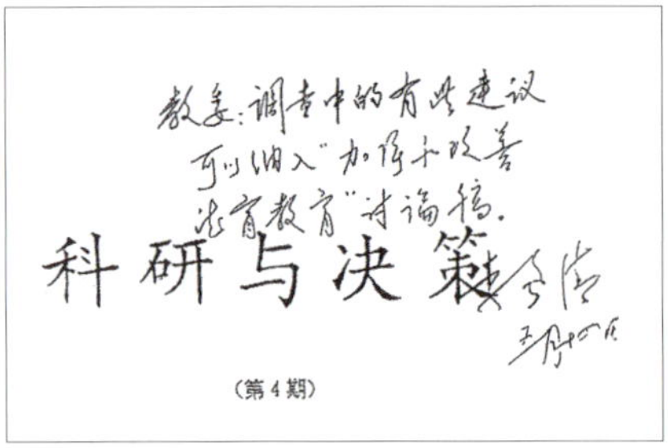
教委：调查中的有些建议
可以纳入"加强和改善
德育教育"讨论稿。
科研与决策 李岚清
三月八日
（第4期）

时任中共中央政治局常委李岚清对詹万生"八五"时期德育调查报告的批示

时任全国人大常委会副委员长彭珮云与詹万生亲切交谈

时任中宣部常务副部长徐惟诚与詹万生亲切交谈

时任国家教育部副部长柳斌与詹万生亲切交谈

国家总督学顾问陶西平与詹万生亲切交谈

时任中国伦理学会会长罗国杰教授与詹万生亲切交谈

时任首都体育师范大学党委书记赵振东和詹万生在一起

首都师范大学原德育教研室主任、北京东方道德研究所所长王殿卿教授与詹万生亲切交谈

北京大学魏英敏教授与詹万生亲切交谈

时任北京市教委副主任兰宏生和詹万生在一起

时任北京市东城区教委党委书记徐安德和詹万生在一起

东北师范大学王逢贤教授、南京师范大学鲁洁教授与詹万生、胡筠若在一起

詹万生于1970年参加教育工作，在延庆师范毕业留校任教，图为时任延庆师范校长赵振东、班主任詹万生和七二级5班学生在学校运动会取得团体总分第一名时的合影

詹万生于1977年考入首都师范大学，毕业留校在德育教研室任教，1984年任德育教研室副主任，1986年任宣传部副部长，图为詹万生在首都师范大学留影

詹万生于1991年调入中央教科所任德育研究中心主任，图为德育研究中心成立大会主席台，时任所长卓晴君（中）、时任中宣部宣传教育局局长李长喜（右）、詹万生（左）

詹万生（右一）和德育研究中心同仁在国际学术研讨会上合影，左起为于天龙、刘芳、齐欣、刘英敏、李书华

詹万生（右二）和同仁参加文艺汇演合影，左起为王文源、胡筠若、齐欣、于天龙，右一为刘英敏

詹万生于1992年创办《德育信息》杂志，2000年更名为《中国德育》杂志，图为詹万生和齐欣、李书华、宁武杰、许建争研究《中国德育》编辑工作

《中国德育》杂志2001–2003年合订本，《德育信息》1995–1999年合订本

詹万生与搜狐总裁张朝阳签订中国德育网合作协议

詹万生主编的《中国德育》杂志2001年合订本

詹万生于2000年创办中国德育网，图为网站首页

《中国德育》杂志单行本

詹万生在中央电视台做嘉宾

詹万生主持“八五”规划国家教委重点课题“我国各级各类学校德育现状调查研究”，图为在课题研究座谈会上讲话

詹万生在办公室接受媒体采访

詹万生在中国特色社会主义教育理论研讨会上作学术报告

詹万生主持《中国德育全书》编写工作会议

詹万生作学术报告

詹万生（右一）和时任国家教育部基础教育司德育处处长孙学策（右二）在美国出席国际道德教育学术研讨会

詹万生与加拿大安大略教育学院克里夫教授交流英文著作翻译问题

詹万生出访欧洲，图为与丹麦哥本哈根大学教授合影

詹万生与美国学者交流

詹万生在东北师范大学国际道德教育学术研讨会上演讲

詹万生与英国《道德教育杂志》主编莫妮卡女士会见

詹万生在首都师范大学工作时期的部分著作

詹万生在中央教科所“八五”时期的部分著作

詹万生发表论文的部分报刊

詹万生于1982年在原北京师范学院编写的全国高校第一本《人生观教育讲义》

詹万生德育文选

ZHANWANSHENG DEYU WENXUAN

第
一
卷

（1980–1995）

詹万生 著

德

首都师范大学出版社
CAPITAL NORMAL UNIVERSITY PRESS

图书在版编目(CIP)数据

詹万生德育文选：全5册/詹万生著．—北京：首都师范大学出版社，2018.9

ISBN 978-7-5656-4797-0

Ⅰ.①詹… Ⅱ.①詹… Ⅲ.①德育—文集 Ⅳ.①G41—53

中国版本图书馆CIP数据核字(2018)第192122号

ZHANWANSHENG DEYU WENXUAN

詹万生德育文选 第一卷(1980—1995)

詹万生 著

项目统筹：杨林玉　　责任编辑：杨林玉

责任设计：王征发　　责任印制：李春雷

责任校对：李佳艺

首都师范大学出版社出版发行

地　址　北京西三环北路105号

邮　编　100048

电　话　68418523(总编室)　68982468(发行部)

网　址　http://cnupn.cnu.edu.cn

印　刷　北京科彩印业有限公司

经　销　全国新华书店

版　次　2018年9月第1版

印　次　2018年9月第1次印刷

开　本　710mm×1000mm　1/16

印　张　38.25　　插　页　8

字　数　436千

定　价　498.00元（全5册）

自　序

2018年元旦，我的弟子张宏伟在“弟子群”中发出倡议：“今年是詹老师七十寿辰，建议为老师编一套德育文选，开一次詹万生德育思想学术研讨会。”群里众弟子纷纷表示赞成。弟子刘波当即提出：“编辑出版恩师的德育文选和召开德育思想研讨会由我负责组织筹办，并赞助全部经费。”弟子们的大爱、真情和担当，令我十分感动！这就是编辑《詹万生德育文选》的缘起。

如何编辑本套德育文选呢？先从我的教育生涯说起吧。我于1970年走上教育工作岗位，先后在北京市延庆区八达岭小学、红旗甸中学和延庆师范学校任教。1977年，我国恢复高考制度，我考入北京师范学院政教系(现为首都师范大学政法学院)。1982年1月毕业留校分配到新成立的德育教研室工作，从此与德育结下了不解之缘。1991年，国家教委指示中央教育科学研究所(现为中国教育科学研究院)组建全国第一个德育研究中心，我被调入担任德育研究中心主任。从此便义无反顾，执着追求，咬定青山不放松。2010年，退休后继续担任中国伦理学会德育专业委员会会长，离任后又被聘为中国传统文化促进会教育委员会主任。

自1980年发表第一篇论文到现在，近四十年来我一直在德育园地笔耕不辍。据我的学生统计共发表文章220多篇，其中学术论文120篇(核心期刊40篇)，学术报告30篇，决策建议10篇，工作讲话

20篇，序与书评40篇；出版著作100多部(套)，其中独著与合著理论专著15部，主编与总主编德育教材40套，主编通俗读物30套，主编论文集10部，主编大型工具书4部，合作译著1部。这些文章和著作总字数1000多万字，本套文选从中精选200多万字，出版社建议分为五卷，按时间顺序编排，每一卷按研究内容分为六至八编，每一编选入若干篇文章。这就是本套德育文选的出处和编辑体例。

本套德育文选的编辑思路和主要内容是：

第一卷(1980—1995年)“六五”“七五”“八五”时期的研究成果。

1980年，《中国青年》杂志发表了署名潘晓的文章《人生的路啊，怎么越走越窄》，引起了全国范围的人生观价值观大讨论。适应当时社会现实的需要，“六五”时期我在北京师范学院德育教研室接受的第一项任务是研究大学生人生观教育。“七五”时期，我承担了北京市哲学社会科学规划重点课题“社会主义市场经济与大学生价值观研究”。从而确立了我在80年代的研究方向是人生哲学和人生观、价值观教育。我先后主编了我国高校第一部《人生观教育讲义》、第一部《人生哲学》教材、《人生哲学教学参考》和《时代的脉搏——当代大学生价值观的演变》、我国第一部《中国传统人生哲学》专著，还参与主编了全国十所师范院校和北京市高校的两部《人生哲理》教材，主持合著了两部青年思想道德修养读物《马克思主义青年观》和《待人处世的艺术》。唐代大诗人白居易曾经说过：“文章合为时而著，歌诗缘为事而作。”我认为德育的一个重要原则就是理论联系实际，缘事而发，与时俱进。20世纪80年代，正值改革开放之初，思想理论正在拨乱反正，这一时期的论文和著作在一定程度上会打上时代的烙印。尽管如此，为了真实地反映当时的认识水平和工作实际，所选入的文章基本保持原貌。

1991年12月26日，中央教育科学研究所德育研究中心成立。国家教委在成立德育研究中心的批示中明确规定了它的任务、宗旨和目标。这就是:“进行德育基础理论和应用理论研究，为国家教委和各级教育行政部门的德育决策提供理论依据，为各级各类学校德育工作提供指导和帮助，为建设有中国特色的社会主义德育体系而努力奋斗。”为了更好地完成任务，落实宗旨，达到目标，我在“八五”时期主要做了三件事，第一件事是确定了狠抓“三基”的工作重点。“三基”，即基本方针、基本格局和基本建设。基本方针是确立了“建设中国特色社会主义德育体系”的工作目标。基本格局是创立了德育课题、德育著述、德育杂志、德育网站、德育培训、德育年会“六位一体”的德育科研工作格局。基本建设是指创办《中国新一代》和《中国德育》，创编这两个杂志是德育科研工作者紧密联系德育实际工作者和教育对象的桥梁和纽带。第二件事是进行我国德育理论发展现状研究。这是首次全国性、系统性、全方位德育理论现状研究。其目的是全面收集、系统整理、客观评价自党的十一届三中全会以来我国德育科学研究的理论成果，以便站在前人的肩膀上继续深化德育理论研究。为此我主编了大型德育工具书《中国德育全书》(200 万字)和《学校德育文库》(40 分册 350 万字)。第三件事是主持了全国教育科学“八五”规划国家教委重点课题“我国各级各类学校德育现状调查研究”，针对德育实践中一些不和谐问题，提出了“整体构建学校德育体系”的建议，得到了时任中共中央政治局常委李岚清同志的肯定性的批示，我的建议被 1994 年颁布的《中共中央关于进一步加强和改进学校德育工作的若干意见》所采纳。从此，我选定了整体构建学校德育体系的研究方向，并矢志不渝，为“九五”“十五”主持国家重点课题奠定了基础。

第二卷(1996—2000 年)“九五”时期的研究成果。

“九五”时期，我主持了全国教育科学规划国家重点课题“整体构建学校德育体系的研究与实验”。提出了“贯通古今、融汇中西、继承借鉴、发展创新”和“横向贯通、纵向衔接、分层递进、螺旋上升”的研究思路，带领课题组运用系统科学原理和整体和谐理念，整体构建学校德育体系，使德育目标、德育内容、德育途径、德育方法、德育管理、德育评价等要素系统横向贯通，环环相扣，形成合力，以保证在整个德育过程中要素结构的完整性和连续性。同时，使小学德育、中学德育(中职德育)、大学德育等层次系统纵向衔接，分层递进，螺旋上升，以保证各个教育阶段德育工作的层次性和渐进性。各个教育阶段都应有德育整体意识，总揽全局，加强相邻阶段的衔接，防止简单重复或脱节，以发挥德育系统的整体功能，提高德育工作的整体效果。根据整体构建的思路，研究编写了纵向衔接的小学、初中、高中、中职、中师五个学段的《德育》读本 18 册、《成长册》18 册，大学德育教材 4 册，并在实验区实验校进行实验；最终成果是《整体构建德育体系引论》《整体构建德育体系总论》《整体构建德育体系研究论文集》《整体构建德育体系实验报告集》四部理论著作。我提出的德育基本理念是：全面理解德育内涵，德育应包括思想教育、政治教育、道德教育、法纪教育、心理教育“五要素”；尊重学生的主体地位和成长规律，不要“高、大、空、远”，要“近、小、实、亲”；既要授之以知，晓之以理，更要动之以情，导之以行；以学生为中心，以活动为中心，以体验为中心，使学生在德育实践活动中体验生活，感悟道德，养成良好的行为习惯。“九五”时期，我创办了以国家重点课题为依托的全国性德育年会，德育年会已经形成我们学术团队的品牌，到目前为止已经举办了二十届。在历届年会上我都要做主题报告。在总课题组历届学术会议上，我都要发表讲话提出各项研究成果的编写意见。实验区实验学校子课题的各项研究成果，我都应邀撰写了序言。

为了客观呈现课题研究的进展情况和我的德育思想的发展脉络，这些论文、报告、讲话、序言也收入了文选之中。

第三卷(2001—2005年)“十五”时期的研究成果。

“十五”时期，我主持了全国教育科学规划国家重点课题“整体构建学校德育体系的深化研究与推广实验”。所谓深化研究，一是指在“九五”课题研究的基础上，增加幼儿园和高等职业院校的德育体系构建，使德育研究实现大学、高职、高中(中职)、初中、小学、幼儿园六个学段全覆盖，做到从幼儿园到大学的整体构建与和谐衔接，研究编写了幼儿园教材《好孩子好习惯》8册和高职教材4册；二是指学校德育体系与家庭教育、社会教育相结合，研究编写了小学、初中、高中、中职四个学段的《当代家长》教材34册，包括2册《当代家庭教育新理念》和每个学段8个分册，指导家长帮助孩子学会做人、学会学习、学会健体、学会健心、学会审美、学会生活、学会实践、学会创新。所谓推广实验，是指在“九五”建立10个实验区、百所实验校的基础上，进一步进行推广实验，形成了百个实验区、千所实验校、万名教师参加实验的格局，这就是被大家公认的“百千万工程”。最终成果是《整体构建德育体系导论》和小学、初中、高中、中职、高职、师范、大学《整体构建德育体系实践导引》8部著作。这些著作以德性论、德育论、系统论为理论基础，以贯通古今、融会中西、继承借鉴、发展创新为基本原则，以纵向衔接、横向贯通、分层递进、螺旋上升为基本思路，以整体构建、和谐有序、分层实施、动态发展为基本方法，整体构建了侧重于理论形态的大中小学德育体系，侧重于操作模式的大中小学德育体系实践导引，侧重于学校德育工作和学生生活实际紧密相连的校本德育体系及实施细则。整体构建德育体系的思想、理念和方法，被2005年颁布的《教育部整体规划大中小学德育体系的意见》所采纳。2005年，我在伊宁年会的主题报告中把整体构建大、职、中、小、幼德育体系和学校、家庭、社会德育体系进一步概括为“和谐德育”，此后在《光明日报》和《中国德育》杂志发表，为“十一五”规划进行和谐德育的研究与实验奠定了思想基础，做好了理论准备。

第四卷(2006—2010年)“十一五”时期的研究成果。

“十一五”时期，我主持了全国教育科学规划课题和中国教育学会重点课题“和谐德育的研究与实验”，带领和谐德育学术团队继续深化研究。2007年编写了小学、初中、高中、中职四个学段的《和谐成长》实验教材15册。这套教材以和谐学校、和谐家庭、和谐社区为横坐标，以不同年龄阶段学生的和谐成长为纵坐标整体构建而成，完成了小学、初中、高中、中职四个学段德育的纵向和谐衔接，实现了学校德育、家庭德育、社区德育横向和谐贯通。2008年正式出版了综合性理论成果《和谐德育论》，标志着和谐德育的理论体系和实践模式完全建成，是我和我的学术团队的代表著作。《和谐德育论》分为绪论和上、中、下三篇，绪论从和谐社会呼唤和谐德育、素质教育诉求和谐德育、整体构建生成和谐德育三方面论述了和谐德育产生的背景和重要意义。上篇和谐德育理论构建，深入探究了中国文化和西方文化的和谐思想，系统论述了和谐德育的理论基础、基本含义、实践原则和时代价值。中篇和谐德育体系构建，分别论述了和谐德育的目标内容体系构建、途径方法体系构建、管理评价体系构建。下篇和谐德育实践探索，包括学校和谐德育、家庭和谐德育、城市社区和谐德育、农村社区和谐德育的实践探索。“十一五”时期正逢《中国教育改革发展规划纲要(2010—2020)》研究制定，我斗胆上书提出“立德树人”教育思想和“加强中小学班主任工作”的建议。2010年第十三届德育年会在上海召开，在参观上海世博园时有感于园区场馆的建设成就突发奇想，产生了创建中国德育馆的构想。这就为后来进行立德树人研究和中国德育馆建设研究做了思想准备。

第五卷(2011—2017年)“十二五”“十三五”时期的研究成果。

2011年，第十四届全国德育年会在西安召开，会后参观革命圣地延安，拜谒黄帝陵。2012年，第十五届全国德育年会在长沙举办，会议安排参观韶山毛泽东纪念馆和花明楼刘少奇纪念馆。有感于中华文化，其中包括德育文化源远流长，从古至今传承发展，我即兴写了一副对联：“以德立德明德厚德达德德育文化源远流长，崇德建德树德育德弘德德育科研任重道远”，横批是“立德树人”。从此坚定了开展立德树人研究，创建中国德育馆的信念。2014年9月24日，习近平总书记在纪念孔子诞辰2565周年国际学术研讨会的讲话中指出：“不忘历史才能开辟未来，善于继承才能善于创新。只有坚持从历史走向未来，从延续民族文化血脉中开拓前进，我们才能做好今天的事业。”他强调：“中国优秀传统文化的丰富哲学思想、人文精神、教化思想、道德理念等，可以为人们认识和改造世界提供有益启迪，可以为治国理政提供有益启示，也可以为道德建设提供有益启发。”学习了习近平总书记的重要讲话，更加坚定了我创建中国德育馆的信心。2012年至2014年，我再次认真研究国学经典著作，理出了中国德育思想史的发展脉络，撰写了《中国德育馆创意策划书》。2017年11月，全国首座中国德育馆在天津武清落成开馆，我的母校北京延庆第五中学(原延庆师范学校)正在兴建的中国德育馆有望近期落成，我和我的弟子刘波为我的母校首都师范大学捐献的中国德育馆正在建设之中。创建中国德育馆目的在于汲取中国智慧、弘扬中国精神、传承中国文化，实施中华优秀传统文化进校园工程。

说实话，人的一生很短暂，有效工作年限一般不过五十年左右，谁都想多干一些事情，不愿虚度年华。我本平庸，竭尽所能只干了一件事——中国德育研究。今天，借助本套德育文选的出版，正好可以回顾、梳理和总结一下我从事德育科研的基本经验、价值理念和学术思想。

第一，选准方向，锁定目标，矢志不移，执着追求。

孔子曰："三十而立，四十而不惑。"但真的过了"不惑"之年，其实仍有困惑。特别是在改革大潮涌动的年代，外边的世界那般精彩，到处充满着诱惑；职场竞争又那么的激烈，人们都在不断地选择自己的人生道路。

1991年，国家教委要选一个大中小学都教过的、从事德育研究的、有副教授以上职称的人做中央教育科学研究所德育研究中心主任。也许是命运之神的安排吧，我被选中了。自从我选择了这个岗位，锁定了这个目标，就从来没有动摇过。我认定，人只有把自己的生命融入适合自己发展的某项事业之中，才能真正实现他的人生价值。搞科研、做学问，就必须选准方向，锁定目标，矢志不移，执着追求，咬定青山不放松。

为了选准德育科研的切入点，我主持了"八五"规划国家教委重点课题"我国各级各类学校德育现状调查研究"。提出了"整体构建大、中、小学德育体系，建立科学化、系统化、规范化的、整体和谐的、有中国特色的社会主义德育体系"的建议。这个建议刊登在中央教科所的内部刊物《科研与决策》1994年第4期上。时任中共中央政治局常委、国务院副总理的李岚清同志看到这个报告之后明确批示，"教委：调查中的有些建议，可以纳入'加强和改善德育工作'讨论稿"。这里所说的"讨论稿"就是1994年8月31日颁布的《中共中央关于进一步加强和改进学校德育工作的若干意见》，这个文件采纳了我的建议，

第5条明确规定要“整体规划学校的德育体系”。

为此，我选定了德育科研的方向：整体构建大中小学和谐德育体系。从此便一发不可收拾，连续三个五年规划执着追求，前后相继，一脉相承。我认为，整体构建德育体系的研究与实验是一项课题，更是一种事业。它是正义的事业、行善的事业、积德的事业，是惠及广大教师、学生和家长的事业，是利国利民的事业。二十年来，不管遇到何等风浪，从来没有动摇过；不管遇到什么困难，从来没有低头过；不管遇到多大阻力，从来没有退缩过。《中国青年报》曾以《十年磨一剑——追问和谐德育及其生命价值》为题对我进行专题采访，我很乐意接受这个命题。

第二，上下求索，贯通古今，融汇中西，发展创新。

屈原在《离骚》中说：“路漫漫其修远兮，吾将上下而求索。”司马迁在《报任安书》中说出了著《史记》的心愿：“亦欲以究天人之际，通古今之变，成一家之言。”古代圣贤的精神气质和人格风范，不仅给我力量、信心与勇气，而且给我启迪、智慧和思路。

中国德育向何处去？一直是我苦苦思索探求的问题。新中国成立近七十年来，中国德育走过了不平凡的道路。作为新中国的同龄人，我经历了、见证了这段历史，更有责任反思历史、开创未来。为此，我一直在上下求索。

首先是德育理论基础的求索。最初我曾经设想运用哲学上的“新三论”即信息论、系统论、控制论来分析和解决整体构建德育体系问题。当我在研究中国传统人生哲学时，发现中国哲学体现的是一种整体和谐思想。《周易》讲天人相通，天人合一，天人和谐。《尚书》讲克明俊德，以亲九族，百姓昭明，协和万邦。《周礼》讲以和邦国，以统百官，以谐万民。中国哲学家大都以建立和谐统一的社会为己任，儒家人生哲学的宗旨是“兼善天下”，“济世利他”。“仁者爱人”的人生理想与“天下为公”的社会理想是一致的。中国哲学蕴含着一定的辩证法思想，对于调和社会矛盾，维护社会和谐，调节人际关系，促进人际和谐，是有进步意义的。儒家追求“仁爱”，崇尚道德，但并不否定刑罚；主张“德政”，但不否定法治。孔子说：“道之以政，齐之以刑，民免而无耻；道之以德，齐之以礼，有耻且格。”《大戴礼记》中也指出，“礼者，禁于将然之前；而法者，禁于已然之后”。当我把“整体和谐”思想与系统论加以比较时，发现二者在把握事物存在的整体性、和谐性、有序性、层次性、动态性特征上有共性，也有差异。“整体和谐”是一种整体把握、辩证统一的思想理念，系统论则是认识和构建系统的方法论，二者互相补充、相得益彰。于是，我决定把“整体和谐”思想和系统科学原理作为整体构建德育体系的理论基础。

其次是德育基本原则的求索。我国德育学原理的著作中关于德育原则的表述有许多大同小异的观点，但整体构建德育体系的原则却未曾论及。我在研究中国思想史时发现近代思想文化战略有可借鉴之处。康有为在《大同书》中提出：“合经子之奥言，操儒佛之微旨，参中西之新理。”梁启超起草的《京师大学堂章程》明确规定：“中学为体，西学为用，中西并用，观其会通。”张之洞发表《劝学篇》主张：“新旧兼学，旧学为体，新学为用。”虽然这一思想文化战略未能付诸实现，但它毕竟引起了国人的思考，并引出了此后一系列有关中西文化比较的论战。最近一次中西文化比较论战发生在20世纪80年代，那时我作为初出茅庐的青年学者十分关注并积极参加了这场论战，认真地读了几本中国哲学和西方哲学的论著。在主持德育研究中心工作之后，我一方面积极参与组织中华民族传统美德教育研究课题，另一方面与同事合作翻译加拿大学者克利夫·贝克的著作《学会过美好的生活——人的价值世界》。1996年，我出席在美国举办的价值观与道德教育国际学术研讨会，并以《贯通古今，融汇中西，继承借鉴，发展创新——21世纪中国德育发展的大趋势》为题发表演讲。此后我就把这“十六个字”确立为整体构建德育体系的基本原则。

第三是整体构建和谐德育体系的求索。自从“八五”时期确立了整体构建德育体系的研究方向，我就开始了持续不断的求索。先是撰写了《论德育的十大关系》，确立了解放思想、实事求是的思想路线；接着主编了大型德育工具书《中国德育全书》，对新中国成立以来各种德育理论观点进行大盘点、大梳理；随后撰写了《中国特色社会主义德育体系的初步构想》，标志着整体构建德育体系开始起步。“九五”时期，我主编了《整体构建德育体系总论》等四部理论著作，根据整体和谐理念和系统论的原理，按照“子系统”和“分系统”来划分学校德育系统的层级结构。以德育的目标、内容、途径、方法、管理、评价六个分系统为横坐标，以大、中、小学德育工作三个子系统为纵坐标，横向贯通、纵向衔接、分层递进、螺旋上升，整体构建德育体系。“十五”时期，把学校德育体系与家庭教育相结合，最终成果是《整体构建德育体系导论》和小学、初中、高中、中职、高职、师范、大学《整体构建德育体系实践导引》(简称“分论”)8部著作。“十一五”时期，编写出版了综合性理论成果《和谐德育论》，在画好大、中、小学纵向衔接这“一竖”的基础上，又画好了学校、家庭、社会横向沟通的“一横”，创立了和谐德育的理论体系。

第四是整体构建和谐德育实践模式的求索。教育模式是教育理论与教育实践的中间环节。要把和谐德育体系转化为现实的教育生产力，必须在理论体系和教育实践之间架起一座桥梁——和谐德育实践模式。一方面实践模式应具有和谐德育的基本理念，即师生“双主体”

和谐，学校、家庭、社会“三教”和谐，知、情、意、行“四环节”和谐，道德教育、法制教育、心理教育、思想教育、政治教育“五要素”和谐。另一方面还应有教育实践载体，这个载体就是我提出并在实验学校实验的以主题班会为基本形式的德育活动课及其系列实验教材。

第三，自强不息，厚德载物，以人为本，立德树人。

《周易》曰：“天行健，君子以自强不息”“地势坤，君子以厚德载物。”我认为，自强不息就是自力更生、艰苦奋斗、勤劳勇敢、奋发进取的精神；厚德载物就是敦厚宽容、承载万物、团结友善、海纳百川的品格。一个人想干事，能干事，且能干成事，必须具备这种精神和这种品格。否则，一个自以为是、唯我独尊、心胸狭窄、嫉贤妒能的人是不可能成功的。孔子曰：“己欲立而立人，己欲达而达人”“己所不欲，勿施于人。”我深信儒家伦理的恕道，是构建和谐人际关系之正道；以人为本，立德树人，是建设和谐团队之正道；自强不息，厚德载物，是事业成功之正道。

和谐德育学术团队是一批崇尚和谐理念、热爱德育事业的志同道合者自愿组合而成的。这里没有权力的威势，也没有利益的吸引，有的只是事业的感召、情感的交流和心灵的融通。我深信这样四句古训：“以利相交，利尽则散；以势相交，势去则倾；以权相交，权失则弃；以心相交，成其久远。”在我们学术团队中流行这样几句话：“以结缘的心对待同事，以感恩的心对待社会，以敬畏的心对待事业。”“每一个人都有优点，我们要互相欣赏；每一个人都有缺点，我们要互相包容；每一个人都有困难，我们要互相帮助；每一个人都有追求，我们要互相支持。”当年德育研究中心办公室里挂着一幅画，上面的题词是：“同在一盆水，各开各的花；同生一棵树，各结各的果。”这是对和谐学术团队的生动写照。这些理念不仅是我的倡导，也是大家的共识，由此形成了“和谐、求真、务实、创新”的团队精神。

德育科研必须坚持“以人为本，立德树人”的理念。早在“九五”伊始我就制订了课题研究“出成果、出经验、出人才”的任务和目标。我认为科研成果是检验课题成功与否的标志，实践经验是科研成果转化为现实教育生产力的标准，优秀人才是课题研究出成果、出经验的关键。从2004年开始启动“六个一百工程”，即评审百所德育科研名校、百位德育科研名师、百位德育科研专家、百项德育科研优秀成果、百名德育科研优秀家长、百名德育科研优秀学生，并且于2006年在北京人民大会堂召开的第九届和谐德育年会上进行隆重地表彰。这个重要举措为实验区和实验校大力推出原创性、继创性、精品性成果，大力推出时代性、规律性、实效性经验，大力推出管理型、理论型、实践型人才，搭建了立交桥，受到了实验区和实验校以及广大实验教师的热烈欢迎、积极参与、大力支持和高度赞扬。俗话说：“金杯银杯，不如老百姓的口碑；金奖银奖，不如老百姓的夸奖。”看到广大实验教师的成长进步以及他们的职业成就感和幸福感，我感到无比的欣慰。

第四，不忘初心，牢记使命，服务决策，服务实践。

德育的根本任务是立德树人，德育科研的根本宗旨是为各级教育行政部门的德育决策服务，为各级各类学校的德育实践服务，为培养社会主义建设者和接班人服务——这就是我的初心。整体构建大中小学和谐德育体系，全面推进素质教育——这就是我的使命。20多年来，我始终不忘初心，牢记使命，走出了一条中国特色的德育科研之路。

不忘初心，牢记使命，就要“顶天立地”，做到头顶云天，脚踏大地。我理解的“天”，就是马列主义、毛泽东思想、邓小平理论、“三个代表”重要思想、科学发展观和习近平新时代中国特色社会主义思想，以及党中央一系列关于进一步加强和改进学校德育工作的文件精神。我理解的“地”，就是各级各类学校德育工作的实践经验和实际情况。搞德育科研就是要“吃透上下两头”，关键是要把天与地、上与下、理论与实践、中央精神与基层实际紧密地联系起来，做到天地融合，上下贯通，理论与实践相结合。

头顶云天，就要学习理论，掌握精神，融会贯通，以中央精神为指导。20多年来，我始终坚持为决策服务的德育科研宗旨，先后承担了多项调查研究项目，撰写过多次研究报告和对策建议，参与起草多个中共中央、国务院和教育部有关德育工作的文件，整体构建学校德育体系与和谐德育研究的成果曾被有关文件所采纳。脚踏大地，就要深入基层，了解实际，实事求是，一切从实际出发。20多年来，我始终坚持为实践服务的科研宗旨，走遍了祖国的东西南北，到达一千多个基层单位，深入学校，深入班级，通过学术报告、培训教师、点评主题班会、指导课题研究等方式传达贯彻中央精神，宣传和谐德育理念，指导构建区域和谐德育体系、校本和谐德育体系、班级和谐德育体系。在这个过程中，我们与实验区实验校的领导和老师们建立了深厚的、难忘的友谊。

在本书即将付梓之际，我想说明的是本套文选有部分文章是与我的弟子或同事合作撰写的，已在随文脚注中做了注释，在此我向他们表示诚挚的谢意！我的弟子、我的德育思想传承人刘波欣然为本套文选作序，首都师范大学郑萼书记、李有增副校长，出版社杨生平总编辑对本套文选的出版高度重视、大力支持，责任编辑为本套文选的编审和出版付出了辛勤劳动，在此一并向他们表示衷心的感谢！借此机会，向我的母校——八达岭小学、康庄中学、延庆师范、首都师大、国家教育行政学院以及我的工作单位中国教育科学研究院表示深深的感恩！向与我志同道合、并肩工作的原中央教科所德育研究中心、中国伦理学会德育专业委员会、整体构建和谐德育体系学术团队以及广大实验区实验校的同志们、朋友们表示衷心的感谢！

我曾在20年前出版的第一本个人文集——《德育新论》的前言中写道："它是一滴水珠，融入德育科研成果浩瀚的大海里，让航船顺着波涛驶向理想的彼岸；它是一粒石子，铺在德育科研事业宽广的大道上，让人们踏着台阶攀登科学的高峰！"

今天，当本套德育文选即将面世的时候，我仍然怀着这样的心声，谨以此书献给全国广大教育工作者。

詹万生

2018年3月18日于北京立德书院

序

为恩师的《德育文选》作序，是我最大的荣幸。

2006年12月1日，《人民日报》和人民网发表了资深记者王继红的报道：《詹万生：中国德育教育第一人》。看到这篇报道，我油然而生敬意，总想找机会拜他为师。终于有一天进京拜师，我向老师谈到学习这篇报道的体会。没想到老师神情严肃地说："第一人的说法我不敢当。因为在中国德育界有不少德高望重的前辈，还有许多有成就的同辈专家，我只是做了自己应该做的事情。"我的恩师是有大德大爱的人，他的德育科研成就众所周知，但他为人很谦虚、很低调。这是我对恩师的第一印象。

后来，我认真拜读了恩师的一系列论文和著作，有时当面请教一些重要问题。恩师总是耐心细致地、毫不保留地"传道、授业、解惑"，把"传道"放在第一位，既做经师更做人师。渐渐地我对恩师的科研路径和德育思想有了一定的了解。借此机会把我的学习心得列出一二，唯恐挂一漏万。

首先，认准德育，执着追求，义无反顾，勇往直前。

我的恩师自从1982年1月，首都师范大学毕业留校分配到德育教研室工作，成为全国高校第一个德育教研室的第一个德育教师。1982年9月，编写出第一本高校德育讲义——《人生观教育讲义》。1984—1986年，进入全国第一批思想政治教育第二学位班学习。1987年，主编中国第一部《人生哲学》教材。1988年，主编中国第一部《人生哲学教学参考》。1990年开始主编中国第一部《中国传统人生哲学》。此时，恩师已经成为全国高校著名的青年德育专家了。请看首都师范大学原德育教研室主任王殿卿教授的评论："我认识詹万生是在1982年年初，他即将在北京师范学院政教系毕业。向我推荐他留校工作的老师，先要我看看他写得一手好字，真不愧曾经是北京市延庆师范培训出来的好学生，'字'是师范生的基本功，文如其人，这是我跟他第一次接触的深刻印象。此后，他就成为中国高等学校第一批创建的'德育教研室'的成员，义无反顾地登上了学校德育这条船。他给学生首开《人生哲理》，不仅在讲稿的基础上成书，而且应邀给南开大学等高校学生开了讲座，真有点'初生牛犊不怕虎'。从此，他就成为高等师范院校一再出版并使用的《人生哲理》教材的主编。他积极参与北京市高等学校德育研究会，以至全国高校德育研究的许多学术研究活动，他的教学与科学研究能力崭露头角。"①

我后来才知道，恩师在首都师大工作的10年间，有几次机会可供选择。一次是深圳特区邀请到那里工作，这意味着加入"孔雀东南飞"的行列；再一次是国家教委曾调他去思想政治工作司，由此便可成为政府官员；还有一次是北京市教育工委要调他去某所大学做领导工作。可是，由于您认准德育，执着追求，其他"跳槽"的机会都放弃了。正如恩师所说的："自从我选择了这个岗位，锁定了这个目标，就从来没有动摇过。因为德育是正义的事业、行善的事业、积德的事业，是惠及广大教师、学生和家长的事业，是利国利民的事业。"这就是恩师的德育价值理念，是值得我们学习和传承的。

第二，贯通古今，融汇中西，继承借鉴，发展创新。

1991年12月26日，恩师调入中央教育科学研究所任德育研究中心主任。1992年，创建《中国德育》杂志，担任第一任主编，连任15年。1993年，首创中央教科所访问学者制度，成为第一个访问学者导师。1994年，主持首次全国大型德育调查，提出"整体构建大、

① 首都师范大学王殿卿教授为《中国德育求索》所作的序言，见中国伦理学会德育专业委员会和谐德育研究与实验总课题组编：《中国德育求索》，北京：首都师范大学出版社，2011年版。

中、小学德育体系”的建议，得到中共中央政治局常委国务院副总理李岚清的肯定性批示，被中央文件所采纳。1995—1996 年，主编全国第一部大型德育工具书——《中国德育全书》。1997 年，主持全国教育科学“九五”规划国家重点课题“整体构建学校德育体系的研究与实验”，举办首届全国德育年会，此后连续举办二十届。1998 年，主编全国第一套德育系列实验教材——《德育》(从小学到大学每年级一册，共 22 册)。1999 年，主编全国第一套学生综合素质评价手册——《成长册》(从小学到中职每年级一册，共 18 册)。2000 年，创办首届全国校园春节联欢晚会(与中央电视台合作)，连续举办七届。2000 年，创办首届德育研究生班(与首都师范大学合作)，先后培养 50 多名德育研究生。2001 年，创建“中国德育网”，成为第一任德育网站主管。2002 年，主持全国教育科学“十五”规划国家重点课题“整体构建学校德育体系的深化研究与推广实验”，成为中央教科所第一个连续两个五年规划主持国家重点课题的专家。2003 年，中央教科所机构调整，任学校教育研究部第一任主任。2004 年，作为首席专家起草《教育部关于整体构建大中小学德育体系的意见》。2005 年，中国伦理学会德育专业委员会成立，任第一任会长，连任 10 年。2006 年，第九届全国德育年会暨全国教育科学“十五”规划国家重点课题“整体构建学校德育体系的深化研究与推广实验”结题大会在北京人民大会堂举行，来自全国人大、全国政协、中宣部、教育部、团中央、中国社科院、全国妇联、中国教育学会、中国伦理学会的领导以及全国百个实验区千所实验校的 2600 多名代表出席了大会。这是一次规模空前的德育科研盛会。2007 年，受中央政法委的委托，主编全国第一套《法制教育》教材(从小学三年级到高中一年级每年级一册，共 8 册)。2008 年，中国第一部《和谐德育论》专著正式出版。

这里我简要列举了恩师在中央教科所德育研究中心工作期间创造的若干个“第一”。我认为恩师最大的贡献是连续 4 个五年规划主持国家重点课题和教育部重点课题，整体构建大中小学德育体系，创立了和谐德育的理论体系和实践模式。让我们看看德育前辈和有关领导是怎样评价的。王殿卿教授说："中国教育史上第一个德育研究中心宣告成立。从此，中国德育的建设与发展，理论建设与实践探索，有了专业性的指挥中心。他作为创建德育研究中心的主任，为其发展尽心尽力，尽职尽责，呕心沥血，奉献了一生中最为宝贵的20年。他立足德育中心这一平台，大刀阔斧地开展了中国德育理论与实践研究。他主持编辑出版了《中国德育》杂志，这又是一个首创，从刊物的名称到其宗旨与定位，就颇具时代气息和中国气魄。"①中国伦理学会原副会长、北京大学魏英敏教授说："詹万生40年如一日，耕耘在德育园地里。他呕心沥血、殚精竭虑、深耕细作、一丝不苟。终于有了丰硕的成果，他成了中国德育界、中国应用伦理学界绝无仅有的佼佼者。"魏英敏教授还说："在全部德育工作中，如何实现'守成与创造'？万生提出：'贯通古今、融汇中西、继承借鉴、发展创新'。这四句话分别看人们并不陌生，但连接起来看则是'首创'。至于和谐德育体系的构建与实践探索，万生用系统和谐理论和辩证思维方法，把小学、中学、大学德育目标、内容、途径和方法纵向衔接起来，把家庭、学校、社会(社区)横行贯通起来，大有'立体交叉''纵横交错'之感。这是一个完整的和谐统一的德育网络系统。真可谓'见前人之所未见，发前人之所未发。'"②教育部总督学顾问陶西平先生说："詹万生同志和谐德育研究走过的道路，展现了一幅德育工作者孜孜以求、锲而不舍精神的长卷，给我们许多可贵的启示。和谐德育的研究将学校德育体系由低学段到高学段的纵向体系和学校家庭社会一体化的横向体系结合起来。纵向体系体现由近及远，由浅入深，从具体到抽象，从局部到整体，既符合年龄特点，又符合认知规律，既形成一个完整的体

① 首都师范大学王殿卿教授为《中国德育求索》所作的序言，见中国伦理学会德育专业委员会、和谐德育研究与实验总课题组编：《中国德育求索》，北京：首都师范大学出版社，2011年版。

② 北京大学魏英敏教授为《中国德育求索》所作的序言，见中国伦理学会德育专业委员会、和谐德育研究与实验总课题组编：《中国德育求索》，北京：首都师范大学出版社，2011年版。

系，又有学段和年级分工的原则。横向体系则是一个以学校教育为主导，以家庭教育为基础，以社区教育为依托的开放型德育体系，形成目标一致、内容衔接、功能互补、关系和谐的三位一体的教育网络。”①中共中央宣传部原常务副部长徐惟诚同志说：“詹万生同志全面地把德育看作一个系统的过程。他的研究始终在把握如何构建完整的德育体系。这个体系从学前贯穿到大学，而且涵盖职业教育；这个体系包括学校、社会、家庭三个方面，而且研究了如何互相沟通、互相配合、互相协调的问题。这个体系包括了学校中专门的德育课程，学生的道德实践，也渗透到学校的全部教学和管理之中。”“詹万生同志在多年的研究中用了很大的功夫来研究中国传统的思想史、哲学史和优秀的道德传统，同时也认真地研究和借鉴国外相关的理论、学术和实践，以建设社会主义核心价值体系为指导，融合各种优秀的成果，努力使德育成为一个和谐的系统。他的研究是有价值的。”②“贯通古今、融汇中西、继承借鉴、发展创新”，这是恩师近半个世纪形成的德育学术思想，我们必须认真学习并传承发展。

第三，不忘初心，牢记使命，传承文化，立德树人。

2010 年，恩师退休了。正如徐惟诚部长所言：“詹万生同志从参加工作到退休，40 年就只做一件事——德育，做出了成就，而且是相当卓越的成就。”“詹万生同志退休了。我相信他的德育研究生涯既不会退，也不会休。不断地做出新成就来，这可能不只是我个人的期待。”③恩师果然没有辜负徐部长和全国广大德育工作者的期待，在“十二五”和“十三五”规划时期仍然在主持“立德树人研究”和“素质教

① 中国教育部总督学顾问陶西平先生为《中国德育求索》所作的序言，见中国伦理学会德育专业委员会、和谐德育研究与实验总课题组编：《中国德育求索》，北京：首都师范大学出版社，2011 年版。

② 中共中央宣传部原常务副部长徐惟诚先生为《中国德育求索》所作的序言，见中国伦理学会德育专业委员会、和谐德育研究与实验总课题组编：《中国德育求索》，北京：首都师范大学出版社，2011 年版。

③ 同上。

育研究”。恩师以传承发展中华德育文化为己任，致力于汲取中国智慧，弘扬中国精神，经过2010—2012年的研究与思考，首先发起创建中国德育馆的倡议。2014年，撰写出了《中国德育馆创意策划书》。2017年11月5日，首座中国德育馆在天津武清落成开馆。北京市延庆区正在建设的中国德育馆有望在今年下半年建成开馆。全国部分省市有的单位正在申请建设中国德育馆。最近，教育部教材局正在制定《全国大中小学教材建设五年规划(2018—2022年)》，邀请恩师参加研讨，征求对“大中小学德育课程教材一体化建设”的意见。早在20年前，恩师主持的国家重点课题“整体构建学校德育体系的研究与实验”就创建了大中小学和谐衔接的德育体系，并编写了大中小学德育系列实验教材。今天，教育部要规划了，要用政府的力量建设了，这是一件大好事！我想恩师一定十分激动，也一定会继续为大中小学德育教材一体化建设贡献智慧和力量。记得恩师常说：“立德树人，是我的初心。整体构建大中小学和谐德育体系，全面推进素质教育，是我的使命。”几十年来，恩师始终不忘初心，牢记使命，传承文化，立德树人。这是我们需要永远学习和传承发展的。

总之，恩师的德育价值理念、德育学术思想、德育初心和使命，以及对中国德育的贡献，集中体现在《詹万生德育文选》五卷之中，体现在五卷三十六编之中，体现在250多篇文章之中，体现在200多万字的字里行间之中。这就是恩师从教近半个世纪以来特别是近40年来的心血与智慧的结晶。我和我的学术团队一定认真拜读，立志传承发展。我希望我的师兄、师姐、师弟、师妹们和我一起共同学习、传承和发展。更希望全国教育界的朋友们都来学习、传承和发展。祝愿中国德育园地百花齐放，万紫千红，春色满园！

谢谢！

刘　波

2018年3月26日于天津中国德育馆

目录

第一编　马克思主义人生哲学研究

马克思关于人的本质的基本理论*

人的本质是先天就有的，还是后天形成的？是人的自然属性决定人的本质，还是人的社会属性决定的人的本质？人的本质是抽象的、永恒的，还是具体的、历史的？对这些问题的不同回答，必然形成不同的人生哲学。正确地回答这些问题，是马克思主义人生哲学的首要任务。本文通过对马克思主义关于人的本质的基本理论的阐述，为进一步揭示人生的本质及其发展规律奠定理论基础。

一、马克思关于人的本质理论的形成

人的本质问题，是一个古老而又常新的课题，自从人类诞生以后，人们就在认识自然、改造自然的同时，不断加深对人自身的认识，包括对人性和人的本质的认识。虽然由于受生产力和科学水平的限制，人们对这一问题的探

---

* 此文最初作于1982年，是作者编写的北京师范学院《人生观教育讲义》的一讲，1986年作者主编《人生哲学》教材时做了修改补充。北京师范学院出版社1987年版，之后曾三次再版。

讨开始是相当幼稚的，但总起来说，人们对这一问题的探讨是沿着逐步深化、逐步科学化的大道前进的。

当人类社会发展到马克思所生活的时代，无产阶级和全人类的解放已提到了议事日程。科学地揭示人的本质及其历史发展，探讨人类解放的道路，已成为迫切需要解决的理论课题和实践课题。青年马克思正是适应时代的这一需要，通过勤奋的理论探索和顽强的斗争实践，批判地继承了前人文化思想中的一切优秀成果，步步深入地揭示了人的本质及其历史发展，在创立唯物史观的同时，创立了科学的人的本质理论。

马克思关于人的本质理论的形成与马克思主义科学世界观一样，经历了一个从唯心主义经过费尔巴哈的半截唯物主义，到彻底的唯物主义的逐步深化和科学化的过程。这个过程，从马克思在中学毕业时写的论文《青年在选择职业时的考虑》开始对有关人的问题发表议论算起，到标志着其唯物史观基本思想形成的《关于费尔巴哈的提纲》和马克思与恩格斯合著的《德意志意识形态》写出为止，这 10 年左右的时间大致可分为四个阶段：

第一阶段，从中学毕业到大学毕业(1835.9—1841.3)，称之为学生时期。中学毕业的论文，虽然反映出马克思在青少年时代就具有不同凡响的抱负，但是文中所表现出来的世界观还是唯心论的、有神论的。大学毕业的博士论文虽然从伊壁鸠鲁那里接受了无神论思想，但他仍把人的本质归结为“自我意识”。这表明马克思当时并未超出青年黑格尔派对人的本质的理解。

第二阶段，从大学毕业到退出《莱茵报》编辑部(1841.4—1843.3)，称之为《莱茵报》时期。这时马克思竭力利用报刊这个阵地与专制制度作斗争，是他“两个转变”开始的时期。但是他把“理性”和

“自由”看成是人类本性，可见在人的本质观和社会历史观上仍然是唯心主义的。

第三阶段，从退出《莱茵报》编辑部，到《德法年鉴》停刊(1843.4—1844.3)，称之为《德法年鉴》时期。在这期间，马克思写了《黑格尔法哲学批判》，“离开了黑格尔而走向费尔巴哈”。他接受了费尔巴哈关于人是“类存在物”和“人的本质异化”等观点，但在某些方面又超过了费尔巴哈，比如指明了人的本质特征“不是人的胡子、血液、抽象的肉体的本性，而是人的‘社会特质’”。① 从马克思在《德法年鉴》上发表的论文看，他开始从人的劳动和存在来把握人的本质，而把金钱看作是从人异化出来的统治着人的外在本质②；并且指出：“人并不是抽象的栖息在世界以外的东西。人就是人的世界，就是国家，社会。”③但是，由于受费尔巴哈人本主义的影响，马克思这个时期得出的结论是：“人的根本就是人本身”，“人是人的最高本质”④。他所说的人的“社会特质”和“人是人的最高本质”是什么意思呢？就是“男性和女性构成同一个类、同一种本质”⑤，也就是指人本身应当具有理性自由。这还不是历史唯物论，而是人本身的理性自由取代黑格尔超人的抽象的理性自由。

第四阶段，从《德法年鉴》停刊到写出《关于费尔巴哈》的提纲(1844.4—1845.4)，称之为巴黎—布鲁塞尔时期。这一时期马克思通

---

① 《马克思恩格斯全集》第1卷，北京：人民出版社，1956年版，第270页。

② 《马克思恩格斯全集》第1卷，北京：人民出版社，1956年版，第448页。

③ 《马克思恩格斯全集》第1卷，北京：人民出版社，1956年版，第451、452页。

④ 《马克思恩格斯全集》第1卷，北京：人民出版社，1956年版，第460、461页。

⑤ 《马克思恩格斯全集》第1卷，北京：人民出版社，1956年版，第355页。

过研究政治经济学，对人的本质和认识有了重大的突破。这主要体现在《詹姆斯·穆勒〈政治经济学原理〉一书摘要》《1844年经济学—哲学手稿》和《关于费尔巴哈的提纲》中，在《手稿》中，马克思第一次提出了“劳动”“自由自觉的活动”是人的本质的观点。在《摘要》中他指出：“人的本质是人的真正的社会联系。”①在《提纲》中，马克思在批判费尔巴哈的基础上，进一步明确提出了关于人的本质的科学论断：“人的本质并不是单个人所固有的抽象物。在其现实性上，它是一切社会关系的总和。”②至此，标志着马克思关于人的本质的思想已经基本形成了。此后不久，在马克思和恩格斯合著的《德意志意识形态》这部书中进一步阐明了上述历史唯物主义的观点。

通过对马克思关于人的本质探讨的演变过程可以看出：从认为人的本质是“自我意识”或“理性和自由”，到认为人的本质是“类存在物”；从具有“人类天性”的抽象的人，到具有“社会特质”的“现实的人”，大体反映了他由唯心主义到一般唯物主义的转化过程。从探讨人的“类”本质，到研究作为人的本质的“自由自觉的活动”，即人的劳动本质；从具有“社会特质”的“现实的人”，到作为“一切社会关系的总和”的“社会的人”，大体反映了他从一般唯物主义到历史唯物主义转化的过程。

二、人的本质是一切社会关系的总和

马克思在《关于费尔巴哈的提纲》中所指出的“人的本质并不是单个人所固有的抽象物。在其现实性上，它是一切社会关系的总和”。

① 《马克思恩格斯全集》第42卷，北京：人民出版社，1975年版，第24页。

② 《马克思恩格斯选集》第1卷，北京：人民出版社，1972年版，第18页。

这是对人的本质的科学论断，同时也为考察人的本质提供了科学的思维方法。因此，它是马克思主义关于人的本质理论的核心内容。

那么，应该怎样理解这一论断的科学含义呢？

首先，人的本质是现实的、具体的。马克思在这里彻底否定了费尔巴哈把人的本质归结为“单个人所固有的抽象物”的错误观点。费尔巴哈把宗教的本质归结于人的本质，用人的本质去说明神的本质，打击了唯心主义和宗教神学，恢复了唯物主义和无神论的应有地位。这在人的本质的认识史上无疑是一个进步。但是，他的唯物主义是不彻底的，在社会历史观上仍然是唯心主义的。表现在人的本质问题上，仍然是抽象的人性论。在费尔巴哈看来，人的本质不是表现在现实的、具体的人的身上，而是抽象地存在于人的共同性、统一性之中，即人的“类本质”。他说：“人的本身最高的、绝对的本性及其生存目的，是在于意志、思维与情感之中。”这里，费尔巴哈抽象出一个“人类个体来”，这个“人”是一种有意志、思维和情感等“理性”的生物。至于这个“人”具有什么样的意志、思维和情感，则不必去考察了。这样，费尔巴哈就抽去了人的社会性、历史性、阶级性和个性，把人看成抽象的、一般的人了。所以马克思尖锐地批判说：“费尔巴哈不是对这种现实的本质进行批判，所以他不得不：(1)撇开历史的进程，孤立地观察宗教感情，并假定出一个抽象的——人类个体；(2)他只能把人的本质理解为‘类’，理解为一种内在的、无声的、把许多人纯粹自然地联系起来的共同性。”①由此可见，马克思主义关于人的本质的理论，不是研究抽象的“类本质”，而是研究现实的、具体的、活生生的人的本质。也就是说，研究人的本质问题，必须把人放在特定的

① 《马克思恩格斯选集》第 1 卷，北京：人民出版社，1972 年版，第 18 页。

历史条件下和具体的社会关系中来考察。

其次，人的本质是由社会关系决定的。要正确理解马克思关于人的本质的科学论断，还必须把“社会关系”这一概念弄清楚。按照列宁的理解，社会关系可分为两类：物质的社会关系和思想的社会关系。这两类社会关系又都是多层次、多方面的。物质的社会关系一般指生产关系和经济关系，生产关系又可分为生产、分配、交换、消费诸关系；思想的社会关系也是很复杂的，它包括政治的、法律的、道德的、宗教的关系等。这两类社会关系一般是盘根错节、交叉纠缠在一起，互相渗透、互相影响的。如家庭关系、地缘关系、业缘关系、阶级关系、民族关系等，上述诸多关系既包括物质关系，又包括思想关系。长期以来，由于“左”的思想影响，人们往往把“社会关系”仅仅理解为“生产关系”，又把“生产关系”归结为“阶级关系”。因而把马克思这一论断曲解为“人的本质就是人的阶级性”，这显然是不符合马克思的原意的。

每一个人，从呱呱坠地那一天起就置身于一定的社会关系之中。人最初接触的是家庭关系，随着年龄的增长、生活内容的丰富，他所接触的社会面逐渐扩大，进而置身于地缘关系、业缘关系、生产关系、政治关系、法律关系、道德关系之中。正是在这些社会关系的长期影响、陶冶和制约下，才使一个自然人转变为一个能够掌握一定的社会文化，学会参与社会生活，履行某种社会角色行为的社会人。这个过程就是人的社会化的过程，也是人的本质的形成过程。如果一个人从生下来就脱离人类各种社会关系，尽管他有先天的发达的大脑和健全的躯体，也决不会具备人的本质，外国几起“狼孩事件”就是一个很好的说明。可见，人的本质是由社会关系决定的，是“一切社会关系的总和”。

再次，一切社会关系的“总和”是诸多社会关系的有机统一。以上讲到社会关系具有多样性和层次性，各种社会关系纵横交错地构成了一个复杂的社会关系网，而每一个人就是这个庞大而复杂的社会关系之网上的“扭结”。要了解一个人的本质，必须用系统论的方法，从总体上去把握，从层次上去分析，从纵横联系上去考察一个人在社会关系中所表现出来的属性。从横的方面来说，就要分析、考察与之相关的尽可能全面的社会关系。如民族关系、阶级关系、党派关系、生产关系、业缘关系、地缘关系、血缘关系等，以及这些关系中所反映出来的物质关系和思想关系，分析、了解其人在这一切社会关系中所表现出来的属性，然后在此基础上加以综合考察，而不能只依据他在某一种或几种社会关系中所表现出来的属性，就轻易给一个人的本质下结论。从纵的方面讲，就必须分析、考察与其人相关的一切社会关系的发展变化，分析了解他在这些变化发展着的社会关系中所表现出来的属性，然后加以科学的综合，而决不能把他在某一特定历史条件下、特定时间、地点下所表现出来的属性断定为他的本质。在对社会关系做了纵横多方面的考察之后，再进行去粗取精，去伪存真，由此及彼，由表及里的加工制作，即进行科学的综合，才能得出对一个人的本质认识的科学结论。这种分析、综合的过程，就是对“一切”社会关系的“总和”的认识过程。因此，说一切社会关系的“总和”，决不是一切社会关系的简单的机械相加，而是诸多社会关系的有机综合的统一。

此外，在理解“一切社会关系的总和”问题上，还必须注意一点，这就是诸种社会关系不是平行的、并列的，它们在决定人的本质的过程中不具有同等的意义。一般地说，在诸多社会关系中，物质关系特别是生产关系是最基本的、主要的，它决定着、制约着其他一切思想关系。总之，我们在理解“一切社会关系的总和”，以及运用这一论断对人的本质进行分析、考察的时候，一是要坚持全面的观点，不要以偏概全；二是要有辩证的观点，“总和”不是机械相加；三是要坚持重点论，不能主次不分，更不能主次颠倒。

三、人的本质随着历史的发展而发展

《德意志意识形态》一书，深刻地阐明了人的本质随着历史的发展而发展的思想。

首先，马克思指出，作为“人的本质”的基础的东西，是工业和历史创造的物质生活条件。历史的每一个阶段，人们都会遇到历史上形成的物质条件和社会关系，“每个人和每一代人当作现成的东西承受下来的生产力、资金和社会交往形式的总和，是哲学家们想象为‘实体’和‘人的本质’的东西的现实基础”。① 虽然每一代人都不会满足于前辈继承下来的生活条件，必然通过自己创造性的劳动来改变这种条件，但是这些历史遗留下来的生活生产条件，却预先地规定着这一代人的本质。只是随着这种条件的改变，人的本质才得以向前发展。

其次，“人的本质”不是凝固不变的，而是历史地形成、历史地改变着的。“人创造环境，同样环境也创造人。”②一方面，“只有改变了环境，他们才会不再是‘旧人’，因此他们一有机会就坚决地去改变这种环境”。另一方面，“在革命活动中，在改造环境的同时也改变着自己”。③ “人的本质”不仅随着改造世界的实践活动而不断改变着，而

① 《马克思恩格斯选集》第1卷，北京：人民出版社，1972年版，第43页。

② 《马克思恩格斯选集》第1卷，北京：人民出版社，1972年版，第43页。

③ 马克思、恩格斯：《德意志意识形态》，北京：人民出版社，1961年版，第224页。

且随着生产力和各种社会关系的不断发展而发展。“一个人的发展取决于和他直接或间接进行交往的其他一切人的发展。彼此发生关系的个人的世世代代是相互联系的，后代的肉体的存在是由他们的前代决定的，后代继承着前代积累起来的生产力和交往形式，这就决定了他们这一代的相互关系。总之，我们可以看到，发展不断地进行着，单个人的历史决不能脱离他们以前的或同时代的个人的历史，而是由这种历史决定的。”①历史不断发展，“人的本质”也不断发展，所谓一成不变的“人的本质”是不存在的。

人的本质“是一切社会关系的总和”，社会关系不是固定不变的，因此人的本质也不是永恒的，它是随着社会生产力和生产关系的矛盾运动不断发展变化的。每个人借以进行生产的社会关系，即社会的生产关系，是随着物质生产资料、生产力的变化和发展而变化和改变的。生产关系总和起来就构成所谓的社会关系，构成所谓的社会，并且是构成一个处于一定历史发展阶段上的社会，具有独有的特征的社会。根据人类社会每个阶段社会关系的不同特点，我们把迄今为止的人类历史划分为五个社会形态，即原始社会、奴隶社会、封建社会、资本主义社会和社会主义社会。不同社会形态下的社会关系不同，人的本质也就不同。因此马克思后来在《资本论》中说：“首先要研究人的一般本性，然后要研究在每个时代历史的发生了变化的人的本性。”②在原始社会，生产力水平是很低的。单个人的活动是不能生存的，他们只有结成集体，共同捕获野兽，共同采集果实，共同建筑住

① 马克思、恩格斯：《德意志意识形态》，北京：人民出版社，1961 年版，第 505 页。

② 马克思：《资本论》第 1 卷，北京：人民出版社，1975 年版，第 669 页。

所。只有依靠集体的力量，互相帮助，才能取得食物，战胜自然灾害和外族的侵扰，才能维持个人和集体的生存。在原始社会，生产资料属于氏族公社公共所有，共同劳动的产品归集体所有，实行平均分配。人们在共同劳动和社会交往中是平等的、互相协作的关系。这时没有任何私有财产，没有阶级，没有剥削，没有压迫，共同劳动，平等相待，这是最原始的、朴素的、低级的社会关系，也是该社会人类的共同本质。这不但为历史上文物考古发现所记载，而且为现代仍生活在原始状况的人所证实。

在阶级社会，人们在生产中的关系是不平等的。一部分人占有生产资料，因而在生产关系中居于支配地位，政治上处于统治地位，而另一部分人则相反。这就形成对立的阶级。人在阶级社会里的社会关系主要表现为阶级关系，因此在阶级社会中人的本质带有阶级性。虽然阶级性不等于人的社会性，但是在阶级社会中人的社会性主要表现为阶级性。马克思曾经指出，人“只是经济范畴的人格化，是一定的阶级关系和利益的承担者……不管个人在主观上怎样超脱各种关系，他在社会意义上总是这种关系的产物”。① 所以，在阶级社会中，人总是阶级的人，各阶级的人在生产关系中所处的地位不同，对生产资料的占有关系不同，就决定了他们的物质利益和生活方式不同，因此也就形成了不同的心理、思想、感情、习惯、作风等。鲁迅先生曾经对此做过深刻而生动的论述，他说：“文学不借人，也无以表示‘性’，一用人，而且还在阶级社会里，即断不能免掉所属的阶级性，无须加以‘束缚’，实乃出于必然。自然，‘喜怒哀乐，人之情也’，然而穷人绝无开交易所折本的懊恼，煤油大王哪会知道北京拣煤渣老婆子身受

① 马克思：《资本论》，北京：人民出版社，1975 年版，第 12 页。

的酸辛，饥区的灾民，大约总不去种兰花，像阔人的老太爷一样，贾府上的焦大，也不爱林妹妹的。”①

人的本质的阶级性，也有许多复杂情况。比如剥削阶级就有种种情形，不同社会形态下的剥削阶级，同一剥削阶级发展的不同历史时期，以及同一个剥削阶级内部的不同阶层，他们所处的具体的社会关系也是不同的。因此，他们的本质也各有自己的特殊性，不能不加分析地一概而论。

到了未来的共产主义社会，生产力高度发展，科学文化水平极大提高，物质资料极大丰富，人们的思想觉悟极大提高，阶级消亡了，三大差别消灭了，人人都能充分发挥自己的脑力和体力“各尽所能，按需分配”，人的本质将获得全面发展和充分展现。马克思指出，共产主义社会的人们，将生活“在最无愧于和最适合于他们的人类本性的条件下”。② 上述可见，人的本质不是抽象的、永恒的，而是具体的、历史的，是随着生产力的发展，随着社会关系的发展而发展变化的。

---

① 《鲁迅全集》第 4 卷，北京：人民出版社，1959 年版，第 164 页。

② 《马克思恩格斯全集》第 25 卷，北京：人民出版社，1974 年版，第 927 页。

马克思主义关于人的需要的理论*

马克思主义关于需要的理论，关于青年特殊利益和需要的论述，关于解决青年需要的原则，是马克思主义人生哲学的重要内容。科学地阐述马克思主义关于人的需要理论，对于理解青年、关心青年和进一步做好青年工作，无疑具有重要意义。

一、马克思主义关于人的需要的基本理论

(一)人的需要理论的提出和发展

马克思主义关于人的需要的理论，是由马克思在《德意志意识形态》一文中首先提出的。马克思指出："我们首先应当确定一切人类生存的第一个前提也就是一切历史的第一个前提，这个前提就是：人们为了能够'创造历史'必须能够生活。但是为了生活，首先就需要衣、食、住以及其他一切东西。因此第一个历史活动就是生产满足这些需要

* 詹万生等著：《马克思主义青年观》，石家庄：河北人民出版社，1988 年版。

的资料，即生产物质生活本身。”这是“一切历史的基本条件”。① 接着，马克思还写道：“第二个事实是，已经得到满足的第一个需要本身、满足需要的活动和已经获得的为满足需要用的工具又引起新的需要。这种新的需要的产生是第一个历史活动。”②由此可见，马克思把人的衣、食、住等生活资料称为人的第一需要，而把生产满足这些生活资料的劳动以及社会生活的其他需要看作是由第一需要引起的新的需要，只有当第一需要满足后，才能产生新的需要。当然，这个第一需要是从一般意义上来讲的，是指最初的或基本的需要，而不是最终需要。关于这一点，马克思早就指出：“固然，饮食和生育等等也是真正人类的机能，然而如果使这些机能脱离了人类活动的其他范围，并且把这些机能弄成最后的和唯一的终极目的，那么，在这样的抽象中，这些机能是动物的。”③恩格斯对上述观点，曾予以高度评价。他在《卡尔·马克思》和《在马克思墓前的讲话》中总结马克思创立的历史唯物主义的伟大贡献时，强调指出：由于马克思肯定了人们首先必须吃、穿、住这样一个“简单事实”，才使“历史破天荒第一次被安置在它的真正基础上”。④

马克思正是从这一点出发创立了历史唯物主义，揭示了人类社会的发展规律。他在谈到共产主义社会时，仍然没有忽视人的需要问题，1875 年，马克思在《哥达纲领批判》一文中指出：“在共产主义社会高级阶段上，在迫使人们奴隶般地服从分工的情形已经消失，从而

① 《马克思恩格斯选集》第 1 卷，北京：人民出版社，1972 年版，第 32 页。

② 《马克思恩格斯选集》第 1 卷，北京：人民出版社，1972 年版，第 33 页。

③ 马克思：《1844 年经济学—哲学手稿》，北京：人民出版社，2000 年版，第 56 页。

④ 《马克思恩格斯选集》第 3 卷，北京：人民出版社，1972 年版，第 41 页。

脑力劳动和体力劳动的对立也随之消失之后，在劳动已经不仅仅是谋生的手段，而且本身成了生活的第一需要之后；在随着个人的全面发展生产力也增长起来，而集体财富的一切源泉都充分涌流之后——只有在那个时候……社会才能在自己的旗帜上写上：各尽所能，按需分配!”马克思还说过：“在共产主义社会里，任何人都没有特定的活动范围，每个人都可以在任何部门内发展，社会调节着整个生产，因而使我有可能随我自己的心愿今天干这事，明天干那事，上午打猎，下午捕鱼，傍晚从事畜牧，晚饭后从事批判，但并不使我因此就成为一个猎人、渔夫、牧人或批判者。”马克思的上述论断预言了共产主义社会人的需要有两方面的内容：第一，劳动是人的第一需要；第二，全面发展和“自由个性”也是人的需要。

恩格斯进一步发展了马克思的需要理论，并设想了社会主义社会人的需要问题。1891 年，恩格斯在分析了资本主义社会各种弊病之后，对社会主义社会人的需要做了新的论述。他说：在社会主义制度下，“通过有计划地利用和进一步发展现有的巨大生产力，在人人都必须劳动的条件下，生活资料，享受资料、发展和表现一切体力和智力所需要的资料，都将同等地、愈益充分地交归社会成员支配。”这里，恩格斯第一次提出了社会主义社会人的需要层次，即生活资料的需要、享受资料的需要、发展资料的需要。

十月革命胜利后，列宁、斯大林根据苏联社会主义革命和建设的实践，进一步发展了马克思主义需要理论。列宁在 1920 年 4 月提出了“共产主义劳动”的需要。他认为随着社会的发展，特别是到了共产主义初级阶段，那种自愿的、无定额的、无报酬的义务劳动，将成为人们的习惯和自觉的要求。斯大林对社会主义社会人的需要又做了进一步的论述。他说：“不应当以过去为出发点，而应当以现在工人日益增长的需要为出发点。必须了解，我国工人的生活条件已经基本改变了。现在的工人已经不是以前的工人了。”①斯大林对社会主义社会的个人需要提出了一个原则，这就是“马克思主义的社会主义，不是要缩减个人需要，而是要竭力扩大和发展个人需要；不是要限制或拒绝这些需要，而是要全面地充分地满足有高度文化的劳动人民的一切需要”。② 斯大林还对需要的内容进行了分类。他说现在的工人，我们苏联的工人，希望满足他们的一切物质和文化的需要：既要满足粮食供应方面的需要，又要满足他们住宅方面的需要，还要满足文化及其他一切方面的需要。后来，斯大林把社会主义的生产目的非常明确地规定为“满足人的物质和文化的需要”。③

综上所述，马克思主义关于人的需要的理论，经历了一个产生发展的过程。这个过程从马克思最初关于人的需要的一般性的描述开始，经过马克思和恩格斯对共产主义社会人的需要的科学预见，再到列宁和斯大林对社会主义社会人的需要的进一步的论述，形成了系统的马克思主义关于人的需要的理论。

（二）人的需要的二重性

马克思主义关于人的需要的理论，不仅客观地指出了人的需要的内容和层次，历史地考察了人的需要的发展和变化，而且辩证地分析了人的需要的属性。按照马克思主义的观点进一步研究人的需要问题，我们就会发现，无论从任何意义、任何角度来考察，人的需要都具有既相互区别又相互联系的二重属性。从人的需要的内容上来看，

---

① 《斯大林全集》第 13 卷，北京：人民出版社，1956 年版，第 318 页。

② 《斯大林全集》第 13 卷，北京：人民出版社，1956 年版，第 55 页。

③ 《马克思恩格斯全集》第 20 卷，北京：人民出版社，1975 年版，第 110 页。

有自然性需要和社会性需要；从人的需要的层次性上来看，有物质需要和精神需要；从人的需要的表现形式来看，有个体需要和整体需要；从人的需要的存在状况来看，有主观需要和客观需要。

在现实世界中，个人有许多需要。马克思从人具有自然属性和社会属性这一基本事实出发，把人的需要的内容划分为自然性需要和社会性需要。自然性需要是指人体机能性需要，表现为“饮食男女”等自然机制或生理本能。社会性需要就是超出人体机能之上的，在社会实践中所形成的需要。人作为大自然的产物，不可能完全改变大自然规定的性能和机制，不会没有自然性需要。就像马克思所说的：“人来源于动物界这一事实已经决定人永远也不能摆脱兽性，所以问题永远只能在于摆脱得多些或少些，在于兽性或人性的程度上的差异。”①这是事物的一个方面。另一方面我们还要看到，人类的漫长的社会实践已经深刻地改变了人自身，即便是人体机能性需要也受到了社会的冶炼，融进了新的内容，自然性需要以被扬弃的形式包含在社会性需要之中，从而具有了新质。同样是生存需要的“吃”，“但是用刀叉吃熟肉来解除饥饿不同于用手、指甲和牙齿啃生肉来解除的饥饿”②。“饮食”不仅为了充饥，也是为了美食，也可能是为某种社交的需要，“男女”不只是交配，而成了爱情、婚姻，或为了某种交易。总之，自然性需要是社会性需要的前提和基础；社会性需要是自然性需要的发展和质变。自然性需要从属于社会性需要，如果离开了社会性需要，自然性需要就只是一种动物的机能。

人的需要，按其层次来划分，斯大林曾经归纳为物质需要和文化

① 《马克思恩格斯全集》第20卷，北京：人民出版社，1975年版，第110页。
② 《马克思恩格斯选集》第2卷，北京：人民出版社，1972年版，第95页。

(精神)需要。物质需要，即人们对吃喝穿住用等物质生活资料的需要。这是人的生命活动的基础，是人的生存的最基本的需要。精神需要，即人的物质需要之外的精神生活或心理活动的需要。比如追求真、善、美的需要，理想、道德、情操的需要，社会交往的需要，创造劳动的需要等。人是有思想、有理性的生物，除了必要的物质生活以外，还需要有充实的、高尚的精神生活。因此，精神需要是人的需要区别于动物的需要的重要标志。随着人类社会的发展，人们的物质生活水平不断提高，人们的精神需要就越来越丰富。物质需要和精神需要互为条件和目的，二者互相依存，共同发展。可以这样说，物质需要给了人血肉，精神需要给了人灵魂，前者是基础，后者为主导。马克思主义认为，人的精神需要的主导作用主要表现在两个方面：其一，精神需要保证着物质需要的发展方向。有了精神需要的主导，就能使人对物质需要持正确的态度，从而正确地把握社会尺度，正确处理个人物质需要和社会物质生产的关系；有了精神需要的主导，就会有更高的追求，不至于仅仅把眼光盯在物质享受上，即使在衣食住行中，也能体现出情趣和风尚；有了精神需要的主导，就能抵制各种不合理的物质需要的腐蚀侵袭，在各种诱惑面前保持清醒的头脑，不至于导致需要的病变；有了精神需要的主导，就会使生活有明确的理想和目标，即便在艰苦的条件下也能保持旺盛的激情，充满革命乐观主义精神。其二，精神需要的水平体现着人全面发展的程度。人类的历史是一部认识世界、改造世界，其中包括改造客观世界和主观世界的历史。人们不仅要做自然的主人、社会的主人，而且应做自身的主人。做自然的主人就要追求自然科学，做社会的主人就要通晓历史科学，要做自身的主人就要有远大的理想，高尚的情操、敏锐的思想和丰富的知识。所有这些都属于精神需要的范畴。是否有这些需要，在何种程度上具有这些需要，体现着人的全面发展的水平。

马克思认为，人的需要表现为两种形式，一是“自然主体的那种个人需要”，二是“表现为社会需要的个人需要”。与此相应的满足个人需要的途径也有两条：一条是直接满足个人需要，另一条是满足“表现社会需要的共同需要”。因此，人的需要从表现形式上看，又可分为个体需要和整体需要。个体需要即个人需要。整体需要是体现着社会共同利益和愿望的需要，它是对个体需要的集中和概括。个体需要千差万别，不仅不同的个体因其所处的具体关系不同而有不同的需要，而且同一个体在其发展的不同阶段也会有不同的需要。社会需要反映着共性，具有一定的稳定性。个体需要和社会需要是一个矛盾统一体，二者互相依存，互相转化。人的需要是以个体形式出现的，这是由生命的个体形式决定的。然而，任何需要都是社会存在的反映，个体需要在社会整体需要中存在和发展；任何个体需要总是作为一个分子组成整体需要，没有超出社会整体需要之外的个人需要，只有在实现社会整体需要中才能实现个体需要。正如马克思所指出的，“人的需要的整个体系”不是建立在某个人或某些人的意见之上，而是“建立在整个生产组织上”的。人的需要是“由他的社会地位来决定，而社会地位又取决于整个社会组织”，并且还“往往直接来自生产或以生产为基础”。因此，个体需要应服从整体需要。但强调“服从”并不否认个体需要的合理性，在社会主义社会，个体需要应该得到重视。当然，个体需要的满足要以整体需要的满足为前提。

人的需要，按其存在状况又可分为主观需要与客观需要。主观需要即主观欲求或欲望。严格地说它并不是需要本身，而是对需要的主观反映，即意念、动机。它常常作为主体活动的内部条件，表现为人的欲求状态。这种状态一旦产生明确的目标指向，就成为需要。主观需要与客观需要是一个整体的两个方面，任何需要都是主体的需要，带有主观性；但任何需要都具有对象性，而对象性的东西是由客观规定的，同时任何需要都不是凭空产生的，都是有客观依据作诱因的。因此，从本质上讲，需要是客观的，而“主观需要”只是对客观需要的主观反映。所谓需要的客观性，就是说需要是不以人的意志为转移的，诱发需要的动因、需要的实际内容、满足需要的方式都是由客观现实规定的。首先，人的需要是人生存、发展和延续的直接反映，是人体包括人脑机能在内的客观要求。一旦人的需要停止，人的生命活动就消失了。随着人的生命活动在物质和精神两方面的展开，人的需要也会在深度和广度上拓展，这是客观必然的。其次，人的需要也不是主观随意确定的，表面上看它表现为一种任意性、随机性和选择性的特点，以一种欲求的形式，作为主观目的和动机出现。但是，就在这主观目的和动机的背后却有着客观的规定，这就是客观存在的制约。时代背景、社会地位、阶级立场、地理环境、风俗习惯以及个人的经历、修养等因素构成复杂的综合体，决定着主体对需要的选择。原始部落酋长不会产生住高楼的愿望，中世纪的教皇也没有有声电视的欲求，就是这种客观规定性的结果。再次，人的需要不是凭空产生的，它总是有客观依据作诱因的。需要总是具有某种对象性的东西，而对象性的东西总是某种客观存在。需要的这种对象性、现实性、实在性正是体现着需要的客观性。即便是某些不能实现的幻想，也不是主观自生的欲念，而是对现实的扭曲的反映。至于需要依靠什么来满足，怎样满足，既满足需要的手段和方式，更具有它的客观规定性。

二、青年的特殊利益和需要

在我们的社会主义国家里，青年同中老年的根本利益是一致的，有着共同的理想、愿望和要求，这就是希望早日实现祖国的四个现代化，人民的生活逐步达到小康水平。同时，由于青年在生理、心理方面所具有的特点，及其所处的社会地位，在社会生活中必然产生特殊的利益和需要，许多中老年已经解决了的问题，青年才开始遇到；许多少年时代不存在的问题，已经摆到了青年面前。所以，青年同少年、中老年除具有共同的利益之外，又有一些特殊的利益和不同的需要。马克思主义历来关心青年的特殊利益和需要，马克思、恩格斯、列宁、斯大林和我国老一辈无产阶级革命家都有过不同程度的论述。在这个问题上讲得最多、最完整、最集中的是毛泽东同志，他在《青年团的工作要照顾青年的特点》一文中明确指出："14 岁到 25 岁的青年们，要学习、要工作，但青年时期是长身体的时期，如果对青年长身体不重视，那很危险。青年比成年人更需要学习，要学会成年人已经学会了的许多东西。但是，他们的学习和工作的负担都不能过重。尤其是 14 岁到 18 岁的青年，劳动强度不能同成年人一样。青年人就是要多玩一点，要多娱乐一点，要跳跳蹦蹦。不然他们就不高兴。以后还要恋爱、结婚。这些都和成年人不同。"①这里毛泽东同志讲到了青年的 4 种特殊需要，即学习和受教育的需要、就业和工作的需要、健康和娱乐的需要、恋爱和婚姻的需要。下面就青年这 4 个方面的需要结合我国的现实情况加以展开论述。

(一)学习和受教育的需要

青年在人生的旅途上正处在长知识、打基础的阶段，学习和受教育的需要特别强烈。青年期在教育心理学上称之为学龄中期和晚期，包括高中和大学两个阶段，或高中到毕业后刚刚走上工作岗位的最初

① 《毛泽东选集》第 5 卷，北京：人民出版社，1977 年版，第 84 页。

几年。心理学研究表明，青年期正是人的一生中观察力、想象力、记忆力和思考能力发展的高峰期。从观察力来看，青年期不像少年期主要是靠形象和直观，而是能够认识事物的性质、特征和一事物与它事物的联系，对事物的认识较为全面和深刻。从想象力来看，青年的想象力已具有更高的水平。想象的目的性增强了，能够自觉地对某一事物进行集中和指向性地想象，不像少年儿童那样容易分散和转移；想象的现实性明显提高了。

少年儿童那种荒诞离奇的幻想逐渐减少了；想象的创造性出现了，不像少年儿童的想象多是模仿和复制，青年的想象能够在一些形象资料的基础上综合创造出新的形象。从记忆力来看，青年记忆的容量大，比小学低年级学生多4倍，比初中学生多1倍；青年记忆的有意性逐步占据主导地位，无意性记忆相对减少；青年的意义记忆日益增强，机械记忆逐渐降到次要地位；青年对抽象事物的记忆能力大大提高，能够有效地记住定义、公式、法则、定律等。从思维能力看，青年的抽象逻辑思维有了长足的发展，理解能力日益增强，表现出明显的特点，如：才思敏捷，反应迅速而灵活；喜欢探索人生和社会问题，对具有逻辑性、哲理性的问题感兴趣；喜欢怀疑和争论，勇于批判，富于创造等。由于青年期在观察、想象、记忆和思维方面具有以上的突出特点，所以青年具有特别旺盛的求知欲，肯学习，爱用脑，热烈地追求各种知识。可以说青年的身心特点，是青年具有学习和受教育需要的生理和心理的客观依据。

我国当代青年出现了“学习热”和“文凭热”，反映了他们学习和受教育的需要更具有一种紧迫感，这种紧迫感正是反映了青年需要的时代特色。当前，我国正在进行社会主义现代化建设，需要大量的各级各类的建设人才。《中共中央关于教育体制改革的决定》指出，社会主义现代化建设的宏伟任务，要求我们不但必须放手使用和努力提高现有人才，而且必须极大地提高全党对教育工作的认识，面向现代化，面向世界，面向未来，为20世纪90年代以至21世纪初，我国经济和社会的发展，大规模地准备新的能够坚持社会主义方向的各级各类的合格人才。要造就数以亿计的工业、农业、商业及各行各业有文化、懂技术、业务熟练的劳动者。要造就数以千万计的具有现代化科学技术和经营管理知识，具有开拓能力的厂长、经理、工程师、农艺师、经济师、会计师和其他经济、技术工作人员。要造就数以千万计的能够适应现代科学文化发展和新技术革命需要的教育工作者、科学工作者、医务工作者、理论工作者、文化工作者和新闻出版工作者、法律工作者、外事工作者、军事工作者和各方面党政工作者。正是由于四个现代化建设的需要，我们党才大力提倡尊重知识尊重人才，使知识分子的社会地位有了空前的提高。我国这一代青年是跨世纪的一代，肩负着承前启后，继往开来的历史使命，肩负着实现四个现代化的光荣任务。他们正是看到了祖国未来的前景，意识到了自己的责任，因此强化了他们学习和受教育的需要。应该说我国社会主义现代化建设的需要，是这一代青年迫切需要学习和受教育的深刻的社会根源。

从世界范围来看，新技术革命正在兴起，科学技术迅速发展。电子计算机在30年内更新了5代，运算速度提高了10倍，存储容量增加了20倍，而且随着微电子技术的进步，超大规模集成电路将以两年增长一倍的速度发展。同时，科学转化为技术，应用于生产的周期也在日益缩短。科学的发展使学科门类不断增多并且朝着综合化的方向发展，新的边缘学科、综合学科不断产生，许多学科互相交叉，互相渗透，自然科学和社会科学也出现合流的趋势。总之，知识的急剧增加和不断更新，要求当代青年必须具备广博的知识和合理的知识结构，才能跟上时代前进的步伐，适应改革和对外开放的需要。这种情况决定了80年代的青年学习和受教育的需要还有一个特点，这就是追求受教育程度的不断升级。即大学毕业，考研究生，出国留学，硕士读完了，攻博士，博士读完了，继续要求做博士后。当代青年学习和受教育需要的这一特点，是世界新技术革命和我国对外开放政策的产物。

我国当代青年，特别是在“文化大革命”中成长起来的这代青年，他们经历了10年的动乱时期，是在“红卫兵”运动，“上山下乡”运动中度过自己的学生时代的，在文化科学知识上存在一个“断裂带”。可以说，他们当时被剥夺了学习和受教育的权利。因此，在他们工作以后，仍然有学习和受教育的需要，并且这个需要带有“补课”的性质。一方面他们要求补上中学的文化课，另一方面强烈要求接受高等教育。于是在中国高等教育史上便出现了一个特殊的阶段，这就是粉碎“四人帮”之后，恢复高考以来七七级、七八级、七九级三届大学生年龄相差十几岁，程度和水平参差不齐的现象。后来由于中学教育的正常化和应届高中生的增多，这种局面不能继续发展下去，于是成人高等教育应运而生了。这便是遍及全国的电大、夜大、刊大。这些在职的、不脱产的成人(主要是青年)大学生，他们面临着工作与学习的矛盾，家务与学习的矛盾，但他们克服了种种困难，以顽强的毅力坚持学习。这反映了我国青年学习和受教育的强烈愿望。同时也说明了青年学习和受教育的需要带有深刻的时代烙印。

(二)就业和劳动的需要

青年在完成一定的学业以后，就需要走上劳动岗位，从事一定的职业。劳动就业是青年在人生旅途上的一个转折，是自食其力、独立生活的起点，是走上社会、为社会贡献力量的开端。

青年关于就业和劳动的需要，从身心特点上来看是自我意识不断增强，并逐渐趋于成熟的结果。自我意识指主体的自我认识。如自我感觉，自我评价、自我监督、自我控制等。它是一种复杂的心理结构，其核心内容是自我评价，以及自我与他人、个人与社会的关系的意识。自我意识的发展水平是以自我评价能力的高低来衡量的。评价能力的发展一般经历以下过程：从重复别人的评价发展到自己独立的评价；从评价别人发展到评价自己；从评价外部表现发展到评价内心世界；从评价行为的效果发展到评价效果和动机的一致性。自我意识的发展随年龄的增长和教育环境的影响而发展。到了青年初期(高中阶段)和青年中期(大学阶段)，人的自我评价能力远远超过了童年期和少年期那种具体的、外部的，片面的、肤浅的评价了，他们能够提高到具有概括性的个性品质来剖析自己，能够进行自我教育和自我控制，比较正确地评价自己和别人，比较正确地理解和评价个人与社会的关系。青年自我意识的发展，产生了人格独立的要求，而人格独立，必须以生活和经济上的自立为基础。于是，他们开始郑重地考虑自己的前途，思考自己如何立身处世，选择什么样的生活道路等问题。而选择职业则是考虑自己前途、道路的具体表现和最初行动。由此可见，自我意识的发展是青年就业和劳动需要的心理基础。

劳动就业是一个社会问题，青年人无不希望在结束一定的学业之后立即走上劳动岗位，但这种愿望要受经济发展状况、教育状况和劳动就业政策等社会条件的制约。10 年动乱期间，我国的经济几乎到了崩溃的边缘，无力容纳大量的就业人员；教育处于瘫痪状态，不可能为社会输送合格的劳动者；劳动就业制度又是“统包统分”，实际上根本“包”不下来。于是用知识青年上山下乡运动来缓解严重的就业不足的问题。当这一政策不能再维持下去之后，便出现了大量的城镇青年待业问题。党的十一届三中全会以后，随着改革的深入发展，党和政府为青年广开就业门路制定了一系列方针政策。(1)1979 至 1980 年间，由于上山下乡青年蜂拥回城而形成了空前的就业压力，当时采取“归口包干”和“退休顶替”的办法解了燃眉之急。但从长远看这种做法弊端很多，必须改变。(2)号召群众组织起来成立劳动服务公司，开发第三产业。同时鼓励自谋职业，发展个体经济。(3)改革劳动用工制度，实行合同制，全面考核、择优录用的招工制度。(4)改革中等教育结构、扩大中专、中技的招生人数，创建职业高中，大量培养中等专业技术人才，为青年就业奠定基础。这些政策的制定和实行基本上解决了青年就业难的问题。然而，劳动就业问题始终是青年的一个特殊需要，前一批解决了，后续的又将到来。现在在校的中学生正是六七十年代生育高峰期出生的，人数相当可观。从我国的具体情况看，由于职工工资水平较低，因而就业状况对职工家庭收入和经济负担的影响更为重要。这种情况造成青年要求自食其力，独立生活的愿望就更强烈。因此青年的就业需要仍然是一个极其重要的问题。

最近几年来，随着城市改革的不断深入，青年的就业需要观念也在发生新的变化。关心青年的就业需要，还必须研究青年就业需要的新特点及其发展规律。据一些青年研究工作者的调查，近年来青年就业需要呈现出以下几个特点：

第一，在就业认识上，国有、集体、个体企业之间的等级观念逐渐淡漠，就业概念有了新的扩展。多年来，我们习惯于搞独家经营，在青年的思想上形成一种“重国有、轻集体、鄙视个体”的职业等级观念，仅仅把在国营单位工作看成是真正的就业，而把到集体单位工作看成是临时措施，一旦有机会就千方百计调往国营单位。改革和开放逐渐打破了国有企业的一统天下，对国有和集体采取了一视同仁的政策，并允许个体工商业在一定范围内大力发展，使集体和个体企业获得了巨大的活力，不少单位的经济收入和待遇都接近或优于国有企业。这一事实，使青年用新的标准来认识就业，自谋职业也算就业，被相当多的青年所接受。

第二，在择业意向上，由“重工抑商”变为“工商并重”，往日被人歧视的生活服务行业成为青年择业的热门。由于我国几千年的封建思想的统治，“重工抑商”“崇本抑末”的职业偏见源远流长，“无商不奸”的传统观念成为阻碍我国商品经济发展的重要的思想根源。改革和开放的浪潮，有力地冲击这些传统观念的堤坝，打开了大力发展商品经济的缺口，企业逐步由生产型转为生产经营型。在这场伟大的社会变革中，广大青年首先抛弃了“重工抑商”等传统的职业偏见，开始学会用商品经济的观念来审视和评价职业，对新兴的采购、推销、信息、情报等工作倾心向往，不再把择业目光仅盯在生产单位。对服务性行业也表现出前所未有的热情。往日被人歧视的生活服务行业，成了今天青年择业的热门，一些工矿企业的青年职工也有不少人转行或停薪留职，加入第三产业大军。

第三，在评价职业上，政治色彩明显减弱，实惠思想有所增加。过去，在10年动乱的消极影响下，青年评价职业时，往往带有浓厚的政治色彩，羡慕和向往“领导一切的工人阶级”和“无产阶级专政的柱石”解放军。随着对“文革”10年和极左路线的否定，他们在评价职业时，已从单纯政治的角度转到比较重视企业的经济效益和个人的经济收入；不再单纯强调为社会付出劳动，而追求在职业中学到技术，完善自身；不再单纯把就业看成只是谋生的手段，而向往适合自己兴趣的职业，把物质需要和精神需要结合起来。

第四，在职业选择上，对社会、父母和他人的依赖心理正在改变，职业选择的自主性日益强化。多年来，在实行“统包统分”的招工制度下，青年在择业上完全处于被动地位，只巴望国家发给一个“铁饭碗”，企望“好爸爸”给安排一个称心的职业，就业后希望碰上一个好师傅、好领导，以求工作中有个依靠。改革的实践使青年这种依赖心理失去了存在的基础，唤醒了青年自主独立的意识。广大青年已不满足依靠父母退休“顶替”和“归口”就业，而希望依靠自己的力量，按照自己的兴趣去独立谋生。新进厂的青工不满足于围着师傅转，当个好徒弟，而喜欢自己独立干下去。目前在青年中正在兴起的经久不衰的学习热潮，就是青年这种独立自主意识的有力证明。

第五，在职业流向上，“终身制”“铁饭碗”的观念开始动摇，青年中呈现出多方面的职业变动。过去，把参加工作往往看成一次性就业，把自己的工作看成是终生的职业，唯一的职业。现在随着合同制、聘任制的实行和人才流动的提倡，许多青年对职业并不抱着“一条路走到黑”的思想，他们一旦发现本单位的前景不佳，或出现其他不如意的事情，如工作环境、人际关系、生活条件、晋升机会等原因，就会毫不犹豫地要求调动工作。还有一部分青年在从事自己本职工作的同时，利用业余时间和精力兼做其他工作。如一些青年知识分子业余时间从事咨询、授课、翻译、编辑等工作；一些有技术特长的青年，业余时间搞修理、加工、服务性工作等。

此外，当代农村高中生职业需要也出现了一些新特点。首先，职业选择的范围比过去广阔。过去农村学生毕业了，只有回乡务农这一条路可走，根本不存在职业选择问题。最近几年来，由于党的各项改革政策在农村的贯彻执行，广大农村正从自给半自给经济向商品生产转化，从传统农业向现代化农业转化。多种经营的发展，出现了许多专业村、专业户；乡镇企业的兴起，需要招收不少工人和管理人员；城市第三产业的发展，吸引招收了不少来自农村的职员、营业员、服务员；等等。总之，随着农村新产业结构的出现，农村的分业分工日益深化，引起了劳动力结构的迅速变化，大批劳动力转向新的生产领域。农村高中毕业生在就业问题上已有工、商、建、运、服、农、林、牧、副、渔等广泛的选择。一般乡镇有近百个工作种类，发达乡镇有数百个工种。这说明，当代农村青年学生的就业范围已十分广阔。其次，对未来职业的抱负水平大大提高。过去回乡务农最高的追求不过就是当个“好社员”，或寻找机会“农转非”或提拔为社队干部，农业生产是单一的种植业，并且大都是体力劳动，不可能学技术、学管理。因此，农村青年的职业抱负水平很低。现在情况不同了，有的打算毕业后进乡镇企业，两年后考取电大，5 年后成为技术员，10 年后成为工程师；有的想成为副业专业户，成为机械化养鸡能手；有的要成为果林专家或苗圃花卉专家；有的要开办个体商店或工厂；还有的自学管理知识，准备当一名乡镇企业家。可见当代农村青年学生的职业需要及其抱负水平是大大提高了。

(三)健康和娱乐的需要

青年人正处在长身体的时期，十分关心自己的身体强健、体态匀称等生理方面的健康，也非常关心智力发育和精神生活等心理方面的健康，渴望有丰富多彩的文娱、体育活动来充实自己的闲暇时间。

闲暇，是相对于工作、劳动而言的，是指当个人从工作岗位、家庭和社会所赋予的义务中解放出来的时候，有快乐的、自由的、轻松的休息的时间。大家有一个习惯的形象的说法，即“八小时之外”。闲暇活动，不管是青年还是中老年都需要，但是青年的这种需要尤其突出，这是由青年的身心特点决定的。青年期是人的身心发展急剧变化的时期，其变化的显著性和深刻程度，是人一生中的其他时期无法比拟的。这个时期在生理上有3个显著的特点：一是体格发育迅速；二是大脑和神经系统发达健全；三是性机能成熟。体格发育迅速，这使青年人总觉得有股使不完的劲，却又容易疲劳，在学习和工作之余需要休息和娱乐来调节。大脑和神经系统发达，则表现为精力充沛，感情丰富，容易激动。仅有单调枯燥的学习和工作，不能使他们的能量释放出来，因此需要丰富的闲暇活动来补充。性机能的成熟，使青年有了恋爱和求偶的需要，而丰富多彩的闲暇活动是他们所需要的良好的必不可少的调节。

青年对闲暇活动的需要，从整体上讲是强烈的、迫切的、一致的；从个体上讲由于每个人的性格、气质、兴趣、能力不同，所处的社会环境、家庭情况和个人文化修养也不同，因此对闲暇活动的需要呈现出多样性和复杂性的特点，归纳起来大体有以下几种类型：

第一类是知识型，其特点是求知欲望强烈，自学成才心切。他们之中有的对自然科学兴趣浓厚，有的对社会科学特别爱好，还有的热衷于学外语。这类青年把闲暇时间大部分用于自学、听课之上，很少参加娱乐活动。

第二类是艺术型，其特点是擅长琴棋书画，注重艺术修养。他们有的喜欢文艺理论或文学创作，有的热爱绘画、书法、篆刻，有的喜欢音乐，业余学习声乐、器乐或作曲，有的潜心于表演艺术、摄影艺术或造型艺术。这类青年希望在自己所热爱的艺术天地中寻找和表现自己的爱和美，抒发自己的思想感情，寄托自己的精神和希望。

第三类是实用型，其特点是讲究实用手艺，注重一技之长。他们之中大部分是能工巧匠，有的会理发，有的会制作家具，有的会维修家用电器，有的对家庭布置装潢感兴趣，有的注重养生之道，有的擅长编织绣花，有的想学烹饪，有的想学缝纫。这类青年把闲暇时间大部分用于钻研技术，为人服务和同行之间的交流和切磋。

第四类是娱乐型，其特点是喜欢文娱体育，注重消遣娱乐。他们有的喜欢听音乐、看电影、看电视，有的乐于跳舞和参加业余演出，有的迷恋打牌、下棋，有的喜欢游泳、滑冰、踢球，有的喜欢郊游，有的热爱集邮，有的喜欢逛商店，遛马路。总之这类青年把自己的闲暇时间主要用于参加热闹、生动、有趣的活动，以玩为主，注重消遣和娱乐。

据调查，知识型的约占 15%，艺术型的约占 10%，实用型的约占 30%，娱乐型的约占 45%。当然各种类型的划分并不是绝对的，其中有的青年是兼有两种以上类型的混合型。可见，青年的闲暇活动以娱乐型的居多，娱乐型之外的其他几种类型，就其主要倾向，主要精力和时间而言，并不排除他们对娱乐的需要。

在青年对娱乐的需要中，近几年兴起了“跳舞热”，1984 年国庆之夜，10 余万青年在天安门广场载歌载舞，这是“跳舞热”的高潮。据北京团市委的调查，青年对跳舞普遍感到有兴趣，但会跳交谊舞的不多，会迪斯科的极少。许多青年希望经常有组织地举办舞会，希望多办舞蹈培训班。大多数青年赞扬集体舞，认为它表现了我国民族风格，文明活泼。可以增进团结、友谊，促进和改善人和人之间的关系，调节情绪，培养感情，使广大青年得到美的享受，有利于身心健康。对交谊舞，较多地视为交际手段，消遣方式。也有一部分认为交谊舞健康、稳重、大方、潇洒、文雅。它能培养人的风度和情操，为人们提供交往和相互了解的机会。对迪斯科虽然人们的看法不一致，但不少青年认为它节奏较快、动作幅度大，给人以强烈的时代感，适合青年跳。可见青年对跳舞这种娱乐形式非常感兴趣。

为了满足青年的健康和娱乐的需要，社会各界应该积极地创造条件。首先，要大力发展文化基础设施。在城市规划和建设上，不仅要考虑商业网点覆盖率、学校、幼儿园的覆盖率和绿色面积的覆盖率，也要考虑文化娱乐设施的覆盖率，做到丰富多样，均衡分布。除了供全体人民需要的影剧院、文化宫、俱乐部之外，应有青年宫，青年俱乐部、青年舞厅等专门设施。其次，要加强对闲暇时间的科学组织管理，建立有关科研机构，做好对青年的“八小时以外”业余生活的指导和咨询。再次，各级团组织要组织青年成立一些非专业性的文学、艺术、新闻、体育社团。如各种文学社、诗社、记者团、通讯社、文工团、艺术团、足球俱乐部，以及书画、摄影、音乐、武术、舞蹈、棋类、集邮、桥牌等协会。这类社团的宗旨是活跃业余生活，开阔知识视野，娱乐身心，陶冶性情，增进友谊。把青年的闲暇生活纳入健康发展的轨道。

(四)恋爱和婚姻的需要

青年期正是解决恋爱、婚姻问题，建立家庭的阶段。常言说“男大当婚，女大当嫁”，这正是青年恋爱婚姻需要的反映。人在进入青年发育期以后，性机能逐渐成熟。这时位于大脑的“下丘脑”部位中的性中枢神经细胞开始活跃，促使脑垂体的一部分——腺垂体分泌促性腺激素，于是引起了人的生殖器官中的性腺(男性的睾丸和女性的卵巢)的发育，并分泌性激素。这时，女孩有了月经，男孩出现遗精。第一性征的变化引起了第二性征的变化，在外部形态上呈现出男女性别的显著差异。青春期的生理变化，引起了心理的变化，这里主要是指性意识的发展。青春期性意识的发展主要表现在两个方面：一是自身性感体验的获得；二是对异性的吸引开始产生。青春期对异性十分关注，从内心深处感到异性吸引的存在，总是以直接的或间接的方式接近异性，探索异性的秘密，或以各种方式引起异性的注意，并逐渐产生一种追求异性的需要。由此可见，性机能的成熟和性意识的发展是青年产生恋爱婚姻需要的生理和心理的基础。

然而，人类的两性关系不是纯粹的自然属性的关系，它还融入了深刻的社会内容，具有鲜明的社会属性。性爱确系产生爱情的自然前提条件，但它不是唯一的条件，人的恋爱和婚姻必须受社会条件的制约。列宁在批判爱情观上的“杯水主义”时指出：“在性生活上，不仅应该考虑到单纯的生理上的要求，而且应考虑到文化上的特征。”①爱情婚姻作为两性间的一种特殊关系，确实是人类发展到一定历史阶段的产物，并且随着人类社会的发展而不断变化其形式。人类婚姻、家庭发展史上相继经历过的群婚制、对偶婚制、一夫多妻制、一夫一妻制等几种不同的婚姻形式，就充分说明了这一点。人类的恋爱、婚姻、家庭关系无不受社会历史条件的制约，因此，任何社会青年的恋爱婚姻的需要都必然带有鲜明的时代特点。

那么，我国当代青年恋爱婚姻的需要具有什么特点呢？新中国成立30多年来，随着我国政治、经济形势的变化和发展，特别是20世纪70年代末从农村兴起的，进而发展到全国城乡各地的经济体制改革的深入发展，随着社会生产的巨大发展以及城乡人口的加速流动，社会主义商品经济和都市化建设的发展，人们的生活方式和恋爱婚姻观念也发生了深刻的变化，青年的恋爱婚姻的需要也产生了一些新的变化，概括起来有以下几个特点。

首先，在择偶的标准上逐渐从谋求某种政治的或经济的考虑，转

---

① 蔡特金：《列宁印象记》，北京：生活·读书·新知三联书店，1979年版，第69页。

到重视“以爱情为基础”上来。从新中国成立初期到现在，中国青年在选择配偶上经历了“政治联姻”“经济恋爱”和“情爱恋爱”三个曲折的历程。在五六十年代以至整个“文革”期间，由于当时政治形势的影响，“唯成份论”“血统论”给青年的恋爱婚姻问题抹上了政治色彩，青年择友觅偶十分重视社会政治背景和对方的政治条件，带有浓厚的“政治联姻”的特点。粉碎“四人帮”之后，人们从“政治运动”和“以阶级斗争为纲”的痛苦中解放出来，青年在择偶方面自然也就抛弃了过去的那些“政治”条件。由于我国长期以来封建世俗思想的影响，在一部分人的心目中婚姻历来是财和物的附属品，这时在抛弃了“政治”条件之后，“金钱、财物”的条件又成了部分青年的择偶的主要标准，甚至“买卖婚姻”在一些地区又出现了。1980 年以后，随着改革的深入，经济形势的好转，人民生活水平的提高和社会主义精神文明建设的发展。青年的择偶标准，政治和经济的因素逐渐降到次要地位，而把对方的人品、素质、相貌放到了首位。从而逐渐把爱情作为恋爱婚姻的基础。还必须看到，尽管青年择偶有了很大的自由，但从大多数青年来看，实质上还是“同质婚姻”，选择对象往往局限在相同民族、相同家境、相近学历、相等的社会阶层、相似的职业的范围内。这仍然是我国处在社会主义初级阶段这个国情决定的。

其次，在男女双方结识和缔结婚姻的方式上，反对“包办”，追求“自主”和“社会化”。男女双方结识的途径反映着社会的开化程度和婚姻当事人的自主程度。解放以前，绝大多数青年的婚姻是靠“父母之命，媒妁之言”，“父母包办”是主要的婚姻形式。20 世纪 50 年代以后，一代青年从封建桎梏中解放出来，反对包办婚姻，这种婚姻形式逐年下降，以致在城市中基本绝迹。但是至今为止，青年人仍以“介绍婚”为主。“介绍婚”，即由亲戚、朋友牵线搭桥，双方结识后经过自由交往，自主决定是否缔结婚姻。这虽然是一种“自主婚姻”，但它有很大的局限性，因此现在的青年已经不满足这种结识方式，他们希望这种“介绍婚”的“中间媒介”更为社会化，即不仅限于家长和亲戚的介绍，而主要应由同学、同事、朋友、组织和社会上的“婚姻介绍所”来介绍，这样选择的范围更大，可结识选择的对象更多。进而青年们更希望通过各种社交活动，自己更广泛地接触异性，使恋爱的自由度和婚姻的自主度更高。

再次，结婚时间由早婚型向晚婚型发展。科学的发展，社会的进步，使得青年完善自身、成为社会合格成员的进程变得复杂了。青年人在面临多种人生课题，进行多种道路选择的时候，不得不把主要精力和时间、钱财花在学习和事业上。同时由于我国人口政策、新婚姻法的制定，使得越来越多的青年认识到晚婚、晚育的重要性。这些都使得青年冲破了“早婚早育早享福”的传统习俗的束缚，坚持实行晚婚、晚育。据中国社会科学院社会学研究所的调查，我国女青年平均初婚年龄逐渐提高。如下表：

	40 年代	50 年代	60 年代	70 年代	80 年代	90 年代
城市	19.2	20	21.5	23.1	24.8	25.4
农村	18.3	18.7	19.3	20.3	22.1	22.5

此外，青年晚婚率也在稳步提高。我国规定，男性 25 岁以后，女性 23 岁以后结婚为晚婚。70 年代，全国晚婚率是 16.3%，1979 年达到 52.9%，1984 年为 58.86%(其中城市晚婚率为 73.08%，农村晚婚率为 53.2%)，1984 年城市晚婚率最高的是上海市，为 97.26%，1984 年农村晚婚率最高的是河南省，上述材料说明了我国青年对结婚年龄的意向，晚婚是当代青年恋爱婚姻需要的又一个特点。

不可否认，在我国青年的婚恋生活中也存在着一些社会问题。比如：青年的离婚率有所上升；偏僻山村还有童婚和早婚现象；农村还有大量的大龄未婚男青年；在西方“性解放”思潮的影响下，婚前性行为，未婚先孕而人工流产的现象也时有发生。

我国当代青年恋爱婚姻需要的新特点以及存在的问题，必须引起社会各界特别是共青团组织的重视。我国是一个人口年轻型的国家，现有15—29岁的青年2.92亿人，占全国人口总数的28.33%，这是一个庞大的人力资源，他们的婚恋需要以及其他一切需要解决的如何，不仅关系到这一代人生活和生产，同时也关系到下一代人口的再生产和社会物质财富的再生产，关系到中国未来的前途和命运。

为人民服务的人生观的形成和发展*

为人民服务的人生观，是在现代大工业所造成的历史条件下，在马克思主义科学世界观的指导下，批判地继承了历史上各个被剥削、被压迫阶级进步人生观的优良传统，在无产阶级长期的革命斗争实践中形成和发展起来的。它由马克思、恩格斯创立，经过列宁、斯大林以及以毛泽东同志为代表的我国老一辈无产阶级革命家的丰富和发展，形成了系统的科学的理论体系。

一、马克思、恩格斯的创立阶段

马克思主义人生观的形成，与马克思主义科学世界观一样，经历了一个从唯心主义到唯物主义、革命民主主义到共产主义的转变过程。这个过程，从马克思在中学毕业时写的论文《青年在选择职业时的考虑》开始对人生问题发

* 此文和其后的《为人民服务人生观的客观依据》《为人民服务人生观的内容和要求》《树立为人民服务人生观》是国家教委组织编写的《人生的理论与实践》一书作者撰写的第六讲的一、二、三节，中国人民大学出版社，1989年出版。

表议论算起，到标志其唯物史观基本思想形成的《关于费尔巴哈的提纲》和《德意志意识形态》提出了关于人的本质的科学论断为止，大体经过了十年左右的时间。

17 岁的马克思在中学毕业论文中，表明他已经树立了为人类幸福献身的崇高志向。选择职业问题，是青年重大人生课题之一。马克思围绕这个问题发表了一系列的议论，比如：青年选择职业的严肃性，要克服虚荣心、好高骛远和轻率举动，要考虑自己的兴趣、能力和身体条件，要有远大理想和牺牲精神，要考虑理想和现实、个人和人类的关系，等等。并且明确指出："我们在选择职业时所应遵循的主要指针，是人类的幸福和我们的自我完善。"[①]当时马克思的世界观虽然还是唯心主义的，但对选择职业的考虑，却反映了他不同凡响的抱负。"为全人类谋福利""为全人类做牺牲"，这是青年马克思人生观的萌芽。

马克思大学毕业后，放弃了做教授、学者的念头，到《莱茵报》编辑部工作，直接投身于现实政治斗争。差不多与此同时，恩格斯到柏林服兵役。这时，马克思和恩格斯已经成为革命民主主义者，积极支持并参加了反对普鲁士专制制度的斗争。他们虽然参加了青年黑格尔派的"博士俱乐部"活动，世界观还是唯心主义的，但在许多问题上与青年黑格尔派存在着严重分歧。1843 年初，马克思离开《莱茵报》，迁居巴黎，出版《德法年鉴》。当时法国工人运动发展较快，马克思居住在工人住宅区，经常深入工人群众中调查工人生活和斗争情况。此时，马克思实现了向辩证唯物主义和共产主义的转变。差不多这个时

① 《青年在选择职业时的考虑》，见《马、恩、列、斯论青年》，北京：中国青年出版社，1980 年版，第 70 页。

候，恩格斯前往英国的曼彻斯特，在他父亲的工厂里工作，他看到了不同阶级的尖锐矛盾和工人阶级生活状况的日趋恶化。此时，恩格斯在深入工人阶级和研究政治经济学过程中也实现了两个转变。1845年1月，法国政府在德国反动政府的要求下，把马克思驱逐出巴黎。于是马克思流亡到布鲁塞尔，不久恩格斯也到了那里。同年4月，马克思写了《关于费尔巴哈的提纲》，恩格斯称其为“包含着新世界观天才萌芽的第一个文件”。马克思和恩格斯合写了《德意志意识形态》，从根本上批判了费尔巴哈和一切旧唯物主义的局限性，标志着历史唯物主义的创立。在《提纲》中，马克思在批判费尔巴哈的基础上，明确提出了关于人的本质的科学论断：“人的本质并不是单个人所固有的抽象物。在其现实性上，它是一切社会关系的总和。”[①]这一论断不仅具有本体论的意义，而且具有方法论的意义。它告诉我们研究人的本质，不是研究抽象的人类本质，而是研究现实、具体的、活生生的人的本质。就是说，研究人的本质问题，必须把人放到特定的历史条件下和具体的社会关系中来考察。这一基本观点奠定了马克思主义人生观的理论基础。

后来，恩格斯在《英国工人阶级状况》德文版第二版序言中指出，早期著作中的共产主义曾设想，“把连同资本家在内的整个社会从现存关系的狭小范围中解放出来”，尽管这个设想在抽象的意义上是正确的，然而在实践中、在多数情况下不仅是无益的，而且是有害的。马克思主义是无产阶级争取解放的革命斗争学说，具有强烈的阶级性。它号召全世界无产者联合起来，为推翻资本主义制度，实现共产主义而奋斗。从这个意义上说，资本家不是解放的对象，而是打倒的

① 《马克思恩格斯选集》第1卷，北京：人民出版社，1972年版，第18页。

对象，因此从人生观角度来说，不应提“为全人类谋福利”，而应提“为无产阶级和广大劳动人民谋解放”。马克思主义人生观的形成的标志是《共产党宣言》，马克思和恩格斯在《共产党宣言》中深刻指出：“过去的一切运动都是少数人的或者为少数人谋利益的运动。无产阶级的运动是绝大多数人的、为绝大多数人谋利益的独立、自觉的运动。”①“为绝大多数人谋利益”，这不仅是无产阶级革命运动的宗旨，同时也是无产阶级的人生观。至此，马克思主义人生观基本形成。

二、列宁、斯大林的发展阶段

19 世纪末 20 世纪初，世界进入了帝国主义和无产阶级革命的时代。列宁和他的战友们在马克思、恩格斯逝世以后，坚持和捍卫马克思主义基本原则，回答了时代提出的新问题，领导俄国人民取得了十月社会主义革命的伟大胜利。在无产阶级革命斗争实践中，列宁把马克思主义发展到了一个新的阶段，同时也发展和丰富了马克思主义人生观。

1903 年，列宁在《俄国社会民主工党第二次代表大会关于对待青年学生的态度问题的发言》中指出：“我们的主要目的是锻炼严整的革命人生观。”②十月革命前，主要任务是动员和组织工人和革命青年投身到无产阶级夺取政权的革命斗争中来。因此，列宁这里讲的“严整的革命人生观”，就是指为无产阶级革命胜利而斗争。这个思想比马克思的“为绝大多数人谋利益”更加具体化，更符合当时俄国革命的实际需要。1905 年，列宁在谈到无产阶级文学为谁服务时指出：“它不

① 《马克思恩格斯选集》第 1 卷，北京：人民出版社，1972 年版，第 262 页。
② 《列宁全集》第 6 卷，北京：人民出版社，1959 年版，第 463 页。

是为饱食终日的贵妇人服务，不是为百无聊赖，胖的发愁的‘几万上等人’服务，而是为千千万万劳动人民服务，为这些国家的精华、国家的力量、国家的未来服务。”[①]这里列宁从文艺这个侧面提出了“为人民服务”的思想。十月革命胜利以后，俄国党的任务主要是号召和发动人民保卫新生的无产阶级政权和努力学习、积极参加社会主义建设。1920 年 5 月，列宁在《从莫斯科—喀山铁路的星期六义务劳动到全俄星期六义务劳动》中提出：“我们要消灭‘人人为自己，上帝为大家’这个可诅咒的常规，克服那种认为劳动只是一种负担，凡是劳动都应当付给一定报酬的习惯。我们要努力把‘人人为我，我为人人’和‘各尽所能，各取所需’的原则灌输到群众的思想中去，变成他们的习惯，变成他们的生活常规。”[②]这里所说的“人人为我，我为人人”的原则，就是列宁对马克思主义人生观的新发展。1920 年 10 月，列宁在俄国共青团第三次代表大会上发表长篇演说——《青年团的任务》。在这篇演说中，列宁十分明确并且反复强调了青年团的任务“就是要学习。”[③]而学习的内容，列宁首先强调的是共产主义道德问题。他说：“应该使培养、教育和训练现代青年的全部事业，成为培养青年的共产主义道德的事业。”[④]并且指出：“我们的道德完全服从无产阶级阶级斗争的利益。我们的道德是从无产阶级阶级斗争的利益中引申出来的。”[⑤]列宁还进一步分析了共产主义道德与旧社会道德的原则分歧。

① 《列宁全集》第 31 卷，北京：人民出版社，1958 年版，第 104 页。
② 《列宁选集》第 1 卷，北京：人民出版社，1972 年版，第 650 页。
③ 《列宁选集》第 4 卷，北京：人民出版社，1972 年版，第 344 页。
④ 《列宁选集》第 4 卷，北京：人民出版社，1972 年版，第 351 页。
⑤ 《列宁选集》第 4 卷，北京：人民出版社，1972 年版，第 352 页。

指出旧道德依据的原则是“只关心自己，而不顾别人”，[①] 共产主义道德是“为人类社会升到更高的水平，为人类社会摆脱劳动剥削制度服务的”。[②] 由此可以认为，列宁所主张的人生观，就是“人人为我，我为人人”“为千千万万劳动人民服务”和“为人类社会摆脱劳动剥削制度服务”。

列宁逝世后，斯大林成为苏联党和国家的主要领导人。从 1924 年到 1953 年，在斯大林的领导下，苏联完成了工业、农业和商业的社会主义改造，取得了反法西斯战争的伟大胜利，战后进行了经济恢复和发展，把社会主义建设推向前进。无论是战争时期还是和平建设时期，斯大林都非常重视对青年的人生观教育，从而发展了马克思主义人生观。

1925 年，斯大林在《致苏联无产阶级大学生第一次全国代表会议》的信中指出，“要竭力使无产阶级大学生成为社会主义经济和社会主义文化的自觉建设者”，“他们进行建设的使命不是为了剥削劳动者以满足一小撮富人的私利，而是为了解放劳动者，反对一小撮剥削者”。[③] 可见，在社会主义经济建设时期，斯大林所强调的人生观，就是“为了解放劳动者”。斯大林对马克思主义人生观的贡献还表现在他第一个提出集体主义的概念，并把集体主义作为人生观的原则，同时他还辩证地看待个人利益和集体利益的关系，指出：集体主义、社会主义并不否认个人利益，而是把个人利益和集体利益结合起来。这些都是马克思主义人生观在社会主义条件下的丰富和发展。

---

① 《列宁选集》第 4 卷，北京：人民出版社，1972 年版，第 354 页。
② 《列宁选集》第 4 卷，北京：人民出版社，1972 年版，第 355 页。
③ 《斯大林全集》第 7 卷，北京：人民出版社，1958 年版，第 72 页。

三、我国老一辈无产阶级革命家的发展阶段

十月革命一声炮响，给中国送来了马克思列宁主义。1919年的五四运动标志着中国工人阶级开始登上了政治舞台。1921年中国共产党的诞生，使中国革命为之一新。半个多世纪以来，我国老一辈无产阶级革命家毛泽东、周恩来、刘少奇、朱德、邓小平等在领导新民主主义革命和社会主义建设的伟大实践中，把马列主义的普遍真理同中国革命和建设的具体实践相结合，创造性地发展了马列主义，同时也丰富和发展了马克思主义人生观。

毛泽东思想对马克思主义人生观的最大贡献，就是把人生观精辟地概括为："为人民服务。"毛泽东同志在《为人民服务》一文中指出："我们的共产党和共产党所领导的八路军、新四军，是革命的队伍。我们这个队伍完全是为着解放人民的，是彻底地为人民的利益工作的。"①他在《一九四五年的任务》中进一步强调："我们一切工作干部，不论职位高低，都是人民的勤务员。我们所做的一切，都是为人民服务。"在《论联合政府》一文中，再次指出："紧紧地和中国人民站在一起，全心全意地为中国人民服务，就是这个军队的唯一宗旨。"②此外他还在《纪念白求恩》《愚公移山》《在延安文艺座谈会上的讲话》《关于正确处理人民内部矛盾的问题》等一系列著作中，集中论述为了全心全意为人民服务的思想，强调了它是一个根本的问题、原则的问题、宗旨的问题，指出了它是每个革命者一切言论和行动的出发点和归宿。其他老一辈无产阶级的革命家，如周恩来、刘少奇、朱德、邓小

---

① 《毛泽东选集》(合订本)，北京：人民出版社，1968年版，第905页。

② 《毛泽东选集》(合订本)，北京：人民出版社，1968年版，第940页。

平、陈云等也都对为人民服务的人生目的做过论述。1943年周恩来同志在《怎样做一个好的领导者》一文中首先强调，“要有确定的马列主义世界观和革命人生观”。① 周恩来同志在1946年鲁迅逝世十周年纪念会上，号召全国人民“要诚诚恳恳、老老实实为人民服务”，“应该像一条牛一样努力奋斗、团结一致，为人民服务而死。”②这是对他所说的“革命人生观”的最好说明，也是他为人民服务、“鞠躬尽瘁，死而后已”的革命一生的生动写照。

我国进入社会主义革命和建设时期以后，毛泽东等老一辈无产阶级革命家一贯倡导全心全意为人民服务的思想，先后树立了雷锋、王杰、焦裕禄等为人民服务的先进典型。社会主义道德风尚蔚然成风，成为推动社会主义革命和建设不断发展的强大精神力量。遗憾的是，“文化大革命”的十年动乱中，完全把人们的思想搞乱了，因而在粉碎“四人帮”之后的一段时间里，又出现了否定“为人民服务”思想的错误思潮。针对这种情况，以邓小平同志为首的党的第二代领导班子在抓社会主义物质文明的同时，十分重视社会主义精神文明的建设，坚持和捍卫并且丰富和发展了为人民服务的思想。邓小平同志说：“我们在新民主主义革命时期，就已经坚持用共产主义思想体系指导整个工作；用共产主义道德约束共产党员和先进分子的言行；提倡和表彰‘全心全意为人民服务’，‘个人服从组织’，‘大公无私’，‘毫不利己、专门利人’，‘一不怕苦，二不怕死’。现在已经进入社会主义时期，有人居然对这些庄严的革命口号进行‘批判’，而这种荒唐的‘批判’不仅没有受到应有的抵制，居然还得到我们队伍中一些人的同情和支

① 《周恩来选集》上卷，北京：人民出版社，1980年版，第128页。
② 《周恩来选集》上卷，北京：人民出版社，1980年版，第241页。

持。每一个有党性、有革命性的共产党员，难道能够容忍这种状况继续下去吗？”[①]“搞社会主义建设，实现四个现代化，同样要在党的领导下，大大发扬这些精神。如果一个共产党员没有这些精神，就决不能算一个合格的共产党员。不但如此，我们还要大声疾呼和以身作则地把这些精神推广到全体人民、全体青少年中间去，使之成为中华人民共和国的精神文明的主要支柱。”[②]

从马克思、恩格斯提出“为绝大多数人谋利益”，到列宁提出“为千千万万劳动人民服务”，再到毛泽东精辟地概括为“为人民服务”，大体反映了马克思主义人生观形成、发展和完善的过程。

---

① 《邓小平文选》第二卷，北京：人民出版社，1994年版，第367页。

② 《邓小平文选》第二卷，北京：人民出版社，1994年版，第368页。

为人民服务人生观的客观依据

人生观作为一种意识形态，乃是上层建筑的一部分。因此，人生观不是自行产生和孤立存在的，而是被社会存在和经济基础所决定的。当然，人生观的形成还会受到一定社会的政治、法律、文化、宗教和世界观等上层建筑其他形式的影响。但是，这种思想关系的影响比起物质关系的决定作用来看，毕竟是第二位的。因此，从根本上说，人生观是人们所处的一定社会历史条件和生产关系的产物。

为人民服务的人生观，是在现代大工业所造成的社会历史条件下，在无产阶级长期的革命斗争实践中形成和发展起来的。在社会主义制度建立之后，是社会主义经济关系，即生产关系的客观要求。

资本主义社会造成了近代大工业，造成了与大工业血肉相连的无产阶级。资本主义的生产方式是以剥削雇佣劳动者维持的。靠出卖自己劳动力的无产者，在资本主义大工业中担负着全部紧张而繁重的劳动，同时又受着资产阶级的剥削和压迫。这样的经济条件和社会地位，使无产阶级从阶级对立中，从社会化大生产与生产资料私人占有制的尖锐矛盾中，逐步产生了仇视资产阶级和资本主义制度的感情，孕育着消灭一切剥削阶级和剥削制度，建立没有剥削和压迫的新社会的愿望，并在反抗资产阶级剥削和压迫的斗争实践中，逐步培养起了阶级意识和斗争精神，从"自在的阶级"变为"自为的阶级"。无产阶级是人类历史上最后一个阶级，它的历史使命，是要推翻一切剥削阶级，消灭一切剥削制度，在地球上建立一个没有剥削和压迫的共产主义社会。无产阶级又是与大机器生产相联系的最进步、最团结、最有纪律、最革命的阶级。它的阶级地位决定了只有解放全人类，才能最后解放无产阶级自己。无产阶级的阶级地位和历史使命决定了无产阶级的阶级本质是大公无私的。无产阶级的阶级本质表现在人生观上就是为绝大多数人谋利益，就是为人民服务。为人民服务的人生观是与以生产资料公有制为基础的社会生产关系相适应的，但它却产生于资本主义社会的无产阶级身上。这是因为无产阶级是先进生产力和生产关系的代表者，是"代表着现状的变革，代表着未来的"。

现在，我国已经建立了社会主义公有制为主体的经济，它所包含的国有经济和集体经济，都是同剥削者私有制经济根本对立的。虽然目前还存在个体经济、私营经济和中外合资、合作企业、外资企业，但它们都是社会主义经济的有益的、必要的补充，决不会削弱社会主义公有制经济的主体地位。社会主义公有制经济是我国社会生产关系的主流和本质，同时也代表了社会主义发展的方向。社会主义公有制经济从根本上消灭了剥削和压迫，每个劳动者都不是为剥削者而劳动，而是在为社会、为他人，同时也为自己而劳动。各行各业的劳动者，只是社会分工的不同，而没有高低贵贱之分。在整个社会生产过程中形成了平等的互助合作的关系。在分配方式上，与坚持公有制为主体，发展多种经济成分的所有制形式相联系，也坚持了以按劳分配为主体的多种分配形式。就按劳分配这种为主的分配形式而言，劳动产品已不再为剥削者无偿占有，而是在社会做出必要的扣除之后，根据每个劳动者付出劳动的数量和质量进行分配。社会主义的生产关系，决定了个人、集体和国家三者的利益是根本一致的。社会主义公有制为主体的经济基础，决定了上层建筑中的意识形态必然是以社会主义集体主义为核心，反映到人生观上必然是为人民服务的人生观。它体现了社会主义经济基础的客观要求，反映了社会主义社会人和人之间的新型关系。

为人民服务人生观的客观依据，除了社会主义经济基础的客观要求之外，还有一个重要依据，这就是：人民群众是历史的创造者。

社会生产方式的发展，社会形态的更替以及社会意识的进步等，都是有目的有意识的人所参加的，都是社会的人活动的结果。没有社会的人，就没有社会的一切，就没有人类历史。社会的发展过程，就是社会的人创造历史的过程。这是一个简单的常识。如果进一步探究，在历史上活动的一切人中，归根到底谁是历史的创造者？对这个问题的回答，历来存在着两种历史观的对立。唯心史观认为，少数帝王将相、英雄豪杰的意志可以决定历史进程，人类历史就是由这些“大人物”随心所欲地创造的。这种英雄史观，反映到人生观上，必然是忠君主义或个人主义的人生观。唯物史观认为，人民群众是历史的创造者，是推动历史前进的决定力量，是历史的真正主人。这种群众史观，反映到人生观上，必然是为人民服务的人生观。因此，人民群众创造历史的决定作用，是为人民服务人生观的又一个客观依据。人民群众创造历史的决定作用，全面地体现在社会生活的各个方面。

首先，人民群众是社会物质财富的创造者。马克思、恩格斯指出：“人们为了能够‘创造历史’，必须能够生活。但是为了生活，首先就需要衣、食、住以及其他东西。因此第一个历史活动就是生产满足这些需要的资料，即生产物质生活本身。”人民群众创造了人类社会的一切物质财富。人们世世代代的生活资料，以及生产资料，都是人民群众辛苦劳动的成果。没有人民群众从事生产活动，就不能解决人们的物质生活问题，人类就不能生存，更谈不上从事政治、科学、文化、艺术等其他社会活动，也就无所谓人类社会生活和社会历史的发展。因此，社会发展史归根到底是生产、生产方式发展的历史，同时也就是物质资料生产者即劳动人民群众的历史。人民群众之所以是人类历史的创造者，最根本的就在于，它是社会发展的最终决定力量——社会生产力的体现者，是推动历史前进的最伟大的客观物质力量。

其次，人民群众也是社会的精神财富的创造者。人民群众从事生产活动所提供的物质生活资料是创造精神财富的物质基础。人们只有解决了衣食住行等基本物质生活资料，才可能从事政治、科学、艺术及其他社会活动。人民群众的实践活动，是一切精神财富的源泉。科学的产生和发展起源于和依赖于劳动人民的生产经验。文学艺术的创造同样以人民群众的生活和斗争为源泉。就是作为精神财富生产的重要工具的语言，也是人民群众的创造，丰富生动而浩瀚无边的语言海洋存在于人民群众之中。

人民群众在精神财富的创造中所起的作用，不仅表现在为思想家、科学家和艺术家的精神生产创造了物质前提，提供了丰富原料，而且表现在许多普通群众还对这些原料做了初步的加工，甚至直接创造出精神财富的珍品。且不说许多杰出的思想家、科学家、艺术家本身就属于人民群众的范畴之中，就是历史上许多优秀的建筑、雕刻、绘画、诗歌、音乐、舞蹈的创造，许多科学技术的发明，也都直接出自劳动人民之手。

最后，人民群众还是变革社会的决定力量。人民群众不仅以平时的辛勤劳动，创造了人类的物质文明和精神文明，而且以社会大变革时期的革命精神和历史主动性，推动了社会形态由低级向高级的飞跃。在阶级社会的历史上，生产关系的根本变革，社会制度的新旧更替；都是通过人民群众起来推翻反动统治阶级的社会革命来实现的。人民群众是社会革命的主体，一切真正的革命运动，实质上都是劳动人民自己起来摧毁那些腐朽的社会制度的斗争。奴隶起义的英勇斗争，冲垮了奴隶主的反动统治，为新兴地主阶级的上台创造了有利条件；无数次农民起义和农民战争，使封建王朝土崩瓦解，为资本主义的兴起铺平了道路；无产阶级各种形式的斗争直到暴力革命，埋葬了资本主义制度。我国的无产阶级和广大人民群众前赴后继，英勇斗争，推翻了帝国主义、封建主义和官僚资本主义三座大山，取得了新民主主义革命的彻底胜利。这实际上就是人民战争和人民革命的胜利，充分显示了我国无产阶级和人民群众创造历史的伟大作用。

综上所述，人民群众是社会物质财富和精神财富的创造者，是推动历史前进的决定力量。正如毛泽东所指出的："人民，只有人民，才是创造世界历史的动力。"①正因为如此，毛泽东才一贯倡导把为人民服务作为共产党员、共青团员和广大革命者一切行动的宗旨，才把为人民服务作为一种人生观而加以提倡。

历史唯物主义的群众史观坚持人民群众是历史的创造者，不仅不否认个人在历史发展中的作用，而且对人民群众的肯定本身，就内在地包含了对包括历史人物在内的个人作用的肯定。既强调人民群众对

① 《毛泽东选集》(合订本)，北京：人民出版社，1968 年版，第 932 页。

历史发展的决定作用，又承认个人对历史的重大影响，这二者是辩证统一的。普列汉诺夫在他著作的《论个人在历史上的作用问题》一文中曾经指出："一个伟大人物之所以伟大，并不是因为他的个人特点，使伟大的历史事变具有个别的外貌，而是因为他所具有的特点使他自己最能为当时在一般的特殊的原因影响下所发生的伟大社会需要服务。卡莱尔在其论英雄人物的著名著作中，把伟大人物称呼为发起人……这是极其适当的名称。伟大人物确实是发起人，因为他的见识比别人的远些，他的愿望比别人的要强烈些。他把先前的社会智慧发展进程所提出的科学任务拿来解决；他把先前的社会关系发展进程所造成的新的社会需要指明出来；他担负起满足这些需要的发起责任。"① 在这里，普列汉诺夫指出了作为历史任务发起者的伟人的两个相互联系的本质特征：第一，他比一般人站得高、看得远，他解决历史任务的愿望比别人强烈；第二，他首先明确指出历史发展进程所造成的新的历史任务，并提出解决任务的可行方案。正因为如此，历史人物才可能对历史的发展产生一定的影响。这些影响概括起来就是：历史人物能决定个别事件早些发生或晚些发生，可以出现也可以不出现；在事变的结局上可以是这样也可以是那样，可以是成功或失败；在历史发展的进程上可以加速或延缓，提前或推迟历史任务的完成。但是，所存这些，纳入历史发展的整个过程来看，仍然不过是对历史发展速度和具体外貌的影响而已。这种作用再大，也绝不能决定历史发展的总趋势。历史人物不仅不是历史发展的决定者，而且他们的活动本身也不能游离于历史必然规律的支配之外，不能摆脱社会历史条件的制

① 《普列汉诺夫哲学著作选集》第 2 卷，北京：生活·读书·新知三联书店，1962 年版，第 378 页。

约性。

历史人物在历史上的作用及其社会制约性，同样适用于无产阶级的革命领袖。无产阶级领袖比起其他历史人物的特殊之点，就在于他们和人民群众的血肉联系。无产阶级群众需要自己的领袖，没有领袖，群众斗争就会陷于自发、摸索和涣散的状态之中。而无产阶级领袖的作用就在于，创立和制定群众革命运动的理论、路线、方针和政策，给群众指明方向；启发和教育群众认识自己的历史使命和阶级力量，使群众的自发斗争变为自觉斗争，由自在的阶级变为自为的阶级；团结和指挥群众参加到无产阶级革命斗争中去争取胜利。这是领袖对群众关系的一个方面。另一方面，也是最为重要的方面，则是领袖必须依靠群众。领袖是从群众和群众运动中产生的，时势造英雄，这时势就包含了群众的革命运动；领袖是群众利益的集中代表者，群众的经济利益集中表现在政治上，领袖只有在政治上代表群众，才能得到群众的拥护；领袖要时刻密切联系群众，如果脱离了群众，他的领导就失去了对象，失去了依靠；领袖要集中群众的正确意见，总结群众的经验，发挥群众的创造性和主动性。总之，领袖必须依靠群众，深入群众，联系群众，关心群众，代表群众的利益，集中群众的智慧，总结群众的经验，反映群众的需求，发挥群众的作用。离开群众，也就无所谓群众的领袖，其历史作用也就无从发挥。

历史人物在历史上的作用及其社会制约性和无产阶级领袖在历史上的作用及其与人民群众的关系，从另一个侧面再次证明，人民群众是真正的英雄，人民群众是社会历史的创造者。为人民服务的人生观，正是基于这样一个客观依据而确立的。

为人民服务人生观的内容和要求

“为人民服务”是对马克思主义人生观的精辟概括。它既是马克思主义人生观的核心和灵魂，又以此为基础构成了人生观的严整体系。为人民服务人生观内涵丰富，容量很大，概括起来有以下三点。

一、站在人民的立场上立身处世

为什么人的问题，是一个根本问题、原则问题、立场问题。为人民服务的人生观，在这个问题上的要求是：要为人民服务，站在人民的立场上观察和处理人生的大是大非问题，规定了人们立身处世的根本原则。

人民，是一个历史的范畴，是一个政治概念，它与敌人相对而言。人民又是一个集合概念，它有量的规定性，它包含人民中的每一个分子，但不是指单个人或某一部分人，而是指居民中的大多数人民群众。同时，它又有质的规定性，它指一切对社会历史起着推动作用的人们，在阶级社会中，包括一切对社会历史起推动作用的阶级、阶层和社会集团。人民这个概念在不同的国家和各个国家的不同历史时期，有着不同的内容。如我国在抗日战争时期，一切抗日的阶级、阶层和社会集团，都属于人民的范围；在解放战争时期，一切反对美帝国主义和官僚资产阶级、地主阶级以及代表这些阶级的国民党反动派的阶级、阶层和社会集团，都属于人民的范围；在社会主义时期，一切赞成、拥护和参加社会主义建设事业的阶级、阶层和社会集团，都属于人民的范围。不管历史的情况如何变化，人民的主体和稳定部分，始终是从事物质资料生产的劳动群众及其知识分子。

什么是立场？立场即立足点，泛指观察事物和处理问题时所处的地位和由此而持的态度。周恩来在新中国成立初期撰写的《关于知识分子的改造问题》一文中，深刻地论述了知识分子的立场问题。他指出，知识分子的立场转变问题，一般要经过从民族立场进一步到人民立场，更进一步到工人阶级立场这样一个发展过程。在社会主义条件下，知识分子要有一个共同立场，这就是为绝大多数人民的最高利益着想的人民立场。他还希望知识分子到工厂去，到农村去，学习工人阶级、劳动人民的思想和立场。[①] 周恩来的这些思想，不仅对老一代知识分子有十分重要的教育意义，就是对今天新一代知识分子仍然有指导意义。当今之中国，知识分子已经是工人阶级的一部分，但这是否意味着我们每一个人在任何问题上，都能始终一贯地自觉地站在工人阶级和人民的立场上来呢？恐怕还不能笼统地肯定回答。现实告诉我们，在严酷的政治斗争中，不讲立场，不辨方向，单凭善良的愿望，就很容易上当受骗，以致铸成大错。可见，立场问题确实是一个大是大非问题。为人民服务的人生观，要求我们观察事物、分析形势、处理问题时，必须站在人民的立场上，一切从人民的利益出发，

① 《周恩来选集》下卷，北京：人民出版社，1984 年版，第 65—68 页。

在思想、感情上、态度上真正站到人民一边，全心全意为人民服务。

人民，是一个抽象的概念。人民的立场，在有些情况下往往很难把握。要解决这个问题，还必须正确认识人民的立场与工人阶级的立场、党的立场的一致性。

我们的国家是工人阶级领导的，以工农联盟为基础的人民民主专政的国家。因此，工人阶级和农民阶级是人民的主体；领导阶级是工人阶级。工人阶级的领导是通过它的先锋队中国共产党的领导来实现的。共产党的领导则是通过党内最有威信、最有影响、最有经验、被选出担任最重要职务而称为领袖的人们所组成的比较稳定的集团即党中央所制定的路线、方针、政策而具体实施的。由此推论，人民的立场与工人阶级的立场、党的立场是一致的。这是从问题的一个方面来讲的，问题的另一个方面，工人阶级的领袖，亦即党中央的领导集体，必须具备以下几个优秀品质：一是要具有革命家和理论家的品格，他们必须能够创立和制定群众革命运动所需要的理论、路线、方针、政策、战略和策略，给人民群众指明正确的方向；二是一切从党、阶级和人民的利益出发，而不是从个人或小集团的利益出发。他们要真正做到一心为公、一切为公，甘心情愿地做人民的公仆。他们全心全意为人民群众谋利益，要富于彻底革命的精神，坚持无产阶级的革命原则，敢于斗争，善于斗争，忠心耿耿，无私无畏，鞠躬尽瘁，死而后已；三是坚持团结，遵守纪律，作风民主，充分信任群众，一切依靠群众，成为坚持民主集中制和群众路线的模范；四是谦虚谨慎，不夸大个人作用，不文过饰非，善于进行批评，勇于自我批评；五是为政廉洁，克己奉公，不贪污腐化，不以权谋私。中国近30年的新民主主义革命和40年的社会主义革命和建设的历史证明，中国共产党坚持全心全意为人民服务的宗旨，是值得全中国人民信赖的领导核心，人民的立场与党的立场是根本一致的。

二、以人民的利益为言行的宗旨

人为什么活着的问题，即人生目的或宗旨，是人生观的核心问题。为人民服务的人生观，把为人民谋利益作为一切言论和行动的宗旨。

人生目的，是人的实践活动的起点，又表现于实践活动的全部过程和最后的归宿。在人的每项具体实践活动中，目的是起点，又是终点。它不仅使行为的动机在意识中有指向地对象化，而且实际地规定着行动的方向，支配着整个行动的过程，又体现于行动终了时所达到的结果。因此，为人民服务的人生目的，既把为人民服务当作人生活动的起点，同时又把它作为归宿。

毛泽东在《纪念白求恩》一文中说："我们大家要学习他毫无自私自利之心的精神。从这点出发，就可以变为大有利于人民的人。一个人能力有大小，但只要有这点精神，就是一个高尚的人，一个纯粹的人，一个有道德的人，一个脱离了低级趣味的人，一个有益于人民的人。"①有人提出，为人民服务的人生观是否只讲出发点，不讲归宿，只讲动机，不讲效果呢？不是的。毛泽东在强调为人民服务的动机时，也十分重视动机与效果的统一。我们是辩证唯物主义的动机和效果的统一论者。为大众的动机和被大众欢迎的效果，是分不开的，必须使二者统一起来。动机，是指激励人们去行动的主观原因，常常以目的、愿望、宗旨等形式表现出来。毫不利己专门利人的精神，为人民服务的人生目的，就是一种动机。效果，是指动机指导下构成行动

---

① 《毛泽东选集》(合订本)，北京：人民出版社，1968年版，第621页。

所产生的后果。动机和效果的关系是辩证统一的。一方面，二者在实践的基础上联系起来，各自包含和体现对方。动机通过实践外化为客观效果；效果一开始就客观地存在于动机之中，并在实践的结果中体现动机。这是动机和效果的一致性；另一方面，动机和效果又是有差别的，不是等同的。人们对变革对象的认识，不仅常常受所处地位、知识水平、认识能力的差别和认识手段的制约，而且还受客观过程的发展规律的制约。因此，动机和效果常常会出现某些不一致的情形。比如"好心办坏事""歪打正着"，说的就是这种不一致的情况。正因为如此，我们在评价人物时要坚持具体问题具体分析。

首先，评价功过是非，既要根据行为的效果，更要根据行为的动机。毛泽东所说的一个人的能力有大小，只要有毫不利己专门利人的精神，就是一个高尚的人，有道德的人，有益于人民的人，他在这里对人的道德善恶的评价，主要依据就是行为的动机。这不但不是"动机论"，相反，正是坚持了动机与效果的辩证统一论。其次，当我们用动机推断效果时，主要依据是动机和效果的中间环节，这就是人的行为。因为再好的动机，如果没有行动去实践，也不会达到预期的效果。我们常说的看一个人不要只看他说了什么，更重要的是要看他做了什么，就是这个道理。白求恩对工作极端负责任，对同志对人民极端热忱，以及对工作精益求精，这正是在毫不利己专门利人动机指导下的实践活动。值得强调的是，当我们用效果推断动机的时候，必须把直接效果与间接效果，目前效果与长远效果结合起来，不能只用眼前的直接的效果如何来推断动机的好坏。我们是无产阶级的革命功利主义者，我们是以最广大群众的眼前利益和将来利益的统一为出发点的革命功利主义者，而不是只看到局部和目前利益的狭隘功利主义者。总之，为人民服务的人生观，把为人民谋利益作为一切行动的宗旨，以人民的利益为出发点和归宿，坚持了动机与效果统一论。

为人民服务的人生观，主张以人民的利益为宗旨，要求我们做到以下几点：

首先，一切言行都要从人民的利益出发，不能从个人或小团体的利益出发。从个人出发，一事当前先自己打算，置阶级的利益和人民的利益于不顾，这是一种自私自利的思想；只注意自己小团体的利益，不考虑人民的利益，是一种放大了的自私自利，同样其有很大的销蚀作用和离心作用。我们要从人民的利益出发，把人民利益放在第一位，个人利益服从人民的利益。

其次，要划清个人利益与自私自利的界限。我们主张以人民的利益为宗旨，不是不要个人利益，而是要反对自私自利的思想和行为。自私自利，是指为了个人或小集团的利益而不顾甚至危害他人和人民的利益的思想和行为。这种自私自利的人，为了达到个人私利，往往不择手段，损人利己，损公肥私，这是我们应该反对的。个人利益是人的正当需要，与自私自利的性质和含义完全不同，二者的界限不容混淆。

再次，要正确处理个人利益与人民利益的关系。为人民服务的人生观，主张人民利益高于个人利益，个人利益服从人民利益，局部利益服从全局利益，眼前利益跟从长远利益。在处理国家、集体、个人三者利益时，要把国家利益、集体利益放在第一位。当个人利益与人民利益发生矛盾，并且二者不可兼得的时候，要自觉牺牲个人利益，保全人民利益。个人利益和人民利益是辩证统一的，二者之间没有也不应该有不可调和的对立。这是因为社会主义并不否认个人利益，而是把个人利益同人民利益结合起来，并且为个人利益的满足创造越来越充分的社会条件。

三、尊重人民群众的主人翁地位

个人与人民群众的关系问题，是人生观的基本问题。为人民服务的人生观，在这个基本问题上明确回答，人民是主人，而我们每一个个人都是人民的勤务员，是人民的公仆。

如前所述，人民群众是历史的创造者，是社会历史的真正主人。在社会主义制度建立之后，人民才摆脱了被剥削、被压迫的命运，确立了在社会中的主人翁地位。为人民服务的人生观，要求我们尊重人民群众的主人翁地位，应该做到以下几点：

第一，热爱人民，与人民群众建立深厚的感情。这是尊重人民群众的主人翁地位，实现为人民服务的前提。人民是哺育我们的母亲。只有在自己的心目中树立起人民至高无上的信念，永远同人民血肉相连，才能产生为人民服务的力量，才能激发为人民利益献身的精神。无数英雄模范人物在人民生命财产受到严重威胁、损害的危急关头，毫不犹豫地挺身而出，奋不顾身地抢救人民的生命财产，根本原因就在于对人民充满着深厚的感情。一个人如果对人民冷漠、轻视，就不可能为人民的利益而献身。“横眉冷对千夫指，俯首甘为孺子牛”应该成为我们的座右铭。

第二，服务人民，成为人民的勤务员。人民是主人，我们自己是公仆，这个位置不能颠倒。在我们社会主义国家中，人们的分工不同，职位不同，但都是人民的勤务员。刘少奇曾对淘粪工人时传祥说过：你是淘粪工人，是人民的勤务员，我当国家主席，也是人民的勤务员。各级领导干部，应该懂得“民可载舟，亦可覆舟”的道理。他们手中的权力是人民给的，是用来为人民服务的工具，而不允许借以谋私、当官做老爷。如果以权谋私，或者反过来欺压人民，必然会失去民心，甚至会被人民群众所唾弃。

第三，关心人民，为人民群众谋利益。要经常深入人民群众之中，关心群众的疾苦，了解群众的愿望。想人民之所想，急人民之所急，帮人民之所需。“先天下之忧而忧，后天下之乐而乐。”切实关心群众的生活，全心全意地为人民谋利益。鞠躬尽瘁，死而后已。

第四，相信人民，支持群众的首创精神。人民是历史的创造者，是推动历史前进的根本动力，“从来就没有救世主，全靠我们自己”。群众中蕴藏着无穷的智慧和力量。群众运动之中经常会出现一些新生事物，要支持群众的这种首创精神，而不能站在对立面指手画脚，批评指责，更不能把群众当“阿斗”，随意“运动群众”。

第五，尊重人民，虚心向人民群众学习。群众是真正的英雄，而我们自己则往往是幼稚可笑的。人民群众是社会实践的主体，一切真知都是从直接经验发源的。群众中有着丰富的经验和实际知识。必须向人民群众学习，遇事同群众商量，甘当群众的小学生。只有做群众的学生，才能做群众的先生，只有先当学生，才能后当先生。

第六，依靠人民，坚持走群众路线。群众路线是党的根本政治路线和组织路线，也是根本的领导方法和工作方法。辩证观点和群众路线是辩证统一的。没有坚定的群众观点，就不可能在工作中贯彻群众路线，反之，单有为人民服务的热情，而没有群众路线的领导方法和工作方法，也不能很好地为人民服务。群众路线，就是一切为了群众，一切依靠群众，从群众中来，到群众中去。

以上从个人与人民群众的关系上，讲了个人应该如何尊重人民群众的主人翁地位的问题。毫无疑问，这是为人民服务人生观的一个重要方面。然而，我们还必须看到另一个方面，即个人在为人民服务的同时，人民也在为个人利益其中包括个人的需要、个人的价值、个人的尊严的实现创造条件。换句话说，当你在为人民服务的同时，人民中的其他成员也在为你服务。

为人民服务的人生观认为人民的利益高于一切，个人应积极主动地促进人民的利益，当人民的利益与自己的利益发生矛盾时，不但不能侵犯人民的利益而谋取私利，反而要做出必要的牺牲以实现人民的利益。在人与人的关系上，它反对只顾自己不顾别人，而强调要时时处处先为别人着想，尽其所能帮助人。

为人民服务的人生观不仅具有深刻的内涵，而且在社会现实生活中，有着多种表现形式。在经济关系上，表现为互利互助，各尽所能，按劳分配，顾全大局，诚实守信，扶困济贫；在政治关系上，表现为人民当家做主，参与社会管理的政治生活和整个社会生活民主化；在思想关系上，表现为高度文明、高度民主的社会主义现代化国家的共同理想，表现为爱祖国、爱人民、爱劳动、爱科学、爱社会主义的道德规范；在个人与社会、个人与他人之间的关系上，表现为人人都是服务对象，人人又都为他人服务，表现为社会对个人的尊重和关心，以及人与人之间关系的和谐，表现为全国各民族人民之间，工人、农民、知识分子之间，军民之间，干部群众之间，家庭内部和邻里之间，以至人民内部的一切相互关系上，建立和发展平等、团结、友爱、互助的社会主义新型关系。

树立为人民服务的人生观

为人民服务的人生观，是科学的、正确的人生观。确立为人民服务的人生观，是党和人民对当代大学生的要求与希望。那么，如何才能确立为人民服务的人生观呢？总的来说，就是认真学习马列主义、毛泽东思想，坚持同社会实践相结合，同工人、农民相结合，不断地从人民的历史创造活动中吸取营养，在社会主义现代化建设中充分发挥自己的聪明才智。这不仅是实现人生价值的根本途径，也是确立为人民服务人生观的必由之路。

一、认真学习马列主义、毛泽东思想

马列主义、毛泽东思想是指导我国社会主义事业的理论基础，也是指导我们每一个人在人生道路上观察事物和处理问题的指导思想。要树立为人民服务的人生观，必须认真学习马列主义、毛泽东思想。

第一，对马列主义、毛泽东思想要全面学习，加强理解，融汇贯通。我们知道，马克思主义是由三个部分组成的，这就是马克思主义哲学、政治经济学和科学社会主义。

马克思主义哲学，即辩证唯物主义和历史唯物主义，是无产阶级的世界观和方法论，是马克思主义学说的理论基础，它给无产阶级指明了摆脱精神奴役的出路，是无产阶级解放的强大思想武器；马克思主义政治经济学是以辩证唯物主义和历史唯物主义来研究人类社会的生产关系的发展规律，特别是分析了资本主义社会的经济发展规律，阐明了无产阶级在整个资本主义制度中的地位，为无产阶级革命提供了理论基础，是马克思主义学说的主要内容；科学社会主义是以马克思主义哲学和政治经济学为理论基础，来论证无产阶级解放运动的规律，也就是从理论上和实践上来说明无产阶级用什么方法和通过什么道路来实现共产主义的伟大理想，是马克思主义哲学和政治经济学合乎逻辑的必然结论。可见，这三个组成部分在马克思主义学说中是统一的、完整的和密不可分的，从而构成了马克思主义严整的科学体系。列宁主义是帝国主义和无产阶级革命时代的马克思主义。毛泽东思想是马列主义的基本原理同中国革命的具体实践相结合的产物。因此，对马列主义、毛泽东思想的学习，就有一个全面学习、加深理解、融汇贯通的问题。切不可把马克思主义三个组成部分割裂开来，孤立起来，也不可把马克思主义、列宁主义和毛泽东思想这三个发展阶段分化开来，对立起来。

第二，要重点学习马克思主义哲学，通过学习它的科学世界观和方法论，学会运用它的立场、观点和方法解决人生道路上的各种实际问题。我们说马克思主义三个组成部分是统一的、完整的和密不可分的，这是就马克思主义严整的科学体系和精神实质所在。但它们又是相对独立的，它们都有各自的研究对象和各自的特殊矛盾，因此各自构成一门独立的学科。哲学是关于世界观的学问，既是理论化、系统化的世界观，同时又是观察、分析和处理各种问题的方法论。因为世界观与人生观密切相连，所以，要树立正确的人生观必须重点学习马克思主义哲学。世界观的对象是整个世界，人生观的对象是作为整个世界一部分的人生；世界观包括人生观，人生观是世界观的组成部分。它们的关系是：一方面，部分影响整体，有什么样的人生观，对人生抱什么态度，往往直接影响对整个世界的看法，在世界观中有着明显的人生观的烙印；另一方面，整体决定部分，世界观在很大程度上决定着人生观，支配着人们对人生道路的选择，贯穿于人们的理想、信念和抱负中，表现在人们对人生目的、人生意义、人生价值等的看法中。总之，人生观离不开世界观，一定的世界观总会体现为一定的人生观。

马克思主义哲学即辩证唯物主义和历史唯物主义，是唯物主义和辩证法的高度统一、唯物辩证的自然观和历史观的高度统一的完整理论体系。这种既唯物又辩证的科学世界观，不仅正确地回答了世界的本质“是什么”和世界的状况“怎么样”的问题，而且揭示了自然界和人类社会历史发展的规律。同时，还提供了观察、分析各种事物的立场、观点和方法。简言之，这个立场就是辩证唯物主义和历史唯物主义的立场，说到底就是无产阶级和人民群众的立场；这个观点就是全面的观点、联系的观点和发展的观点，这些观点在社会领域的运用就是历史的观点、阶级的观点和群众的观点；这个方法就是唯物辩证法，就是主观要符合客观，理论联系实际的方法，就是运用对立统一的法则对事物进行矛盾分析的方法，以及历史的方法和逻辑的方法。运用马克思主义的立场、观点和方法来分析和处理人生道路上所遇到的善与恶、美与丑、荣与辱、苦与乐、公与私、义与利、生与死，以及理想与现实、贡献与索取、权利与义务、目的与手段、个人与社会等各种人生课题，对于树立正确的人生观无疑是十分重要的。

第三，学习马列主义、毛泽东思想要坚持理论联系实际的原则，反对教条主义和实用主义的错误倾向。理论联系实际，首先要认真读书，掌握理论。不然，用什么去同实际联系呢？所以，我们党历来主张系统地、完整地、准确地学习马克思主义基本理论。学习时不能走马观花，浅尝辄止，而应勤于思考，刻苦钻研。但是，学习马列主义、毛泽东思想，一定要密切联系实际，把学习理论同社会主义现代化建设的实际和我们个人的思想实际、工作和生活实际，以及所学的专业紧密结合起来。为了贯彻理论和实际相结合的原则，必须反对教条主义和实用主义的错误倾向。马列主义、毛泽东思想从来不是教条，而是行动的指南。因此，学习时不能寻章摘句、断章取义、咬文嚼字、生搬硬套，而应当学习它的基本原理，把握它的精神实质。

新中国成立后，学习马列主义、毛泽东思想在知识分子中曾受到大力提倡，并且收到了实效。一大批知识分子正是由于学习了马列主义、毛泽东思想，树立了科学的世界观和掌握了正确的方法论，并用于指导自己的人生观，指导自己的工作和业务实践，才在社会主义建设中发挥了巨大作用，做出了突出贡献。比如，我国老一辈著名科学家华罗庚、李四光、竺可桢等，就是通过学习马列主义、毛泽东思想，而走上了一条从爱国主义到共产主义的人生道路的。一大批中年科学工作者如彭加木、蒋筑英、罗健夫等，也正是在马列主义、毛泽东思想的指导下，树立了科学的世界观和正确的人生观，才创造了英雄业绩的。但是，近几年来，由于资产阶级自由化思潮的影响，在知识分子特别是青年知识分子中，学习马列主义、毛泽东思想的风气淡薄了，甚至出现了马列主义、毛泽东思想“过时了”“不灵了”等种种错误论调。相反，一些西方资产阶级的思潮却在青年知识分子中颇为流行。这种极不正常的现象，对青年学生树立正确的人生观，起到消极或阻碍作用。在反思过去和思考未来的今天，在知识分子中特别是在大学生中继续倡导学习马列主义、毛泽东思想，就有着极为迫切的重要意义。

二、努力在社会实践中锻炼成长

树立为人民服务的人生观，除了认真学习马列主义、毛泽东思想，以马克思主义科学世界观为指导之外，还必须自觉投身到社会主义现代化建设的实践中去，在社会实践中锻炼。这是因为，社会实践不仅是认识的源泉和动力，而且是认识的目的和归宿；参加社会实践不仅可以学到真才实学，而且是为人民服务的基本途径。

所谓社会实践，就是人们能动地改造和探索现实世界的一切社会性的客观物质活动。辩证唯物主义认为，实践的观点是认识论之第一的和基本的观点。辩证唯物主义认识论的实践观，包含相互联系的两个方面。

第一，实践是认识的基础，是认识的源泉和动力。实践出真知，这并不排斥学习间接经验、学习书本知识的必要。就一个人的知识来说，多数还是从传授和读书中获得的，可能也没有必要事事都去亲身实践获取直接经验。然而，必须看到间接经验只是“流”而不是“源”，对我来说的间接经验，在前人和别人那里则为直接经验。就知识总体来说，归根结底仍然是发源于实践。在校大学生的主要任务是学习书本知识。学习的过程就是认识的过程，认识的过程最终依赖于实践过程。书本上的知识，一般都是前人社会实践的概括总结，这一点不必多说，就是大学生本人在学习书本知识的过程中，直接参加一定的社会实践，仍然是获取知识的源泉和动力。

第二，实践是认识的目的和归宿。辩证唯物主义的认识论指出，认识的过程是从感性认识达到理性认识，再由理性认识回到实践中去检验。实践、认识、再实践、再认识，这种形式循环往复以至无穷，而实践认识之每一循环的内容，相较而言都进到了高一级的程度。这就是辩证唯物论的全部认识论，这就是辩证唯物论的知行统一观，从感性认识上升到理性认识，是认识过程的第一个飞跃，此时认识的过程并没有完成。要实现一个完整的认识过程，还必须由理论再回到实践中去，实现认识的又一次飞跃也是最为重要的飞跃。第一次飞跃是第二次飞跃的准备，第二次飞跃是第一次飞跃的归宿。形成理性认识并不是认识的目的，它的目的是完成第二次飞跃，实现改造世界的任务。大学生在校期间通过参加一定的社会实践和学习书本知识，可以说完成了第一个飞跃，然而掌握了知识并不是目的，学习的目的是更好地参加改造客观世界的社会实践。因此，大学生毕业后应当积极投身到社会主义现代化建设中去，将所学的专业知识应用于社会实践。这是当今青年知识分子得以成才的正确道路。

我们知道，人民群众是一切社会实践的主体。知识分子(包括大学生)作为人民群众的一部分，当然也是社会实践的主体。然而，由于社会分工所造成的劳动特点、工作方式、社会环境等因素，决定知识分子的社会实践方式往往偏重于个人的独立实践，这就需要自觉地把个人的实践融合于社会实践之中，而成为社会实践的组成部分，这就有一个主动同社会实践相结合的问题。大学生在毕业之后，有相当一部分人是从事政治、科学、文化、教育和艺术活动，这也都是实践。但人们的生产活动是最基本的、决定其他一切活动的实践，对这部分知识分子(大学生)来说，也有一个同生产活动相结合，更好地为生产实践服务的问题。当前，强调知识分子同社会实践相结合，并不是把知识分子的实践排斥于社会实践之外，而是希望知识分子更多地通过社会实践了解社会，了解群众，了解实际，概言之，就是了解国情。只有在更广泛的意义上参加到社会实践中去，才能在改造客观世界的同时，不断提高自己的思想觉悟，树立马克思主义世界观和为人民服务的人生观。

三、坚决走与工农相结合的道路

树立为人民服务的人生观，必须与社会实践相结合，这就内在地包含了与工农相结合的道理，因为工人、农民是社会实践中最基本的实践活动的主体。如前所述，人民群众是社会历史的创造者，而人民群众的主体和稳定部分，始终是从事物质资料生产的劳动群众，即工人、农民和知识分子。

早在民主革命时期，我们党就倡导知识分子同工人农民相结合。毛泽东在《青年运动的方向》一文中明确指出："中国的知识青年们和学生青年们，一定要到工农群众中去，把占全国人口百分之九十的工农大众，动员起来，组织起来。没有工农这个主力军，单靠知识青年和学生青年这支军队，要达到反帝反封建的胜利，是做不到的。所以全国知识青年和学生青年一定要和广大的工农群众结合在一块，和他们变成一体，才能形成一支强有力的军队。"这一主张，曾经为我国广大知识分子所拥护，所接受，所实行，形成了优良传统。许多知识分子在革命战争时期经过艰苦的磨炼，逐渐成长为无产阶级的先锋战士。在社会主义革命和建设时期，我国新一代知识分子仍然继承和发扬了这一优良传统。作为知识分子在社会主义建设事业中做出了优异的成绩，正是同工农群众相结合的结果。这其中还涌现出一批英雄模范人物，他们是我国当代大学生的榜样。

诚然，在过去"左"的思想占主导地位的一段时间里，与工农相结合的正确主张曾经受到过干扰和曲解，使这一传统遭到破坏。党的十一届三中全会以后，我们党重新明确知识分子是工人阶级的一部分，正确贯彻知识分子政策，纠正了过去在知识分子问题上的一些“左”的错误做法，极大地调动了知识分子建设社会主义的积极性。但是，在纠正过去“左”的错误，强调尊重知识分子的同时，有少数同志产生了一种错误观点，似乎知识分子同工农相结合的优良传统已经过时了，甚至出现了贬低工人农民的倾向。这是不对的。对过去在知识分子问题上的“左”的错误的纠正，绝不是要丢掉知识分子同工人农民相结合的好传统。近几年来，由于资产阶级自由化思潮的影响，在一部分青年知识分子中滋长了脱离实际、崇尚空谈的浮泛学风和脱离群众、鄙视工农的个人主义倾向。这与不注重同社会实践相结合、同工农相结合有着密切的关系。

我国宪法明确规定，建设社会主义必须依靠工人、农民、知识分子。这从根本上规定了知识分子的社会地位，也说明工人、农民、知识分子之间是同志和兄弟的关系，这是我们今天强调知识分子同工农相结合的一个基本立足点。所谓“结合”，更多地包含着互相尊重，互相学习的内容，“左”的思想指导下所说的“结合”，实际上是歧视知识分子的做法，不能同日而语。社会主义制度的确立，使我国人民享有一律平等的地位。由于社会分工的需要，一部分人成了干部，一部分人是从事生产劳动的工人、农民，一部分人当了工程技术人员、专家、教员，以及各式各样的科学、艺术、学术工作者，但他们都属于一个和谐一致的整体，共同为建设富裕、文明、民主的社会主义国家而努力奋斗。不可否认，青年知识分子和大学生由于缺乏社会实践经验，与工人、农民相比还有某些弱点，在与工农相结合的过程中，可以直接向工人、农民学习他们的优秀品质，如勤劳节俭的品格，吃苦耐劳的作风，以及自我牺牲、无私奉献和艰苦创业的精神等。这对于培养工农感情、树立为人民服务的人生观，具有十分重要的现实意义。

知识分子在参与历史的创造过程中，无论是从事政治斗争还是从事生产劳动、科学研究，真要有所作为，有所成就，都不但不能脱离工人、农民的实践，而且要采取各种方式同他们密切相结合。不了解社会需要，不从工农群众那里去吸取营养，不依托前人和他人业已创造的成就，能办成什么事情呢？人类的财富是脑力劳动者和体力劳动者共同创造的，随着社会的进步，两者之间的结合，更能推动生产活动的发展。新中国成立以后，凡是有成就的知识分子，其创造的成果，绝大多数都是在同工农群众相结合的基础上产生的。在今天科学技术高度发达、分工越来越精细的条件下，互相结合、团结协作已经成为必需的事情，就拿生产实践来说，工人农民处于生产第一线，对情况掌握最直接，生产经验比较丰富，知识分子拥有专门的知识和技能，两者的结合就能产生巨大的物质力量，为社会创造出更多的财富。这不但是知识分子发挥聪明才智、实现人生价值的最佳方案，也是实现为人民服务的最好途径。

社会主义现代化建设迫切需要知识分子尤其是广大青年学生在社会实践中、在与工农大众相结合过程中发挥聪明才智，树立牢固的为人民服务人生观。青年学生也唯有如此，才能成为对社会有用、为人民群众所欢迎的人，才能成长为具有丰富的知识、阅历和经验，对社会发展和人民幸福能够做出贡献的社会主义事业建设者和接班人。

第二编　中国传统人生哲学研究

中国传统人生哲学的历史地位*

中国是一个具有悠久历史和优秀文化传统的国家。在中国传统哲学中，人生哲学占有十分重要的地位。中国哲学家、思想家对人生的思考和论述源远流长，博大精深，影响广远。在社会主义现代化建设新的历史时期，弘扬中华民族传统人生哲学的精华，对于青年一代树立正确的人生观乃至整个社会主义精神文明建设，都具有重大的现实意义。毛泽东曾经指出："我们这个民族有数千年的历史，有它的特点，有它的许多珍贵品。对于这些，我们还是小学生。今天的中国是历史的中国的一个发展；我们是马克思主义的历史主义者，我们不应当割断历史。从孔夫子到孙中山，我们应当给以总结，承继这一份珍贵的遗产。这对于指导当前的伟大的运动，是有重要的帮助的。"①同时他又指出，对待历史遗产，要给以批判的总结，剔除其封

---

* 此文和其后的《中国传统人生哲学的合理内核》是作者1989年主编《中国传统人生哲学》的前言，后收入《中国德育求索》，北京：首都师范大学出版社，2011年版。

① 《毛泽东选集》第二卷，北京：人民出版社，1977年版，第499页。

建性的糟粕，吸收其民主性的精华。弘扬民族文化的根本目的是要推陈出新，古为今用。毛泽东同志的这些话，对于我们学习和研究中国人生哲学仍然具有指导意义，仍然是我们对待中国人生哲学的准则。

中国现代哲学家对中国人生哲学论述最多且最深刻的，应当首推冯友兰和张岱年两位先生。关于人生哲学在中国哲学中的地位问题，冯友兰指出："人生哲学即哲学中之人生论，犹所谓自然哲学，乃哲学中之宇宙论也。伦理学乃人生哲学之一部，犹物理学乃所谓自然哲学之一部也。哲学以其知识论之墙垣，宇宙论之树木，生其人生论之果实；讲人生哲学者即直取其果实。哲学以其论理学之筋骨，自然哲学之血肉，养其人生论之灵魂；讲人生哲学即直取其灵魂。质言之，哲学以其对于一切之极深的研究，繁重的辩论，以得其所认为之理想人生；讲人生哲学者即略去一切而直讲其理想人生。由斯而言，则人生哲学又可谓哲学之简易科也。"①张岱年先生也曾在他的《中国哲学大纲》一书中，把中国哲人所讨论的哲学问题，概括为宇宙论、人生论、考知论三部分，并且认为"人生论是中国哲学之中心部分"。他还指出："中国哲学家所思所议，三分之二都是关于人生问题的。世界上关于人生哲学的思想，实以中国为最富，其所接触的问题既多，其所达到的境界亦深。"②两位先生的见解是极其深刻的。

中国哲学一向以道德哲学或人生哲学著称于世。它不但具有源远流长的历史，而且确实具有完备的体系和博大精深的理论。笔者认为人生哲学的体系由人性论、人生论和范畴论三部分构成。"人性论"，

---

① 冯友兰：《三松堂全集·人生哲学》第一卷，郑州：河南人民出版社，1985 年版，第 355 页。

② 张岱年：《中国哲学大纲》，北京：中国社会科学出版社，1982 年版，第 165 页。

是人生哲学的理论基石，历代哲人在讨论人生问题时，无不对人性问题发表见解并展开争论。春秋战国时期是人性问题争论的发端期，争论的焦点是人性善恶问题。先秦两汉时期围绕这一争论的焦点，提出了六种不同的观点：一是孟子的“性善论”，二是荀子的“性恶论”，三是告子的“性无善恶论”，四是世硕的“性有善有恶论”，五是扬雄“善恶混杂论”，六是董仲舒的“性三品论”。这些观点后来在魏晋隋唐和宋元明清时期又得到了不同程度的丰富和发展，其中“性善论”居于统治地位，为儒家的人生哲学奠定了理论基础。“人生论”，是人生哲学的主体，中国人生哲学的主要流派——儒、道、佛三家对人生的认识都形成了各自一套完整的体系。在人生真谛、人生理想、人生目的、人生态度、人生价值等主要方面都形成了各自的观点，其中儒家的人生论更为系统，更加完善。“范畴论”，是把握中国人生哲学的关键点，也是人生论在各个方面的具体展开。中国人生哲学的主要范畴有：天与人、人与我、公与私、义与利、荣与辱、苦与乐、志与功、力与命、才与性、理与欲、生与死，等等。这些范畴说明了中国哲人对人生的认识全面而深刻。总之，人生哲学远比自然哲学和历史哲学内容更丰富，论述更深刻。因此，人生哲学是中国传统哲学的核心。

人生哲学不仅在中国哲学史上占有十分重要的地位，而且对后世人生实践产生了深远的影响。

在“四书”“五经”等古代典籍中，具有积极意义和真理性的东西被当作格言、成语流传下来的有千百条，其中最能鼓舞人、激发人而为后世所传诵的，仅《论语》一书中就有近百条。例如：属于意志情操的有“杀身成仁”“见义勇为”“任重道远”“匹夫不可夺志”“知者不惑”“仁者不忧”“勇者不惧”等；属于思想品德修养的有“己欲立而立人，己欲达而达人”“己所不欲，勿施于人”“人而无信，不知其可”“择善而从”

“成人之美”“以直报怨”“以德报德”等；属于求知好学的有“学而不厌”“诲人不倦”“不耻下问”“发愤忘食”“三人行必有我师”等。此外在待人处世、正己修身、交友之道等方面也有许多至理名言，这方面的例子是举不胜举的。

在中国悠久的文明史中，人生哲学作为指导人生实践的格言经过千百年来的积淀，有些光辉的思想已构成了我们的民族之魂。例如：我们民族历来强调那种刚健有为、自强不息、为他人献身、为民族献身的“富贵不能淫，贫贱不能移，威武不能屈”的浩然正气；那种“先天下之忧而忧，后天下之乐而乐”的先人后己精神；那种“国家兴亡，匹夫有责”的以天下利益为己任的整体主义精神；那种“杀身成仁，舍生取义”，为正义而献身的高风亮节；那种“横眉冷对千夫指，俯首甘为孺子牛”的爱憎分明的精神；那种勤劳俭朴、自力更生、诚实守信的求实精神，等等。这些人生格言都曾经哺育了中华民族亿万优秀儿女的健康成长，都曾经激励过无数志士仁人、英雄豪杰为民族的兴旺发达，为祖国的繁荣富强而写下了人生的壮丽篇章。

中国人生哲学中的积极因素也曾被毛泽东、刘少奇、周恩来、朱德等老一辈无产阶级革命家所批判吸收，用于党内教育和指导党的事业的著作中。刘少奇同志在讲到共产党员应该为党、为阶级、为民族解放、为最大多数人民利益而牺牲的时候，就曾经引用中国人生格言来教育共产党员。他说：杀身成仁，舍生取义，在必要的时候，对多数共产党员来说，是被视为当然的事情。《毛泽东选集》中引用孔子的话就有十多处，毛泽东在强调全党同志都应努力学习的时候，就引用孔子的话说：“对自己‘学而不厌’，对人家‘诲人不倦’，我们应采取这种态度。”①可见，中国人生哲学已经作为一种民族精神，深深地积淀在中国人民的生活中和意识里，至今仍在一定程度上影响着中国人的人生观。

中国人生哲学不仅是中华民族精神的重要组成部分，并且已经远远超越了国界，成为世界文化宝库中一颗璀璨的明珠。

众所周知，在日本、朝鲜、新加坡等国家，孔子的思想得到极大重视和应用。他们现代经济的振兴，被看作西方的科学技术与中国的儒学思想结合的产物。近年来，“儒家伦理与工业东亚的现代化”已成为当前海内外中国文化研究的热门话题。新加坡可以说是当今世界上独一无二的一个在政府领导下有组织、有计划地向全社会推行儒家伦理教育的现代化国家。1979 年，前总理李光耀亲自主持了“讲华语”运动，这是正式推行儒家伦理教育的前奏。1982 年教育部宣布从 1984 年起，中三、中四学生必须选修一门“儒家伦理”课程，同年成立了新加坡东亚哲学研究所，有计划招聘世界各国儒学研究专家赴新做研究工作，并成立了“国际儒学研究中心”。1987 年 9 月与中国孔子基金会在曲阜联合召开了儒学国际会议。目前，儒学伦理与新加坡精神已融为一体。在日本，儒学的影响更是由来已久，儒学与神道相结合，凝聚为日本的民族精神——大和魂。随着现代化的发展，日本企业界非常重视儒学在现代企业管理中的应用，他们认为“日本式管理”的观念导源于儒学。日本学者高桥教授预言：从世界的观点来看，在欧美产生和发展的个人主义人生观、价值观带来很多社会问题，已面临走投无路的境地。而中国传统的人生观和社会伦理观，将会领导 21 世纪的世界文化。另一位日本学者井上靖先生在他的专著《孔子》一书

① 《毛泽东选集》第二卷，北京：人民出版社，1971 年版，第 523 页。

中说："孔子是乱世造就的古代(公元前)学者、思想家、教育家，以研究《论语》著称的美国克里尔教授与我国和辻哲郎博士把孔子称为'人类的导师'，这是最恰当不过的评价。孔子的确是永恒的人类导师。"①

在欧美，孔子的思想同样受到专家学者的尊崇。18世纪法国的启蒙思想家们都十分赞美孔子的人生哲学，伏尔泰认为基督不过是禁人行恶，而孔子的"己所不欲，勿施于人"是劝人行善。他尤其推崇孔子的"以直报怨，以德报德"的思想，说："西方民族，无论如何格言，如何教理，无可与此纯粹道德相比拟者。"②孔子的崇高形象，在法国一直保持至今。

在纪念孔子诞辰2500周年的时候，法国专门出版了关于孔子的著作《圣人的四书》，以此来纪念法国人民心目中的伟大思想家。在英国，1974年出版的《新大英百科全书》称："孔子所创立的儒家学说与中国学术是同义语，……如果有人要问，中国人民的传统的生活与文化可以用什么字来表示，其答案只能是'孔子'。"在美洲，近来美国出版的《人民年鉴手册》列举了世界十大思想家，孔子被列为首位。美国著名哲学家宾格勒编写了《孔子以风俗为神圣》一书，他在该书的序言中写道，他反复读了《论语》之后，深感孔子所代表的哲学思想，可以与世界任何一个伟大的哲学家相比，并且毫不逊色。由此可见，中国人生哲学在人类的思想宝库里占有重要地位，它已经成为人类的共同财富。

---

① ［日］井上靖：《孔子》，北京：人民日报出版社，1990年版，第3页。

② 朱谦之：《中国哲学对于欧洲的影响》，福州：福建人民出版社，1985年版，第292页。

中国传统人生哲学的合理内核

在对待中华民族传统文化的问题上，特别是在对待儒家人生哲学的问题上，五四运动以来就有着不同的态度和主张。中国的马克思主义者主张批判继承，这是唯一正确的主张。在社会主义现代化建设的今天，我们研究中国人生哲学必须坚持这一正确的主张，反对两种错误的态度：一种是毫无批判地兼收并蓄，食古不化；另一种是全盘否定的历史虚无主义，鼓吹“全盘西化”。

弘扬民族文化的优秀传统，并不是要搞复古主义。中国的人生哲学是一定时代的产物，同任何事物一样，中国人生哲学也具有两重性，既有进步性，又有局限性；既有精华，又有糟粕。建立在小农生产基础和封建等级制度之上的人生哲学，必然有狭隘性和保守性的一面，诸如鄙视劳动、宗法观念、家长作风、忠君思想、因循守旧、封建迷信、男尊女卑，等等。这些消极的东西在人生理想论、人生态度、人生修养论中都有不同程度的反映。它们曾经是导致我国社会长期停滞的思想根源之一。因此，对待中国人生哲学绝不应不分良莠，兼收并蓄，而应当批判地继承，吸收其精华，剔除其糟粕。

对于中国人生哲学，如果我们摒弃其封建主义的阶级内容，剥去其唯心主义的外衣，就可以发现它的合理内核，看到它的进步性和积极意义。

第一，中国人生哲学体现的是一种整体和谐思想，它对于国家的统一、社会和谐和民族团结是有进步意义的。

中国传统哲学中的哲学家大都把建立和谐统一的社会作为自己的责任，儒家人生哲学的宗旨是“兼善天下”，是“济世利他”。“仁者爱人”的人生理想与“天下为公”的社会理想是一致的。《礼记·礼运》以孔子的名义说：“大道之行也，天下为公。选贤与能，讲信修睦。故人不独亲其亲，不独子其子，使老有所终，壮有所用，幼有所长，矜寡孤独废疾者，皆有所养。男有分，女有归。货恶其弃于地也，不必藏于己；力恶其不出于身也，不必为己。是故谋闭而不兴，盗窃乱贼而不作，故外户而不闭。是谓大同。”“仁者爱人”的人生理想所要求的人与人之间互相爱护、互相关心、互相尊重，与“天下为公”的社会理想所描绘的蓝图是一致的，二者互为条件，互为目的。“中庸之道”的人生态度，目的也是为了建立和谐统一的社会。“正己修身”的人生修养，目的还是为了“齐家、治国、平天下”。儒家把社会看成是一个整体，认为个人总是生活在群体之中，或为家族或为国家或为天下的一员，群体受到损坏，个人的生活也就失去了保障。因此，儒家总是强调人际关系的和谐、国家统一、社会太平。自秦汉以来，中国就形成了统一的多民族的国家，尽管历史上也曾出现过暂时的分裂局面，但很快又获得了统一，这与儒家思想的影响是分不开的。在历史上还多次出现过少数民族执政的情况，然而每一次少数民族执政都是一次民族融合，这与儒家思想的影响也是分不开的。可见，儒家人生哲学所体现的整体和谐思想对于国家统一和民族融合是有积极意义的。这也说明，汉以后历代统治阶级都尊孔崇儒，是有一定道理的。

第二，中国人生哲学蕴含着一定的辩证法思想，它对于调和阶级矛盾，维护社会和谐、人际和谐，是有进步意义的。

儒家的人生理想是追求“仁爱”，崇尚道德，但并不否定刑罚；主张“德政”，但不否定法治。然而，二者相比，儒家认为道德具有更根本、更重要的意义。这里边蕴含着辩证法的因素。孔子说：“道之以政，齐之以刑，民免而无耻；道之以德，齐之以礼，有耻且格。”（《论语·为政》）意思是说，统治者如果只用政治手段，施加刑罚，最多只能使老百姓不敢犯罪，但不能使他们感到羞耻。如果能用道德来教育和感化他们，用礼仪来规范和约束他们，老百姓不敢也不会犯罪，还会感到犯罪是可耻的事。汉代贾谊在《过秦论》中也指出，法令“可以诛恶，非所以劝善”，“礼者，禁于将然之前；而法者，禁于已然之后”。历代统治者都运用“德威并重”“宽猛相济”的统治术来治理国家，这与儒家思想的影响是分不开的。从历史上看，什么时候仁爱思想比较畅明，什么时候社会风气就相对好转；什么时候实行“仁政”，什么时候社会就比较稳定。这说明仁爱思想与“仁政说”对于缓和阶级矛盾，促进社会和谐是有积极意义的。

中庸之道的人生态度更具有辩证法的因素。中庸辩证法主张“执两端而用其中”，在矛盾对立中“致中和”。中和与统一不一样，统一是矛盾对立的双方经过斗争存下一方，达到统一；而中和是矛盾对立的双方经过调节可以同时存在，达到和平共处。可见，中庸之道对缓和阶级矛盾，促进社会和谐具有一定的调节功能。

儒家的人生哲学，还特别注重个人道德修养在人际关系中的调节作用。正己修身的人生修养也具有辩证法的合理因素，这主要体现在它的修养方法上。儒家提出的修养方法是“推己及人”“能近取譬”“设身处地”和“将心比心”。儒家人生哲学之所以在中国有如此精微、广博的发展，与这一方法论原则有重要关系。所谓“能近取譬”，就是能以自己作比，推及别人的意思。“推己及人”的方法，就是从自己的亲身需要、愿望和追求出发，推想到别人的需要、愿望和追求，从而体察和理解他人，自觉调节人我关系。这就是孔子说的“己欲立而立人，己欲达而达人”，“己所不欲，勿施于人”。这种修养方法对调节人际关系、促进人际和谐具有十分重要的意义。

第三，中国人生哲学强调的是一种高尚的精神境界，它对于精神文明建设和理想人格塑造，是有进步意义的。

儒家人生哲学的价值取向，就是重视精神境界，认为人的精神需要高于物质需要。这一思想充分体现于人生理想、人生态度和人生修养之中。孔子说：“民之于仁也，甚于水火。水火，吾见蹈而死者矣，未见蹈仁而死者也。”(《论语・卫灵公》)人在社会中必须依赖水火等物质条件而生活，但是水火有时还会给人们带来危害。然而，作为精神境界的“仁”，却只能给人们带来利益，而不会有任何伤害，孔子还说：“志士仁人，无求生以害仁，有杀身以成仁。”孟子也说过：“生，亦我所欲也；义，亦我所欲也；二者不可得兼，舍生而取义者也。”(《孟子・告子上》)物质需要和精神需要是人类生活中不可缺少的，当二者不可兼得的时候，就只能牺牲自己的物质需要，去追求崇高的精神需要。

儒家这种重视精神境界的思想，在“义利观”上表现得更为突出，儒家认为义重于利，强调要“见利思义”“义以为质”“义然后取”“先义后利”。认为“放于利而行，多怨”，“见小利则大事不成”。儒家还十分推崇重视精神境界的理想人格。孟子说：“居天下之广居，立天下之正位，行天下之大道。得志，与民由之；不得志，独行其道。富贵不能淫，贫贱不能移，威武不能屈，此之谓大丈夫。”(《孟子·滕文公下》)历代爱国志士和民族英雄层出不穷，我国素有文明古国和礼仪之邦的美称，这与儒家思想的影响是有直接关系的。可见，儒家重视精神境界对于塑造“志士仁人”“大丈夫”这样的理想人格，对于陶冶民族性格和建设精神家园，在历史上曾经起过巨大的进步作用。

当前，我国正在建设有中国特色的社会主义，不但要建设有中国特色的社会主义的经济和政治，而且要建设有中国特色的社会主义的文化。现实是历史的发展，是历史长河的一定阶段。现代文明无一不是在已有的物质和文化基础上建立起来的，因此建设有中国特色的社会主义新文化一定要植根于中华民族文化的深厚土壤，深入地研究中国的历史文化，弘扬中华民族的优秀传统。

应该看到，文化遗产其中包括中国人生哲学这份遗产，具有相对的稳定性。它的许多方面并不是为某一个阶级、某一个时代所独有的，也不只是为某一个阶级、某一个时代所利用的。我们既要看到中国人生哲学的阶级性和时代性，又要重视它的继承性和借鉴性。中国人生哲学在人生理想、人生态度和人生修养等方面为我们留下了大量可以借鉴的宝贵经验，提出的许多警句格言至今仍然闪烁着哲理的光辉。其中有些东西一旦赋予新意，便可成为社会主义精神文明的组成部分，便可以成为树立社会主义和共产主义人生观的思想材料。对于中国人生哲学的合理成分和积极因素，我们要以马克思主义为指导进行革命变革和改造利用，使之赋予新的内容和新的含义，在继承的基础上有所发展和创新。

中国传统人生哲学的主要内容*

中国人生哲学的内容十分丰富，它涉及人生的各个领域和各个方面。从人生哲学的体系来看包括人性论、人生论和范畴论三个部分，本文所要介绍的内容只取人生论部分。从人生哲学的流派来看，儒、道、佛三大家对人生的看法各不相同，形成了各自的理论和观点。然而，自从汉武帝罢黜百家，独尊儒术以来，儒学便成为中国的官方哲学和正统思想。汉代董仲舒治“经学”，宋明程朱陆王治“理学”，与孔孟的“儒学”一脉相承，形成一套完备的理论体系，并且影响深远。因此，本文以介绍儒家的人生哲学为主。

一、仁者爱人的人生理想

人生理想论，是中国人生哲学的核心内容，张岱年先生指出：“人生理想论即是关于人生最高准则的理论。”人生

* 此文是王殿卿、詹万生主编的《人生哲理》第12章的一节，北京：北京师范学院出版社，1992年版。

理想论，实是中国哲学之核心部分。中国哲学在此方面的贡献，亦较大，中国哲人关于人生最高准则，实可谓有比较丰富渊闳、博大精深的理论。①

(一)儒家仁爱思想的含义

儒家的人生理想是“仁者爱人”。一部《论语》“仁”字出现多达 109 次，足见孔子非常重视“仁”。“仁”是孔子思想的核心。孔子把“仁”作为人生的最高准则。

那么，“仁”的含义是什么呢？孔子针对不同的学生和不同的情况，作了许多不同的解释，最重要的有以下几条：

樊迟问仁。子曰：“爱人。”(《论语·颜渊》)

孔子对子贡说：“夫仁者，己欲立而立人，己欲达而达人。”(《论语·雍也》)

仲弓问仁，子曰：“己所不欲，勿施于人。”

子曰：“参乎！吾道一以贯之。”曾子曰：“唯。”子出，门人问曰：“何谓也?”曾子曰：“夫子之道，忠恕而已矣。”(《论语·里仁》)

据此可见，孔子认为“仁”的基本内容就是“爱人”，就是忠恕之道。“仁”字从“人”从“二”，原意指两个人的关系。孔子正是取这个意思，把“仁”作为人我关系的最高准则。这个最高准则就是人与人之间要“爱”，要有同情心，互相关心，互相爱护，互相尊重。“爱人”是孔子对“仁”的基本理解。忠恕之道则是“爱人”的具体规定。忠恕之道，就是“己所不欲，勿施于人”；就是“己欲立而立人，己欲达而达人”。总之是将心比心，推己及人。这是孔子实行“仁”的基本方法。此外，

---

① 张岱年：《中国哲学大纲》，北京：中国社会科学出版社，1982 年版，第 254—255 页。

“仁”的内容在孔子看来，从广义上还包括“智、仁、勇”三才和“恭、宽、信、敏、惠”五德，以及“礼”和“孝悌”等。

孟子进一步发展和完善了孔子的“仁”的思想，他承认人生的最高准则是“仁”，但他往往把“仁”和“义”相提并论，把“仁义”作为道德观念的总称。如说“仁，人心也，义，人路也。”(《孟子·尽心下》)后来，他又以“仁心”为核心，提出了“仁、义、礼、智”四德。他说：“恻隐之心，仁之端也；羞恶之心，义之端也；辞让之心，礼之端也；是非之心，智之端也。”(《孟子·公孙丑上》)孟子还认为，仁、义、礼、智具体表现在人与人的关系上就是“五伦”，即“父子有亲，君臣有义，夫妇有别，长幼有序，朋友有信。”可见，孟子把孔子提出的人生的最高准则“仁”，更加系统化和规范化了。

(二)汉代以后仁爱思想的发展和演变

汉唐宋明的儒者继承了孔孟的仁爱思想，同样把“仁”作为人生的最高准则。汉代董仲舒发挥了“仁”的思想，他说：“仁者憯怛爱人，谨翕不争。好恶敦伦，无伤恶之心，无隐忌之志，无嫉妒之气，无感愁之欲，无险诐之事，无辟违之行。故其心舒，其志平，其气和，其欲节，其事易，其行道，故能平易和理而无争也。如此者，谓之仁。”(《春秋繁露·必仁且智》)这里“仁”的内涵仍然主要是传统的爱人之意，不过增加了“节欲”和“无争”的含义。这是吸收了先秦道家和汉初黄老之学的思想的结果。此外，董仲舒还提出“三纲五常”的概念，他说：“五道之三纲，可求于天。”(《春秋繁露·基义》)何谓“三纲”?《白虎通义》曰：“君为臣纲，父为子纲，夫为妻纲。”“五常”，即仁、义、礼、智、信。至此，董仲舒把封建人伦道德规范体系定型化和神圣化了。

宋明理学又进一步发挥了“仁”的思想。二程说：“仁、义、礼、智、信五者，性也。仁者，全体；四者，四肢也。”(《二程遗书》卷二上)又说：“仁，头也；其他四端，乎足也。”(《二程遗书》卷十五)还说：仁是“体”，义、礼、智、信、忠、恕、孝是“用”。二程还把“仁”与其他道德规范互相配合引申，提出了“温、良、恭、俭、让”等待人接物的德容。可见他们仍然认为“仁”是处于统帅和支配地位的，是人生的最高的准则。朱熹与二程一样，认为“仁”是本体，是天理，而义礼智信则是仁的作用和表现。他说：“仁则为慈爱之类，义则为刚断之类，礼则为谦逊，智则为明辨，信便是真个有仁义礼智，不是假。”(《朱子语类》卷二十)仁是本体，义是对仁的决断，智是对仁的识别，礼是按仁的原则行事时能实行各种礼节，信是守信，信实于仁义礼智。此外，程朱理学进一步从所谓“天理”出发，把“三纲五常”这一封建道德规范神圣化和定型化。

上述可见，儒家的仁爱思想确实有博大精深的理论，在中国历史上产生了深远的影响。这种情况绝不是偶然的，它说明儒家思想具有一定的合理因素和进步作用。它对于中国形成文明古国和礼仪之邦，对于社会的稳定、国家的统一和的安居乐业，对于历史上出现那么多志士仁人和民族英雄，都曾起了不可估量的作用。当然，儒家思想作为封建社会的正统思想和官方哲学，必然有它阶级的和历史的局限性：一是它被封建统治阶级所利用，并为封建统治阶级服务；二是他被涂上了唯心主义色彩，从而使它的合理内容黯然失色。我们在批判吸收儒家仁爱思想的时候，一方面要看到它的核心内容，摒弃其阶级内容，剥去其唯心主义外衣；另一方面要肯定它的合理因素和进步作用，用马克思主义为指导，做到古为今用。

二、中庸之道的人生态度

(一)“中庸之道”的含义

“中庸”一词，最早见于《论语》。孔子说：“中庸之为德也，其至矣乎，民鲜久矣。”(《论语·雍也》)什么叫中庸？孔子虽然没有作出明确的定义，但是他在评价学生时却表明了他对中庸的解释。

> 子贡问：“师(子张)与商、(子夏)也孰贤?”子曰：“师也过，商也不及。”曰：“然则师愈与?”子曰：“过犹不及。”(《论语·先进》)

看来，孔子对中庸的理解是：无过无不及，恰到好处。

《礼记》是汉代戴德、戴圣编辑的战国末期至汉初儒家的一部论文集，是儒家最重要的典籍之一。其中的《中庸》大概是孔子的孙子子思所作。《中庸》篇对“中庸”概念的解释是：“喜怒哀乐之未发，谓之中；发而皆中节，谓之和。中也者，天下之大本也。和也者，天下之达道也。至中和，天地位焉，万物育焉。”这里的“中”是藏而未发的意思；发而中节，谓之和，“和”即庸也。庸的意思是“用”，即用来“执两而用中”。“中庸”的意思就是“至中和”。此即“天下之大本”“天下之达道”。认为万事万物生存的根本和发展的规律就是“中庸”，就是“至中和”。天地共存，万物孕育需要“至中和”，处理人际关系、待人接物也需要“至中和”；人类的健康不但要有五脏六腑功能的中和，也要有喜怒哀乐情感的中和。

宋儒二程和朱熹对中庸之道又做了进一步的阐释，程子的解释是：“不偏之谓中，不易之谓庸。中者，天下之正道；庸者，天下之定理。”朱熹的解释是：“中者不偏不倚，无过不及之名。庸，平常也。”按照程朱的解释，“中”是不偏不倚，是正道的意思。任何事物都有相互对立的两个极端，如阴阳、刚柔、顺逆等，所谓正道，就是要让阴阳自然而然地相辅相成，使事物稳定地发展，不要把任何一边极端化起来，这就是不偏不倚，是中庸的“中”。“庸”的意思是“天下之定理”或“平常”的意思。因为天下之定理是不会改变的，所以又称“不易之谓庸”。天下之定理是不易的，不易的东西是长久在人间的，长久的东西是“平常”的。所以又说：“庸，平常也。”

总之，中庸就是无过无不及，不偏不倚，执两而用中。中庸之道，就是使相反的两极矛盾转化，使之相辅相成，达到中和。中庸就是要求人的思想和行为必须保持在一定范围内，要适度，恰到好处；不能片面，不走极端。否则，真理再向前跨出一步就变成了谬误，善行也就变成了恶行。儒家把中庸之道看作“天下之正道”“天下之定理”，把它作为人们立身处世、待人接物的根本原则和基本态度。

(二)中庸之道人生态度的要求

孔子对人生态度的要求，体现在中庸之道上的主要有以下几条：

质胜文则野，文胜质则史；文质彬彬，然后君子。(《论语·雍也》)

君子矜而不争，群而不党。(《论语·卫灵公》)

君子惠而不费，劳而不怨，欲而不贪，泰而不骄，威而不猛。(《论语·尧曰》)

乐而不淫，哀而不伤。(《论语·八佾》)

孔子要求在粗野与虚浮之间，成为文质彬彬的君子。在待人处事上要庄重矜持而不争强好胜，合群而不闹宗派。对人民要给点好处，自己又不用多花费。让百姓服劳役，但又使他们不怨恨。人有欲望，但不要贪得无厌。泰然安适但不骄傲，威严却不凶猛。享乐但不淫逸，哀怜但不伤感。这种不偏不倚，持两而用中的人生态度，正是中庸所要求的。孔子不但教育别人这样做，而且自己也身体力行。他的学生称他“温而厉，威而不猛，恭而安”(《论语·述而》)，说明孔子本人正是实践中庸之道的榜样。

中庸之道是孔子首创，但中庸思想却很早就有了。据《尚书》记载，舜曾教育贵族子弟要“直而温，宽而栗，刚而无虐，简而无傲”(《尚书·尧典》)意思是正直而色温和，宽宏大度而又谨慎战栗，刚毅而不肆虐，简约而无傲慢。这些都是中庸的表现。《尚书》中还讲到“九德”，即“宽而栗，柔而立，愿而恭，乱而敬，扰而毅，直而温，简而廉，刚而塞，强而义”，更是贯穿着中庸精神。由此可见，中庸之道是介于两种缺点——过度与不足——之间。其目的在于使情感与行为都能不偏不倚。他认为，美德乃是两个极端之间的中项。勇敢是懦怯与鲁莽之间的中道；磊落是放浪与猥琐之间的中道；不卑不亢是虚荣与卑贱之间的中道；机智是滑稽与粗鄙之间的中道；谦逊是羞涩与无耻之间的中道。

(三)中庸之道人生态度的养成

《中庸》篇中说，中庸之道很平常，但又很高深。它“造端乎夫妇，及其至也，察乎天地。”似乎中庸之道可以贯穿于人生、社会，乃至整个宇宙，但作者又强调它的核心是人之道。那么，人如何养成中庸之道呢？

第一，《中庸》写道：“君子之道，辟如行远必自迩，辟如登高必自卑。”贯彻中庸之道，要“反求诸已身”，即从自己做起。要求处好君臣、父子、夫妇、兄弟、朋友等五种关系，为“天下之达道”。修养好智、仁、勇三种品德，为“天下之达德”。主张人要“素其位而行，不愿乎其外”，“在上位不陵下，在下位不援上，正己而不求于人则无怨；上不怨天，下不尤人”只要人们安分守己，从己做起，就可得中庸之道。

第二，《中庸》篇认为“诚”是达到中庸之道的关键。“诚者自成也，而道自道也”，“诚者，天之道也；诚之者，人之道也”。人们只要有“诚”意，择善而从，经过努力学习和锻炼是可以掌握中庸之道的。因此，要求人们“博学之、审问之、慎思之、明辨之、笃行之”，“人一能之，己百之；人十能之，己千之。果有此道矣，虽愚必明，虽柔必强。”

第三，《中庸》篇还引《诗经》的话说明如何实现中庸之道。“诗云：伐柯伐柯，其则不远。执柯以伐柯，睨而视之，犹以为远。故君子以人治人，改而止。忠恕违道不远，施诸己而不愿，亦勿施于人。”意识是说，人与人相处的关系，好像一个木匠手执斧柄，并以此为模型制作一把新斧柄一样，先看看自己（手执的斧柄），再看看别人（欲制的新斧柄）。看完了别人，又回转看自己。这样不断地比较，就会产生体会。用自己的处境来实感他人的处境，又用他人的处境来了解自己的行动。如此不断地相互作用，就会产生中庸的中和现象。这实际上还是设身处地地为别人着想，将心比心的“忠恕之道。”可见，中庸之道的人生态度与仁者爱人的人生理想是紧密相连的。

《中庸》最后告诉人们，只要“尊德性而道问学，致广大而尽精微，极高明而道中庸，温故而知新，敦厚以崇礼”，只要“动而世为天下道，行而世为天下法，言而世为天下则，远之则有望，近之则不厌”，就一定能进入“中庸之道”的境界。

儒家中庸之道的人生态度，虽然有唯心主义色彩和“君子、小人论”的阶级局限性。但它毕竟是一种“入世”的人生态度，比起道家的“避世”和佛教的“出世”的人生态度来仍然是进步的。中庸虽然意为不偏不倚，带有调和折中的味道，但它主张恰当、中和，反对偏激、失当，具有辩证法的因素。因此，它仍然不失为一种积极进取而又平和安稳的人生态度。

三、正己修身的人生修养

儒家人生哲学，见之于世，是济世利他；见之于己，是正己修身。济世利他，主要表现在上述的人生理想和人生态度上；而正己修身，则主要表现在人生修养上。儒家的人生修养论非常丰富，这里仅就《论语》《大学》和朱熹的思想做一简要介绍。

(一)《论语》中的正己修身思想

第一，关于勤奋学习和乐观进取精神。孔子刻苦好学、学而不厌、以学为乐，把追求知识、增长才干放在生活的重要位置。他说："学而时习之，不亦乐乎！"(《论语·学而》)又说："学而不厌，诲人不倦，何有于我哉！"(《论语·述而》)一谈到学习，他总是流露出一种陶醉于学习之中的自得的心情。为了学习他可以不顾生活条件的恶劣，"食无求饱，居无求安"，他还说："其为人也，发愤忘食，乐以忘忧，不知老之将至云尔。"(《论语·述而》)他虚心，不耻下问，坚持"知之为知之，不知为不知"的态度，"入太庙，每事问"。他主张人无常师，谁有值得学习的地方就向谁学习。他曾学礼于老聃，学琴于师襄，请教古时官职名称于郯子。他曾说过："三人行，必有我师焉：择其善者而从之，其不善者而改之。"(《论语·述而》)

第二，关于立志自强和发愤有为精神。孔子强调"尚志"，即为人要有志气，要自强、自信、自立，奋发有为。他说："三军可夺帅也，匹夫不可夺志也。"(《论语·子罕》)他强调做人要清白正直，不为利禄所诱惑。他说："富与贵，是人之所欲也，不以其道得之，不处也。贫与贱，是人之以恶也，不以其道得之，不去也。"(《论语·里仁》)他强调人应自信、自立，“不患无位，患所以立。不患莫己知，求为可知也。”(《论语·里仁》)“不患人之不己知，患其不能也。”(《论语·宪问》)还说：“君子病无能焉，不病人之不己知也”，“君子求诸己，小人求诸人。”(《论语·卫灵公》)。

第三，关于严以律己，宽以待人的作风。孔子强调做人要心胸坦荡，虚怀若谷。他说：“君子坦荡荡。”“成事不说，遂事不谏，既往不咎。”(《论语·述而》《论语·八佾》)正因为心胸坦荡，所以“君子不忧不惧”。“内省不疚，夫何忧何惧?”(《论语·颜渊》)孔子强调人应有自知之明，他虽然学识渊博，被学生誉为圣人，受到社会尊重，但他从不自满，总是看到自己的不足之处，他说：“君子之道三，我无能焉：仁者不忧，知者不惑，勇者不惧。”(《论语·宪问》)他能随时注意从正反两方面向别人学习，“见贤思齐焉，见不贤而内省也。”(《论语·里仁》)孔子提出“自讼”，强调做人要敢于正视自己的缺点错误，敢于自我批评，并且闻过则喜，知过必改。他说：“吾以言取人，失之宰予；以貌取人，失之子羽。”(《史记·仲尼弟子列传》)孔子强调做人要严以律己，宽以待人，“躬自厚而薄责于人。”主张“以直报怨，以德报德”，“成人之美，不成人之恶。”最后，孔子指出人生修养的目的是“修己以敬”“修己以安人”“修己以安百姓”。这个由近及远，由个人、家庭及于国家、天下的思想，在《大学》中得到进一步发挥。

(二)《大学》的正己修身思想

《礼记》中的《大学》篇是以修身为中心，专门讲人生修养问题的儒家著名典籍。它开宗明义就指出：“大学之道在明明德，在亲民，在止于至善。”这就是所谓的“三纲领”。明明德是出发点、立足点，亲民是途径，止于至善是目的。即通过道德修养和道德教育，使人们依据道德规范相亲相爱地生活，达到“至善”这崇高的道德境界。怎么实现

“三纲领”呢？它提出：“古之欲明明德于天下者，先治其国。欲治其国，先齐其家。欲齐其家者，先修其身。欲修其身者，先正其心。欲正其心者，先诚其意。欲诚其意者，先致其知。致知在格物。”这样“物格而后知至，知至而后意诚，意诚而后心正，心正而后身修，身修而后家齐，家齐而后国治，国治而后天下平。”这里的格物、致知、诚意、正心、修身、齐家、治国、平天下，就是所谓的“八条目”。这“三纲领”和“八条目”构成了儒家人生修养的系统而完整的体系。

整个体系以修身为中心，前四个条目——格物、致知、诚意、正心，是人生修养的内化，是修养的方法和态度，也是修身的内容和过程。而后三个条目——齐家、治国、平天下，则是人生修养的外化，是修身的继续和扩大，也是修身的目的。

“格物致知”是修身的方法和手段。“格”相当于“假”或“借”，“物”按汉代郑玄的解释是“犹事也”，指的是人们的道德关系和道德行为，不是指自然界的事物。清代有人把“格”解释为“度量”，这也能说得通。总之，“格物致知”就是借助于(或度量了)人们的道德关系和道德行为，认识并掌握了调整人们之间关系的行为准则和规范。这说明，修身要以道德观念和道德规范的认识为起点。

“诚意正心”是修身的态度。“诚意”即是“诚于中，形于外”，要求做到“慎独”，“勿自欺”，也就是要端正态度。真心诚意，表里如一。“正心”就是排除一切情欲。“身有所忿懥，则不得其正；有所恐惧，则不得其正；有所好乐，则不得其正，有所忧患，则不得其正。”要求人心不为忿懥、恐惧、好乐、忧患所动，一心修养“至善”。可见，修身要重视道德感情和道德信念的培养。

“修身、齐家、治国、平天下”，是修身的目的，也是人生的责任。儒家一贯主张“天下兴亡，匹夫有责。”孟子说过：“人有恒言，皆曰：‘天下国家。’天下之本在国，国之本在家，家之本在身。”(《孟子·离娄上》)《大学》里写道：“一家仁，一国兴仁；一家让，一国兴让；一人贪戾，一国作乱；其机如此，此谓一言偾事，一人定国。”儒家认为社会关系都是血缘关系的简单放大，社会道德是家庭道德的简单延伸。因此非常重视家教和家训。这是中国古代封建社会自然经济和封建宗法制度在道德观念上的反映。但它强调个人对家庭乃至对国家的责任还是有可取之处的。

(三)朱熹的正己修身思想

朱熹是宋代大儒，是继二程之后的宋明理学的重要代表人物。他在人生修养问题上也颇有建树，他提出的修养方法是：主敬、穷理、存养、省察。

“主敬”，他认为“敬”是衡量臣对君、弟对兄、下对上、卑对尊的思想和行为的一个重要道德标准。作为修养方“敬”占有主导地位。他说：“‘敬’之一字，万善根本。涵养省察、格物致知，种种功夫皆从此出，方有据依。”(《朱文公文集·答潘公叔》)“敬字工夫，乃圣门第一义，彻头彻尾，不可顷刻间断。”(《朱子语类》卷十二)“敬”的主要特点是：“内无妄思，外无妄动”“有所畏谨，不敢放纵”“身心收敛”“整齐严肃”。

“穷理”，就是认识、穷尽“天理”。他说：“为学之序，学、问、思、辨四者，所以穷理也。”(《朱文公文集》卷七十四)“为学之道，莫先于穷理，穷理之要，必在于读书。”读什么书呢？他说必须读尽《论语》《孟子》《大学》《中庸》这些儒家经典。读了这些经典就可以“穷天理，名人伦，讲圣言，通世故。”(《朱文公文集·答陈齐仲》)培养高尚的德行。

“存养”就是“存心养性”，这是对孟子“存其心，养其性”这一修养方法的继承和发挥。他说:“涵养中自有穷理工夫,穷其所养之理;穷理中自有涵养工夫,养其所穷之理。”“持敬是穷理之本;穷得理明,又是养心之助。”(《朱子语类》卷九)他认为“存养”不能“计较迫切”,需要“积累功夫”,才能“众理贯通”。

“省察”,就是“省身克己”,是孔子“吾日三省吾身”的继承和发展。“省察”的内容是分清天理与人欲、是与非、善与恶。他说:“人之一心,……未有天理人欲夹杂者。学者须要于此体省察之。”“学者工夫,只求一个是。……凡事皆用审个是非,择其是而行之。”(《朱子语类》卷十三)他主张面对各种过失,必须“各自省察,互相规戒,小则密规之,大则公戒之”,以达到“言忠信,行笃敬,惩忿窒欲,迁善改过”(《朱文公文集》卷七十四)的目的。

综上所述,儒家的人生修养论具有完备的理论体系和一整套完善的修养方法。我们坚持“取其精华,去其糟粕”“古为今用,推陈出新”的原则,就可以发现确实有许多真知灼见,可以为我们吸收、借鉴和利用。

先秦时期的人性论研究*

人性论是人生哲学的理论基石。研究中国人生哲学必须首先研究中国哲学史上的人性论。在中国哲学史上，人性问题是一个古老而常新的问题。历代哲学家们都曾经对这个问题进行过探讨和争论，形成了不同哲学流派的观点和理论。虽然，由于受生产力和科学水平的限制，这些观点和理论在实质上都没有超出历史唯心主义的范围。但是，从总体来看，它们毕竟是随着时代的前进、认识的提高，而在内容和深度方面有所丰富和发展。其中，有些观点比较接近或者猜测到了一些带有真理性的东西，甚至不乏见解深刻的地方。这就为后人进一步研究、探索人性问题，提供了大量的资料。因此，对待中国哲学史上的人性论，应该以辩证唯物主义和历史唯物主义为指导，对它们做出

* 此文是1989年为编写《中国传统人生哲学》而作。此时作者计划编写中国人生哲学、西方人生哲学和中西人生哲学比较研究三部曲，但因1991年调入中央教育科学研究所担任德育研究中心主任，这个计划被搁置下来。直到1996年，《中国传统人生哲学》才在中国工人出版社出版。此文是第一篇“人性论”的一部分。

客观的、历史的、实事求是的、比较全面的分析和评价。

先秦时期是中国哲学史上探讨人性问题的发端期。诸子百家各执一端，争论不休，争论的焦点是人性善恶问题。其中最有代表性的观点是孔子的“性相近，习相远”论、世硕的“性有善恶论”、告子“性无善无不善”论、孟子的“性善”论和荀子的“性恶”论，此外还有墨子的“赖其力者生”论和老子、庄子的“自然人性”论等。

一、孔丘的“性相近，习相远”论

孔丘(约公元前551—前479年)是儒家学派的创始人，中国伟大的教育家、思想家、哲学家。在中国哲学史上，孔丘第一个提出了人性的命题，虽然没有展开论述，但毕竟开创了人对自身认识的先河，在人性论上具有发端的意义。

孔子的言论集——《论语》直接讲到人性的只有这样一句话：“性相近也，习相远也。”(《论语·阳货》)其大意是说，人的本性本来是相近的，但是，由于后天社会环境的习染不同，也使得差距越来越大了。

从这一命题的含义本身来看，孔子是主张人生来就具有相近的本性的。那么这个相近的本性是什么呢？虽然孔子没有明确地讲过，但我们仍可以从他的总体思想和间接论述中，分析出他的人性论的含义。我们知道，孔子思想的核心是“仁”。关于“仁”的内涵，孔子在不同的场合，针对不同的人，有几种不同的解释。主要的有：

> 夫仁者，己欲立而立人，己欲达而达人。(《论语·雍也》)
>
> 子曰：克己复礼为仁。一日克己复礼，天下归仁焉。(《论语·颜渊》)

仲弓问仁，子曰：……己所不欲，勿施于人。(《论语·卫灵公》)

樊迟问仁，子曰：爱人。(《论语·雍也》)

可见，孔子关于“仁”的思想的含义，就是“仁”者“爱人”。具体来讲就是所谓的“忠恕之道”，即“己欲立而立人，己欲达而达人”，“己所不欲，勿施于人”。孔子还说过：“能近取譬，可谓仁之方也已。”(《论语·子罕》)“能近取譬”即推己及人。推己及人的前提是承认别人也是人。人与人之间应该互相“爱人”“立人”“达人”。孔子之所以极力倡导并推行这样的伦理道德关系，就是因为他认为“性相近”。可见，“性相近”的人性观，是孔子伦理道德思想的基础。反过来说，孔子主张的以“仁”为核心的伦理道德思想，正是他所谓的相近人性的内涵。

孔子生活的时代还没有出现人性善恶的争论。然而，孔子对善和恶却已经给予明确的区分，并表明了自己的观点：

惟仁者，能好人，能恶人。(《论语·里仁》)

苟志于仁矣，无恶也。(同上)

君子去仁，恶乎成名。(同上)

显然，孔子是把“仁”作为区分善恶的标准。如上所析，如果孔子把“仁”作为人性的内涵的话，那么孔子就是当然的“性善论”的始祖。孟子则是继承和发展了孔子的人性观，而成为“性善论”的典型代表。

“性相近，习相远”的命题，还有一个巨大贡献，就是第一次把“性”和“习”区别开来，并阐明了“性”与“习”的关系。“习相远”是孔子人性论的闪光点。它包含着以下几层意思：第一，孔子肯定人性可变。在他看来，虽然人性相近，但这不是固定不变的，它会随着后天环境的变化而发生不同的变化，形成越来越大的差别。这种在人性问题上持发展的观点，是辩证法的思想萌芽。第二，孔子认为人性的变化是由于后天的“习”造成的。由于人的生活环境不同、实践活动的具体条件不同，因而受到习染、影响不同，于是人们的德性、习俗、习惯就出现了越来越大的差别。这种环境改变人性的思想具有唯物主义的因素，无疑是可取的。第三，孔子肯定了教育对于改变人性的积极作用。《论语》一书中，孔子直接谈“习”的有两处，即“习相远”和“学而时习之”。前一个“习”是指习染、习惯，后一个“习”是指学习、实习、练习。然而这两个“习”字也有相通之处，我们认为“习相远”的“习”的含义除了客观环境的习染和熏陶之外，还包含着人的主观上的学习、实习、练习这一层意思。孔子正是看到了这一点，他本人才终生致力于“学而不厌，诲人不倦”的教育事业，并以他恢宏的教育思想堪称后世做人的导师。

总之，孔子开辟了中国哲学史上人性论思想的先河，并为中国人性论的建立与发展打下了根基。他的人性论思想对于后来关于人性问题的探讨产生了深远的影响。

二、老聃的“自然者性之谓”论

老聃(约公元前580—前500年)是春秋末期著名的哲学家，道家学派的创始人。

老子的人性论是建立在“天道自然无为”的宇宙观的基础之上的。老子对人性问题并没有明确的回答，然而他的宇宙观却包含了人性论，并为他的继承者庄子的人性论奠定了理论基础。因此，考察老子的人性论必须从他的宇宙观谈起。

老子的宇宙观和思想体系的核心是“道”。在他看来，道贯穿在自然、社会各个领域，是宇宙间一切事物的本源和根本规律。那么，什么是“道”呢？他说：

有物混成，先天地生。寂兮寥兮，独立而不改，周行而不殆，可以为天下母。吾不知其名，字之曰道。强为之名曰大，大曰逝，逝曰远，远曰反。故天大地大，道大王亦大。域中有四大，而王处其一焉。人法地，地法天，天法道，道法自然。(《老子本义》第二十章)

前三句意思是说，在天地生成之前，有一种混浑状态的东西，它既无声音又无形状，没有任何事物与之匹配，自始至终不失其常，周而复始地运动，可以为天下万物之母，它的名字不可得知，我给它起个名字叫作“道”。可见，老子把“道”视为天地宇宙间一切事物的本源。

接下来，老子进一步说明天、地、人“三才”与道的关系。据魏源《老子本义》和王弼《老子道德经注》，中间三句的意思是：“道者，取于无物不由也。道不足以尽之，故又强名之曰大。乃自大而求之，则逝且远矣。自远而求之，则反而近矣。言其远大则天地莫能尽；言其反则又具之人身而各足。天得一以清，地得一以宁，侯王得一以为天下贞，是以人与三才参其大，惟其同法乎道故也。”(魏源《老子本义》)正因为天、地、人都遵循道的法则或规律(“法谓法则也”——王弼注)，故“域中有四大”，即天大、地大、道大、人亦大(“王者，人道之尽”，故“王亦大”又为“人亦大”——魏源)。

这样一来，老子的宇宙观便与人性论联系起来了。他把人性大而化之，与天之性、地之性、道之性同日而语，“盖人性之大与天地参……王者，人道之尽，而与天地同者也。言王者何以全其大乎？亦法天之无不复，法地之无不载，法道之无不生成而已。道本自然，法道者亦法其自然而已。自然者，性之谓也。”(魏源《老子本义》)

老子从他的自然人性论出发，主张“见素抱朴，少私寡欲”，既反对仁、义、礼、智等道德规范，又反对追求利益和欲望。他说：

> 大道废，有仁义；智慧出，有大伪；六亲不和，有孝慈；国家昏乱，有忠臣。绝仁弃义，民复孝慈；绝圣弃智，民利百倍；绝巧弃利，盗残无有。此三者以为文不足。故令有所属，见素抱朴，少私寡欲。(《老子本义》第十五章)

大道的废弃，自然本性的丧失，是社会发生动乱的根源。人的本性是纯朴、自然、无私、无欲的，由于人们抛弃了原始的自然本性，而产生了自私心、占有欲，所以社会争斗不息，动乱不已。因为大道的废弃，社会失去了自然之常态，才倡导仁义；由于讲智慧，才失去纯朴而出现虚伪和奸诈；由于自私欲望作怪造成六亲不和，才提倡孝慈；由于互相争斗造成国家昏乱，才呼唤忠臣。在老子看来，仁、义、礼、智、忠、信、孝、慈，都是私有制的产物，都是自然本性的丧失。因此，他主张“绝仁弃义”“绝圣弃智”“绝巧弃利”，使人性复归到“见素抱朴，少私寡欲”的自然初始状态之中去。

老子的自然人性论，决定了他无欲、无为、无争的人生哲学。他说：

> 我有三宝，持而保之。一曰慈，二曰俭，三曰不敢为天下先。(《老子》第六十七章)
>
> 我无为而民自化，我好静而民自正，我无事而民自富，我无欲而民自朴。(《老子》第五十七章)
>
> 江海所以能为百谷王者，以其善下之，故能为百谷王。……以其不争，故天下莫能与之争。(《老子》第六十六章)

这种无为而无不为的思想，充满了辩证法，对后世的处世和治世之道，也曾产生了一定的影响。

三、墨翟的“赖其力者生”论

墨翟(约公元前468—前376年)是春秋战国之际的著名思想家。他所开创的墨家学派与儒家学派在当时并称“显学”。

墨子虽然没有明白地提出“人性”一词，但是，他关于人与动物的区别的见解却是极其深刻、极为光辉的。墨子认为，人的本质是能劳动。用他的话说，就是“赖其力者生”。他说：

> 今人固与禽兽麋鹿蜚鸟贞虫异者也。今之禽兽麋鹿蜚鸟贞虫，因其羽毛，以为衣裘；因其蹄蚤(爪)，以为绔屦；因其水草，以为饮食。故唯使雄不耕稼树艺，雌亦不纺绩织纴，衣食之财，固已具矣。今人与此异者也，赖其力者生，不赖其力不生。(《墨子·非乐》)

这个观点，比较准确地抓住了问题的本质，比起后来的孟子和荀子的观点要深刻得多。孟子认为，“人之所以异于禽兽者”，是“仁、义、礼、智”这些善性；荀子认为，“人之所以为人者”，是“人之有辨”；他们只是从意识和道德方面区别人和动物。墨子却独具慧眼，看到了动物只能采集，而人类却能劳动。人类与动物的本质区别就在这里。在两千多年前就认识到这一点，真是难能可贵！

从“赖其力者生”这一人的本质观出发，墨子建立了他的人生哲学体系，其中不乏闪光的思想。

其一，提出了人人平等的思想。他说：

> 天下无大小国皆天之邑也；人无幼长贵贱皆天之臣也。(《墨子·法仪》)

> 故官无常贵，而民无终贱。有能则举之，无能则下之。(《墨子·尚贤上》)

其二，重视人的主观能动性，反对命定论的思想。他极力肯定“力”“强”和“功”的作用，如：

强必治，不强必乱；强必宁，不强必危；强必贵，不强必贱；强必荣，不强必辱；强必富，不强必贫；强必饱，不强必饥；强必暖，不强必寒。(《墨子·非命下》)

其三，主张尚贤举能和崇尚功利的思想。他说：

故古者圣王之为政，列德而尚贤，虽在农与工肆之人，有能则举之，高予之爵，重予之禄，任之以事，断予之令。……故当是时，以德就列，以官服事，以劳殿赏，量功而分禄。(《墨子·尚贤上》)

此外，还提出“兼相爱，交相利”的思想，“合其志功而观焉”的思想，“饥者得食，寒者得衣，劳者得息”的思想，等等。

遗憾的是，这些重视劳动，同情、关心劳动人民，以及反映劳动人民要求平等、互助和休养生息的善良愿望并没有也不可能受到历代封建统治者的重视，因此，墨子“赖其力者生”的人的本质观，并未在后世的人性论中得到应有的弘扬和发展。

四、世硕的“性有善恶”论

世硕(生卒年不详)是战国初期的哲学家。他提出了人性有善有恶的观点。世硕的著作《世子》早已失散，他的人性观点只是在王充的《论衡·本性》篇里有所记载。

周人世硕以为人性有善有恶，举人之善性，养而致之则善长；性恶，养而致之则恶长。如此，则性各有阴阳善恶，在所养焉。(《论衡·本性》)

世硕认为，人生来具有善恶两种因素，它们如同“阴”“阳”二气一样，是一种自然现象。天地有阴阳两极，人性有善恶两端。可见，世硕所理解的人性，是指人的自然资质。他没有断言人性恶，还是人性善，避免了片面性和绝对化，这一点是有可取之处的。但由于历史的和认识的局限性，他没有也不可能说明人性有善有恶的真正原因。

世硕虽然认为人性由善和恶两种因素构成，但他同时也十分重视后天的“养”对人性形成的决定作用。所谓“养”，即是后天的教育培养。看来这是对孔子的“习”的思想的继承和发挥。既然人的本性有善和恶两个方面，那么在社会生活中到底表现出来是善还是恶呢？世硕的回答是“在所养焉”，“举人之善性，养而致之则善长；性恶，养而致之则恶长。”可见，他十分重视后天的教育培养对人性形成的决定作用。

世硕的这种人性观点，既承认人的自然属性，又强调社会的教育培养对自然属性的制约和决定作用，意识到人性所包含的社会意义这一方面，具有较多的积极成分。同时，他的人性“有善有恶”观点，避免了各自强调善或强调恶的两种极端观点的片面性和绝对化，因此很受后人王充的推崇。王充在总结汉代以前的人性善恶之争时曾经评论说：孟子讲人性善，荀子主张人性恶，都是“未为得实，亦有所缘”。他认为先秦诸子的人性观点，“唯世硕，公孙尼子之徒颇得其正”(《论衡·本性》)。王充的评论不是没有道理的。

五、告不害的“性无善无不善”论

告不害(公元前420—前350年)是战国中期的哲学家。他的人性观点是“性无善无不善”。告不害的著作没有流传下来，他的人性观点主要是通过《孟子》一书记载孟子与他的争论而被保存下来的。据《孟子·告子上》记载，告子的人性观点主要是：

生之谓性，食色，性也。

性，犹湍水也，决诸东方则东流，决诸西方则西流。人性之无分于善不善也，犹水之无分于东西也。

性，犹杞柳也；义，犹桮棬也。以人性为仁义，犹以杞柳为桮棬。

据此可见，告子是一个典型的自然人性论者。他所理解的人性是指作为生物人的本能，即把“饮食男女”这些人人都具有的生理方面的需求看作人的本性。从这个意义上来理解人性，当然就无所谓善，也无所谓不善了。所以他认为“性无善无不善也”。由于告子把人性理解为人的本能，而人的本能与动物的本能没有本质的区别，因此，他的“生之谓性”和“食色，性也”的人性观，就混淆了人性和动物性的界限。这不能不说是告子人性观点的一个根本缺欠。然而，他的主张具有朴素唯物主义的因素，对于反对先验道德论是有积极意义的。后来的唯物主义哲学家，如王安石、戴震等就承袭了他的这一人性观点。

告子虽然是一个自然人性论者，但他并没有忽视社会对“食色”的制约和影响。他把人性比喻为湍水，“决诸东方则东流，决诸西方则西流”。看来他认为人性善与不善，不在于“食色”本身，而在于社会向哪个方向去引导。他还说过：“性可以为善可以为不善，是故文、武兴则民好善；幽、厉兴则民好暴。”(《孟子·告子上》)这说明他已经认识到了社会导向和教育培养对人性形成的作用。看来不论是自然本能人性论者，还是先验道德人性论者在这个问题上都能形成共同的认识。这是中国哲学史上人性论的一大特点。

告子从朴素的唯物主义出发，主张“食色，性也”，必然反对把人性归结为“仁义”等伦理道德原则和规范的先验道德论。他把人性比喻为“杞柳”，把仁义比喻为“桮棬”，试图说明人性与“仁义”二者的区别和联系。所谓“性犹杞柳”，是说人性好像枝条细长而柔软的杞柳那样，是指人的自然本性；而所谓“仁义犹桮棬”，则是说“仁义”就像用“杞柳”作材料经过人工编织而成的器皿一样，是指后天形成的道德规范。因此，“性”与“仁义”虽然有联系，但却是根本不同的两回事，不能互相混同。在告子看来，“以人性为仁义，犹以杞柳为桮棬”，等于把原材料当作了编织而成的器皿，当然是错误的了。在这里，告子无疑看到了人的自然属性与社会属性的区别。但是，他不理解人的本性在于人的社会性，反而把人的自然属性当作人的本性，这就不可避免地陷入了自然人性论。然而，告子的“性犹杞柳，义犹桮棬”的比喻，对后来荀子把“性”与“伪”区分开来，对董仲舒把“性”与“情”区别开来，去深入探讨人性问题还是有所影响的。

总之，告子是一个自然人性论者，他的观点包含着某些唯物主义因素，对于反对先验道德论的人性观有一定意义。但是，他只把人性看作是人的生物本能，这就混淆了人性与动物性的界限，这是一个显而易见的理论缺陷。正因为这一点，他的人性观点受到了孟子的诘问和责难。

六、孟轲的“人性本善”论

孟轲(约公元前372—前289年)是战国时期著名的哲学家。他提出的人性观点是典型的“性善”论。孟子的性善论是建立在对告子的人性论批评基础之上的。针对告子的“性，犹湍水也，决诸东方则东流，决诸西方则西流。人性之无分于善不善也，犹水之无分于东西也”的观点，孟子反驳说：

> 水信无分于东西，无分于上下乎？人性之善也，犹水之就下也。人无有不善，水无有不下。(《孟子·告子上》)

孟子说：水诚然没有东流西流的定向，难道没有向上或向下的趋势吗？人本性是善的，就好像水向低处流的道理一样。告子用流水比喻人性，来说明他的自然人性论观点，是很朴素、很浅薄的。然而，孟子同样用流水作比喻来反驳，这个论据，同样没有说服力。因为用自然现象比喻人性，这本身就是不科学的。当然，我们并不是苛求于古人。不过，这里孟子明确提出了他的人性观点——“人性之善也”。

针对告子“食色，性也”的观点，孟子反驳说：

然则犬之性犹牛之性，牛之性犹人之性欤？(《孟子·告子上》)

既然如此，那么“犬之性”“牛之性”与“人之性”不就是一样的了吗？这里，孟子击中了告子的要害。如果把人性理解为“食色”这些生理本能，人与动物在生理本能上又有许多共同之处。那么，这种观点就是混淆了人性和动物性的本质区别。孟子用了一个归谬法，把告子的观点推到了一个荒谬的地步。反驳论证很简单，但却很有力。

针对告子的“性犹杞柳也，义犹桮棬也”的观点，孟子反问说：

子能顺杞柳之性而以为桮棬乎？将戕贼杞柳而后以为桮棬也？如将戕贼杞柳而以为桮棬，则亦将戕贼人以为仁义欤？(《孟子·告子上》)

意思是说，以杞柳为桮棬，是戕贼了杞柳的生机而制成的；以人性为仁义却非戕贼了人的生机。因此，以“杞柳”与“桮棬”比喻“人性”与“仁义”，从而否定把人性理解为仁义的观点是不能成立的。应该说，孟子这个诘问是有道理的。告子的人性论反对先验道德论是正确的，但他只是把人性归结为人的自然属性，没有正确理解人性与道德的关系。孟子与他相反，看到了人的社会属性对自然属性的制约和决定作用，认为道德是对人的本能的改变和发展。但是，孟子当时不可能真正理解“人的社会化”问题，他的人性论只是一种先验道德论。

孟子在反驳和批评了告子的人性观点之后，对自己的“性善”论进行了认真的阐释和说明。他说：

> 恻隐之心，人皆有之；羞恶之心，人皆有之；恭敬之心，人皆有之；是非之心，人皆有之。恻隐之心，仁也；羞恶之心，义也；恭敬之心，礼也；是非之心，智也。仁义礼智，非由外铄我也，我固有之也，弗思耳矣。(《孟子·告子上》)

孟子力图划清人与动物的界限，坚持以“人之所以异于禽兽者”来界定人性。在他看来，恻隐之心、羞恶之心、恭敬之心、是非之心，“人皆有之”，这是人区别于动物的地方。因此，他把“仁义礼智”视为人性。他甚至举例加以说明：“所以谓人皆有不忍人之心者，今人乍见孺子将入于井，皆有怵惕恻隐之心。”(《孟子·公孙丑上》)所谓“不忍人之心”，就是恻隐之心，亦即同情心或同类意识。他还说过：“无恻隐之心，非人也；无羞恶之心，非人也；无辞让之心，非人也；无是非之心，非人也。”(《孟子·公孙丑上》)又说：“人之有道也，饱食、暖衣、逸居而无教，则近于禽兽。”(《孟子·滕文公上》)可见，孟子十分重视人性与动物性二者的区别，坚持从人的社会性方面去探讨人性问题，在这一点上比告子前进了一大步。但是，他认为“仁义礼智，非由外铄我也，我固有之也，弗思耳矣”。这就陷入了主观唯心主义的先验道德论。不过，孟子强调“思”的作用，他认为“心之官则思，思则得之，不思则不得也。”(《孟子·告子上》)他肯定人有理性，有思维能力，这在中国哲学史上也有重要意义。

正是由于重视“思”的作用，所以，尽管孟子是一个先验道德人性论者，但他并不否定后天的自我修养在道德观念形成过程中的作用。他说：

人之有四端(指仁义礼智)也，犹其有四体也……凡有四端于我者，知皆扩而充之矣，若火之始燃，泉之始达。苟能充之，足以保四海；苟不充之，不足以事父母。(《孟子·公孙丑上》)

这就是说，人虽然先天具有仁义礼智这些“善”的伦理道德属性，但它们还只是“善性”的萌芽，如“火之始燃”，“泉之始达”。如要使“善性”的萌芽发展为“善人”，即能够遵守“仁义礼智”这些伦理道德规范，还必须“扩而充之”，努力去培养，着意去扩充已有的善端。只有如此，才能使人先天的善良本性充分发挥出来，从而达到“尽心”“知性”的境地。

总之，孟子主张人性本善，是一个典型的先验道德人性论者。他反驳了告子的自然本能人性论，坚持从人的社会属性方面探讨人性问题，并且较系统地说明了人之性善的内涵，在中国哲学史上占有重要地位，对后世产生了深远的影响。

七、荀况的“人之性恶”论

荀况(约公元前313—前238年)是战国时期杰出的唯物主义哲学家，“性恶”论的典型代表。他旗帜鲜明地反对孟子的“性善”论，针锋相对地提出“性恶”论。在《荀子·性恶》中，开宗明义，反复论证他的人性理论：

人之性恶，其善者伪也。今人之性，生而有好利焉，顺是，故争夺生而辞让亡焉；生而有疾恶焉，顺是，故残贼生而忠信亡焉；生而有耳目之欲，有好声色焉，顺是，故淫乱生而礼义文理亡焉。然则从人之性，顺人之情，必出于争夺，合于犯分乱理而归于暴。故必将有师法之化，礼义之

道，然后出于辞让，合于文理，而归于治。用此观之，然则人之性恶明矣，其善者伪也。(《荀子·性恶》)

这一段话是荀子“性恶”论的精彩之笔，它概括了“性恶”论的主要观点，其中包括以下三层含义。

第一，开宗明义，亮出了他的人性观点：“人之性恶，其善者伪也。”这里提出了“性”和“伪”两个概念。什么是“性”和“伪”呢？二者的关系怎样呢？荀子先后作了这样的说明：

生之所以然者谓之性。(《荀子·正名》)

凡性者，天之就也，不可学，不可事。礼义者，圣人之所生也，人之所学而能，所事而成者也。不可学，不可事，而在人者，谓之性；可学而能，可事而成之在人者，谓之伪，是性伪之分也。(《荀子·性恶》)

性者，本始材朴也。伪者，文理隆盛也。无性，则伪之无所加；无伪，则性不能自美。性伪合，然后成圣人之名，一天下之功于是就也。(《荀子·礼论》)

由此可见，荀子所讲的“性”，是指人的与生俱来的自然资质，是原始质朴的自然属性。他所讲的“伪”是人为的意思，指后天教化而形成的伦理道德观念。关于“性”与“伪”的关系，荀子认为，二者既有区别又有联系。与生俱来的、先天获得的“谓之性”；后天学来的、做到的“谓之伪”；这是二者的区别。关于二者的联系，荀子认为，先天的“本始材朴”的自然人性是恶的，但它是后天人为加工的基础，没有自然人性，人为加工则无所加；没有经过人为加工的天然人性，只能是恶的，并不能自美。只有“性伪合”，才能成就天人之功。这在一定意义上猜到了人的自然属性与社会属性的辩证关系。

第二，反复论证，说明“人之性恶”。

荀子认为，人生来好利，有疾恶，好声色。好利，就会为追求个人利益而互相争斗，而互相谦让的事就消亡了；有疾恶，就会残贼横生而忠信不存在了；好声色，就会淫乱滋生而礼义和节文条理不起作用了。如果顺从人的这种性情发展，就必然发生争夺，产生各种矛盾，最终造成暴乱。由此证明，人性是恶的。

为了证明“人性恶”，荀子曾多次从利、情、欲三方面加以说明：

饥而欲食，寒而欲暖，劳而欲息，好利而恶害，是人之所生而有也，是无待而然者也，是禹、桀之所同也。(《荀子·非相》)

若夫目好色，耳好声，口好味，心好利，骨体肤理好愉佚，是皆生于人之情性者也。……夫好利而欲得者，此人之情性也。(《荀子·性恶》)

性之好、恶、喜、怒、哀、乐，谓之情。(《荀子·正名》)

人生而有欲，欲而不得，则不能无求，求而无度量分界，则不能不争。争则乱，乱则穷。(《荀子·礼论》)

荀子认为，人人都有衣、食、住、行等物质利益需求，即便是圣王明君夏禹和残暴昏君夏桀也都不能例外；人人都有声、色、嗅、味和愉快、安逸的生理欲望；人人都有好、恶、喜、怒、哀、乐等情感欲望；好利、多欲、滋情，是人生而有之的人性。荀子曾明确指出性、情、欲三者的关系是：“性者，天之就也；情者，性之质也；欲者，情之应也。”(《荀子·正名》)性是天之自然赋予，情是性之资质，欲是情之感应。性、情、欲三者相互关联，缺一不可。而这些利、情、欲又是“无度量分界”，无止境的，要满足这些需要，必然要互相争斗，“争则乱，乱则穷”，据此，荀子断言：人之性恶。

第三，研究人性的目的，在于“化性起伪”。

荀子主张人性恶，认为性、情、欲是人天生的资质，但他坚决反对“纵情性，安恣睢，禽兽行”(《荀子·非十二子》)。为了治国安民，他主张变化性情，节制欲求，以礼养欲，积习成善。于是提出“化性起伪”的观点。他说：

凡人之性者，尧、舜之与桀跖，其性一也；君子之与小人，其性一也。今将以礼义积伪为人之性邪？然则有曷贵尧、禹，曷贵君子矣哉？凡所贵尧禹、君子者，能化性，能起伪，伪起而生礼义。(《荀子·性恶》)

今人之性恶，必将待师法然后正，得礼义然后治。今人无师法，则偏险而不正；无礼义，则悖乱而不治。古者圣王以人之性恶，以为偏险而不正，悖乱而不治，是以为之起礼义，制法度，以矫饰人之情性而正之，以扰化人之情性而导之也。使皆出于治，合于道者也。(《荀子·性恶》)

凡是人性都是恶的，不论尧、舜，还是桀、跖，不论君子还是小人，都没有差别。差别在于能不能“化性起伪”，能者为尧、禹、君子，否则为小人。现在之所以人性是恶的，表现为“偏险”“悖乱”，就在于“无师法”“无礼义”。古代圣王认为人之性恶，所以才“起礼义”“制法度”，以矫正人的恶行，引导人的情性，只有这样才能归于治，合于道。

关于“化性起伪”，荀子还有一个形象的比喻：“枸木必将待檃栝烝矫然后直。”(《荀子·性恶》)意思是弯曲的木料必须经过蒸烤，捆绑在标准的直木头上进行矫正，然后才能取直。“化性起伪”如同曲木矫直一样，人性是“本始材朴”，是弯曲的，是恶的，只有经过矫正，才能正直，才能向善。谁来矫正呢？当然是圣王、君子。用什么矫正呢？用“礼义”“法度”。“化性起伪”，就是经过后天圣王的教化，而使先天的人性恶转化为善的过程。即“矫饰人之情性而正之，以扰化人之情性而导之也”通过“化性起伪”，最终达到“天地合而万物生，阴阳接而变化起，性伪合而天下治”(《荀子·礼论》)，这就是荀子性恶论想要达到的政治目的。

还应该看到的是，荀子在强调圣王教化的同时，也十分重视社会环境影响在“化性起伪”中的作用，他说：“蓬生麻中，不扶而直，白沙在涅，与之俱黑。”(《荀子·劝学》)这体现了荀子人性论中的唯物主义因素。

总之，荀子的“人性之恶”和“化性起伪”的人性理论在先秦时期占有重要地位。他的“性恶”论虽然是从人的先天的自然属性出发的，但他毕竟看到了后天的教育和环境影响在人性形成中的作用，提出了“化性起伪”的观点，他试图从人的自然属性和社会属性的结合上说明人性问题，其中不乏深刻的见解。特别是他区别了“性”和“伪”两个概念，这在先秦诸子人性善恶之争上是一个理论上的突破。荀子的人性论对后世产生了深远的影响，特别是他的学生韩非的人性论，以及东汉王充的人性论，乃至清代戴震的人性论都在很大程度上承袭了他的思想。

八、庄周的“性者生之质”论

庄周(约公元前369—前286年)是战国时期著名的哲学家。他继承并发展了老子“道”的思想，成为先秦时期道家学派的主要代表人物之一。

老庄哲学以“道”为宇宙的本体。“道生一，一生二，二生三，三生万物；人法地，地法天，天法道，道法自然。”这副对联深刻地反映了道家学派的思想。庄子的人性论，正是在老庄哲学本体论的基础上阐发的。他所讲的人性，是指人的自然纯朴本性。他不承认孟子的性善论，不同意把仁义归结为人性，反对孟子所讲的扩充善端；同时他也不承认荀子的性恶论，不同意把情欲归结为人性，反对荀子提出的“化性起伪”。庄子只主张顺其自然，保持本性，不受仁义的制约，不为情欲所牵累，自由自在，无知无虑，求其全生，不损其性。在先秦诸子的人性善恶之争中，唯独庄子超然之外，不以善恶论人性，是一种无善无恶，自然无为的人性论。庄子说：

性者，生之质也。性之动谓之为，为之伪谓之失。(《庄子·杂篇·庚桑楚》)

人性，就是人生而具有的自然资质。“性之动谓之为，为之伪谓之失。”据《庄子集释》注云：“率性而动分内而为，为而无为非有为也。感物而欲伪情分外有为，谓之丧道也。”按照人的本性而活动，就应该“无为”，一切顺其自然，达到无己、无功、无名的境地。如果“有为”，必然受外物而牵累，人为地追求功名利禄、仁义道德和情感欲望，那就丧失了“道”，而“损性”“伤性”“失性”了。

且夫待钩绳规矩而正者，是削其性者也；待绳约胶漆而固者，是侵其德者也。呴俞仁义，以慰天下之心者，此失其常然也。天下有常然。常然者，曲者不以钩；直者不以绳；圆者不以规；方者不以矩；附离不以胶漆；约束不以纆索。故天下诱然皆生，而不知其所以生；同焉皆得，而不知其所以得。……自虞氏招仁义以挠天下也，天下莫不奔命于仁义，以仁义易其性与。自三代以下者，天下莫不以物易其性矣。小人则以身殉利；士则以身殉名；大夫则以身殉家；圣人则以身殉天下。数子者，事业不同，名声异号，其于伤性以身为殉，一也。(《庄子·骈拇》)

意思是说，天下万事万物都有它自身存在的自然状态和生生息息的自然规律，这是事物的“常然”。不能以曲直论是非，以方圆论规矩，一切都应顺其自然，任其自然。人性也是一样，如果用“钩绳规矩而正者”用“绳约胶漆而固者”，就是“削其性”。自从唐尧虞舜推行“仁义”，以仁义规范人们的思想和行为，这就丧失了人性的“常然”。在历史上，不管是“小人”，还是士、大夫、圣人，也不论他们是为利还是为名，为家还是为天下而殉身，尽管名声不同，但都是改变了或损伤了人性。庄子还举例说：臧与谷二人都是牧羊者，臧因好学读书而丢了羊，谷因好玩博弈而丢了羊，虽然他们丢羊的原因不同，但丢羊的结果都是一样的。又举例说：伯夷为名而饿死于首阳山下，柳下跖为利而死于东陵山上，二人的死因和追求的目的不同，但“其于残生伤性”是一样的。庄子认为，人性就是人的生命之常然。他主张人应顺其常然之性而生活，追求名利，施行仁义，就是用绳索束缚自己，就是“削其性者”，“失其常然”，都是违反人的天然本性的。

庄子不但反对以仁义“易性”“伤性”，同时也反对以情欲“失性”。他说：

且夫失性有五：一曰五色乱目，使目不明；二曰五声乱耳，使耳不聪；三曰五臭薰鼻，困惾中颡；四曰五味浊口，使口厉爽；五曰趣舍滑心，使性飞扬。此五者，皆生之害也。(《庄子·天地》)

君将盈耆欲，长好恶，则性命之情病矣；君将黜耆欲，则耳目病矣。(《庄子·徐无鬼》)

吾所谓无情者，言人之不以好恶内伤其身，常因自然而不益生也。(《庄子·德充符》)

庄子认为，情欲能使人“失性”“害生”，内伤其心，外伤其身。他指出目、耳、鼻、口、身这五官有欲，心有情，欲乱五官，情乱心，情欲为生命之害。庄子承认“情”的存在，但他讲的情，是指顺其自然的“性命之情”。他既反对“盈耆欲”，又反对“黜耆欲”，特别是反对杨朱的滋情纵欲和墨翟的“交相利，兼相爱”的主张，认为滋情纵欲，有害于生，有损于性，无益于人，无益于性。主张人们不要追求情欲，应当清心寡欲。只有这样，才能不伤身，不损性，不害生，才能保持自然纯真的本性。

总之，庄子的人性论在先秦诸子中独树一帜，他超然于人性善恶之争，既反对以仁义礼智等伦理道德为内容的性善论，又反对以自然情欲为理由的性恶论，是一种纯粹自然、非善非恶、超善超恶的人性论。这种人性论对后世也产生了较大影响，成为崇尚养生，清净无为，消极避世的人生哲学流派的理论基础。

九、韩非的“好利恶害”论

韩非(约公元前280—前233年)是战国末期的思想家，法家学派的集大成者。

韩非继承了荀子的思想，进一步发展了荀子的“性恶”论。由于战国末期诸侯争霸，社会动荡不安，人们之间的利害关系暴露无遗。出于对这种社会现实的冷静观察，韩非把人与人之间的关系归结为利害关系，把人的本性看成是“好利恶害”。他说：

> 好利恶害，夫人之所有也。赏厚而信，人轻敌矣。刑重而必，失人不比矣。……喜利畏罪，人莫不然。(《韩非子·难二》)

> 夫安利者就之，危害者去之，此人之情也。(《韩非子·奸劫弑臣》)

> 人无毛羽，不衣则不犯寒；上不属天，而下不着地，以肠胃为根本，不食则不能活。是以不免于利欲之心。(《韩非子·解老》)

这里所说的“好利恶害”，“人之所有”；“喜利畏罪，人莫不然”；就安利，去危害，“人之情也”，都是指人的本性。在韩非看来，凡是人都有利欲之心，“人有欲则计会乱，计会乱而有欲甚，有欲甚则邪心胜，邪心胜则事经绝，事经绝则祸难生。由是观之，祸难生于邪心，邪心诱于可欲”(《韩非子·解老》)。在利欲之心的驱使下，人人都好利恶害，自私自利，唯利是图。他还具体形象地描述了欲利之心的种种表现：

> 故王良爱马，越王勾践爱人，为战与驰。医善吮人之伤，含人之血，非骨肉之亲也，利所加也。故舆人成舆，则欲人之富贵；匠人成棺，则欲人之夭死也。非舆人仁而匠人贼，人不贵则舆不售；人不死，则棺不买。情非憎人也，利在人之死也。(《韩非子·备内》)

人人都从谋取利益的角度去从事各种事业。越王勾践爱美女西施，是为了向吴王夫差施美人计，以报仇雪耻；医生治病不顾脏和毒，是为了取得利益；做车的人希望别人富贵能够买他的车，做棺材的人希望别人早死以便买他的棺材，不是因为做车的人善良而做棺材的人心术不正，都是利欲之心使然。

从这种“好利恶害”的人性论出发，韩非认为，在社会生活中各种人际关系都是以利害关系为纽带联系起来的。

第一，在君臣关系上，韩非说：“主卖官爵，臣卖智力。”(《外储说右下》)又说：“且臣尽死力以与君市，君垂爵禄以与臣市。君臣之际，非父子之亲也，计数之所出也。”(《韩非子·难一》)人君用官爵利禄换取人臣的智力为自己的统治服务，人臣为了求得高官厚禄就必须卖死力气来取得人君的赏赐。君与臣都是互相计算而为自己求利，君臣关系是建立在互相利用的利害关系之上的。

第二，在君民关系上，韩非认为人君和人民的关系是建立在利害对立的基础之上的。他说："君上之于民也，有难则用其死；安平则尽其力。……明主知之，故不养恩爱之心，而增威严之势。"(《韩非子·六反》)韩非主张用严刑峻法统治人民，认为仁义恩爱不足以止乱，严刑威势足可以禁暴。

第三，在父母与子女的关系上，韩非认为也是利害关系。他说："且父母之于子也，产男则相贺，产女则杀之。此俱出父母之怀衽，然男子受贺，女子杀之者，虑其后便，计之长利也。故父母之于子也，犹用计算之心以相待也，而况无父子之泽乎？"(《韩非子·六反》)之于兄弟关系，也不比路人深多少，"故饥岁之春，幼弟不饷；穰岁之秋，疏客必食；非疏骨肉爱过客也，多少之实异也。"(《韩非子·五蠹》)

第四，甚至在夫妻关系上，韩非也认为是利害关系，需要警惕戒备。他说："故后妃、夫人太子之党成，而欲君之死也。君不死则势不重。情非憎君也，利在君之死也。"又说："为人主而大信其妻，则奸臣得乘于妻以成其私，……夫以妻之近与子之亲犹不可信，则其余无可信者矣。"(《韩非子·备内》)

第五，至于一般的人与人之间的关系，在韩非看来则更是利害关系了。他在谈到佣人与雇主的关系时说："夫卖庸而播耕者，主人费家而美食，调布而求易钱者，非爱庸客也，曰：如是，耕者且深，耨者熟耘也。庸客致力而疾耘耕者，尽巧而正畦陌畦畤者，非爱主人也，曰：如是，羹且美，钱布且易云也。"(《韩非子·外储说左上》)

总之，韩非"好利恶害"的人性论，淋漓尽致地揭露了封建宗法等级制度下人与人之间，特别是统治阶级内部钩心斗角、尔虞我诈、自私自利的利害关系，从而揭开了儒家学派的“父慈子孝、君惠臣忠、兄友弟恭、夫义妇归、朋友有信”等罩在封建宗法制度上的温情脉脉的面纱。这一点正是韩非高于先秦诸子之处。然而，他把这种特定历史条件下人与人之间的利害关系抽象化、绝对化，并且认为是利欲之心的驱使，是人生而自然形成的，其实这并未揭示出人与人之间利害关系的阶级实质。韩非在性恶论的基础上，建立了他的人生哲学，提出了法、术、势的法治理论和实行严刑峻法的政治主张，为秦统一中国奠定了理论基础。然而，他重法治而轻道德，陷入了极端的片面性，同时也为秦二世灭亡埋下了祸根。

先秦时期的人性论评价

先秦诸子在人性善恶的争论中，涉及了人性概念的界说、人性兽性的辨析、人性善恶的争论、性与习的关系、性与伪的关系等一系列关于人性问题的基本理论，为以后各个历史时期关于人性问题的深入研究起到了发端和奠基的作用，为中国人生哲学的形成和发展奠定了比较坚实的理论基础，也为我们现在进一步研究人性问题积累了十分丰富的资料。

一、关于人性的界说

在中国哲学史上，最早谈论人性的是孔子，他说："性相近，习相远也。"但他并未明确指出人性的内容，更没有给人性下定义。

第一个提出"性"的界说的是告子。告子说：

生之谓性。食色，性也。(《孟子·告子上》)

生而具有的叫作性，性的内容就是食色。显然，告子是把本能视为人性。

第二个提出"性"的界说的是孟子。孟子不同意告子"生之谓性”的观点，他批评告子说：

生之谓性也，犹白之谓白欤？曰：然。白羽之白也，犹白雪之白；白雪之白，犹白玉之白欤？曰：然。然则犬之性犹牛之性；牛之性犹人之性欤？(《孟子·告子上》)

孟子反对“生之谓性”的观点，是因为这种观点，不能把“人之性”与“犬之性”“牛之性”区别开来。孟子的人性界说是“人之所以异于禽兽者”。他说：

人之所以异于禽兽者几希，庶民去之，君子存之。(《孟子·离娄下》)

人之有道也，饱食暖衣，逸居而无教，则近于禽兽。(《孟子·滕文公上》)

那么，这种“异于禽兽”的人性是指什么呢？孟子说：

人皆有不忍人心。……所以“谓人皆有不忍人之心”者，今人乍见孺子将入于井，皆有怵惕、恻隐之心。非所以内交于孺子之父母也，非所以要誉于乡党朋友也，非恶其声而然也。由是观之，无恻隐之心，非人也；无羞恶之心，非人也；无辞让之心，非人也；无是非之心，非人也。(《孟子·公孙丑上》)

孟子认为：有无恻隐之心、羞恶之心、辞让之心、是非之心，是人与非人的界限，是“人之所以异于禽兽者”的标志，是人性界说的内容。那么，这种“异于禽兽”的人性，是否生而具有呢？孟子说：

恻隐之心，人皆有之；羞恶之心，人皆有之；恭敬之心，人皆有之；是非之心，人皆有之。恻隐之心，仁也；羞恶之心，义也；恭敬之心，礼也；是非之心，智也。仁、义、礼、智，非由外烁我也，我固有之也。弗思耳矣。(《孟

子·告子上》)

> 人之所不学而能者，其良能也；所不虑而知者，其良知也。孩提之童，无不知爱其亲者；及其长也，无不知敬其兄也。(《孟子·尽心上》)

由此可见，孟子的人性界说是“人之所以异于禽兽者”，其内容是仁、义、礼、智这些良知、良能。并且认为这些是生而具有的，“我固有之”的，是“不学而能”“不虑而知”的。

第三个提出人性界说的是荀子。荀子的人性界说是矛盾的：一方面，他倾向于告子的“生之谓性”的观点，提出：

> 生之所以然者谓之性。(《荀子·正名》)
>
> 凡性者，天之就也。……不可学、不可事而在人者，谓之性。(《荀子·性恶》)

所谓“天之就”，就是天然形成的，与生俱来的。“不可学不可事而在人者”，意为不待后天学习，生而具有的。与告子一样，荀子也把本能看作人性。

另一方面，荀子虽然不同意孟子的性善论，但他也受孟子的“人之所以异于禽兽者”的启发，也讲“人之所以为人者”。他说：

> 人之所以为人者何已也？曰：以其有辨也。饥而欲食，寒而欲暖，劳而欲息，好利而恶害，是人之所生而有也，是无待而然者也，是禹桀之所同也。然则人之所以为人者，非特以二足而无毛也，以其有辨也。……夫禽兽有父子而无父子之亲，有牝牡而无男女之别，故人道莫不有辨，辨莫大于分，分莫大于礼。(《荀子·非相》)

荀子肯定“人之所以为人者”，但他不认为“人之所以为人者”是“性”，这是荀子人性界说的最大缺憾。他认为“饥而欲食，寒而欲暖，劳而欲息，好利而恶害”是“生而有”的，是“无待而然”的，把人的自然本能和生理欲望看作人性的内容。他认为“人之所以为人者”在于“有辨”，即有认识“父子之亲”“男女之别”的能力，而这个“辨”则是由作为伦理道德规范的“礼”所规定的，是后天学来的，不是“无待而然”的，因此不是“性”。荀子所谓“人之所以为人者”与孟子所谓“人之所以异于禽兽者”，意义相近，但孟子认为这是性，而荀子认为这不是性，这正是荀、孟在人性论上的根本分歧。

先秦诸子的人性界说，概括起来可以说有三种不同的观点，构成两对矛盾，具有一个共同的特点。

三种不同的人性界说，即告子的“生之谓性”，孟子的“人之所以异于禽兽者”，荀子的“生之所以然者谓之性”和“人之所以为人者”。

这三种不同的人性界说，分别构成了孟告之间的对立和荀孟之间的分歧这样两对矛盾。这就是“人兽之辨”和“善恶之争”。

三种界说也好，两对矛盾也罢，先秦诸子的人性论有一个共同的特点，就是把人性看成是先天的、与生俱来的东西，但他们同时又都重视后天环境、教育对人性“扩充”或改变的作用，就是性与伪、性与习的关系。

二、关于人兽之辨

人兽之辨是孟子在反驳告子的观点时提出来的。告子的人性界说是“生之谓性”，并把人性的内容归结为“食色”。孟子坚决反对告子的观点，提出了“人之所以异于禽兽者”的人性界说，并力图说明“人之性”与“犬之性”“牛之性”的区别。这就拉开了人兽之辨的序幕。

如前所述，孟子认为“恻隐之心”“羞恶之心”“辞让之心”“是非之心”，即仁、义、礼、智，这些良知、良能是“人之所以异于禽兽者”。

告子讲的“食色”，只不过是人的本能。在本能上，人和动物是共同的，不能把人与动物区别开来，不是人“异于禽兽”的特性。如果像告子说的“食色，性也”，那么人之性与犬之性、牛之性不就一样了吗？孟子对告子的这个诘问是很有道理的。在两千多年前孟子就认识到用“本能”是不能把人性和兽性区别开来的，这个思想是难能可贵的。现代科学证明，摄食本能、防御本能(躲避危害的本能)、性本能等自然本能，不是人类独有的，而是人与动物共有的，它不是人与动物相区别的标志，反倒是人类起源于动物的佐证。

孟子用“人之所以异于禽兽者”，反驳告子的“食色，性也”，把人性与兽性区别开来，对于正确认识人性问题具有重要的理论意义。但是孟子不可能用辩证思维来科学地解释本能与人性的辩证关系。当然，这是不能苛求于孟子的。

在“人兽之辨”的过程中，孟子不仅把人性与兽性区别开来，而且十分强调人的同类意识。这一点也是值得称道的。孟子说：

> 故凡同类者举相似也，何独至于人而疑之？圣人与我同类者。故龙子曰：不知足而为屦，我知其不为蒉也。屦之相似天下之足同也。口之于味有同耆也。易牙先得我口之所耆者也。如使口之于味也，其性与人殊，若犬马之与我不同类也，则天下何耆皆从易牙之于味也？至于味，天下期于易牙，是天下之口相似也。惟耳亦然，至于声，天下期于师旷，是天下之耳相似也。惟目亦然，至于子都，天下莫不知其姣也。不知子都之姣者，无目者也。故曰，口之于味也，有同耆焉；耳之于声也，有同听焉；目之于色也，有同美焉。至于心，独无所同然乎？心之所同然者何也？谓理也，义也。圣人先得我心之所同然耳。故理义之悦我心，犹刍豢

之悦我口。(《孟子·告子上》)

这段话的意思是：凡是同一类型的事物，大体上都相近似，为什么偏偏对于人性却又怀疑了呢？圣贤人物和我们也是同类的。所以龙子曾说：即使不知道脚的长短去编草鞋，我相信也不会编成草筐子的。草鞋大小都是差不多的，因为天下人的脚都是相同的呀。所有人的胃口对于味道，爱好大体相同，名厨易牙早就掌握了我们胃口所嗜好的东西。如果我们的胃口品尝味道时，各人有各人的不同，就像狗、马和人类不是同一类型那样，那么天下的人为什么都喜欢易牙烹调的味道呢？谈起口味来，天下的人都希望吃到易牙做的菜，这说明天下的人胃口是差不多的。就是耳朵也是这样。谈起音乐来，天下人都希望听到师旷的演奏，这是天下人的耳朵都差不多。就是眼睛也是这样。谈起子都来，天下人没有不知道他长得漂亮的。看不出子都漂亮的，那简直就是没有长眼睛。所以说，人的胃口对于味道，有相同的嗜好；人的耳朵对于声音，有相同的听觉；人的眼睛对于颜色，有相同的美感。可是一谈到人心，偏偏就没有相同之处了吗？人心相同之处是在什么地方呢？是在理和义上面。圣贤人物早就把我们心中共同的理义理解透彻了，因此这些理义使我们心里感到高兴，就好像牛羊猪狗的肉适合我的胃口一样。

这里，孟子是在以“类”论“性”，他强调人与人是同类，具有共同的人性。一方面，说明人与犬、马不同，是因为“若犬马之于我不同类也”；另一方面，指出“圣人与我同类者”，即便是尊贵的圣人与普通百姓，因为是同类，所以“心之所同然”，同样具有理、义这样的共同人性。这与他“人人皆可为尧舜”的思想是一致的，反映了孟子具有一定的平等观念。这里，孟子用口有同嗜，耳有同听，目有同美，来论证“心之所同然”。然而，他认为耳、目、口这些感官的功能并不是人性，只有“心之所同然”的理、义才是人性。为什么呢？孟子解释说：

> 口之于味也，目之于色也，耳之于声也，鼻之于臭也，四肢之于安佚也，性也，有命焉，君子不谓性也。仁之于父子也，义之于君臣也，礼之于宾主也，智之于贤者也，圣人之于天道也，命也，有性焉，君子不谓命也。（《孟子·尽心下》）

意思是说，口舌对于鲜美的味道，眼睛对于美丽的颜色，耳朵对于悦耳的声音，鼻子对于芬芳的气味，四肢对于舒适的感觉，天生就喜欢，能否得到决定于命运，君子不认为这是人性。仁爱对于父子，义理对于君臣，礼仪对于宾主，智慧对于贤能的人，圣人对于天道，命运是这样，但也是人性使然，君子认为不完全属于命运。

这里的“命”，即命运，可以理解为客观条件。孟子认为，口、耳、目、鼻、四肢等感官欲望的满足，仁、义、礼、智等道德修养的提高，都既需要主观努力地追求，又受到客观条件的限制。但是，感性的满足主要依赖于客观条件，所以不谓之性。道德修养的提高主要依靠主观的努力，这才是性的内涵，所以谓之性。口、耳、目、鼻等感官功能与“食色”一样都是本能的东西，故不谓之性。追求仁、义、礼、智等伦理道德的自觉能动性，是“人之所以异于禽兽者”，故谓之性。

与此相联系，孟子还十分强调“思”的作用。他认为心有思的功能：“心之官则思，思则得之，不思则不得也。”（《孟子·告子上》）又说：“心之所同然者何也？谓理也，义也。”（《孟子·告子上》）“仁义礼智，非由外铄我也，我固有之也，弗思耳矣。故曰：求则得之，舍则失之。”（《孟子·告子上》）孟子认为，仁义礼智的禀赋，不是由外来美化的，是我本来就具有的，只是没有想到罢了。所以说只要追求就会得到它，放弃就会失去它。孟子认为理解善性，发扬善性，关键在于思，“思则得之”，“求则得之”。这里孟子肯定人有理性思维能力，并且认为心之思所同然者为理义。这正是“人之所以异于禽兽者”，是人性之所在。

总之，孟子提出了“人之所以异于禽兽者”的人性界说，并以此反驳告子“食色，性也”的人性论，掀起了先秦时期第一次人性问题的论战——“人兽之辨”。在这场论战中，孟子系统地阐发了他的人性论，其中不乏闪光的思想。第一，划清了人性与兽性的界限，这在中国哲学史上为人性论起到了良好的发端和奠基作用。第二，肯定了人有同类意识，这就为共同人性说开了认识的先河。第三，提出了“思”的命题，肯定人是有理性的，这不仅指出了人与动物区别的重要标志，而且为道德理性的人性论在中国哲学史上的主导地位奠定了基础。同时，我们还要看到，由于历史和认识的局限性，孟子的人性论还存在某些缺陷。当然，我们绝不想苛求古人，只是想用现代的眼光来观察并分析人性论的历史进程。首先，没有也不可能说明人的本能与人性，或者说人的自然属性与社会属性的辩证关系，这一点正是后来的自然人性论者攻击性善论的理由。其次，没有也不可能指出共同人性与阶级性和个性的辩证关系，他所说的人性是指凡人都具有的“类特性”，当然是一种抽象的人性论。这不仅是孟子而且是中国古代所有的人性论的根本缺陷。再次，没有也不可能对人类理性做出科学的说明，只是把它归结为仁、义、礼、智这些善性，这就不能不遭到性恶论者荀子的反对，于是掀起了先秦时期人性论的第二次论战——善恶之争。

三、关于善恶之争

孟子主张人性善，荀子主张人性恶。孟荀之间的人性善恶之争，是先秦时期人性论战的主流与核心。这场争论对后世产生了深远的影响。就是在今天，它仍然具有重要的理论价值和现实意义。那么，善恶之争给我们什么启示呢？我们认为：人性善恶之争是人的理性追求与感官欲念的冲突与互补，是人的自然属性与社会属性的对立与统一。

孟子的人性界说是“人之所以异于禽兽者”。他认为人与禽兽之别，在于人有道德理性。他把人的道德理性概括为“恻隐之心”“羞恶之心”“辞让之心”“是非之心”，亦即“仁”“义”“礼”“智”等善端。因此，人性本善。孟子高扬人性善的旗帜，讴歌人性，赞美人性。他不是从人的自然属性上，而是从人的社会属性上确认人的价值，目的在于充分地肯定和褒扬人的理性追求和人格的自我完善。

荀子与孟子针锋相对，他的人性界说是“生之所以然者谓之性”。认为“目好色”“耳好声”“口好味”“骨体肤理好愉佚”“饥而欲饱”“寒而欲暖”“劳而欲息”等这些与生俱来的自然属性才是人性。荀子还认为人的这种生来好利、疾恶、好声色的本性，必然要互相争斗造成暴乱。因此，人性是恶的。不难看出，荀子这里主要是从人的生理本能和感官体验上来分析、规定人性的。他强调的是人的自然属性。荀子高扬“隆礼”“重法”的旗帜，扼制人的感官欲念的恶性膨胀，目的在于“化性”“起伪”，使社会“合于文理而归于治”。

孟荀之间的人性善恶之争，道出了人类认识和改造人自身的永恒话题。历代哲人无不在此基础上，继续深化对人性善恶的探讨和争论。就是在人类进入 20 世纪 90 年代的今天，它仍然是人们不能回避的人的哲学或人生哲学的深层次的理论问题之一。

在对孟荀人性善恶之争的评价上，历来有厚荀薄孟与厚孟薄荀两种观点。持厚荀薄孟观点的同志认为："荀况把人对物质生活方面的欲求，作为研究人性的出发点，这比起孔孟'讳言利、倡言义'的虚伪说教更为切实、质朴一些。"因而断定："荀况的性恶论比孟轲的性善论包含了更深刻的内容。"①持厚孟薄荀观点的同志认为："如果从其内容的深刻性上、从思维的理论层次上分析，我倒是觉得孟子从社会学、伦理学意义上阐扬的'性善论'，要较荀子从生物学层次上来把握人性的'性恶论'显得更为深切。""孟子性善说的合理性和深刻之处，在于它不是从人的自然生理本能性上，而是从其更本质的规定性和关系中来确认人的价值。"②在以上两种观点中，厚荀薄孟也好，厚孟薄荀也罢，无非是在强调人的理性追求与感观欲念的冲突、人的自然属性与社会属性的对立。在我看来，与其评价二者的冲突与对立，不如造成二者的互补与统一。这样或许更有助于揭示人性的真谛。

唯物辩证法认为事物的一种质表现为多种属性。同样，人也具有多种属性，概括起来说可以分为两大类，即自然属性和社会属性。人的自然属性，是人的肌体与周围事物发生关系时表现出来的生物本能和感官体验，如荀子所指出的"饥而欲饱""寒而欲暖，劳而欲息""目好色""耳好声""口好味"等。人的社会属性，是人在人际关系中表现出来的道德理性和情感体验。如孟子所指出的"恻隐之心""羞恶之心""辞让之心""是非之心"等。荀子看到了并强调了人的自然属性，孟子

① 肖箑父、李锦全：《中国哲学史》上卷，北京：人民出版社，1984年版，第229页。

② 林永光：《孟荀人性理论之比较研究》，载《学习与探索》，1989年(1)。

看到了并注重了人的社会属性。二人各自从自己的视角看到了人的某一方面的属性。应该说他们都发现了部分真理，二者都没有错。问题是他们都片面夸大了部分真理，并且把它绝对化，因而走入形而上学的困境。今天，我们要使荀孟二人的人性论走出困境，就要摆脱他们彼此的冲突与对立，而使它们达到互补与统一。其实，人就是自然人与社会人的统一体，自然属性与社会属性辩证统一于人自身。人的自然属性是人类生存和延续的前提条件，是人的社会属性的物质承担者。没有人的自然属性，人类就不能生存和发展，人的社会属性也就无法单独存在。人的社会属性是人区别于动物，是人之所以为人的根本标志，是人的自然属性摆脱纯粹的动物性而成为社会化了的自然属性的关键所在。虽然人的自然属性在生理意义上与动物有许多共同之处，但是人的自然属性毕竟不等于动物性。动物性是纯粹的自然属性，而人的自然属性则是社会化了的自然属性。例如：动物吃东西仅仅是为了生存，而人吃东西除了维持生命之外，还包括许多社会内容：美食是为了享受，食疗是为了治病，请客是为了交谊，有时为了达到某种目的还可能绝食。人和动物都有性本能，都需要发生两性关系和生育繁衍。然而，动物的求偶、生育完全出自本能，而人的两性之爱、生儿育女，则包含着丰富的社会内容。人选择配偶不仅要考虑对方生理功能是否健全，而且还要考虑他(她)的心灵是否美好；不仅要考虑对方的身体和容貌，而且还要考虑他(她)的文化修养和经济状况等。再说人类的婚姻制度和生育政策也是随着社会历史的发展而不断变化的。这些与动物的纯粹自然状态是根本不能相提并论的。由此可见，人的自然属性与社会属性是辩证统一的，二者不能割裂，不能对立，更不能单独存在。由此说来，只有把荀孟二人的人性论互补和统一，才能更好地解释和说明人性。

更加有趣的是，孟荀二人的人性善恶之争在理论意义上或者说在社会效果上则表现为殊途同归。这种进一步的把冲突与对立转化为互补与统一，则更是令人深思的。

孟子从“人之性善”的基本立场出发，在道德修养上着重强调的是道德个体的“内省”“自讼”“慎独”和“反身而诚”，并在此基础上“推己及人”，实现内圣外王，兼善天下，修身、齐家、治国、平天下。他认为人皆有仁、义、礼、智“四端”，并说：“凡有四端于我者，知皆扩而充之矣，若火之始燃，泉之始达，苟能充之足以保四海；苟不充之，不足以事父母。”(《孟子·公孙丑上》。)他还说：“仁者如射，射者正己而后发。发而不中，不怨胜己者，反求诸己而已矣。”孟子十分推崇大丈夫的理想人格，称颂“富贵不能淫，贫贱不能移，威武不能屈”和“舍生取义”“杀身成仁”的浩然正气。由此观之，孟子在道德修养、道德教育的思维路向是：由内而外，由主体向客体，由个体向群体，由个人向社会的转化和发展。

荀子与孟子不同，他从“人之性恶”的立场出发，主张“化性”“起伪”“隆礼”“重法”，强调社会教化与法制对个体的制约与改造。他指出：“今人之性，生而有好利焉，顺是，故争夺生而辞让亡焉；生而有疾恶焉，顺是，故残贼生而忠信亡焉；生而有耳目之欲，有好声色焉，顺是，故淫乱生而礼义文理亡焉。然则从人之性，顺人之情，必出于争夺，合于犯分乱理，而归于暴。故必将有师法之化，礼义之道，然后出于辞让，合于文理，而归于治。”(《荀子·性恶》)。他还说：“故古者圣人以人之性恶，以为偏险而不正，悖乱而不治，故为之立君上之势以临之，明礼义以化之，起法正以治之，重刑罚以禁之，使天下皆出于治、合于善也。”(《荀子·性恶》)由此可见，荀子治理社会的思维路向是：以君王的权势、礼义的规范、法制刑罚的威严来教化和制约人的恶性，然后归于治、合于善。（顺便论及荀子其人，他虽然是战国时期著名的儒家，但在人性论上却扬弃了儒家的传统。他虽不是法家，然而在他的影响下，他的两个学生——韩非和李斯却成为著名的法家代表人物。这说明了荀子思想的复杂性和丰富性，他是兼纳儒法、承儒启法的伟大思想家。）

孟荀关于人性善恶之争的思维模式或思维路向是完全不同的。然而，二者的理论意义和社会价值却是相反相成的。如果说孟子性善论是弘扬人的道德理性，注重个体道德修养，通过社会道德建设而达到天下大治的话，那么荀子性恶论则是贬损人的感官欲念，强调社会政治教化，通过社会法制建设而达到天下大治。其目的都是在探讨治国安民之策，可谓殊途同归。汉代著名思想家贾谊曾说过："礼者，禁于将然之前；而法者，禁于已然之后。"这句话道出了道德建设与法制建设的辩证关系。在治理国家时，道德建设和法制建设是不可偏废的，是相辅相成的，是缺一不可的。在社会主义现代化建设的今天，为什么要加强道德建设和法制建设，如何加强道德建设和法制建设，难道我们不能从历史和古人那里得到某种启发吗？这正是我们研究先秦诸子的人性论，特别是研究孟荀人性善恶之争的目的所在。

中国古代思想史上的义利之辩*

义利之辩，是一个古老而又常新的问题。说它古老是因为它由来已久，至少可以追溯到春秋时代；说它常新，是因为每个时代的争论都有它的新内容，在今天经济体系改革中重新提出这一问题，更有其新的内容和意义。古人说：以铜为镜，可以正衣冠；以人为镜，可以知荣辱；以史为镜，可以知兴衰。我们要树立社会主义的义利观，必须研究中国古代思想史上的义利之辩。

义和利的问题在中国古代思想史上讲的是道德原则和物质利益的关系问题。什么是义呢？一般来说，义是指合乎正义或公证合理的道理或举动。《礼记·中庸》说："义者，宜也。"韩愈《原道》说："行而宜之之谓义。"何谓宜呢？宜，即相宜，适宜。这里引申为思想和行为符合一定的道德原则和规范的要求。不同时代、不同社会、不同阶级的

* 此文是作者于1994年8月，在承德市举办的中华民族传统美德教育第四届研讨会上所作的学术报告。后来发表在《吉林教育科学》1995年第1期上，又被中国人民大学报刊资料《伦理学》1995年第7期转载。

道理原则和规范是不同的。因此，义的内涵也是不断发展变化的。所谓利，就是指利益，即物质利益。可见，义和利的问题，就是道德原则和物质利益的关系问题。义利观，就是对道德原则和物质利益关系的基本观点或看法。

中国古代思想史上的义利之辩，大体上可以分为三个阶段，每个阶段的争论都有三种不同的观点。

第一阶段：春秋战国时期

这一时期诸子百家，各持一端，争论不休。主要有三种观点。

第一种观点：重义轻利。主要代表是孔孟创立的儒家学派。

《论语》中讲："子罕言利。"孔子轻视物质利益，说："君子喻于义，小人喻于利。"(《论语·里仁》)"君子谋道不谋食，……忧道不忧贫"，(《论语·卫灵公》)但孔子也不是完全不讲利，他说："毋见小利，……见小利，则大事不成。"(《论语·子路》)可见他反对的是计较个人私利。他还说："不义而富且贵，于我如浮云。"(《论语·述而》)可见他反对不择手段的获取个人利益。他还强调："义以为上""义以为质""见利思义"(《论语·宪问》)"见得思义"(《论语·季氏》)可见他在义利关系上以义为重。

孟子同孔子一样也是重义轻利。《孟子》开宗名义第一篇有这样一段记载："孟子见梁惠王，王曰：叟！不远千里而来，亦将有以利吾国乎？孟子对曰：王！何必曰利？亦有仁义而已矣。王曰，何以利国？大夫曰，何以利吾家？士庶人曰，何以利吾身？上下交征利而国危矣。"(《孟子·梁惠王上》)孟子认为人们只讲利益不讲道德是社会一切纷争掠夺的根源，因此他主张"何必曰利，亦有仁义而已矣"。他还说："生，亦我所欲也；义，亦我所欲也。二者不可兼得，舍生而取

义者也。”(《孟子·告子上》)

第二种观点：重利轻义。主要代表是管仲、商鞅、韩非为代表的法家学派。

管子说：“仓廪实，则知礼节；衣食足，则知荣辱。”(《管子·牧民》)又说：“凡治国之道，必先富民，民富则易治也，民仇则难治也。……民富则安乡重家，安乡重家则敬上畏罪，敬上畏罪则易治也。民贫则危乡轻家，危乡轻家则敢凌上犯禁，凌上犯禁则难治也。”(《管子·治国》)这里他看到了道德和物质生活的联系，是一种有价值的认识。但对物质利益的理解是片面的，他不是从生产关系，而是从简单的消费状况和财富多寡来分析道德的起源，因而具有直观性和机械性。

商鞅说：“民之欲富贵也，共阖棺而后止。”(《商君书·赏刑》)“故民：生则计利，死则虑名。”在他看来，老百姓都是为利而生，为名而死，都是自私自利的。他甚至认为老百姓都是奸民。他强调：“以良民治，必乱至削；以奸民治，必治至强。”(《商君书·说民》)商鞅治理国家只讲法治，反对道德教育。他说：“礼乐，淫佚之徽也；慈仁，过之母也。”(《商君书·说民》)他甚至把礼乐、诗书、修善孝悌、诚信、贞廉、仁义、非兵羞战等骂为“六虱”，必须除掉。可见商鞅是一个非道德主义者。

韩非“喜刑名法术之学”，集法家之大成。他同样强调法治而排斥道德。他认为人都是自私自利的，讲仁慈不仅无用，而且有害。他说：“好利恶害，夫人之所有也。”(《韩非子·难二》)因此重法律而轻道德。他说：“夫严家无悍虏，而慈母有败子。吾以此知威势可以禁暴，而德厚之不足以止乱也。夫圣人治国，不恃人之为重善也，而用其不得为非也。恃之为重善也，境内不什数；用人不得为非，一国可使齐。为治者用众而舍寡，故不务德而务法。”(《韩非子·显学》)可见，韩非把法律、权势同道德对立起来，讲法律，尚权势，其宗旨是集一切权力于君主一人。他的非道德主义完全是为封建专制统治提供理论根据的。另外，韩非认为仁义道德和有德之士，对国家富强没用，因此崇尚功利，排斥道德。韩非强调法治、崇尚功利的思想有许多合理的因素，对于我国加强社会主义法治建设和社会主义经济建设是有一定借鉴意义的。然而他排斥道德，轻视知识和知识分子，轻视教育的思想在现实社会中也有很大的消极影响。马克思在评述资产阶级功利主义学说时指出：“功利论至少有一个优点，即表明了社会的一切现存关系和经济基础之间的联系”，但是“把所有各式各样的人类的相互关系都归结为唯一的功利关系，看起来是很愚蠢的。”①

第三种观点：义利并重。主要代表是墨翟为代表的墨家学派。

墨子把爱和利、道德和利益结合起来。他说：“兼相爱，交相利”(《墨子·兼爱下》)这是墨子思想的核心和最高原则。“兼爱”也称作“仁义”，他说：“兼即仁矣，义矣。”(《墨子·兼爱下》)他还说：“万事莫贵于义。”(《墨子·贵义》)“义，天下之良宝也。”(《墨子·耕柱》)可见，墨子很重视“义”。然而，墨家不同于儒家，他在讲“义”的同时还崇尚功利，把“交相利”视为“兼相爱”的基础，把“兴天下之利，除天下之害”(《墨子·兼相爱下》)作为仁义的目标，并且把目标具体化为：“饥者得食，寒者得衣，劳者得息”。可见，墨子也很重“利”。在义和利的关系上，墨子强调二者的结合，或说义利并重。墨子在中国思想史上第一次提出“合其志功而观焉”的命题。所谓“志”是指行为的动机；“功”是指行为的效果。墨子认为评价一个人的行为时，要把动机

① 《马克思恩格斯选集》第3卷，北京：人民出版社，第484、479页。

和效果结合起来看。

后期墨家进一步发展了墨子的功利主义思想，他们为“利”下了一个定义：“利，所得而喜也。”(《墨子·经上》)“利，得是而喜，则是利也。其害也，非是也。”(《墨子·经上说》)在此基础上，他们又为社会各种道德关系下定义，如：“忠，利君也”，“孝，利亲也”，“功，利民也”。并且进一步概括为：“义，利也。”“义，利；不义，害。”(《墨子·大取》)这表明，墨家已经把“义”和“利”看成一致的或统一的了。

墨家的功利主义思想反映了小生产者重视生产、重视实际的阶级品格，表现了唯物主义倾向。但是，小生产者的功利主义难免具有狭隘性。墨子的“合其志功而观焉”的思想在中国历史上占有重要地位。他们的义利结合、义利并重的思想至今仍有重要的现实意义。

先秦时期，在义利关系上，阐述得最深刻的要算荀子。荀子是先秦最伟大的唯物主义思想家，他的学说继承了孔孟的儒家思想，但也受其他各家的影响，综合了各家学术成果。因此，他的思想十分丰富和复杂。他虽是儒家，但在义利观上却不同于孔孟的唯心主义的重义轻利思想；他虽不是法家，但在他的影响下，他的两个学生韩非和李斯却是法家学派的重要人物；他虽不是墨家，但他的义利观却高出墨家义利并重思想一筹。

荀子从人的自然属性出发，承认人的物质利益，他说：“饥而欲食，寒而欲暖，劳而欲息，好利而恶害，是人之所生而有也，是无待而然者也，是禹、桀之所同也。”(《荀子·非相》)同时他又说：“义与利者，人之所两有也。虽尧舜不能去民之欲利，然而能使其欲利不克其好义也。”(《荀子·大略》)可见，他主张义利“两有”，二者都不能否定。但是，他主张“以义制利”，认为“先义而后利者荣，先利而后义者辱”。这反映了他儒家思想的倾向性。然而，他讲“以义制利”决不是否定人的物质利益，恰恰相反，他正是从人的物质利益出发来阐明道德在调节人们物质利益关系中的作用。这个思想集中反映在他的朴素唯物主义的道德起源论上。

荀子的道德起源论概括起来有三个说法，这就是“群居和一”说、“礼以养情”说、“礼以成文”说。

第一，“群居和一”说。荀子说：“水火有气而无生，草木有生而无知，禽兽有知而无义；人有气、有生、有知，亦且有义，故最为天下贵也。力不若牛，走不若马，而牛马为用，何也？……曰：义。故义以分则和，和则一，一则多为，多力则强，强则胜物……”(《荀子·王制》)可见，在荀子看来，人分工合作过着群居生活，这就需要“以义制利”，即用礼义道德来调节人们之间的利益关系，使人们克制自己的行为，做到群居和一。这是从人们的社会生活和人与自然的关系的角度来论述道德起源的，从而揭示了他对义利关系的看法。

第二，“礼以养情”说。荀子说：“人生而有欲，欲而不得，则不能无求，求而无度量分界，则不能不争。争则乱，乱则穷。先王恶其乱也，故制礼义以分之，以养人之欲，给人之求。使欲必不穷乎物，物必不屈于欲，两者相持而长，是礼之所起也。”(《荀子·礼论》)可见，荀子认为人人都有物质欲望，必然引起争执，互相残杀。这就需要建立道德原则和规范来调节人们的情欲，也就是“养情”。“礼以养情”说，是从人有情欲的角度来论述道德起源问题，从而反映了他对义利关系的看法。

第三，“礼以成文”说。荀子说：“礼者，以财物为用，以贵贱为文，以多少为异，以隆杀为要。……文理情用相为内外表里，并行而杂，是礼之中流也。”(《荀子·礼论》)又说：“礼者，谨于治生死者也。生，人之始也，死，人之终也。终始俱善，人道毕矣。故君子敬始而慎终。终始如一，是君子之道，礼义之文也。”(《荀子·礼论》)这里的“文”指修饰人的情感，表现人的情感的外部礼仪。人的情感要表现为外部的礼仪，这是人类文明的反映。“礼以成文”说，是从人类应有的文化生活的角度来论述道德起源问题，从而也反映了荀子对义利关系的看法。

荀子对义利关系的认识是符合唯物主义原则的。他承认人有物质情欲，礼义道德的作用只是调节它而不是排斥它、压抑它。这个见解是深刻的。当然，荀子的唯物主义还是朴素唯物主义，阶级的局限性和时代的局限性使他不可能认识到生产关系对物质利益关系和道德关系的决定作用。

第二阶段：两汉魏晋时期

这时期在义利问题上也有三种观点。

第一种观点：重义轻利。主要代表是西汉的董仲舒。

董仲舒向汉武帝提出了“罢黜百家，独尊儒术”的建议，从此儒家思想被奉为中国封建社会的正统思想。董仲舒把孔子的思想神圣化，把封建伦理道德定型化，并第一次提出了“三纲”“五常”等封建道德规范，在儒家思想史上占有重要地位，在中国历史上产生了深远的影响。董仲舒在义利问题上有一句影响很大的话：“正其谊不谋其利，明其道不计其功。”(《汉书·董仲舒传》)这反映了他在道德评价问题上的纯动机论，在义利问题上是重义轻利。他还说：“夫皇皇求财利常恐乏匮者，庶人之意也；皇皇求仁义常恐不能化民者，大夫之意也。”(《汉书·董仲舒传》)这与孔孟的思想是完全一致的。

这里有必要探讨一下董仲舒学说的思想来源，或许能看出中国思想史的发展规律。众所周知，秦王朝的建立是法家思想的胜利。但是，秦二世而亡，这不能不使汉朝的统治者特别是知识分子出身的士大夫引起震动。他们要从秦的灭亡中总结历史教训。《史记·陆贾列传》中记载，汉高祖刘邦的谋士陆贾，经常向刘邦讲儒家经典。刘邦问道："乃公居马上而得之，安事《诗》《书》!"陆贾说："居马上得之，宁可以马上治之乎？且汤武逆取而以顺守之，文武并用，长久之术也。"刘邦觉得有道理，便问他"秦所以失天下"的原因。陆贾答道："秦始皇设刑罚……征大吞小，威震天下，将帅横行，以服外国，蒙恬讨乱于外，李斯法治于内，事愈烦，天下愈乱；法愈滋，而奸愈炽；兵马益设，而敌人愈多。秦非不欲治也，然失之者，乃举措太众，而用刑太极故也。"(《新语·无为》)"齐桓公尚德以霸，秦二世尚刑而亡。故虐行则怨积，德布则功兴。"(《新语·道基》)另外，汉文帝时贾谊曾写《过秦论》，他认为秦二世而亡的原因，是由于不行德治，不懂得夺天下与治天下不一样。他说："仁义不施而攻守之势异也""取与守不同术"。可见，在董仲舒之前陆贾和贾谊就总结了秦二世而亡的教训，提倡德治，重视儒学。这为他提出"罢黜百家，独尊儒术"奠定了思想基础。

第二种观点：义利并重。主要代表是东汉末的唯物主义思想家王充。

王充出身"细族孤门"，一生受到豪强地主的排斥和压抑，所以比较接近和同情人民。他说："让生于有余，争起于不足。谷足食多，礼义之心生；礼丰义重，平安之基立矣。……由此言之，礼义之行，在谷足也。"(《论衡·治期》)可见，他认为道德的基础是物质生活。他还批评孔子"去食存信"的道德说教，针锋相对地提出："夫去信存食，虽不欲信，信自生矣；去食存信，虽欲为信，信不立矣。"(《论衡·问孔》)但是，王充并不忽视道德的作用，他说："贵耕战而贱儒生，是弃礼义求饮食也。使礼义废，纲纪败，上下乱而阴阳缪。”以此批评韩非轻视道德的弊端。他认为：“国之所以存者，礼义也。民无礼义，倾国危主。”(《论衡・非韩》)他既批评孔子忽视物质利益的唯心主义倾向，又否定韩非忽视礼义道德的庸俗唯物主义倾向。他的看法比较全面，比较符合生活的实际情况。王充不失为当时有见识的进步思想家。

第三种观点：重利轻义。主要代表是魏晋时期的曹操和杨朱。

曹操是三国时著名的政治家、军事家、文学家。在义利问题上，他并没有专门的论述，然而我们从当时的“才性之辩”上，也能分析出曹操的义利观来。“才性之辩”是当时比较突出的一个问题，“才”指才能，性指德行。我国向来有“尚贤使能”“选贤与能”之说。东汉注重“名教”，实行察举法推举“名士”，这些名士大都出身豪门士族。魏晋实行“九品中正”制，“上品无寒门，下品无士族”。这些名士在动乱的社会形势下不能有所作为，平治天下需要才能之士。于是曹操首先提出“唯才举士”，才重于德的思想。他曾经三次颁布求贤令，广招天下能人。他强调“举贤勿拘品行”，提出“负污辱之名，见笑之行，或不仁不孝，而有治国用兵之术者”“有盗嫂受金而未偶无知者”(《求贤令》)都可举荐。他认为：“夫有行之士，未必能进取，进取之士，未必能有行也。……士有偏短，庸可废乎！”(《敕有司取士勿废偏短令》)他这种人才观的指导思想是：“治平尚德行，有事赏功能。”《魏志・武帝纪》可见，曹操是颇懂用人之道的。从才性之辩的一个侧面也可以反映出曹操是重功利而轻道德的。

杨朱是我国历史上纵欲主义和享乐主义人生观的典型代表。魏晋南北朝时期，社会动乱，统治阶级内部斗争激烈，正统儒家没有出路。汉儒治经学，训诂章句，搞烦琐主义，引起读书人的反感，便向老庄思想找出路。这时期学术空气崇尚清谈，史称玄学。当时还盛传养生之道，肆性纵欲，追求眼前肉体的快乐。《列子·杨朱》上记载：晏平仲曰："其目奈何？"夷吾曰："恣耳之所欲听，恣目之所欲视，恣鼻之所欲向，恣口之所欲言，恣体之所欲安，恣意之所欲行。"杨朱还说："丰屋、美服、厚味、姣色，有此四者，何求于外？"(列子·杨朱篇)杨朱的纵欲享乐主义就是魏晋世家大族荒淫纵欲思想意识的反映。但是，在复杂多样的社会生活中，在反对封建礼教的斗争中，魏晋时期人们的思想也得到了某种程度的解放。

第三阶段：宋元明清时期

这一时期的义利之辩主要表现为理欲之辩。也有三种不同的观点。

第一种观点：重义轻利。主要代表是宋明理学家二程(程颐、程颢)和朱熹。

程、朱把道德原则和物质利益、物质欲望完全对立起来。程颐说："无人欲即是天理"，"灭私欲，则天理明矣。"(《程氏遗书》)朱熹讲："学者须是革尽人欲。""存天理，灭人欲"可以说是程朱理学的基本纲领。这一思想的实质，是要强调维护封建统治秩序，不要考虑个人物质利益，这完全是"禁欲主义"的东西。这种封建礼教特别是对妇女的压迫更残酷，程颐说："饿死事极小，失节事极大。"这种理欲观是封建统治者"以理杀人""礼教吃人"的思想基础。

第二种观点：重利轻义。主要代表是南宋的陈亮、叶适等。

陈亮、叶适主张功利主义，反对程朱理学空谈"天理"。朱熹认为："三代专以天理行，汉唐专以人欲行。"批评汉高祖和唐太宗的心术只在利欲上，不在道义上，只是行杂霸，不是行王道。陈亮则反对他的意见，他说："古今异宜，圣贤之事不可尽以为法，但有救时之志，除乱之功，则其所为虽不尽合义理，亦不妨自为一世英雄。"(《答陈甫同书》)陈亮还主张："功到成处，便是有德；事到济处，便是有理。"(《四乾学案》)

叶适也反对程、朱把天理和人欲对立起来的说法，并且批评董仲舒的观点。他说："仁人正谊不谋利，明道不计功。此语初看极好，细看全疏阔。……既无功利，则道义者乃无用之虚语尔。"(《习学记言》卷二十七)他承认仁义道德是重要的，但光讲仁义道德没有用处，仁义道德必须表现在功利上。

第三种观点：义利并重。主要代表是明代的王夫之和清代的颜习斋、戴震。

王夫之反对程、朱"存天理，灭人欲"的观点，认为离开人欲就没理。他说："人欲之大公，即天理之至正矣。"(《四书训义》)"人欲之各得，即天理之大同。"(《读四书大全说》卷四)

颜习斋更是反对理学家的"重理轻利"说。他认为"义中之利，君之所贵也。"并针对汉代董仲舒的提法巧妙修改了一个字，提出"正其谊以谋其利，明其道而计其功"的深刻思想。(《四书正谈》卷一)

戴震是清代著名唯物主义思想家，他对程朱理学进行了尖锐的批判。戴震是一个自然人性论者，他说："人生而后有欲、有情、有知。三者，血气心知之自然也。"(《孟子字义疏证》)在此基础上，他认为仁义礼智都离不开人的物质情欲。他说："是理者存乎欲者也。""古圣贤所谓仁义礼智，不求于所谓欲之外，不离乎血气心知。""圣人治天下，体民之情，遂民之欲，而王道备。"(《孟子字义疏证》)他认为道德就是"遂欲达情"，道德原则是无私而不是无欲。戴震从理欲统一论出发，尖锐地批判了程朱的理欲对立论，指出程朱的"存天理，灭人欲"是

"以理杀人"。

以上，我们从浩如烟海的古代文献中，寻觅出有关义利之辩的种种观点。为了脉络清晰，我们把它分为三个阶段；为了比较分析，我们把每个阶段概括为三种不同的观点。这样，我们可以总结出中国古代思想史上义利之辩的几个特点。

第一，重义轻利思想一直占有统治地位。董仲舒"罢黜百家、独尊儒术"的建议被汉武帝采纳之后，儒学、经学、理学一脉相承，构成了中国封建社会的正统思想。这个思想对于形成中华民族重道德、讲文明的"礼义之邦"起了重要作用。但是，过分强调道德，过分重视封建伦理纲常，轻视物质利益，贬低功利，就束缚了人们的思想，克制了人们的物质欲望和生活追求，压抑了人们的创造才能。近代中国落后、挨打，除了经济和政治的因素之外，封建伦理道德的束缚不能不说也是一个重要原因。

第二，每当社会动乱，经济萧条的时候，重利轻义的思想就出现了，开始往往是比较接近下层人民的知识分子中形成这种思想，后来被一些比较开明的统治者接受或采纳。曹操就是在社会动乱的情况下，深得统治之术和用人之道的。他的名言"治平尚德行，有事尚功能"，便是很好的说明。重利轻义的思想对于调动老百姓的生产积极性和士兵打仗的积极性，对于封建帝王霸业或王位的建立，都曾经起过进步作用。但是一旦战争平息，经济繁荣，统治者的地位稳固之后，自然统治阶级就要强调道德，重义轻利了。

第三，重义轻利和重利轻义都有片面性，都是从当时政治的或经济的目的出发的，总是一种倾向掩盖另一种倾向，于是就有人提出义利并重的思想，出现了重义轻利、重利轻义和义利并重几种思想争论和在社会地位上交替沉浮的现象。义利并重的观点克服了重义轻利和重利轻义的片面性，比较正确地反映了人类物质生活和道德面貌的关系，具有较多的辩证因素和合理成分，在历史上起过较明显的进步作用。但是，它们终归是从封建统治阶级的立场出发的，因此也不可避免地带有阶级的和历史的局限性。

中国古代思想史上的义利之辩给我们很多启示，它教我们去思考、去分析、去鉴别，同时应该继承和发展我国古代这些宝贵思想遗产，用马克思主义的立场、观点和方法去批判继承，古为今用，树立社会主义的义利观。

第三编　中西方价值论研究

价值论研究的兴起与发展*

20 世纪 80 年代以来，我国哲学界对价值问题进行了广泛的研究，从它的兴起到发展大体经历了以下几个阶段。

第一阶段，从真理标准的讨论引发出价值认识的命题

1980 年第 10 期《学术月刊》发表了杜汝楫同志的文章：《马克思主义论事实的认识和价值的认识及其联系》。杜汝楫在文章中回顾了西方对事实和价值的讨论，认为社会事物的认识有所谓事实与价值之分。所谓事实认识是关于“是如何”的认识，而价值认识则是关于“应如何”的认识。后者是更深一个层次的认识，从认识目的在于改造世界来看，后者更为重要。真理这个词本来就有两种含义，或者指真实而言，或者指合理而言。实践作为真理标准，既是真实

* 此文及以下几篇价值论研究的论文是作者承担的北京市哲学社会科学“七五”规划重点课题“社会主义市场经济与大学生价值观研究”的部分成果，后来收入个人文集《德育新论》中。首都师范大学出版社，1996 年版。

性的标准，又是合理性的标准。价值认识与事实认识是既有区别又有联系的。如果把价值认识与事实认识割裂开来，就会把价值认识变成“公说公有理，婆说婆有理”。如果把二者混淆，就会犯“成者为王，败者为寇”的错误。把二者割裂开来，就会导致唯心主义的先验论，而把它们混为一谈则往往导致实用主义。要划清马克思主义和实用主义的界限，必须搞清楚事实真理与价值真理的区别和联系。杜汝楫的这篇文章，受到学术界的广泛关注。1981 年 8 月 8 日，何祚榕在《光明日报》上发表了《一个值得研究的问题》一文，认为杜汝楫提出了一个值得研究的问题，并认为杜文为解决当时《光明日报》等报刊正在讨论的“实践的目的是衡量实践成败的标准”的问题提供了一把钥匙。

自此以后，价值问题的研究逐步在我国开展起来。其后，《哲学研究》《光明日报》《国内哲学动态》《社会科学战线》《江海学刊》《社会科学辑刊》《青海社会科学》等报刊相继发表了一些关于价值问题的研究文章。这个时期李连科、刘奔在价值的研究方面最为突出。

这个时期价值问题研究虽然处于初始阶段，但它对价值问题研究的发展奠定了良好的基础。

第二阶段，从价值与真理的讨论发展到价值论在哲学中地位以及价值论与认识论的关系问题的研究

1985 年 5 月在屯溪召开的全国真理问题讨论会，对价值与真理问题展开了热烈的争鸣。这对价值研究是一次有力的推动。这一年《中国社会科学》第 3 期发表了李德顺的《真理与价值的统一是马克思主义的重要原则》一文；人民出版社出版了李连科的《世界的意义——价值论》一书，这本书对价值论作了简明的多方面的哲学论述；《北京师大

学报》发表了齐振海的《论真理的科学性和价值性》、袁贵仁的《价值与认识》;《哲学研究》发表了袁贵仁的《论价值真理概念的科学性》、薛克诚的《客观真理刍议——兼评价值真理》;《人文杂志》发表了赖金良的《评价性认识简论》等。这期间,《中国社会科学》和《哲学研究》还对价值真理问题开展了讨论。

1986 年,哲学界集中对价值真理的科学性、价值真理是否是多元的、价值真理是否有阶级性、反映与评价等问题开展讨论。《哲学研究》《人文杂志》《学术月刊》《南京大学学报》等刊物连续发表了几篇文章进行讨论。这一年五月在杭州召开的价值与认识的讨论会,使这一讨论达到高潮。这次讨论会着重对价值问题进行哲学概括,对价值在马克思主义哲学体系中的重要地位,哲学价值范畴的实质和客观性,价值与认识,价值与真理等问题进了热烈的讨论。这次讨论使得价值问题的研究在深度上和广度上都向前推进了一步。

第三阶段,从"普遍价值定义"的质疑,发展到对价值论研究方法论的反思

1987 年 1 月 5 日,《光明日报》发表了郝晓光的《对所谓普遍价值定义的否定》一文,对近几年来价值论研究中不少文章作为立论根据的马克思《阿·瓦格纳的"政治经济学教科书"》中的话"'价值'这个普遍的概念是从人们对待满足他们需要的外界物的关系中产生的"提出否认。对此,《光明日报》《湖北社会科学》《湖北大学学报》等报刊,连续发表了李连科、刘奔、李德顺、郝孚逸等的几篇争鸣文章。这个讨论一方面涉及对马克思的话应如何理解的问题,即是正面论述还是否定性论述?这句话所指的价值是使用价值还是哲学价值概念?另一方

面也涉及如何概括哲学的价值范畴，能否在使用价值的意义上规定哲学价值范畴的问题。这个问题的讨论对推动价值研究现状的反思特别是方法论的反思，有一定的促进作用。

关于价值论研究的方法论问题，我国哲学界一致认为研究价值论必须以马克思主义哲学的基本原理，以马克思、恩格斯、列宁、毛泽东有关论述的基本精神为指导。但是究竟如何运用马克思主义的基本原理研究价值问题，则有不同理解。一种方法是尽量从马克思、恩格斯有关文献中，找出关于哲学价值论的定义，由此出发进行推论。似乎只有这样才有可靠的理论依据。可是在马克思主义经典著作中，很难找到大家公认的哲学的价值的定义。一旦人们对理论依据的马克思的话的理解提出质疑，这种推论所做出的全部结论就发生动摇。这种方法，在研究的初期是难以避免的。但这种方法有局限，主要是未能摆脱教条主义的影响，指望从马克思和恩格斯的著作中找到价值问题的现成哲学定义拿来搬用。另一种方法，是以马克思主义哲学的基本原理和马克思、恩格斯、列宁、毛泽东关于价值问题论述的精神为指导，即认真研读有关论述，运用马克思主义的基本观点，分析研究社会生活各个领域的价值现象，包括物质价值、知识价值、伦理价值、审美价值、人的价值等，从而概括出价值的哲学本质。这种方法，就是用马克思主义的基本原理为指导，分析各个领域中价值现象，从个别到一般；既遵循马克思主义的基本原理，又概括丰富多彩的现实生活。看来，这种方法是目前价值论研究中的有效方法。

1987 年 11 月在西安召开的价值论与价值观念变革讨论会，对价值论的研究也是一次有力的推动。这期间，景天魁同志在《哲学动态》第五期上发表了《价值论研究六问》，对价值的客观性、价值与评价、价值真理及其检验、价值论与认识论的关系等几个问题提出了自己的思考与见解。另外，有的同志开始从价值研究的方法论上进行反思。这一个阶段的重要成果是李德顺的《价值论——一种主体性的研究》的出版。它的出版，无疑是有助于价值论的进一步深入、系统的研究。

总之，价值问题的研究是20世纪80年代以来我国哲学界的一个热点问题。研究的范围既广，研究的内容亦深，且取得了丰硕的成果。哲学是时代精神的精华，价值论的研究对推动各门社会科学研究和思想理论建设无疑具有重要意义。大学生这个特殊的青年群体，对哲学社会科学的研究动态和思想理论问题历来十分敏感。价值论的研究同样引起了他们的强烈兴趣和广泛关注。随着改革开放的深入发展和建立社会主义市场经济体制目标的提出，大学生的价值观发生了前所未有的深刻变化。研究大学生价值观问题，不能不借助哲学界关于价值论研究的理论成果。上述价值论研究的发展过程和理论成果，确实对我们研究大学生价值观的演变轨迹具有重要的参考价值和借鉴意义。

关于价值概念的定义

价值概念的定义，是价值理论研究首先遇到的问题。我国哲学界对它的表述多种多样，归纳起来主要有以下几种类型。

第一种观点：价值是属性范畴，主要指物的使用价值。

如："所谓价值，就是对主体的有用性。马克思在《资本论》中指出：'物的有用性使物成为使用价值。'这里讲的是物的使用价值，却道出了价值的真正本质。"

哲学意义的价值是"物的对人有用使人愉快等等的属性"。

"哲学意义的价值概念，反映的是事物满足人的需要的客观属性。"

"哲学的价值范畴，是指事物能满足人们（主体）一定的需要的这种性质。"

"作为哲学研究对象的价值，不同于作为人类劳动凝结的商品的'价值'，但却可以相当于商品的或物的'使用价值'。"

"所谓价值，从哲学意义上说，就是客体对主体的有用性，是客体满足主体需要的一种属性。”

第二种观点：价值是主体对客体的态度或反映。不同意第一种观点，认为价值是客体属性范畴。

如：“价值是主体人根据自己的需要自觉地、有意识地赋予客体的属性，它反映了主体对客体的态度。”

“价值是客体同主体之间，前者满足后者的需要的这样一种关系的反映。”

第三种观点：价值是满足需要的属性。

根据是马克思在《评阿·瓦格纳的“政治经济学教科书”》中所说的：“——如果说，‘按照德语的语法’，这就是指物被‘赋予价值’，这就表明：价值这个普遍概念是从人们对待满足他们需要的外界物的关系中产生的。”[①]这种观点不同意第二种观点把价值看成是“主体对客体的态度或反映”，认为那是主观地赋予外界物以价值属性的唯心主义观点，强调了“价值的客观内容及其客观来源”。

第四种观点：与第三种观点相反，认为上述马克思的话，不是马克思的观点，而是瓦格纳的观点。

马克思并没有进行从使用价值概念到“价值的普遍概念”的推论，而正是瓦格纳在进行这种推论。

哲学意义上的价值的内涵不能与物或商品的使用价值相混淆，不能把使用价值当成哲学意义上的价值。他们不同意“人的价值关系是主体对客体的需要关系”的看法。认为需要关系是一种自然的实践关系，是离开了社会关系考察价值。

这种观点认为：商品的价值就是马克思主义哲学意义上的价值。

① 《马克思恩格斯全集》第19卷，北京：人民出版社，1975年版，第406页。

除了商品价值概念，马克思主义的价值学说不存在其他价值概念。

第五种观点：价值是关系范畴。它表示客体属性与主体需要之间的关系或是客体功能对主体需要的满足关系。

如："价值是一种关系范畴。它表示的是主体人与客体物之间需要与满足需要的关系。"

"价值是客体同主体之间，前者满足后者的需要的这样一种关系的反映。"

"价值是客体与主体需要之间的肯定与否定关系，即利害关系"。

第六种观点：价值是关系范畴，但不同意第五种观点中的客体对主体的"满足"关系，而认为它是客体对主体的意义。

如："价值是客体对主体所具有的积极的或消极的意义。价值关系就是意义关系。"

"所谓价值，是指客体的某种属性对主体的需要所具有的肯定的、积极的意义。"

"哲学价值范畴，是指客体对主体的生存和发展所具有作用和意义。"

上述种种关于价值概念的定义，反映了哲学界对价值概念的纷繁复杂的看法。虽然每一种观点都有一定的道理，对探讨价值的本质都有一定的意义，但每一种观点又都有某种偏颇之处，都有某些不完善的地方。笔者认为，第一种观点认为价值是属性范畴，主要指事物的客观属性，这是一种客观价值论。承认价值的客观性，是唯物主义价值论的基石，因此有其合理性。然而，这种观点忽略了价值的主观性。一切客体的价值都依赖于主体对它的认识和评价，同一客体的价值，随着主体的不同而不同，主体的差异性决定着价值关系的差异性，主体需要的多样性决定了价值认识和评价的多样化，因此价值具有主观性。可见第一种观点肯定和强调了价值的客观性，却忽略或忘掉了价值的主观性。第二种观点与第一种观点恰恰相反，肯定和强调了价值的主观性，却忽视或排斥了价值的客观性。例如，它认为价值是主体对客体的态度或反映，是主体人根据自己的需要自觉地、有意识地赋予客体的属性。殊不知不但客体的属性是客观的，而且主体的需要和满足需要的过程及条件也是客观的。因此，前两种观点都有一定的片面性。

第三种观点和第四种观点是围绕着马克思在《评阿·瓦格纳的"政治经济学教科书"》中所说的那段话的认识分歧而立论并争论的。争论的焦点是：普遍价值概念或哲学价值概念到底是可以从政治经济学中商品的"使用价值"中引申出来，还是可以从"价值"中引申出来？

第三种观点试图利用"使用价值"的含义来引申出一般价值。这样能够成立吗？我们试加以分析。这里有两种情况：一种是在已有严格含义规定意义上的"使用价值"，即马克思所做的富有哲学意味的表述"物为人而存在"，即物满足人的需要这种关系。在这里，"使用价值"有特殊的主客体范围限制，即仅仅指"物"对人的一种关系，而不能包括人与人、精神现象与人等其他主客体关系，所以它只能是哲学上的一种特殊或个别。在这种情况下，用使用价值来规定一般价值，很容易使价值一般概念的含义狭隘化、片面化。另一种情况是，对使用价值做了无限广义的理解。有些同志所说的"有用""效用""有益"等，已不是狭义的使用价值，他们把诸如道德、审美这类价值也用"有用"来解释。在这种情况下，上述字眼都可以作为"价值"一词的同义语或通俗用语。问题的关键在于，通常所说的"有用""有益""满足"等本身是什么意思，如何从哲学上深刻地揭示其实质和特征。找到这些用语并不是问题的解答，而恰恰是问题的提出。因此，试图用"使用价值"来规定一般价值，并不能达到理论上的要求。

那么，能不能用商品“价值”的含义来引申出一般价值？第四种观点试图把哲学意义上的价值概念看作马克思的商品价值范畴的直接移植或衍生概念。我认为这种看法并未超出经济学的特殊范围，经济学范围的特殊“价值”概念，很难提升为一般意义的哲学价值概念。因为，哲学的价值论是要研究包括经济价值、政治价值、道德价值、审美价值等各种价值的普遍的本质和规律，它要寻求的是能够概括这些价值共性的一般价值范畴。而商品价值的规定，仅仅在经济价值的范围内也是一个特殊概念。把商品价值直接提升为哲学范畴，不仅不能覆盖政治价值、道德价值、审美价值等，甚至也不能包含“使用价值”。由此看来，第三、第四种观点也是不完善的。

第五种观点和第六种观点有一个共同之处，就是都认为价值是一个关系范畴。我认为这一点是正确的。而二者的分歧在于：第五种观点认为价值是“满足需要”的关系，而第六种观点认为价值是“作用和意义”的关系。比较而言，我们更倾向于第六种观点。因为作为哲学价值概念的定义不仅要能体现主客体关系的普遍性，而且还要能概括价值类型的普遍性。客体对于主体的关系不一定在任何类型、任何情况下都是“满足需要”，但是只要主客体发生关系，就一定会产生“作用和意义”。客体对主体的作用和意义符合或接近主体的尺度或需要，就是正价值；反之则是负价值；介乎二者之间的为中性价值。

概言之，价值是一个关系范畴，而不是一个独立的实体范畴，也不是一个主客体相关联的属性范畴。哲学价值范畴，是指客体对主体所具有的作用和意义。对哲学价值范畴作如此理解是我们研究大学生价值观的理论的基石。

价值论研究的几个理论问题

我国哲学界在价值论研究中，涉及诸多理论问题，其中价值研究的客体方向与主体方向问题、价值的客观性与主观性问题、价值的多元性与一元性问题等，与大学生价值观问题研究关系比较密切。因此，有必要对这几个理论问题加以介绍、分析和解答。

一、价值研究的客体方向与主体方向问题

如前所述，价值是一个关系范畴，它仅仅是作为主客体之间相互关系、相互作用而存在。因此，价值研究应该通过主客体相互连接、互相统一的运动去把握。但是，如何理解和运用这个一般结论去研究价值问题，理论界却表现为两种不同的研究方向：一个是面向客体为主的方式，一个是面向主体为主的方式。

面向客体为主的方式，简单地说，就是把考察价值特性的根据、解决价值问题的出路，更多地放在对价值关系中客体的研究方面。例如，要说明物对人的价值，就着重去分析物有哪些属性和功能，或者物在同人的关系中如何

获得这些属性等；要说明人的价值，就重点阐明人的本性、潜能等；要说明一个人的道德价值，就把重点放在分析这个人的人格、特点、动机、行为特征等方面。不难看出，这种方式的特点是根据“客体固有或有什么”来衡量价值。

面向主体为主的方式，则是把考察价值特性的根据、解决价值问题的出路，更多地放在对价值关系中主体的研究方面。例如，要说明物对人的价值，就在把握对象属性的前提下，着重分析主体的结构、需要和能力等，以此来说明物对人的价值是怎样产生的和如何变化的；要说明人的价值，就重点阐明人的社会关系，看人在这种社会关系中的作用和意义等；要说明一个人行为的道德价值，就把重点放在分析他行为的社会效果，这个社会价值规范的性质、特点及其客观基础等方面。

比较上述两种方式，我们认为面向客体为主的方式在理论上的一个必然前提，是对价值主体做了整体化的、一般的、稳定形态的解释或设定，即按照“主体不变，价值取决于客体”这种思路进行研究。面向主体为主的方式，则是首先强调价值主体——人的具体历史性和个性多样化，而把客体放在基本稳定的形态下加以考察，其基本思路是“不管客体变不变，具体的价值以主体的需要和尺度为标准”。两种方式各有其合理的、积极的意义，但面向主体为主的方式，在理论上更深刻、更全面一些，在实践上更复杂、更深入一些。大学生价值观问题研究，正是沿着面向主体的研究方式进行的，即把当前的政治、经济、道德、人生等客体放在基本稳定的形态下，而主要考察价值主体——大学生的需要和尺度，从而分析大学生价值观的现状及其演变轨迹。

二、价值的客观性和主观性问题

承认价值的客观性，是唯物主义价值论的基石，许多同志对此作了大量分析和论证。其主要理由是：价值关系存在的基础，是人类现实的主客体关系；主客体关系是由客体的实体要素构成的，主体的结构、需要及其发展，客体的存在、属性和规律都是客观的；客观的主体与客体相互作用、相互关系过程也是客观的，价值作为这种相互作用的结果，以客观的价值事实形态，通过主体结构中的同化、需要的满足等客观现象过程而存在和表现出来。

应该说，上述论证基本上是合理的。但是应该看到：在论证价值的客观性时，笼统地说“主体及其需要是客观的”，这个判断并不周延，因为作为主体的人毕竟是有主观性的，人的需要也有主观的需要。这种观点认为价值只存在于评价之中，而评价是主观的，是人的理想、信念、情感、兴趣、态度的表现。同一客体的价值随着主体的不同而评价不同，主体的差异性决定着价值关系的差异性，主体需要的多样性决定了价值认识的多样性。

总之，价值既有客观性的一面，又有主观性的一面。价值的本质是客观的，而价值认识和评价则是主观的，价值关系是主观与客观的辩证统一。只有承认价值认识和评价的主观性，才会有对大学生进行价值观调查的必要性和可行性。只有承认价值的客观性，才能对大学生价值观的正确与错误、先进与落后、激进与保守做出客观的分析与评估。价值的客观性是检验价值认识和评价的科学性、正确性和真理性的前提。

三、价值的多元性和一元性问题

在讨论价值的主观性与客观性之后，自然就引出了另一个理论问题。这就是，在相同的客体面前，不同的主体与客体结成实际上不同的价值关系，因此就有不同的价值。有多少主体就有多少价值，它们彼此间不能完全重合或相互代替。价值和评价的个体性、阶级性、民族性、时代性等，都是这种多元性的表现。揭示这一特征，对于我们过去长期只承认一个单一标准、单一尺度的传统观念来说，无疑是一个重要的进步。

但是也由此引出了另一方面的问题：价值是否只是多元的，是否与一元论绝对不相容？强调多元性会不会导致相对主义，会不会导致“公说公有理，婆说婆有理，天下无公理”的情况？这一方面问题的提出，也使我们想到如何在更高的层次上看价值的多元性，如何全面地理解价值问题上多元与一元的辩证统一。

对于价值现象在社会生活中的多元统一性问题，应该站在马克思主义的历史唯物主义一元论的立场上全面地把握。就是说，虽然各个具体的、个别的价值是多元的，在个别主体的层次上不能也不应该使他们强求统一，但在人类历史、社会发展的总体上，则应该看到它们具体的、丰富的必然统一性。

要把握价值的多元与一元的统一，关键在于弄清不同层次上的主体及其相互关系，具体问题具体分析。有些价值纯属对于个别主体的，就应该承认并尊重其个别性、多元性，如个人与他人无关的兴趣、爱好，民族的风俗、风格等。有些价值虽然同个人有关，但它本质上是对于社会或群体共同的价值，那么就应该承认并把握这些价值的一元性，如社会制度、改革开放的政策、民主法制建设、思想道德建设等。总之，价值多元性与一元性相统一的理论，正是我们对大学生进行价值观教育的理论依据。

价值观的含义及其分类

在考察了价值、价值论之后，我们还必须进一步分析价值观的一些理论问题，这样才能步步逼近我们研究的主题——大学生价值观问题。

一、价值观和价值观念问题

价值观和价值观念是否属于同一概念？理论界的看法是不一致的。一种看法认为，二者没有什么区别，价值观就是指价值观念。另一种看法认为，价值观与价值观念不同。价值观是贯穿于价值观念中的基本观点，是价值观念的核心，有相对稳定的结构，而价值观念则更宽泛一些。我同意第二种看法，认为价值观与价值观念不是同一概念。

价值观念，是近年来人们说得很多但含义又很不相同的一个概念。大概的意思有以下几种类型：(1)“价值观念”是指“重视价值”这样一类信念。比如说要“树立价值观念”“增强价值意识”等。至于其中所说的价值，又有多种不同理解；(2)“价值观念”是指功利、利害的观念，即把价值等同于功利价值的说法。表现在把价值观念同道德观念、法制观念等并列；(3)“价值观念”是指对于各种具体问题的具体看法、观念、结论。如某些人的消费观点、欣赏趣味改变了，就说他们的“价值观念变化了”；(4)“价值观念”是指人们对于各种价值现象的观点、看法中比较稳定的、深层的内容，实质上是指评价标准和以基本评价标准为核心的基本价值信念、理想的观念系统。

上述四种价值观念的含义，前三种都不能认为是价值观的含义。我们讲的价值观是人人头脑都有并且起作用的，所不同的只是内容、性质和自觉的程度而已。我们讲“树立正确的价值观”，不是说要树立“重视价值”这样一类信念。狭义的功利观念只是价值观的一种，它不能代替人的整个或一般价值观。至于人们随时随地都在进行着的价值判断、具体看法，如果不从其相对稳定形态和更深层的思维方式上去把握，也不可能抓住实质，提供有指导性的线索，因此也不是我们所讲的价值观。只有第四种价值观念的含义，才比较接近价值观。

二、价值观的定义

价值观的研究相对于价值论的研究来说，同现实生活实践的关系更加密切，因此价值观的研究已经从哲学殿堂走向社会学、心理学、教育学(其中包括德育学)、伦理学等更加广阔的领域。正因为如此，价值观的定义就更加复杂多样。从国外学者的研究来看，具有代表性的价值观的定义至少有以下几种观点：

第一种观点：继美国著名的心理学家奥尔波特(G. W. Allport)提出六种价值观之后，罗克奇(M. Rokeach)认为：价值观是指个人和社会愿意选择的行为模式或存在的最终状态。他还把价值观分为“终极性价值观”和“工具性价值观”，前者指欲达到的最终存在状态或目标，后者是指达到上述目标所采取的行为模式或手段。这种价值观定义强调的是“选择”。

第二种观点：美国社会学家认为，价值观是为社会成员所共同具有的。关于好与坏、关于对与错、关于可望与不可望的观念。这种通俗的说法表明价值观是一种“判断”或“评价”，即关涉到是非、真伪、优劣及可望如何的“判断”或“评价”。

第三种观点：苏联学者认为，作为群体的价值观“是对生活的物质和精神价值的选择态度”；作为个体的价值观，“是选择爱好、从事活动的手段”；从对主体关系来看，它是“主体的需要、兴趣、理想、信念的集中体现”；从对客体的关系来看，“是对社会价值、对其他社会集团、对整个社会的选择态度”。这种观点比较复杂，但它的核心也是“选择”。

从上述三种典型的观点来看，国外学者对价值观定义的关键词是“选择”、“判断”和“评价”。不过有的强调选择“行为模式和目标”，有的强调选择“态度”或“手段”。前者注重选择结果，后者注重选择过程。

国内学者对价值观的定义具有代表性的有以下几种观点：

第一种观点认为：价值观“是主体以其需求系统为基础(参照系)，对主客体之间的价值(价值关系)进行整合而形成的观念形态(即思想和思想体系)，它综合地体现了主体的愿望、要求、欲望、理想、需要、利益等”。这里的所谓“整合”，包含有“选择”“调整”“组合”等意思。

第二种观点认为：价值观“是在人们头脑中形成的关于价值现象或价值关系的系统化看法和观点，是以往人们价值实践和价值生活经验的理性化积淀。通俗一点说，它是对客体有无价值以及价值如何的固定看法，实质上成为一种评价标准、一种价值尺度、一种评价的思想框架”。这种观点的关键是认为价值观是一种“评价标准”或“尺度”。

第三种观点认为：价值观“指的是实际存在的和可能存在的主客体之间的价值关系，主体的价值创造活动及其结果的性质和意义在人的意识中的反映，以及由此而形成的比较确定的心理和行为取向或心理和行为定势”。这种观点的关键词是“取向”和“定势”。

上述可见，国内学者关于价值观定义的关键词是“整合”(包含选择、调整、组合)、“评价”(标准或尺度)、“取向”(或“定势”)。“整合”，实际上讲的是主体对主客体之间的价值关系进行选择、调整和组合，它强调的是过程；“评价”，实际上讲的是主体对客体存在意义(即有无价值和价值如何)的评价标准或尺度，它强调的是“整合”的标准；“取向”，实际上讲的是主体对客体“应当如何”的选择目标。这三种观点都是从不同的角度、不同的侧面来理解和规定价值观，应当说对全方面地、全方位地认识和把握价值观都做出了贡献，但它们却都不能构成价值观的完整定义。笔者认为，价值观是指人们对各种价值现象比较系统的、稳定的、深层的观点或看法，它是包括价值关系的整合、价值评价的标准、价值取向的选择在内的观念系统。

三、价值观的分类

国内外学者在价值定义上的分歧，必然导致在价值观分类上的不同。同时，也由于在应用研究上的对象不同，也会根据不同的需要对价值观的分类作实用性的设定。研究价值观的分类对本课题研究大学生价值观的系统化和具体化具有重要意义。

国外学者中对价值观的分类研究影响最大的是德国心理学家斯普兰格(E. Splanger)和美国著名心理学家奥尔波特(G. W. Allport)。斯普兰格把人们倾向于社会生活六个领域的某一方面感兴趣看作是拥有不同价值观的表现。这样，他把价值观分为六种类型：(1)经济的(重功利的)价值观；(2)宗教的(重圣洁的)价值观；(3)艺术的(重审美的)价值观；(4)政治的(重权力的)价值观；(5)社会的(重交往的)价值观；(6)理论的(重真理的)价值观。奥尔波特认为上述六种价值观是存在的，它们作为可变的价值取向，以不同的程序建构于一个人的观念体系中，贯穿在生活的所有方面。为了测试人们基本价值观的相对强度，奥尔波特与弗农、林赛编制了“价值观量表”。这个“价值观量表”传入我国后，对我们的价值观分类研究和价值观调查具有一定的参考和借鉴作用。

此外，日本学者从经济的、政治的、道德的、审美的、科学的和人际关系的诸多方面来划分价值观的类型，从真、善、美、爱、力这五个方面来把握价值观。1981 年在欧洲九国进行的“欧洲价值体系”调查涉及的内容包括：道德、政治、宗教、家庭、劳动以及个人与他人和世界六大方面，实际上这也是一种价值观的分类。这些研究成果对我国也产生了一定的影响。

国内学者对价值观的分类存在三种类型。第一种是以北京师范大学心理学系章志光教授为代表的心理学界的分类，这种分类基本上采用或借鉴了美国心理学家奥尔波特的六种价值观分类法。第二种是德育学界的分类，这种分类是从调查对象的实际出发，并依据调查的实用目的把价值观分为：政治价值观、经济价值观、道德价值观、人生价值观、审美价值观、职业价值观、成才价值观、婚恋价值观、消费价值观、科学价值观等。第三种分类是以中国社会科学院社会学研究所的陆建华博士为代表的社会学界的分类，他把价值观分为日常生活价值观、社会价值观、人生价值观三大领域。

我认为，完全采用和借鉴国外的价值观分类法，在实际应用中不一定符合我国的国情和青少年学生的思想状况。德育学界的分类显得过于琐碎和宽泛，各部分之间交叉重复难以避免，虽然每次调查可以针对不同的对象和不同的调查目的加以取舍，以至于增强了灵活性和适用性，但是却不能做到严密性和一贯性。社会学界的分类做了进一步的归类，避免了琐碎和宽泛，但却显得过分概括，不易操作。比如，社会价值观实际上包括了道德价值观、政治价值观、经济价值观在内。基于以上的认识，我们在本课题中把价值观分为：政治价值观、经济价值观、道德价值观、人生价值观、职业价值观五个方面。

所谓大学生的政治价值观，是指大学生以自身为价值主体，以政治事务和政治现象为价值客体，对主客体之间的价值关系进行整合而形成的价值评价标准、价值目标选择和价值行为取向的观念系统。它包括对政治事件和现象的评价、对政治观点的选择和对政治活动的行为取向等内容。研究的方法是：依据调查数据，综合分析大学生对当前主要政治事件、政治现象、政治观点的看法、态度和选择，透过表层的观点把握其背后的基本准则和尺度。然后通过演绎与归纳相结合的方法，分别把从1986年到1994年每隔两年一次调查的大学生政治价值观的基本面貌描述出来，并以时间为变量，展示大学生政治价值观演变的轨迹。

大学生的人生价值观，是指大学生以自身为价值主体，以与人生终极目的相关的各种人生现象为价值客体，对主客体之间的价值关系进行整合而形成的价值评价标准、价值目标选择和价值行为取向的观念系统。它包括对人生目的和意义的评价、对人生理想和目标的追求、对人生道路和态度的选择以及对理想人格的塑造等内容。研究的方法是：在纷繁复杂的社会实践和人生现象中，我们选择了人生评价、人生目标、人生态度三项指标来考察大学生的人生价值观。通过考察大学生对个人与他人、个人与集体、个人与社会之间的关系的看法，来分析他们对人生价值目标的选择；通过考察大学生的主动性和竞争性意识，来分析他们对人生态度的行为取向。然后以时间为变量，描绘出大学生人生价值观的演变轨迹。

大学生的道德价值观，是指大学生以自身为价值主体，以社会道德原则、规范和道德现象为价值客体，对主客体价值关系进行整合而形成的价值评价标准、价值目标选择和价值行为取向的观念系统。它包括对社会道德状况的评价、对社会道德原则的选择、对个人道德行为的取向等内容。研究方法是：通过考察大学生对社会道德现状的评价，来分析他们的道德评价标准；通过考察大学生对个人与他人、个人与社会之间关系的看法，分析他们对集体主义道德原则的认同程度；通过考察大学生对义利关系的认识和行为表现，来分析他们的道德行为取向；通过几年来调查数据的纵向比较，勾勒出大学生道德价值观变化的基本走向。

大学生的经济价值观，是指大学生以自身为价值主体，以社会经济现象、经济政策和人们的经济行为为价值客体，对主客体价值关系进行整合而形成的价值评价标准、价值目标选择和价值行为取向观念系统。它包括对经济现象的评价、对经济政策和经济观点的选择、对经济行为的价值取向等内容。研究方法是：通过考察大学生对社会经济现象的评价，分析他们的价值评价标准；通过考察大学生对当前经济政策特别是建立社会主义市场经济体制的认识，分析他们的价值目标；通过考察大学生对自身经济行为的态度，分析他们的价值行为取向；通过几年来的调查数据的纵向比较，勾勒出大学生经济价值观的总体面貌和演变过程。

大学生的职业价值观，是指大学生以自身为价值主体，以职业生活现象为价值客体，对主客体价值关系进行整合而形成的价值评价标准、价值目标选择和价值行为取向的观念系统。它包括对职业生活的评价，对职业目标的选择，对职业行为的取向等内容。研究方法是：通过大学生对10种职业的排序选择，分析他们的职业评价标准；通过考察大学生的职业理想，分析他们的价值目标；通过考察大学生的择业行为趋向，分析他们的价值取向；通过对几年来的调查数据进行纵向比较研究，勾画出大学生职业价值观的演变轨迹。

系统研究大学生价值观的现状及其演变轨迹，目的是为了探索在社会主义市场经济条件下对大学生进行价值观教育的新思路、新内容、新途径和新方法。因此，对大学生价值观进行分类研究和纵向比较研究，勾勒和描述出大学生价值观的演变轨迹，有助于提出加强和改进大学生价值观教育的对策性建议。

第四编　马克思主义青年观研究

马克思主义青年观的形成与发展*

马克思主义青年观，是马克思主义关于正确认识、对待青年的根本观点和正确分析、教育青年的根本方法。它是马克思主义严整世界观的组成部分。

马克思主义青年观，是无产阶级革命导师和老一辈革命家在长期的斗争实践中创立和发展起来的。它由马克思、恩格斯创立，经过列宁、斯大林以及中国老一辈无产阶级革命家的丰富和发展，形成了系统的科学的理论体系。马克思主义青年观的形成和发展，大体经过了以下 3 个阶段。

第一个阶段，马克思、恩格斯的创立阶段

马克思、恩格斯的青年观的形成，与马克思主义科学世界观一样，经历了一个从唯心主义到唯物主义、从革命民主主义到共产主义的转变过程。这个过程，从马克思在中学毕业时写的论文《青年在选择职业时的考虑》开始对青

* 此文和以下五篇文章是詹万生等著《马克思主义青年观》第一、第二、第三章的内容，河北人民出版社，1988 年版。

年问题发表议论算起，到标志着其唯物史观基本思想形成的《关于费尔巴哈的提纲》提出了关于人的本质的科学论断为止，大体经过了10年左右的时间。

17岁的马克思在中学毕业时写的论文，表明他已经树立了为人类幸福献身的崇高志向。选择职业问题，是青年重大人生课题之一。马克思围绕这个问题发表了一系列的议论，比如：青年选择职业的严肃性，要克服虚荣、好高骛远和轻率举动，要考虑自己的兴趣、能力和身体条件，要有远大的理想和牺牲精神，要考虑理想和现实、个人和人类的关系，等等。并且明确指出："我们在选择职业时所应遵循的主要指针，是人类的幸福和我们的自我完善。"①马克思还认为，青年要树立远大的理想，但不能把理想和现实、思想和行动割裂开来。他说："较多研究抽象真理，而不大深入生活本身的那些职业，对青年来说是最危险的。"②从这篇作文可以看到，当时马克思的世界观虽然是唯心主义的，但他从青年时代就有一种可贵的求实精神和献身精神，他对青年在选择职业问题上的一系列观点，在今天看来仍有一定的指导意义。可以认为，这篇作文所反映的思想，是马克思的青年观的萌芽。

马克思大学毕业后，放弃了做教授、学者的念头，到《莱茵报》工作，直接投身于现实政治斗争。差不多与此同时，恩格斯到柏林服兵役。这时，马克思和恩格斯已经是革命民主主义者，积极支持并参加了反对普鲁士专制制度的斗争。他们虽然参加了青年黑格尔派的"博

① 《马克思、恩格斯、列宁、斯大林论青年》，北京：中国青年出版社，1980年版，第70页。

② 同上。

士俱乐部”活动，其世界观还是唯心主义的，但在许多问题上与青年黑格尔派存在着严重分歧。1843年年初马克思离开《莱茵报》，后迁居巴黎出版《德法年鉴》，当时法国工人运动发展较快，马克思居住在工人住宅区，经常深入工人群众中调查工人生活和斗争情况。此时马克思实现了向辩证唯物主义和共产主义的转变。差不多这个时候，恩格斯前往英国的曼彻斯特，在他父亲的工厂里工作，这时他看到了不同阶级的尖锐矛盾，工人阶级状况的日益恶化。此时恩格斯在深入工人阶级和研究政治经济学过程中也实现了两个转变。1845年1月，法国政府在德国反动政府的要求下，把马克思驱逐出巴黎。于是马克思流亡到布鲁塞尔。不久恩格斯也到了那里。同年4月，马克思写了《关于费尔巴哈的提纲》，恩格斯称其为“包含着新世界观天才萌芽的第一个文件”。这个《提纲》第一次从根本上批判了费尔巴哈和一切旧唯物主义的局限性，标志着马克思不仅同唯心主义划清了界限，而且同旧唯物主义划清了界限。在《提纲》中，马克思在批判费尔巴哈的基础上，进一步明确提出了关于人的本质的科学论断：“人的本质并不是单个人所固有的抽象物。在其现实性上，它是一切社会关系的总和。”①这一论断不仅具有本体论的意义，而且具有方法论的意义。它告诉我们研究人的本质，不是研究抽象的人的“类本质”，而是研究现实的、具体的、活生生的人的本质。就是说，研究人的本质问题，必须把人放在特定的历史条件下和具体的社会关系中来考察。这一思想，对于认识青年、分析青年、对待青年同样是适用的。可以说，马克思主义关于人的本质的基本理论，为马克思主义青年观的确立，奠定了科学的理论基础。同年9月恩格斯写了《最近发生的莱比锡大屠

① 《马克思恩格斯选集》第1卷，北京：人民出版社，1972年版，第18页。

杀——德国工人运动》一文，当分析到德国革命时，他写道："实现这一变革的将是德国的青年。但是这种青年不应该在资产阶级中去寻找。德国的革命行动将从我们的工人当中开始。"①可见，恩格斯充分肯定了青年在革命中的地位和作用，并且第一次用阶级分析的方法来分析青年。这表明，马克思主义青年观的基调已经确立。

在此以后，马克思和恩格斯关于青年的论述，散见在他们的文章和书信里，比较集中的、有代表性的关于青年的论述，主要是马克思在1866年8月为"国际工人协会"第一次代表大会所写的《临时中央委员会就若干问题给代表的指示》一文。这篇指示的第四点，专门谈了"男女儿童和少年的劳动"问题，指出了"目前我们的任务只是关怀工人阶级的儿童和少年"；提出了"儿童和少年的权利应当得到保护""法律应当严格禁止9—17岁(包括17岁在内)的人在夜间和在一切有害健康的生产部门劳动。"②马克思还根据年龄特点和生理状况把男女儿童和少年分为三类，指出"对儿童和少年工人应当按照不同的年龄循序渐进地授以智育、体育和技术教育课程"。③ 马克思在这篇文章中还深刻地指出："最先进的工人完全了解，他们阶级的未来，从而也是人类的未来完全取决于正在成长的工人一代的教育。"④这里马克思所讲的儿童和少年，实际上包括了部分青年在内。这篇文章虽然不长，但它包含了十分丰富的内容：青年的特点、青年的特殊需要和合法权益、青年的劳动和教育、青年的地位和作用等。它标志着马克思

---

① 《马克思、恩格斯、列宁、斯大林论青年》，北京：中国青年出版社，1980年版，第3页。

② 同上书，第23—25页。

③ 同上。

④ 同上。

主义青年观已经基本形成。

第二个阶段，列宁、斯大林的发展阶段

19世纪末、20世纪初，世界进入了帝国主义和无产阶级革命时代。列宁和他的战友们在马克思、恩格斯逝世以后，坚持和捍卫马克思主义的基本原则，回答了时代提出的新问题，领导俄国人民取得了十月社会主义革命的伟大胜利。在无产阶级革命斗争的实践中，列宁把马克思主义发展到了一个新的阶段，同时也发展和丰富了马克思主义青年观。

列宁对马克思主义青年观的发展，可以分为两个阶段。十月革命前，主要是动员和组织革命青年投身到无产阶级夺取政权的革命斗争中来，这一时期的主要代表著作有：1903年6—7月的《俄国社会民主工党第二次代表大会关于对待青年学生的态度的决议草案》、1903年9月的《革命青年的任务》、1905年8月的《新的任务和新的力量》、1906年12月的《孟什维主义的危机》和1907年10月的《反军国主义的宣传和社会主义工人青年联合会》等。十月革命后，主要是号召和发动青年在党和共青团的领导下努力学习，积极参加社会主义建设。这一时期的主要代表著作有：1919年4月《在全俄共产主义学生第一次代表大会上的演说》、1919年12月的《致我们的接班人》、1920年10月2日在俄国共产主义青年团第三次代表大会上的演说《青年团的任务》、1922年10月《给俄罗斯共产主义青年团第五次代表大会》、1922年12月《给在莫斯科召开的青年共产国际第三次世界代表大会》等。

在上述著作中，列宁对马克思主义青年观的发展主要有以下几点：第一，高度评价了青年在革命事业中的地位和作用，以及青年和党的关系。列宁在批评俄国机会主义者拉林抱怨我们党内青年工人占

优势的观点时指出："在我们革命政党中青年占优势，这难道不是很自然的吗？我们是未来的党，而未来是属于青年的。我们是革新者的党，而青年总是更乐于跟着革新者走的。我们是跟旧的腐朽事物进行忘我斗争的党，而青年总是首先投身到忘我斗争中去的。"①第二，强调了把青年"组织起来"的必要性和重要性，第一次提出了创立共青团的思想。早在1903年列宁在起草的《关于对待青年学生的态度的决议草案》中就指出："俄国社会民主工党第二次代表大会欢迎青年学生中蓬蓬勃勃的革命主动精神，责成所有的党的组织尽力协助这些青年实现其组织起来的愿望。"以后，列宁多次强调"组织起来"的必要性，他号召"需要更大胆、更广泛、更迅速地把年轻的战士吸引到我们各种各样的组织中来。为此，需要刻不容缓地建立成百的新组织。"②列宁的设想是："让所有的这样的小组或者直接加入党，或者作为靠近党的组织。……这些靠近党的小组会渐渐成为社会民主工党的民主主义的助手，然后就会成为它的有坚定信念的成员。"③列宁的这个观点，后来成为创建青年联合会和共青团的指导思想。列宁是共青团组织的缔造者和领导者，列宁的建团思想是对马克思主义青年观的最重大的贡献。第三，明确指出了青年和共青团的基本任务：就是要学习。十月革命胜利后，苏联面临着新的前所未有的社会主义建设的任务。列宁对青年一代寄予了无限的希望，他多次谆谆教导青年要学习，指出青年的任务是学习、学习、再学习。特别是在《青年团的任务》这篇演说中，列宁对青年的学习内容、学习方式、学习目的、学习态度以及

① 《列宁全集》第11卷，北京：人民出版社，1985年版，第340页。

② 《列宁全集》第8卷，北京：人民出版社，1985年版，第191—192页。

③ 《列宁全集》第8卷，北京：人民出版社，1985年版，第191—192页。

学风问题做了详细的论说。这是一篇关于青年的任务的最有代表性的著作，在马克思主义青年观的理论体系中占有重要地位。

列宁逝世后，斯大林成为苏联党和国家的主要领导人。从 1924 年到 1953 年，在斯大林的领导下，苏联完成了工业、农业和商业的社会主义改造，取得了反法西斯战争的伟大胜利，战后进行了经济恢复和发展，把社会主义建设推向前进。无论是在战争时期，还是和平建设时期，斯大林都非常重视共青团的工作，注重调动和发挥广大青年的积极性。斯大林关于青年问题的演说、报告、书信特别多，其中最有代表性的有：1923 年的《俄共(布)第十二次代表大会俄共(布)中央委员会的组织报告》、1924 年的《论共产主义青年团的矛盾》、1925 年 4 月的《关于农村共产主义青年团积极分子》《致苏联无产阶级大学生第一次全国代表会议》、1925 年 10 月的《论共青团的任务》、1927 年 8 月《在苏联列宁共产主义青年团第五次全国代表会议上的演说》、1928 年 5 月《在苏联列宁共产主义青年团第八次代表大会上的演说》、1928 年 10 月《致列宁共产主义青年团》、1933 年 10 月《庆祝苏联列宁共产主义青年团成立 15 周年贺电》、1933 年《在全苏集体农庄突击队员第一次代表大会上的演说》等。

斯大林在上述著作中对青年问题和共青团的工作做了多方面的论述，他对马克思主义青年观的丰富和发展主要有以下几点：第一，对青年在革命事业中的地位和作用表述得更加明确了。斯大林指出："青年是我们的未来，是我们的希望。青年人应当接替我们老年人。青年应当举起我们的旗帜直到胜利的终点。"①"青年(我说的是工农青年)的作用在于他们是建设未来的极良好的基础，他们是我国的未来，

① 《斯大林选集》下卷，北京：人民出版社，1979 年版，第 235 页。

他们是我国未来的体现者。”①斯大林还十分关注中国青年的工作，在《论中国革命的前途》一文中指出：“就尽力加强青年工作这一点来说，中国共产党和中国革命者应当尽量估计到这种情况。在中国问题的提纲中，青年应当占有自己的地位。”②第二，在共青团的建设上进一步发展了列宁的思想。斯大林曾经指出：“共青团是连接阶级和党的第三根引带。未必用得着证明，共青团和青年对于我们党的发展是有极重大意义的。”他还多次讲到共青团的性质和任务，讲到马克思列宁主义对共青团工作的指导，讲到党对共青团的领导，讲到共青团是党的助手和后备军等。在许多方面发展了列宁的建团思想，丰富了马克思主义青年观。第三，在青年的任务问题上进一步发展了列宁的思想。列宁有一篇《青年团的任务》的演说，斯大林也有一篇《论共青团的任务》的文章。列宁把青年和共青团的任务概括为学习、学习、再学习。这是就青年的基本任务而言。斯大林也说过类似的话：“学习、学习，最顽强的学习，这就是现在的任务”。③ 但同时斯大林在讲到青年团的一般性任务时，他指出：“苏联目前所处的国际形势和它的内部状况使共青团应该担负的主要任务是：共青团要在言论上和行动上支持全世界被压迫阶级的革命运动，支持苏联无产阶级为争取社会主义建设、争取无产阶级国家的自由和独立而进行的斗争。”④这里斯大林把青年和共青团的任务区分为基本任务和一般任务或根本任务，在一定意义上发展了列宁的思想。

---

① 《斯大林全集》第6卷，北京：人民出版社，1958年版，第219—220页。

② 《斯大林全集》第5卷，北京：人民出版社，1958年版，第164页。

③ 《斯大林选集》下卷，北京：人民出版社，1979年版，第41页。

④ 《斯大林全集》第7卷，北京：人民出版社，1958年版，第200页。

第三个阶段，我国老一辈无产阶级革命家的发展阶段

十月革命一声炮响，给中国送来了马克思列宁主义。1919 年的五四运动，中国工人阶级开始登上政治舞台，1921 年中国共产党的诞生，使中国革命为之一新。半个多世纪以来我国老一辈无产阶级革命家毛泽东、周恩来、朱德、刘少奇、邓小平等在领导新民主主义革命和社会主义建设的伟大实践中，把马列主义的普遍真理同中国革命和建设的具体实践相结合，创造性地发展了马列主义，同时也丰富和发展了马克思主义青年观。

我国老一辈无产阶级革命家对马克思主义青年观的发展，大致经历了新民主主义时期、社会主义建设初期和党的十一届三中全会以后 3 个时期。

在新民主主义时期，曾经掀起过轰轰烈烈的、连绵不断的青年运动。其中比较大的青年运动有 3 次，这就是 1919 年的五四运动、1935 年的“一二·九”运动和 1945 年的“一二·一”运动。我国老一辈无产阶级革命家曾经对这 3 次大的青年运动作过详细的论述和高度的评价，从而形成了他们对待青年运动的基本观点。这些观点，是这一时期我国老辈无产阶级革命家对马克思主义青年观的最重要的发展和贡献。

关于青年运动的主要代表著作有：毛泽东同志的《五四运动》《青年运动的方向》《在延安“一二·九”纪念大会上的讲演词》《中国革命和中国共产党》；周恩来同志的《现阶段青年运动的性质和任务》《学习毛泽东》；朱德同志的《在中华全国第一次代表大会上的讲话》；刘少奇同志的《和广大的工农兵相结合》等。在这些著作中，毛泽东等老一辈无产阶级革命家阐述了如下的观点：第一，青年运动是中国革命运动

的一个重要组成部分。在《五四运动》一文中，毛泽东同志指出：“20年前的五四运动，表现中国反帝反封建的资产阶级民主革命已经发展到了一个新阶段。五四运动成为文化革新运动，不过是中国反帝反封建的资产阶级民主革命的一种表现形式。”①毛泽东同志在1947年分析国内形势时也指出：“中国境内已有了两条战线。蒋介石进犯军和人民解放军的战争，这是第一条战线。现在又出现了第二条战线，这就是伟大的正义的学生运动和蒋介石反动政府之间的尖锐斗争。……学生运动是整个人民运动的一部分。学生运动的高涨，不可避免地要促进整个人民运动的高涨。”②第二，充分肯定了青年运动的历史意义。毛泽东同志曾经指出：“‘一二·九’运动有着重大的历史意义，‘一二·九’运动是伟大抗日战争的准备，这和五四运动是第一次大革命的准备一样。……五四运动准备了舆论，准备了干部，准备了思想和准备了人心，到后来才有了1925—1927的大革命。”③第三，指出青年运动的方向——知识青年同工农群众相结合。毛泽东同志在《青年运动的方向》一文中深刻指出：“中国的知识青年们和学生青年们定要到工农群众中去，把占全国人口百分之九十的工农大众，动员起来，组织起来。没有工农这个主力军，单靠知识青年和学生青年这支军队，要达到反帝反封建的胜利，是做不到的。所以全国知识青年和学生青年一定要和广大的工农群众结合在一块，和他们变成一体，才能形成一支强有力的军队。”④此外，他们还论述了中国青年运动产生的原因，赞扬了青年运动的光荣传统，总结了青年运动的宝贵经验。

① 《毛泽东选集》第2卷，北京：人民出版社，1977年版，第522页。

② 《毛泽东选集》第2卷，北京：人民出版社，1977年版，第1168—1169页。

③ 转引自《新中华报》，1939-12-16。

④ 《毛泽东选集》第2卷，北京：人民出版社，1977年版，第530页。

新中国成立以后，党领导了对农业和资本主义工商业的社会主义改造，并取得了伟大的胜利。1956 年党的八大以后开始进入社会主义建设时期。在这期间，我国老一辈无产阶级革命家对青年和青年工作十分关心。1953 年毛泽东同志写了《青年团的工作要照顾青年的特点》，1955 年为《中山县新平乡第九农业生产合作社的青年突击队》一文写了按语，刘少奇、周恩来、朱德等同志对青年问题和共青团工作也发表了多次讲话。这些文章、讲话和谈话进一步发展了马克思主义青年观，主要的有以下几点：第一，进一步阐发了青年在革命事业中的地位和作用。毛泽东同志在莫斯科会见我国留学生、实习生时指出："世界是你们的，也是我们的，但归根结底是你们的。你们青年人朝气蓬勃，正在兴旺时期，好像早晨八九点钟的太阳。希望寄托在你们身上。"朱德同志在 1953 年也语重心长地讲道："同志们！我们伟大祖国所寄托在青年身上的期望，就是希望青年们把自己锻炼成为祖国的积极的自觉的保卫者和建设者。"①1953 年刘少奇同志在《向中国新民主主义青年团第二次全国代表大会的祝词》中也说过"青年团员要在自己的不同的岗位上积极参加祖国的各种建设，发扬自己的积极性和创造性，并在中国青年群众中起带头的和模范的作用。"②周恩来、朱德同志在几次讲话中也同样肯定了青年团在社会主义建设中的突击队作用和带头作用。第二，较多地论述了青年的特点和需要。毛泽东同志指出："青年是整个社会力量中的一部分最积极最有生气的力量。他们最肯学习，最少保守思想，在社会主义时代尤其是这样。希望各

① 《朱德选集》，北京：人民出版社，1983 年版，第 312 页。

② 中国青年出版社辑：《团结全国青年在建设祖国的伟大行列中奋勇前进》，北京：中国青年出版社，1953 年版，第 2 页。

地的党组织，协同青年团组织，注意研究如何发挥青年人的力量，不要将他们一般看待，抹杀了他们的特点。”①并且专门写了《青年团的工作要照顾青年的特点》一文，强调要兼顾青年的学习、工作和休息、娱乐两个方面。指出要关心青年的特殊需要，如学习、娱乐、恋爱、结婚等。周恩来、刘少奇、朱德等同志也在不同的场合讲过类似的话。例如朱德同志就讲过：“青年人的特点，就是比一般成年人、老年人少受一些陈腐事物、陈腐观念的束缚，比较容易地接受新事物、新思想，敢想、敢说、敢做，热气高、干劲足。”②我国老一辈无产阶级革命家关于照顾青年特点和关心青年需要的观点，是对马克思主义青年观的最重要的发展和贡献。此外，在共青团的建设上，在青年思想政治工作上，在共青团干部的修养和工作方法上，我国老一辈无产阶级革命家都有许多论述，进一步丰富和发展了马克思主义青年观。

党的十一届三中全会以后，我国进入了社会主义现代化建设的新的历史时期。随着改革开放的发展，青年和青年工作面临着许多新的课题。以邓小平同志为首的老一辈无产阶级革命家对青年和青年工作有许多论述。1983 年邓小平同志为景山学校题词：“教育要面向现代化，面向世界，面向未来。”③这不仅是对教育工作的要求，也是对青年工作的要求。同年，邓小平同志还向全国人民，特别是向青年提出了“有理想、有道德、有文化、有纪律”的号召，为青年工作指明了方

① 中共中央办公厅辑：《中国农村的社会主义高潮》下册，北京：人民出版社，1956 年版，第 599 页。

② 《在中央国家机关青年社会主义建设积极分子大会上的讲话》，载《人民日报》，1958-10-15。

③ 邓小平：《建设有中国特色的社会主义》(增订本)，北京：人民出版社，1984 年版，第 21 页。

向。1987年7月1日，《人民日报》重新发表了邓小平同志在1980年8月18日在中央政治局扩大会议上的讲话《党和国家领导制度的改革》。这篇讲话的第一部分讲了大胆提拔和放手使用年轻干部问题。他指出："有些同志担心，年轻人经验不够，不能胜任。我看，这种担心是不必要的。经验够不够，只是比较而言。老实说，老干部对于现代化建设中的新问题，不是也没有什么经验，也要犯一些错误吗？一般说来，年轻人经验少一些，这是事实。但是，同志们回想一下，我们中间许多人当大干部、做大事，开始的时候还不是二三十岁？应该承认，现在一些中青年同志的知识，比我们那个时候并不少。"①在这篇讲话中，邓小平同志还提出要"打破那些关于台阶的过时观念""大胆破格提拔"。邓小平同志关于干部标准的"年轻化、知识化、专业化"的思想，不仅是对党和国家领导制度、干部制度改革，"保证我们的事业后继有人，后来居上"的千秋大计，而且也是对青年和青年干部的根本观点，是对马克思主义青年观的重大发展。

综上所述，马克思主义青年观，经历了一个产生、发展和不断完善的过程，形成了系统的科学的理论体系。这个体系所包含的内容十分丰富，它揭示了青年的本质特征，提出了对待青年的基本原则，指出了青年在革命事业中的地位、作用和任务，总结了青年的历史经验，指明了教育青年的根本方法，并且对先进青年的群众组织——共青团的建设提出了一整套科学的指导思想。

① 邓小平：《党和国家领导制度的改革》，载《人民日报》，1987-07-01。

坚持马克思主义青年观的重要意义

第一，只有坚持马克思主义青年观，才能正确认识和对待青年，做好青年工作。

正确认识青年是做好青年工作的前提。实事求是，一切从实际出发，是从事任何工作所必须遵循的思想路线。从事青年工作也是如此，要做好青年工作，就必须从青年的实际出发，对青年的特点有一个正确的认识。我们党一贯十分重视了解青年的状况，一贯要求我们要从青年的实际出发，按照青年的特点开展工作。毛泽东同志说："青年团要照顾青年的特点，要有自己的系统的工作，同时又要受各级党委的领导。这并不是什么新发明，老早就有了的，马克思主义历来就是这么讲的。这是从实际出发。青年就是青年，不然，何必要搞青年团呢?"①可见，正确认识青年及其特点，不只是个方法问题，而且是在青年工作中坚持和贯彻党的思想路线的问题。在新的历史时期，要提高共青团工作的水平，就必须研究青年在新形势下的新特点，

① 《毛泽东选集》第5卷，北京：人民出版社，1977年版，第86页。

青年的特殊利益和要求，青年的社会问题，青年的成长规律，实事求是地按照青年的实际情况来确定我们的工作方针、方式和方法。这样，才能使我们的工作建立在科学的基础之上，以减少盲目性，增强自觉性。

正确认识青年必须有科学的理论做指导。我们党历来强调在分析研究青年和开展青年工作中，一定要以马克思主义为指导。马克思主义不仅为我们提供了分析研究青年的世界观和方法论，而且有许多关于青年和青年工作的直接论述，形成了马克思主义青年观。国际共产主义运动史和中国革命历史的实践证明，坚持马克思主义青年观，就能对青年做出正确的分析和评价，为共青团工作提供可靠的依据；如果背离了马克思主义青年观，就容易对青年做出错误的结论，给青年工作造成失误。国际共产主义运动史上托洛茨基的反党阴谋，就是利用那些缺乏政治经验的青年蛊惑人心，制造青年和成老年的隔阂和对立。他一方面吹捧“青年是党的最可靠的晴雨表，对党的官僚主义最敏感”；另一方面诬蔑老一代干部已经“蜕化”，妄图利用天真无邪的青年去反对老一代布尔什维克。斯大林尖锐地批评托洛茨基的手法是在制造两代人的对立。他说难道青年和老近卫军不是向来就团结一致地抗击国内外敌人的吗？难道‘老头子’和‘年轻人’的团结不是我国革命的基本力量吗？怎么会侮辱老近卫军并蛊惑性地阿谀青年，在我们党的两支基本队伍中间制造并扩大裂缝呢？[①] 我国“文化大革命”期间，林彪、“四人帮”的反革命阴谋，也是采取了这样的手法。他们一方面把“走资本主义道路当权派”的帽子扣到老一代革命干部的头上，另一方面把天真的青年吹捧为“捉拿走资派的天兵天将”，煽动青年反

① 《斯大林选集》上卷，北京：人民出版社，1979 年版，第 167 页。

对老一代，利用青年的力量为他们篡党夺权效力。结果既伤害了老一代，也给青年一代造成了心灵的创伤。由此可见，不坚持马克思主义青年观为指导，青年工作就会走入歧途，以致给革命事业造成损失。

党的十一届三中全会确定了正确的路线、方针和政策，同时也为青年工作指明了正确的方向。几年来，共青团组织在恢复中发展，团的工作和青年工作在继承中创新。团中央及时提出“以四化为中心把团的工作活跃起来”的口号，坚持用马克思主义和现代科学文化知识武装青年的方针，强调学四化、干四化是青年的主课，纠正了过去团的工作和青年教育以阶级斗争为主课的错误方针。为了做好大转变中青年的思想工作，我们克服了教条主义和简单生硬的做法，从青年的思想实际出发，实行疏导的方针，采取灵活的方法，寓教育于各项活动之中，青年的思想觉悟有了很大提高，青年的精神风貌有了根本好转。广大团干部在维护党和人民利益的同时，尽力为青年办好事、办实事，在青年的劳动就业、自学成才、业余活动、婚姻恋爱等方面，做了许多有益的工作。所有这些，都是在马克思主义青年观的指导下取得的成绩。在这一个时期里，也有的同志没有注意坚持以马克思主义青年观为指导，对当代青年进行了一些似是而非的分析，有的过分强调青年在粉碎“四人帮”之后一段时期里所出现的怀疑、迷惘的情绪，错误地认为青年是“糟透了”的一代；有的看到一些青年在改革、开放的形势下盲目羡慕西方的个性解放、自由、民主，追求西方生活方式，便吹捧青年是“觉醒的”一代；有的则把青年在新形势下表现出来的新特点，看作是这一代青年与五六十年代青年的“代沟”，等等。这些观点曾经给青年工作带来一些不好的影响。近些年的实践，使人们越来越深刻地认识到，青年工作迫切需要有科学的理论做指导，需要学习和研究马克思主义青年观。

第二，只有坚持马克思主义青年观，才能克服非马克思主义观点对青年工作的影响。

马克思主义青年观是我们从事青年研究、做好青年工作的指导思想，也是抵制非马克思主义对青年工作的影响的有力武器。近几年来，广大团干部和理论工作者以马克思主义青年观为指导，对青年和青年问题进行深入的调查研究，已经取得了丰硕的理论成果，推动了青年工作的健康发展。总的来说，成绩是显著的。但是，随着对外开放和国际文化交流的发展，当代西方哲学流派中一些资产阶级学说也相继传入我国，并对我们的青年研究和青年工作产生了一定的影响，其中最有代表性的是存在主义和弗洛伊德主义。我们必须运用马克思主义来剖析和批判这些资产阶级学说，才能抵制和克服其消极影响，保证青年研究和青年工作的正确方向。

存在主义是当代西方资本主义国家中影响最大、流传最广的哲学流派之一。它的主要代表人物有德国的海德格尔(1889—1976)和法国的萨特(1905—1980)等。存在主义者标榜自己的哲学是真正的“人学”，是关心人、尊重人，最符合人的利益和要求的学说。萨特提出的“我们关心着人”的口号，被视为存在主义哲学的主要原则。但是，他们所讲的人并不是现实的人，不是处在一定社会关系下的具体的人，而是孤立的、抽象的人。

存在主义把“存在先于本质”作为自己哲学的基本前提。萨特把“存在”分为两类：一类是“自在的存在”，指的是外部世界，这是一片混沌，是一个巨大的虚无，它没有原因，没有目的，是偶然的，荒诞的，是令人作呕的世界。另一类是“自为的存在”，指人的存在，然而他把人的存在归结为“自我的存在”，归结为一种神秘的精神存在、一种超出感觉和思维的非理性的心理本能活动，如人处于孤独、烦闷、畏惧，甚至面临绝境和死亡的心理状态。所谓“存在先于本质”，按照萨特的解释，就是“人首先存在着，遭遇着自己，在世界上涌现着，然后才规定自己。”“人就是照自己的意志而造成他自身”，“人，不外是由他自己造成的东西，这就是存在主义的第一原理，也即是所谓的主观性。”①在存在主义者看来，人的本质不是由社会关系决定的，也不受社会历史发展规律的制约，而是由个人的主观意愿自我选择、自我创造、自我规定的产物。可见，存在主义哲学，就其实质来讲是主观唯心主义的。

存在主义从这种唯我论的人生哲学出发，竭力主张个人绝对自由。萨特说：“假如存在确实是先于本质，那么就无法用一个定型的现成的人性来说明人的行动，换言之，不容有决定论。人是自由的，人就是自由。”②并且认为当一个人在“自由选择”时，必然要排斥他人的自由，一个人只有完全无视他人时，才是完全自由的。可见，存在主义者把自由和必然割裂开来，对立起来，否认人的自由要受客观必然性的制约。存在主义这种绝对自由的观点在我国青年中的影响是不可低估的，有的同志不加分析，不加批判地借用这种观点来论述青年的成长道路，把社会比作一个大森林，描绘出一幅野花遍地开，野兔子满山跑的图景，这实际上就是引导青年不顾社会主义现代化建设的客观需要而去自我选择、自我设计、自我完善。这种观点是与马克思主义青年观背道而驰的。

存在主义关于人的本质和绝对自由的观点是反马克思主义的，是

---

①　中国科学院哲学研究所西方哲学史组编：《存在主义哲学》，北京：商务印书馆1963年版，第337页。

②　同上书，第342页。

错误的。但同时我们也要看到，存在主义在一定意义上暴露了资本主义社会中间阶层和知识分子对资本主义社会的不满情绪和消极心理，为我们研究资本主义社会提供了一些思想材料。至于萨特本人在政治上反对种族歧视、霸权主义和侵略战争这样一些带有正义感和人民性的进步思想，则应另当别论。

弗洛伊德主义，因其创始人弗洛伊德而得名。弗洛伊德是奥地利的著名医生和心理学家，他把心理学用于对精神病患者的临床治疗之中，从而在心理学领域开创了一个新的学派——心理分析或精神分析学派，以后逐渐成为一种国际思潮，并广泛影响到哲学、社会科学领域。

弗洛伊德认为人的本质是神秘的生命冲动，即生物的遗传本能的冲动，其核心是性欲的冲动。他称这种性欲冲动为“里比多”，认为它是人的全部行为和心理活动的“内驱力”。在他看来，人的行为和心理不受客观社会物质生活条件所规定，而是由神秘的先天的主观心理因素——本能的欲望冲动所决定的。可见，弗洛伊德是纯粹从生物学意义上考察人，把人的本质等同于动物的本能，他不了解社会关系对人的本质的决定作用，在历史观上他是一个唯心主义者。

弗洛伊德的整个学说以“里比多”理论为基础。早期他把人的心理结构分为无意识和意识两个系统，而把意识又分为意识与下意识两个部分。后来，他又提出人的心理人格由“本我”“自我”和“超我”三个系统构成的观点。他前后的两个说法在本质上是一致的。他所说的“本我”，就是无意识，就是原始的本能的欲望冲动。他所说的“超我”，是指后天的道德、宗教等社会意识所构成的下意识，是一种是非感或良心。他所说的“自我”，就是意识或自我意识，它是一切感官、知觉和思维的机构，是自觉活动的激发者。他认为“自我”在“本我”的欲望冲动与“超我”的压制欲望冲动之间起调节作用。弗洛伊德明确指出：在上述心理结构的三个系统中“本我”，即无意识的欲望冲动是最根本的东西，它是人的先天的本质。而“自我”和“超我”，是后天的，即社会所给予的非本质的东西。基于这种认识，弗洛伊德把社会文明看成是压抑人性的东西，认为社会文明不可能为人类造福，相反却是各种病害的根源。

上述可见，弗洛伊德的精神分析学说，从生理学、心理学角度来看还有一些有价值的见解，把这种理论用于精神病治疗，也可能获得一定的效果。但是沿着他的理论发展下去，把人的一切行为和心理活动都归结为性欲冲动，这就滑向了“泛性论”。如果进一步把它说成是人的本质，那就更荒唐了，他所理解的人的本质完全是从生物学意义上把人性等同于动物性。更荒谬的是，他由此否定人类文明的发展，最终导致非文明、非道德、非社会论。这种理论究竟要把人类社会引向何处？奇怪的是，我们一些同志却以弗洛伊德的理论为依据，把性欲放在不适当的地位来解释青年的身心发展，去探讨青年的成长规律，从而忽视了社会因素对青年成长的决定作用。这是与马克思主义青年观完全相悖的。

总之，坚持用马克思主义青年观指导青年研究和青年工作，对于抵制和克服资产阶级学说对青年的影响有着十分重要的意义。

第三，只有坚持马克思主义青年观，才能建立起“青年学”系统工程的科学内容和理论体系。

目前，我国的青年研究和青年工作正朝着科学化、系统化和规范化的方向发展。广大共青团干部和青年理论工作者正在团结协作致力于这项工程的开发和建设。这项工程，有的同志把它概括为“三学一体”，即在原有的青年工作理论的基础上，建立“青年学”“青年思想教育学”和“共青团学”。这三门学科既互相联系，又互相区别，既互相依存，又相互独立，形成“三学一体”的青年研究和青年教育的系统工程。这项工程的开发和建设，有它的必要性和可能性。目前已具备了许多有利条件，但也存在着一定的困难。这些有利条件和困难因素往往交织在一起，构成了错综复杂的矛盾，要解决好这些矛盾，必须用马克思主义青年观做指导。

首先，中国共产主义青年团已有 60 多年的历史，积累了大量的青年研究和青年工作的经验，为青年学系统工程的建立奠定了基础。但是，共青团虽然有较长的历史，然而它的理论建设还是比较缺乏的。共青团的大多数干部是经验型的，从事共青团理论研究的人才也是比较缺乏的。因此，要把 60 多年的经验进行总结概括，上升到理论，是一件难度颇大的事情。这里面要解决好经验与理论、历史与现实、继承与发展几个关系。经验，往往是个别的、局部的东西，是一种感性认识。要把个别的、局部的东西上升到一般，把感性认识上升到理性认识，就必须运用归纳和演绎、分析和综合的方法，使经验上升为理论，从而科学地认识青年的本质，总结青年工作的规律。可见，解决经验与理论的矛盾，需要用马克思主义青年观的方法论原则做指导。同样，解决历史与现实，继承与创新的矛盾，也必须用马克思主义青年观为指导，问题才能得到科学的解答。

其次，新中国成立以来共青团组织和各级团校编写了一系列培训团干部的教材、大纲和参考资料，为青年学系统工程的建立做了一定的理论准备。应该说广大团校教师在这方面已经做了很大的努力，并取得了一批可喜的成果。然而这些成果中所揭示的理论还是零散的、不系统的；资料的汇编还是原始的语录式的，还缺乏筛选整理；整个理论体系还有“拼盘”之感，还需进一步探讨其内在的逻辑关系。理论的阐述如何做到系统性？体系的内在逻辑关系是什么？“青年学”应该以什么思想贯彻始终？这些问题的解决，毫无疑问必须以马克思主义青年观做指导。理论，不仅要总结经验，证明历史，更重要的是研究现实和预测未来。在改革开放的新形势下，青年工作理论必须有新的突破。比如：新时期青年有什么新特点，新的形势下青年的成长规律是什么，经济体制改革给共青团的活动带来了哪些变化，共青团的建设如何适应政治体制改革的要求，等等。这些问题的解决，在马克思主义经典作家那里是找不到现成答案的。因此，马克思主义青年观也有一个不断发展和完善的问题，它不是僵死的教条，而是分析青年研究青年问题的指南。只要我们坚持马克思主义青年观的基本原则和方法，坚持实事求是，一切从当代中国青年的实际出发，就能写出具有时代特点和中国特色的青年学。

再次，近几年来我国相继成立了几所青年政治学院，并设立了青年工作系，组成了一支青年工作理论的教学科研队伍。这是我国青年工作理论纳入正规化教育的一个标志，同时也为青年学系统工程的建设准备了一支干部和教师队伍。当然，我们也必须看到这支队伍从总体上看是很年轻的，除了过去老团校的一批为数不多的老教师之外，绝大部分同志都是刚刚步入青年工作队伍中来的新兵。他们虽然具备现代人文社会科学的知识结构，但他们大都缺乏青年工作的实践经验，特别是他们没有系统学习和研究过马克思主义青年观的基本理论。因此，用马克思主义青年观来武装这支队伍，是建设青年学系统工程的首要任务。

还有，近几年来与青年学相关的其他学科有了长足的发展，这也为青年学系统工程的建设准备了可供借鉴的材料。青年学是一门新兴的综合性的应用学科。它必须吸收其他相关学科的知识，借鉴其他相关学科的理论和研究方法，兼收并蓄，博采众长，丰富和完善自己的学科体系。这些相关学科主要有党的建设理论、工人运动理论、政治学、领导学、管理学、社会学、行为学、心理学、教育学、伦理学，以及系统论、控制论、信息论等。近些年来，各门学科的专家和青年工作者相结合，把各门学科与青年问题相结合，创立了青年管理学、青年社会学、青年心理学、青年教育学、青年伦理学等。这些边缘学科的建立，为青年学系统工程的建设提供了更为直接的材料。然而，青年学毕竟不同于这些边缘学科，它有自己特定的研究对象。如同任何一门学科一样，青年学研究的领域有着独自的特点。吸收、借鉴相关学科的知识，是指可以运用这些学科的理论进一步论证和说明自己理论体系的正确性，而不是照抄照搬，更不是把青年学搞成各门相关学科的“拼盘”。正确的途径应该是以马克思主义青年观为指导，借鉴相关学科的知识，建立青年学独立的学科体系、理论观点和研究方法。

总之，建设青年学系统工程，使青年工作科学化、系统化、规范化，必须坚持以马克思主义青年观为指导。

马克思主义青年观的方法论原则

马克思主义青年观，是马克思主义世界观的一部分。马克思主义的世界观和方法论是统一的。因此，马克思主义对青年的分析和研究，是建立在辩证唯物主义和历史唯物主义的基础之上的，但又不同于对一般事物的研究，而具有独特的研究方法。概括起来说，马克思主义青年观的方法论原则主要有以下四点。

第一，把青年的自然属性和社会属性相结合，着重分析青年的社会属性

马克思主义认为，人的自然属性和社会属性是人所具有的两重属性。马克思、恩格斯在《德意志意识形态》中指出：人的生命的生产从一开始就"立即表现为双重关系：一方面是自然关系，另一方面是社会关系。"①马克思主义在对人的研究中并没有忽视人的自然属性。历史唯物主义告诉我们，人是从动物进化而来的，人类在脱离动物界以后，并没有把原来所具有的某些动物性以至生物性的特征都抛

① 《马克思恩格斯选集》第1卷，北京：人民出版社，1972年版，第34页。

弃掉，例如人所具有的骨骼、血肉、皮毛等特征，食欲、性欲、防卫本能等生理性能，眼耳鼻舌等官能，以及新陈代谢，病理现象等，并没有因人性的获得而消失。马克思主义还认为，人的自然属性是人类得以生存和延续的前提条件，是人的社会属性的物质承担者，是人的本质产生的生理基础和物质载体。正如马克思、恩格斯所指出的："任何人类历史的第一个前提无疑是有生命的个人的存在。因此第一个需要确定的第一个事实就是这些个人的肉体组织，以及受肉体组织制约的他们与自然界的关系。……任何历史记载都应当从这些自然基础以及它们的历史进程中由于人们的活动而发生的变更出发。"①因此，在研究人的社会生活时，必须充分考虑和重视对人的自然属性的研究。

然而，马克思主义又进一步指出，决定人的本质的是其社会属性，是人们所处的一定的社会关系。人类的生活不是在自然状态下进行的，而是在社会形态下发展的；人不仅是自然存在物，而且更重要的是社会存在物，人不仅具有自然属性，而更具有社会属性。马克思指出："人的本质并不是单个人所具有的抽象物。在其现实性上，它是一切社会关系的总和。"②这一论断，是关于人的本质的最科学的规定。人的社会关系是非常复杂的，一般来说社会关系可分为两类：物质的社会关系和思想的社会关系。这两类社会关系又都是多层次、多方面的。物质的社会关系一般指生产关系或经济关系，生产关系又可分为生产、分配、交换、消费诸关系；思想上的社会关系包括政治的、法律的、道德的、宗教的关系等。这两类社会关系盘根错节、交

---

① 《马克思恩格斯选集》第1卷，北京：人民出版社，1972年版，第24页。
② 同上书，第18页。

叉纠缠、互相渗透、互相影响。如家庭关系、地缘关系、血缘关系、阶级关系、民族关系等，既包括物质关系，又包括思想关系。所谓“一切社会关系的总和”，就是诸多社会关系的有机统一。各种社会关系纵横交错，构成了一个复杂的社会关系网，而每一个人就是这个庞大而复杂的社会关系之网上的一个“纽结”。要了解一个人的本质，必须用系统论的方法，从总体上去把握，从层次上去分析，从横纵联系上去考察一个人在社会关系中所表现出来的属性。每一个人，当他从呱呱坠地那一天起，就置身于一定的社会关系之中。人最初接触的是家庭关系，随着年龄的增长，生活内容不断丰富，他所接触的社会面逐渐扩大，进而置身于地缘关系、业缘关系、生产关系、政治关系、法律关系、道德关系之中。正是在这些社会关系的长期影响、陶冶和制约下，才使一个自然人转变为一个能够掌握一定的社会文化，学会参与社会生活，履行某种社会角色行为的社会人。这个过程就是人的社会化的过程，也是人的本质的形成过程。否则，一个人从生下来就脱离人类各种社会关系，尽管他有先天的发达的大脑和健全的躯体，但他决不会具备人的本质，外国几起“狼孩”事件就是一个很好的说明。可见，人的本质是由社会关系决定的，是“一切社会关系的总和”。

人的自然属性和社会属性是辩证统一的。人的社会属性制约着人的自然属性。人的自然属性是被社会化了的自然属性。所以马克思说：“只有在社会中，人的自然的存在对他说来才是他的人的存在。”①因此，现实的人虽然具有两种属性，但自然属性只是人的本质产生的生理基础和物质载体，并不是人的本质属性，决定人的本质的

① 《马克思恩格斯全集》第42卷，北京：人民出版社，1975年版，第122页。

是人的社会属性。人的社会属性是社会关系的产物，属于物质的社会运动形式；人的自然属性则属于物质的生物运动形式。人的社会活动的规律属于物质的高级运动形式。高级运动形式的出现，并不取消低级运动形式，反而包含后者于自身。首先，高级运动形式产生以后，有它特殊的物质运动规律，形成自己特殊的系统的“质”，人尽管有血肉之躯，但它作为“社会动物”，其活动是受社会运动规律支配的，而不是受生物运动规律所支配的。其次，高级运动形式使低级运动形式从属于自己，社会运动形式的形成，要以自然物质为载体。人的自然属性只是充当社会属性这种高级运动形式的物质承担者，而不能说高级的社会运动形式由低级的生物运动形式来规定。总之，人的自然属性和社会属性，以及二者相互关系的理论，是马克思主义关于人的本质的最基本的观点。

青年是人生发展的一个阶段，并且是人的社会化的关键时期。因此，马克思主义在分析研究青年时，总是把青年的自然属性和社会属性相结合，并着重分析青年的社会属性。

马克思主义十分关注青年的生理特点、心理特点，以及由此产生的青年的特殊利益和需要。马克思早在 1866 年就非常关心青少年的生理特点，并根据年龄特点和生理状况把儿童和青少年分为 3 类，提出了青少年的权利应当得到保护的主张。毛泽东同志也十分关心青年的健康成长，他曾经专门写了一篇《青年团的工作要照顾青年的特点》的文章，指出：“青年时期是长身体的时期，如果对青年长身体不重视，那很危险。”①并强调要兼顾青年的学习、工作和休息、娱乐两个方面。可见，马克思主义在分析研究青年时，确实注意到了青年的自

① 《毛泽东选集》第 5 卷，北京：人民出版社，1977 年版，第 84 页。

然属性这一方面。

马克思主义不排斥对青年的自然属性的研究，但着重点却放在青年的社会属性上。马克思主义经典作家在分析青年的自然属性时，总是和青年的社会属性相结合，并着重分析青年的社会属性。马克思在1866年分析儿童和青少年的年龄特点，关心他们的健康成长的出发点和落脚点，是培养和教育一代工人。他指出：最先进的工人完全了解，他们阶级的未来，从而也是人类的未来，完全取决于正在成长的工人一代的教育。毛泽东同志在分析青年的特点时曾经说过：青年是整个社会力量中的一部分最积极最有生气的力量，他们最肯学习，最少保守思想，在社会主义时代尤其是这样。可见，革命领袖在分析青年的自然特点时，无不注意到了青年的阶级属性和时代特点。还应指出，革命领袖在论述青年时，更多的场合和最大量的内容是关于青年的社会属性方面的，其中对青年的思想政治状况和特点的分析最广泛，也最深刻。在此不一一列举。

第二，把对青年的宏观研究和微观研究相结合

马克思主义的唯物辩证法，是唯一科学的认识事物的思维方法。唯物辩证的思维方法是一个总体，它是由许多互相区别而又密切联系着的具体方法组织起来或体现出来的。这些具体的方法主要有归纳和演绎、分析和综合、历史的方法和逻辑的方法等。我们所说的对青年的宏观研究和微观研究相结合，就是唯物辩证法的归纳和演绎、分析和综合的思维方法的具体运用。

人们认识事物(包括认识青年)总是在由特殊到一般、由一般到特殊的循环往复中实现的。由特殊到一般，就不能没有归纳。因为如果不从许多个别或特殊的事物中抽出某些共同的东西，就无从认识事物的一般，就无从把握事物的总体的本质和主流。同样，由一般到特殊也不能没有演绎。因为如果不把对某种事物一般性的认识应用于特殊的场合，就不能有指导地认识特殊事物。归纳和演绎是对立统一的，它们互相依赖并在一定的条件下互相转化。没有归纳，演绎的前提就无从产生；没有演绎，归纳的成果就不能扩大和加深。归纳和演绎总是交替进行，互相补充的。正如恩格斯所说的："归纳和演绎，正如分析和综合一样，是必然相互联系着的。不应当牺牲一个而把另一个捧到天上去，应当把每一个都用到该用的地方，而要做到这一点，就只有注意它们的相互联系，它们的相互补充。"①

认识事物，除了归纳和演绎之外，还必须运用分析和综合的方法。客观事物(包括青年)是一个复杂的统一体。当我们对事物的认识进到了表象的阶段时，还只是感性的认识，而感性认识还不能反映事物的本质。要认识事物的本质，必须使认识上升到理性阶段。通过什么途径才能上升到理性认识呢？首先就是要从混沌的表象中把那些偶然的、非本质的东西舍弃掉，提炼出那些必然的、本质的东西。得到一些单纯的规定。这种过程就是分析的过程。但是，这些单纯的规定，一个一个说来，只能反映对象的一个侧面或一种联系，如果只停留在这个阶段，就会使作为一个整体的对象在我们的头脑中处于肢解的状态，就不能获得关于对象的全面的具体的认识。因此，还必须进一步探求这些规定之间的复杂的联系，使它们形成一个概念和逻辑的系统，从而把对象作为整体在思维中再现出来。这个过程就是综合的过程。分析和综合是两个互相对立、互相排斥的过程，然而又是互相依赖、互相转化的过程。因此，分析和综合如同归纳和演绎一样都是结合运用的。

---

① 恩格斯：《自然辩证法》，北京：人民出版社，1971年版，第206页。

归纳和演绎、分析和综合的思维方法，我们把它用于分析和研究青年，就形成了宏观研究和微观研究相结合的方法。所谓宏观研究，是指把青年作为一个整体来研究，通过对青年问题的归纳和演绎、分析和综合，对青年的本质和主流做出一个总体的估价。这种宏观的研究，可以使我们对一代青年的基本方面、主导方面做出正确的评价，用于指导青年工作。比如：革命领袖关于青年是革命事业的未来和希望的观点，青年是革命和建设的生力军和突击队的观点，青年运动是中国革命运动的一个重要组成部分的观点等，就是对青年进行宏观研究的结果。所谓微观研究，是指对青年的一部分或青年个体的研究。这种微观研究同样要通过归纳和演绎、分析和综合，对某一部分青年或青年个体做出估价。这是具体地分析具体情况这个马克思主义活的灵魂在青年观上的具体运用。青年分属于不同的行业，由于职业的不同，各类青年又有自己的特点，每个人的家庭环境、成长条件、受教育的程度也有差别，思想觉悟也有先进、中间、后进之分，因而还必须对青年进行具体的、微观的研究。在这方面，革命领袖有丰富的实践和论述。关于工农青年，列宁在谈到国家管理工作时曾经指出："工农群众既要建立我们整个国家，现在就应该建立起国家监督机关。你们要依靠工农群众，依靠那些空前主动地愿意、准备并决心亲自担负起国家管理工作的工农青年，就能建立起这种机构。"①斯大林在谈到共青团的建设时也说过："共青团是工农青年的自愿组织。它的中心，它的核心是青年工人。它的支柱是青年农民。工农青年的团就是青年组织的基础。"②关于青年战士，列宁在1905年革命中强调指出：

① 《列宁全集》第30卷，北京：人民出版社，1985年版，第381页。

② 《斯大林全集》第6卷，北京：人民出版社，1958年版，第220页。

“需要更大胆、更广泛、更迅速地把年轻的战士吸引到我们各种各样的组织中来。”①关于青年学生，列宁曾经在1903年对俄国大学生作过具体而深刻的分析，他说：“大学生是一部分最敏感的知识分子，而知识分子之所以叫作知识分子，就是因为他们最有意识、最彻底、最准确地反映了和表现了整个社会的阶级利益的发展和政治派别的发展。”列宁还强调指出了大学生的政治派别划分与社会上的政治派别划分是相适应的，并把大学生的政治派别具体划分为6个：“反动派、漠不关心派、文化派、自由派、社会革命派和社会民主派。”②列宁、斯大林不但对各种职业的青年进行过微观研究，同时还对不同思想觉悟的青年进行过分析。斯大林在1930年给高尔基的信中曾指出：“我们有各种各样的青年。有垂头丧气的，疲倦懈怠的，悲观失望的(例如捷宁)。也有朝气蓬勃的，活泼愉快的，意志坚强和不达胜利决不罢休的。”③我国老一辈无产阶级革命家对不同类型的青年也有许多论述。关于青年个体的研究，由于革命领袖工作范围的关系，没有十分具体的论述，但就培养先进青年的典型，给青年树立榜样这方面来讲，他们也做了许多工作，有过不少题词。比如苏联开展学习斯达汉诺夫运动，斯大林有过讲话。我国开展学习刘胡兰、雷锋、张海迪等，领袖们有过不少题词，这是大家所熟知的。近些年来，在马克思主义青年观的指导下，随着青年研究的深入，我国青年工作和青年研究的基层组织，在对青年小群体和青年个体的微观研究上已经取得了可喜的成果。总之，马克思主义青年观要求对青年的研究必须做到宏

① 《列宁全集》第8卷，北京：人民出版社，1985年版，第191页。

② 《列宁全集》第7卷，北京：人民出版社，1985年版，第30页。

③ 《列宁全集》第12卷，北京：人民出版社，1985年版，第152页。

观研究和微观研究相结合，强调、注重一个方面，排斥、忽视另一个方面的做法都将会造成青年工作的失误。

第三，把对青年的历史研究和现实研究相结合

马克思主义唯物辩证法还有一个重要的方法，这就是历史的方法和逻辑的方法相统一。为了深刻地把握事物的本质，不仅要考察事物的现状，而且要考察事物的历史。在辩证法看来，任何事物都不是从来如此，而是由它的先行阶段合乎规律地发展而来的。如果不了解它的过去，就不能深刻地理解它的现在，也不能准确地预见它的将来。这是研究自然科学和社会科学(包括研究青年)的一个规律。列宁曾经指出："为了解决社会科学问题，为了真正获得正确处理这个问题的本领而不被一大堆细节或各种争执意见所迷惑，为了用科学眼光观察这个问题，最可靠、最必需、最重要的就是不要忘记最基本的历史联系，考察每个问题都要看某种现象在历史上怎样产生，在发展中经过了哪些主要阶段，并且根据它的这种发展去考察这一事物现在是怎样的。"①毛泽东同志在向全党发出改造我们的学习的号召时，指出需注重研究现状、注重研究历史和注重马克思主义的应用；其中说到研究历史时指出："今天的中国是历史的中国的一个发展，我们是马克思主义的历史主义者，我们不应当割断历史。"②这些论述都表明了对事物作历史的考察的必要性。

怎样对事物作历史的考察呢？有两种不同的方法。一种是对事物的历史的自然进程进行研究。这种方法在某些情况下也是必要的，但是有它的缺点。因为历史常常是跳跃式的和曲折发展的，如果必须处

---

① 《列宁选集》第4卷，北京：人民出版社，1985年版，第43页。

② 《毛泽东选集》第2卷，北京：人民出版社，1977年版，第499页。

处跟随着它，那就势必会注意许多无关紧要的材料，而且也常常会打断思想进程。另一种方法则是撇开那些起干扰作用的偶然现象，抓住事物的内部矛盾，去研究事物发展过程中自始至终的矛盾运动，把事物的发展以逻辑的形式表现出来。这就是逻辑的方法与历史的方法的结合。这种方法实际上是分析和综合的方法在历史研究上的运用，逻辑的方法只不过是撇开了偶然因素的历史的方法而已。而且，“在采用这个方法时，逻辑的发展完全不必限于纯抽象的领域。相反，它需要历史的例证，需要不断接触现实”。①

把对青年的历史研究和现实研究相结合，正是历史的方法与逻辑的方法相统一在马克思主义青年观上的具体运用。在这方面，马克思、恩格斯、列宁、斯大林和我国老一辈无产阶级革命家都为我们做出了典范。1928 年斯大林在苏联共青团第八次代表大会上发表了长篇演说，他在论述“青年必须掌握科学”时，就运用了历史和现实对比的方法。斯大林说道：“同志们，应当了解现在的斗争条件和国内战争时期不同。在国内战争时期，可以用冲击的方法，可以凭勇敢和大胆，可以用骑兵式的突袭方法去夺取敌人的阵地。现在，在和平经济建设的条件下，用骑兵式的突袭方法只会把事情搞坏。”“要建设，就必须有知识，必须掌握科学。而要有知识，就必须学习。顽强地、耐心地学习。”“掌握科学，培养各种知识部门的新的布尔什维克专家干部，学习，学习，最顽强地学习，——这就是我们现在的任务。”“革命青年向科学大进军，——同志们，这就是我们现在所需要的。”②毛泽东同志在《五四运动》一文中总结了中国青年运动的历史经验，在谈

① 《马克思恩格斯选集》第 2 卷，北京：人民出版社，1972 年版，第 124 页。

② 《斯大林全集》第 11 卷，北京：人民出版社，1958 年版，第 65—66 页。

到知识分子与工农群众相结合问题时，就做到了历史的和逻辑的方法相统一。他选取了辛亥革命、五四运动和“一二·九”运动等历史材料，来考察和印证知识青年和工农群众相结合的道理。但他并没有详细叙述历次青年运动的细节，而是用逻辑的方法，对青年运动的历史做了概括的考察。他指出：“在中国民主革命运动中，知识分子是首先觉悟的成分。辛亥革命和五四运动都明显地表现了这一点，而五四运动时期的知识分子则比辛亥革命时期的知识分子更广大和更觉悟。然而知识分子如果不和工农民众相结合，则将一事无成。”他又说：“五四运动到现在已有了二十个周年，抗日战争也快到两周年了。全国的青年和文化界对于民主革命和抗日战争负有大的责任。我希望他们认识中国革命的性质和动力，把自己的工作和工农民众结合起来，到工农民众中去，变为工农民众的宣传者和组织者。”[①]总之，马克思主义总是把青年放到特定的历史条件下去考察，既分析历史上不同时期对青年的不同要求以及青年的不同特点，又分析现实条件下青年的任务和青年的思想状况。总结和研究各个历史时期青年的思想特征，对于我们探讨青年思想发展变化的规律，借鉴历史经验，搞好现实的青年工作，是有着重要意义的。然而，我们直接的工作对象是当今一代青年，只有把新的历史条件下青年的新特点搞清楚，才能在工作中自觉探索新路子，开创新局面。正如邓小平同志所说：“我们是历史唯物主义者，研究和解决任何问题都离不开一定的历史条件。从民主革命到社会主义革命，……时间不同了，条件不同了，对象不同了，因此解决问题的方法也不同。”“现在，干部有很多新的情况，战士也有新的特点，教育对象不一样了，教育，没有新的内容不行。……要

① 《毛泽东选集》第2卷，北京：人民出版社，1977年版，第523—524页。

研究如何在新的历史条件下提高战士的政治觉悟。”①

第四，把对青年特点的研究和青年与中老年的比较研究相结合

马克思主义唯物辩证法认为，事物是普遍联系的。“当我们深思熟虑地考察自然界或人类历史或我们自己的精神活动的时候，首先呈现在我们眼前的，是一幅由种种联系和相互作用无穷无尽地交织起来的画面。”②唯物辩证法要在理论上再现这幅画面，就自然要把事物、现象的普遍联系看作科学世界观和方法论的总的特征和起点。为此，恩格斯曾一再把辩证法看作“关于普遍联系的科学”。③

普遍联系是指一切事物都不能孤立地存在，都同周围的其他事物有某种联系或关系；整个世界是一个相互联系的统一整体；任何事物都是统一的联系之网上的一个部分、成分或环节，并通过它体现出联系的普遍性。唯物辩证法的根本要求就是，依据科学所揭示的事物、现象的真实联系，自觉地运用普遍联系的观点来观察和研究一切问题。

研究青年问题也是一样，不但要专门研究青年自身的特点和属性，而且还要研究青年与中老年的区别和联系，把对青年的研究和青年与中老年的比较研究相结合。青年作为人民群众的一部分，与中老年人有着普遍的联系。在一定的历史条件下，青年和中老年同处在一定的生产方式之中，都受着一定社会关系的制约和影响，因而有着共同的利益，共同的任务，共同的奋斗目标，这是他们的共同点。但是，青年作为人民群众的一个特殊部分，又有不同于中老年的生理、

① 《邓小平文选》，北京：人民出版社，1994 年版，第 114 页。
② 《马克思恩格斯选集》第 3 卷，北京：人民出版社，1972 年版，第 60 页。
③ 《马克思恩格斯选集》第 3 卷，北京：人民出版社，1972 年版，第 521 页。

心理因素，有其特殊的利益和需要，有其特殊的运动规律，这就是青年的特点。马克思主义青年观在分析、研究和对待青年问题上，总是引导我们在青年和中老年的联系之中正确认识青年。比如：青年是革命的生力军，人民群众是革命的主力军；要特别发挥青年的力量，但青年必须向中老年学习，与老一辈团结合作；青年运动是人民革命运动的组成部分，必须把青年的特殊任务和一般任务相结合；青年团的工作要照顾青年的特点，但必须围绕党的中心任务等。斯大林同志非常重视青年一代和老一代的联系和团结。1928 年，他在给《青年团真理报》的祝词中指出："我们革命的力量就在于我们老一代和新一代革命者之间没有隔阂。我们所以胜利，是因为我们的老近卫军和青年近卫军走在一起，在一条战线上，在一个行列中反对国内和国外的敌人。"并且坚定地说："任务就是要保持和巩固这种团结。"①毛泽东同志也非常重视对青年特点的研究，并且把对青年的研究和与中老年的比较研究相结合。他曾经充分肯定了青年的优点，认为"青年是整个社会力量中的一部分最积极最有生气的力量，他们最肯学习，最少保守思想。"同时也语重心长地指出青年的弱点和缺点，他说不少青年人由于缺少政治经验和生活经验，不善于把旧中国和新中国加以比较，不容易深切了解我国人民曾经怎样经历千辛万苦的斗争才摆脱了帝国主义和国民党反动派的压迫，而建立一个美好的社会主义社会要经过怎样的长时间的艰苦劳动。② 在谈到青年人、成年人与老年人的关系时，他指出：青年人必须向老年人和成年人学习，要尽量争取在老年

① 《斯大林全集》第 11 卷，北京：人民出版社，1958 年版，第 67—68 页。

② 毛泽东：《关于正确处理人民内部矛盾的问题》，北京：人民出版社，1957 年版，第 46 页。

人和成年人同意之下去做各种有益的活动。同时他要求各地党组织注意研究如何特别发挥青年人的力量，不要将他们一般看待，抹杀了他们的特点。

在新的历史条件下，随着改革、开放形势的发展，我国青年呈现出与以往任何时候所不同的一些新特点，这是需要我们认真研究的新课题。但是，如果只重视青年与中老年的不同之处而忽视他们之间的相互联系和共同之处，甚至将青年与中老年对立起来，认为他们之间存在着“不可逾越的鸿沟”，那就错了，这样势必给革命事业和青年工作带来损失。正确的方法应该是坚持把对青年的研究与青年与中老年的比较研究结合起来，既看到他们的区别，又看到他们的联系，使革命事业后继有人，兴旺发达。

青年的身体心理特点

青年时期是人生的一个年龄阶段，即从少年到中年的过渡阶段。人生的年龄分期的依据，是人生某一时期的生命状态和社会状态。关于青年期的年龄界限，从世界各国的情况看，起点一般在 12 岁至 15 岁，终点一般在 23 岁至 25 岁。然而，不同的国家、不同的民族，由于自然条件和社会环境不尽相同，人在身心发展和社会化成熟方面又表现出一定的差异。因此，各个国家和地区对青年期的年龄界限的划分也就有所不同。我国一般把青年期的年龄界限定为 14 岁至 28 岁。青年期又可细分为青年初期、中期和晚期。青年初期为 14 岁至 17 岁，大致相当于青春发育期的高峰期和接受中等教育的阶段；中期为 18 岁至 22 岁，大致相当青春发育期的近于结束，开始就业或接受高等教育的阶段，从 18 岁取得公民权；后期为 23 岁至 28 岁，这时身心发展和社会经验均趋于成熟，并逐渐进入中年期。

青年之所以称为青年，正是因为他们与童年、少年和中年、老年有着不同的身心特点和社会化特点。因此，研究青年首先要研究青年的特点。马克思主义历来十分关注青年的特点，马克思早在1866年就提出必须考虑青少年的“生理状况”，并根据年龄分为三类，在劳动和教育中“区别对待”。列宁指出过青年具有“朝气蓬勃”、易于接受新生事物的特点。毛泽东同志发展了马克思和列宁的这一观点，专门写了一篇《青年团的工作要照顾青年的特点》的文章，对青年的特点作了原则性的分析。他指出：“14岁到25岁的青年们，要学习，要工作，但青年时期是长身体的时期，如果对青年的身体不重视，那很危险。”①“青年人和成年人不同，女青年和男青年也不同，不照顾这些特点，就会脱离群众。”②他还指出：“青年是整个社会力量中一部分最积极最有生气的力量。他们最肯学习，最少保守思想，在社会主义时代尤其是这样。希望各地的党组织，协同青年团组织，注意研究如何特别发挥青年人的力量，不要将他们一般看待，抹杀了他们的特点。”③由此可见，革命领袖对青年特点的论述不仅包括青年的自然属性的特点，而且包括青年的社会属性的特点，这些构成了马克思主义青年观的关于青年特点的内容。然而，由于革命领袖们的工作范围和工作性质的原因，他们不可能从生理学、心理学、社会学的角度对青年的特点进行具体地阐述。不过，我们可以以他们关于青年特点的原则性的观点为指导，具体阐发青年的身心特点、社会化特点。只有这样，才能把青年特点的研究和阐述建立在科学的基础上，同时也为进一步研究和阐述青年的需要、青年的地位和作用以及青年的教育等奠定基础。

---

① 《毛泽东选集》第5卷，北京：人民出版社，1977年版，第84页。

② 《毛泽东选集》第5卷，北京：人民出版社，1977年版，第86页。

③ 《中国农村的社会主义高潮》下册，北京：人民出版社，1956年版，第599页。

一、青年的生理特点

青年人的生理特点总的来说是身体各部分在迅速发展，各种器官和功能都在逐渐成熟的过程中，整个机体显得生机勃勃。这个特点在青春期(12 至 18 岁)最明显，主要有以下三个特点：

第一，青春期是人的一生中身体成长的转折点、是身体发展的定型阶段。如果把婴儿期(1 岁以前)称为人的“第一次生长高峰”的话，那么，青春期就是人的“第二次生长高峰”，这期间，一般每年体重增加 5 至 6 公斤，有的甚至增加 10 公斤，身高每年可增加 8 至 10 厘米。身高和体重的增加反映出青年骨骼的增长，肌肉的发达，也说明身体内部的各种器官同时在增大。由于肌肉的发达，使人在青春期的力量显著增大，到 18 岁时，可以摸到自己的臂和腿部的肌肉隆起，结实有力，这就使青年人对自己的力量增加了物质概念。青春期胸围加大，肺活量也加大，一般从少年期的 1400 毫升增加至 2500 毫升；胃部容量增大，胃部肌肉蠕动力加强，胃液分泌增多，使青年人明显感到食量增大。这时，青年人每日所需热量为 3200 千卡至 3800 千卡，超过了成年人的需要量。青年人身体上的这些变化与特点，使得青年人喜好大运动量的活动，这正是青年期生气勃勃，精力充沛的基础。

第二，青春期人的大脑、神经系统也得到了很大的发展。大脑是人的神经系统中的一部分，脑的生长速度从小就比较快。10 岁左右的儿童脑容量已达成人的 90％—95％，约 1000 毫升至 1200 毫升，到 21 岁左右，脑容量渐渐与成人相等。进入青年期，脑的发育主要是指脑沟回加深，神经元增大，神经纤维变粗，传导机能增强，第 2 信号系统的作用显著提高。所谓第 2 信号系统，是对第 1 信号系统而言的。大脑的、神经系统的基本活动的产生方式是反射，即动物有机体借神经系统实现的对一定的刺激所做的一定的有规律的反应。凡是用具体的事物作为条件刺激物使大脑皮层发生有规律性的活动，叫作第1信号系统，这是人和动物所共有的现实的反应系统。凡是用语言，词汇(具体事物的信号)作为条件刺激物使大脑皮层发生规律性活动的，便是第2信号系统，这是人类所特有的条件反射系统。第2信号系统的信号都是对于具体事物的抽象和概括的反映，所以，人并不是一生下来就有第2信号系统的活动能力的。在儿童期，个体的第1信号系统占据优势，大脑的活动方式以具体形象思维为主；进入青春发育期，随着大脑皮层的发育与社会教育的作用，第2信号系统逐渐占优势，大脑的活动方式以抽象逻辑思维为主；18岁以后，就有条件使自己的抽象逻辑思维能力高度发展。所以，青年往往善于运用概念、组成判断，进行逻辑推理，以理解各种事物之间的联系，他们无论是对于自然现象、社会现象还是人们的思想行为、道德行为，都具有自己一定的看法，而不像童年时期那样，只是简单地重复和模仿成年人的行为。

第三，青年期标志着性的成熟。青年期的勃勃活力，呈现在青年的各个方面。一直沉静着的生殖系统(人体内最后发育的就是生殖系统)这时也蓬勃发育起来，性成熟引起了青年人身心一系列的变化，使男女青年呈现出显著的差异。性成熟主要是指性激素分泌急剧增加而引起的性征发育，青春期由于下丘脑中枢发育逐渐成熟，直接受其控制的脑垂体开始分泌“促性腺激素”，使性腺发育，性激素分泌迅速增加，这就促使人的性征发育。人的“第1性征”是出生时便已存在的男女性生殖器官的差别，但它们必须经过青春期发育才能成熟。“第2性征”又称为“副性征”，它们是在青春发育期才发展起来的，男性受雄性激素的作用表现为体格较高大，肌肉壮实、喉结突出，声音变粗、生长胡须等；女子受雌性激素的作用表现为脂肪丰满，声音高尖、乳房发达等。在这期间，性腺的发育成熟促使男子出现遗精，女子出现月经。青春发育期的许多生理现象的出现，是有一定规律的，女性的性发育和完成性成熟一般比男性早两年，由于地区与个体差异等原因，有些现象出现的早晚可相差一至两年。青春期性激素分泌达到一定程度时，会扰乱原来身体的生理平衡，个体对第二性征的出现产生新奇感，有了性意识，并对性的心理冲动积累了一定的体验。

二、青年的心理特点

青年期是人生的第 2 次“断乳期”，也就是在青年期，个体将完成心理上的“断乳”而求得独立。青年期的心理特点是独立性增强，观察敏锐，思想灵敏，感情丰富，向往未来，积极向上。具体来说有以下几点：

第一，自我意识增强，独立性和主动性显著发展。自我意识是指人们对于自己以及自己的周围事物的关系的一种认识。自我意识在个体身上表现为紧密联系而又相对独立的认识、情感、意志三种形式。属于认识方面的有自我感觉、自我观察、自我分析和自我评价；属于情感方面的有谦虚、自尊、自信、义务感、友谊感、责任感；属于意志方面的有自制、自我调节、自我控制等。在青年期，随着成人对青年态度的变化和青年生理上的发育，青年人绝大多数能够意识到自己的内心生活，关心自己政治思想品质的发展。青年的内心世界，比少年要广阔丰富，他们能够进行长时间的独思、反思，对未来生活进行考虑、设想。当他们接触到社会上各种典型人物而有所激动时；当阅读文艺作品受到感染并和主人公相对照时；当他们在学习、工作、生活中遇到成功或失败、受到褒贬时，他们往往会思考：“我究竟是个什么人？”“我过去怎样？将来怎样？将来要成为什么样的人？”等。他们的这些想法，通常通过日记、作文或跟知心朋友谈话、通信中流露出来。青年也希望从别人对自己的态度，评论当中了解自己，从伟人传记和书刊中摘取跟自己优缺点对得上号的一些警句张贴在自己的床头、桌上，以鞭策自己。这说明青年有自我实现的强烈愿望。

在青年期，大部分青年对自己的分析，评价都会逐渐地变得全面、客观、主动起来。他们不仅会分析自己在做某件事时的思想矛盾和心理状态，还常常对自己整个心理面貌进行估量；不仅从性格特点上分析自己、还会从政治态度上进行自我剖析，他们能比较正确地、全面地做出自我评价，即能认识到自身的存在及其价值，“自我”形象初步确定。这时，青年人也初步确立了对社会的义务感和责任心，在学习或工作的过程中，好胜心强烈发展、独立的意向明显增长。这时人云亦云的东西在青年的心目中越来越少，遇事有自己的见解。如果成年人、老年人过多地干涉或指导他们的行为，便会遭到他们的反抗甚至产生“逆反心理”。列宁很早就认识到并体谅青年人的这种心理，他主张要尊重青年人的这种自我意识和独立性。他说：“青年如果没有完全的独立性，他们就不能把自己锻炼成杰出的社会主义者，也不能锻炼自己去引导社会主义前进。”①青年的自尊心和自信心极为可贵，它能够促使青年蓬勃向上、积极前进，但青年的这种自尊心和自信心亦极有可能成为青年人抛弃集体、贪图虚荣、盲目追求自我价值的消极因素，所以，青年人也应把握自己的这个特点，“引导青年的积极性及好胜心理向着青年起模范作用的方面去，而不是引导到过于

① 《列宁全集》第23卷，北京：人民出版社，1985年版，第164页。

突出甚至和成年老年相隔离相对立的方面去”。①

第二，智力发展达到高峰。智力是思维、观察、记忆、想象等精神能力的总体。从少年期到青年前期，智力的发展是曲线上升的，一般说来到20来岁时，青年的智力发展已经相当成熟了，青年的抽象逻辑思维的形式是青年期智力发展已成熟的主要标志。青年期由于第2信号系统的活动占据优势，逻辑推理能力迅速发展，观察力水平亦随之提高，对事物的认识不再仅仅限于事物的表象，而且能够认识事物的本质特征及一事物与他事物间的联系，能够较完善地反映事物的整体。常言说：青年人耳聪目明，心灵手巧。这就是说，青年期生理上具有的旺盛的代谢能力和智力的发展，使得青年反应快，感知觉敏捷，所以，青年无论对什么事物，感觉及思维都比成年人敏锐。加里宁曾在1926年分析青年的特征时指出：“共青团所特有的第一种素质，就是它所具有的那种特别的、异常的敏感性。……我们成年人，只要一回忆往事，就知道青年时期留下的记忆比任何时期留下的其他记忆都要鲜明得多。……青年时期是最富有敏感性的。”②毛泽东同志也曾指出：“青年学生与一般人比，他们对事物具有更敏锐的感觉。”③他们的批判性思维与思维的独立性有明显的加强，开始用批判的眼光看待周围事物，有自己的独立见解，勇于探索，勇于追求，但由于青年个人阅历浅，社会经验不足，缺乏必要的基本理论和思维修

---

① 《中共中央关于青年工作的决议》(1941年6月4日)，《中国青运文献》(一)，第23页。

② 加里宁：《在苏联列宁共青团第七次代表大会的讲话摘录》(1926年3月10日)，见《论共产主义教育》，中国青年出版社，1979年版，第2页。

③ 毛泽东《在湖南长沙第三师范学校的讲话》(1922年)，转引自中央团校青年团工作教研室编印：《论青年和青年工作》1980年，第17页。

养，对于社会问题容易得出偏颇的结论，而且不轻易改变自己的观点。

青年期不仅观察敏锐，理解力强，而且也是一个人记忆力最好的时期。这时，不仅机械记忆能力强，而且由于理解能力的提高，意义记忆的能力也充分发展起来了，在18—29岁可达到记忆效率的高峰，这就促使青年期的求知欲大大加强，爱学习，肯动脑筋，是一个人长知识的大好时光。记忆是智慧的仓库，没有记忆，人的任何学习都是不能完成的。青年期记忆力好，就应抓住时机博学多知，博闻强记，以助自己成才。马克思在年轻时曾故意用一种自己并不很熟悉的外语来背诵诗歌借以锻炼自己的记忆力，拉法格曾对记忆在马克思成长中所起的作用做过精彩的描绘："马克思的头脑是用多得令人难以相信的历史及自然科学的事实和哲学理论武装起来的，而且他又是非常善于利用他长期脑力劳动所积累起来的一些知识和观察的。无论何时，无论任何问题都可以向马克思提出来，都能够得到你所期望的最详尽的回答，而且总是包含着概括性的哲学见解。他的头脑就像停在军港里升火待发的一艘军舰，准备一接到通知就一直开向任何思想的海洋。"①"少壮不努力，老大徒悲伤"说的就是这个道理。正是由于青年的这个特点，革命领袖一再强调：青年人的主要任务是"学习，学习，再学习！"(列宁)"青年是黄金时代，要学习，再学习！"②

青年随着知识的增加，求知欲的增加与思维能力的提高，为他们进行创造性的想象提供了条件，使他们有可能在过去知觉的基础上创

① 拉法格：《回忆马克思恩格斯》，北京：人民出版社，1973年版，第9页。

② 周恩来《为绍兴青年题词》(1939年3月)，载《革命文物》，1979(2)，第17页。

造出新的形象，青年人富于幻想，他们向往未来生活的远景与未来的工作，并且是根据自己的愿望来设想未来事物的形象。幻想往往是创造性想象的初步阶段，或者说是一种创造性想象的特殊形式，它往往孕育着一些伟大的发明。幻想是鼓舞青年前进的巨大精神力量，是一种宝贵的品质。“无论哪个时代，青年的特点总是怀抱着各种理想和幻想，这并不是什么毛病，而是一种宝贵品质。凡是一个意志坚定和思想健全的人，决不能没有幻想。然而这种品质在青年人中间，往往比在上年纪人中间，要发展得更加厉害。……你们是 9 年级和 10 年级的学生。这刚刚就是各种幻想和志向催促人们去干大事之年龄，……假如你们青年人脑子里没有伟大生活的幻想，假如你们每个人不想去干掀天揭地的大事，那还配称为什么苏联的青年呢?”①青年应发挥自己丰富的想象力，“既异想天开，又实事求是”，② 为社会主义现代化建设贡献才智。

第三，情感丰富强烈而又不稳定。青年期很容易动感情，情绪、情感比较强烈，带有较明显的两极性，青年内心的动摇性强，情绪的紧张程度一般较高，对于很小的刺激也容易引起强烈的情绪反应，而且情绪动摇显著，一时可沉没在几乎使身体发抖的狂欢之中，一时又陷入被打败似的悲痛里；一时可由于有希望而昂首挺胸，一时又由于失意而俯首顿足。青年的情绪来得快，平息也快，常常是暴风骤雨式的。正因为这样，青年往往可以表现出为真理和正义献身的热忱，做出惊人的、壮烈的行动；有时也可以由于盲目的狂热，有一些错误之

---

① 加里宁：《在莫斯科市列宁区中学八、九、十年级学生大会上的讲话》(1941 年 4 月 17 日)，见《论共产主义教育》，中国青年出版社，1979 年版，第 104—105 页。

② 郭沫若：《科学的春天》，载《人民日报》，1978-4-1。

举。青年人情绪的两极性是由于主客观的矛盾，即社会生活和青年内心需要之间的矛盾及青年的生理特征造成的。青年作为社会的成员，正处于即将走向或刚刚迈入社会的地位，一方面，由于他们自己体力和智力的发展，迫切期望独立地生活，而且不断产生着各种各样强烈的社会性需要；另一方面，他们对社会的复杂性，对自己的愿望、行为的客观性，往往还缺乏足够的认识，这样就会使个体需要和社会现实经常处于矛盾之中，由于他们社会经验不足，自控能力还未成熟，因此在这矛盾到来之时就容易出现强烈的不满情绪，从而显得情绪多样、强烈和激荡。这种主客观矛盾，在成年人的生活中也是存在的，但由于成年人社会经验多，自控能力强，就能够依据客观条件和自己的力量及时调整需要，前思后虑，成功的时候不像青年那样易沾沾自喜，而是想到失败的可能，遇到挫折的时候不像青年那样易垂头丧气，而是总结经验教训，再去争取胜利，所以成年人的情绪，表现就比较稳定。青年情绪的两极性并不一定都是坏事，只要青年的需要合理，方向对头，由此而产生的激情、热情，是正确行为的巨大动力，青年人经常表现出来的忧国忧民，关心同志，热血沸腾，勇往直前，不怕牺牲的精神，这是很可贵的。“青年人随时都充满着自我牺牲精神；青年人随时都希望去环行世界，充当海员，成为船长，开辟新大陆等。……一般青年都是异常真挚，异常爽直的。……这些特征，对于一个人来说，是不是很宝贵的呢？当然是很宝贵的。”①“一个人在青年时代，最富于交谊，最热心于集体，帮助同志，在困难的时光，青年人抛开同志不管的例子是极其罕见的，应该极力发展青年们的这

① 加里宁：《在苏联列宁共青团第七次代表大会上的讲话摘录》(1926 年 3 月 11 日)，《论共产主义教育》，中国青年出版社，1979 年版，第 1—3 页。

种同志感情和阶级友谊。……要是这种情绪能够正确发展，要是共青团员和非党青年，即这些同志和朋友能够共享生产中的快乐，共同克服困难，共同通晓技术，真正互相帮助，共同进行休息和从事体育运动等，那么同志关系就会大大有助于社会主义竞赛，取得很大的成果。”

青年期情感的表现已开始具有一些比较曲折和文饰的特点，这就是所谓的青年期闭锁性。青年由于个人阅历较浅，知识面不宽，各方面不甚成熟，又由于自我意识的迅速发展，自尊心、自信心很强，再由于成年人总是把青年当作小孩看待，经常指责，不够尊重他们，就使青年往往不愿意把内心的秘密和真实的思想感情，轻易地向长者或教育者吐露。他们有时对一件事，明明是厌烦，但出于某种原因，可以表现出不在意；对一个人明明是爱慕，愿意去接近，却会因为自尊心的缘故而故意疏远或回避之。这种情感表露的文饰的特点，实质上是青年适应能力发展的表现，因为社会生活有时候需要人们有自我调节或克制情绪的能力。但青年也应克服过于闭锁思想和文饰情感的倾向，避免造成孤独和忧郁。

第四，个性基本形成。“人的个性意识倾向是一个完整的结构，它包括人生观、理想、动机与兴趣等。”青年的个性在一定意义上说，是自己塑造的产物，即随着青年自我意识及智力的迅速发展，青年逐渐形成了自己的个性。

青年有着自己的理想，憧憬美好的未来。这使青年进取心强，积极向上，奋发有为，充满青春的活力。青年的理想往往与对职业与生活的向往联系在一起，是在青年人兴趣美好的特点上形成的，往往带有浪漫色彩，脱离实际，对实现这个理想所要付出的努力估计不足，所以，当个人理想与社会理想或者理想与现实出现矛盾时，往往产生徘徊、苦闷与失望的情绪。因此，青年的理想应有所选择，认真思考，统一到社会理想上来，才能使自己为之奋斗一生做出光辉的业绩或应有的贡献。青年马克思在 17 岁就认识到，青年在选择职业时应有崇高的理想，即把最能为人类福利而劳动的职业作为青年的第一选择对象，这样“我们就不会为它的重负所压倒，因为这是为全人类所做的牺牲；那时我们感到的将不是一点点自私而可怜的欢乐，我们的幸福将属于千万人，我们的事业并不显赫一时，但将永远存在；而面对我们的骨灰，高尚的人们将洒下热泪”。①

青年的兴趣与少年的比较起来更广泛更稳定，兴趣是活动的一种动力，它是鼓舞青年从事活动的重要力量，青年的兴趣是与自己的志愿连在一起的，又是与丰富自己的业余生活连在一起。对专业知识的学习是青年实现自己志愿的重要手段之一，他们往往对自己选定的专业方向勤学猛攻，同时也表现出对与未来事业相关知识的关注与重视，这就是使青年要求自己拓宽知识面，从而把一部分业余精力从娱乐型的兴趣转化到提高智力上来，这使青年的兴趣趋于稳定，由于青年本身求知、长身体、精力充沛的特点，必然乐于参加各种形式的兴趣小组和业余活动，广泛地接触社会，使他们的兴趣增加了广度。广泛的兴趣可以拓宽知识面，陶冶情操，健全体魄，增进美感，活跃生活，从而激起青年对生活的热爱。据 1985 年一家工厂的青年兴趣普查报告，兴趣种类竟达多种，可见青年兴趣的广泛性及多样性。青年的这种特点，必须引起足够的重视。“要照顾青年的特点”，“青年比成年人更需要学习，要学会成年人已经学会了的东西。但是，他们的

① 马克思：《青年在选择职业时的考虑》，见《马克思、恩格斯、列宁、斯大林论青年》，北京：中国青年出版社，1980 年版，第 20 页。

学习和工作的负担都不能过重。尤其是 14 岁到 18 岁的青年，劳动强度不能同成年人一样。青年人就是要多玩一点，多娱乐一点，要跳跳蹦蹦。”①“青年有自己的爱好，有喜欢搞无线电的，有喜欢打球的，有喜欢搞科学实验的，有的想看点自然科学的书。要懂得青年有不同爱好的要求，一定要按照自愿的原则去组织他们，才能发挥他们的特长，强制一定搞不好。”②

青年期由于辩证逻辑思维的发展，青年的一些立场、观点和方法逐渐趋向于明确化、稳定化和系统化，使青年的世界观和人生观初步形成。世界观是人们对自然、社会和人生等问题的基本看法和观点，人生观是世界观在对待人生问题上的具体表现。人们用一定的世界观去观察和对待人生问题，就形成了一定的人生观。人生的问题是多方面的，不仅有人和自然的关系问题；还有人与社会、人和人之间的关系问题；在人与人之间不仅有经济的关系，而且还有各种思想的关系、政治的关系、道德的关系等。人们在处理这些关系的过程中，必然会产生出“人究竟为什么活着？人生有什么意义？”“人应该怎样度过自己的一生？”等问题，人们对这些问题的回答，就反映了不同的人生观，在同一个社会条件下，由于人们对人生的目的和意义的认识不同，会同时存在着各种不同的人生观，青年正在人生观形成的关键时期，社会上各种各样的人生观都在影响和作用于他们，而青年人对社会现象的不同的理解和解释，也会使他们形成各种不同的人生观。根

① 毛泽东：《青年团的工作要照顾青年的特点》，见《毛泽东选集》第 5 卷，北京：人民出版社，1972 年版，第 83、84 页。

② 邓小平同志听取团中央书记处汇报工作时的指示(1965 年 8 月 9 日)，见《论青年和青年工作》，北京：中央团校青年团工作教研室编印，1980 年版，第 40 页。

据一些调查研究材料的分析，在青年中存在着不同的人生观。如为祖国、为人民谋福利和在事业上做出贡献，成为某方面的专门家，这在知识层次较高的青年中占多数。人生在世安分守己做好本职工作；人应该追求物质享受，吃好穿好玩好，这在劳动青年中占多数。人生就是要追求自我实现，求得社会的理解，这在个体劳动者青年中占多数。人活着就是为了使他人生活得更好；人生就是奋斗、前进、创造，这在先进青年中占多数。人生在于随波逐流，做一天和尚撞一天钟，这在后进青年中占多数。也有少数青年由于受西方哲学思潮和历史上反动人生哲学的影响，存在着一些极不健康的人生观，如权力意识人生观、存在主义人生观等。一个人的人生观并不是一成不变的，它可能随着个人思想水平、理论水平、文化水平的提高而改变，特别是青年人可塑性大，青年期的人生观虽然初步形成，但尚未定型，还不成熟。所以，青年应学习辩证唯物主义和历史唯物主义，正确地看待自己、看待社会，看待个人与社会的关系，抵制各种非无产阶级的思想残余和各种西方腐朽的思潮，真正树立科学的革命人生观。

第五，性意识觉醒，有追求异性和配偶的要求。青年期性成熟之后，对心理的特殊影响，就是性意识的觉醒，即指青年心理上开始意识到自己的性别，意识到两性之间的关系以及对待两性的态度和行为的规范。青年期的性欲及其对两性问题上的情绪体验，在青年心理生活中占有重要的地位，青年期的性心理与恋爱、婚姻等问题均有密切的关系。

性心理的觉醒是从青春期发育开始的，也就是在女子初潮，男子遗精前后，随着第二性征的出现，使男女青年步入一个新的心理世界。性心理的发展大约经过反感—好感—向往—接近异性—恋爱这样4个阶段。反感期，一般从十二三岁到十五六岁，这时的男女少年对性的差别特别敏感，彼此疏远，不大愿意在一起，即便是童年期两小无猜的异性朋友，这时也都会不自然地互相回避。反感的心理特征，就是性意识萌发的心理特征。好感期，一般从十五六岁到十七八岁，女孩要比男孩稍早一些进入这个阶段，这时随着性机能的发育和知识的增长，男女青年消除了原来的抵触情绪，而代之互相欣赏的心情和友好的态度，并且产生性冲动。向往和接近异性是性心理发展的一个重要阶段，在男女青年的异性相吸，彼此好感的基础上，很可能进一步发展成为爱情。这时男青年认为女青年温柔、纯洁；女青年认为男青年刚强、宽宏大度。这时男青年由于性成熟、性能量代谢比女青年高，所以往往在异性交往中，男青年的行为更外显、更主动。这个阶段，大多数青年并没有稳定的追求和依恋的对象，但可能时常会在心中描绘理想恋人的形象。所以，这时的异性吸引并非是恋爱，好感也不等于初恋。性心理发展的最初阶段就是恋爱期。正常的恋爱期一般出现在 20 岁之后，这时青年的生殖系统已基本发展成熟，能够比较客观地对待异性朋友，并能控制性的冲动。恋爱是青年所面临的一个现实而又应是严肃的问题，它是性意识发展的必然产物。对于这种性意识既不能过分压抑，亦不能放纵，以免造成性变态。青年应懂得爱情并不等于性欲，不能把恋爱仅仅看作是满足生理需要的性刺激或性诱惑，我们既反对“禁欲主义”也反对“性解放”“纵欲主义”。青年应把爱情建立在理想政治观点一致、情感共鸣、心理协调的基础之上，在处理好学习、工作的基础上过好自己的恋爱生活。青年期是性成熟与性欲旺盛的时期，也是青年成家之后开始性生活的时期，青年应该正确认识性心理的发展过程，掌握性的知识，搞好性心理卫生，这对于青年的身心健康，促进结婚之后的性生活的和谐，保证家庭生活的和谐，都具有重要的意义。

青年的社会化特点

人的一生始终存在着生物性与社会性的矛盾与冲突。一方面，人的生物性对自己的行为本能不断发动和释放；另一方面，人的社会性又要求自己的这种本能的发动和释放适应于社会，也即人的生物性最终要从属于人的社会性。个人在特定的社会环境中，学习知识、技能和规范，形成适应于该社会的人格，掌握该社会所公认的行为方式，取得社会生活的资格的过程，就是社会化。社会化的基本内容包括教导基本生活技能，教导社会规范，指点生活目标，确立政治观点和道德观点，培养社会角色等，在人的各个不同的年龄阶段(婴儿、幼儿、童年、少年、青年、中年、老年)，这些内容是各有侧重的。人的社会化是一个十分复杂的过程，这个过程要贯穿于每个社会成员的一生。青年期是人的成长在生理、心理上达到成熟的时期，也是从未成年人变为成年人的过渡时期，是社会化的关键时期。青年的社会化是人一生社会化的顶点。

一、青年社会化的内容

青年期，人的世界观、人生观已初步形成，人的个性发展也达到接近定型的程度。但由于青年人处于从少年儿童过渡到成人的时期，所以，他们身上既残留有少年儿童的稚气冲动，又吸取了成年人的稳重和沉默。同时具有不同于少年儿童与成年人的特点，如有理想、有抱负，敢于创新，传统观念薄弱，很少保守；对自己的未来抱有幻想，对自己行将跨入的成人社会的各种情况，感到某些困惑不解，社会价值观的多样化，扩大了青年人的眼界，也增加了认识和选择的困难，特别是在社会发生急剧变动的时期，更会引起青年人的思想矛盾。青年期就是一个人在心理、思想发展处于矛盾冲突，社会关系发展不平衡的特殊时期，同时，由于青年人存在着天然的缺点，这就是毛泽东同志所指出的“缺少政治经验和社会生活经验”。① 当他们在走向社会时，往往不能很好地处理个人与他人、个人与社会的关系，青年的社会化，实质上是要使青年取得解决青年期心理、思想矛盾的能力，获取他们所生存的社会的成员资格，担当他们应担当的社会义务。所以，青年社会化的内容应侧重于政治社会化、社会规范社会化以及社会角色的培养方面。

政治社会化是使自然人变成政治人的过程，也即个人逐渐学会被当时的政治制度接受、采用的规范、态度和行为的过程。政治社会化了的个人，总是赞成或反对某一政治制度。政治作为上层建筑在社会领域中占有极为重要的位置，政治社会化在人的社会化中也同样有着

① 毛泽东：《关于正确处理人民内部矛盾的问题》，北京：人民出版社，1964 年版，第 46 页。

不容忽视的地位，任何一个国家都十分重视培养自己国家的公民，使他们忠于自己的社会制度和政治制度，马克思主义十分重视对青年的思想政治工作。毛泽东同志就曾经明确指出：青年应当把坚定正确的政治方向放在第一位。政治社会化的一个重要内容和手段就是强化青年的民族精神。世界上许多国家都把培养青少年的民族信念、对祖国的忠诚、勇于献身的精神放在十分突出的位置，通过各种场合，运用各种方法对青年施加影响，使民族精神得以发扬光大。如日本的“阿信热”。《阿信》的用意就在于唤起日本青年的民族意识，帮助青年看到日本所走过的一段艰难历程，激发青年去开创更好的未来。《阿信》在日本被国民誉为“日本精神”。再如苏联几十年来坚持开展革命传统教育，卫国战争结束之后，国家投资巨款修建了一大批革命纪念馆、英雄纪念碑、烈士纪念墓等，苏联市民还主动捐款在中国青年所熟悉的歌曲《喀秋莎》的作者的家乡修建了一座题名“喀秋莎”的纪念碑，因为这首歌曾激励着许多母亲送子、妻子送夫上前线打德寇，它象征着苏联的民族精神。政治社会化始于人的幼年时期，这时的政治社会化表现为对儿童进行国旗、国歌、国徽、领袖、国家爱国主义的初步形象教育，树立儿童热爱祖国进而热爱国家性质的观念。政治社会化虽然贯穿人的一生，但一个人一旦内化了某种政治态度和政治信念之后，就会产生相当顽固的定势作用。一个人最好的政治观念的内化期，就是青年期，青年期自我意识的形成和逻辑抽象思维能力的发展，使其对待周围的人、事物，对待自己生存的社会环境和维持社会秩序的社会政治生活都有了较强的分析、比较和评判能力，并且产生了较强的对现实社会的不满足情绪和想主动介入社会生活的主人翁意识。这时施之一定的政治观点，就会使自我意识系统的选择而被内化。再者，青年人血气方刚，合群性强，容易找到志同道合的政治伙伴，结成群体，并采取有群体力量的政治行动。每当社会有重大变革之时，青年，特别是知识青年总会有强烈的反应，走在前列。另外，我国宪法规定了青年从 18 岁起有公民权，就从宪法上肯定了青年人参与社会和国家政治生活的合法权利，这些都证明青年政治社会化的必要性和可能性。

社会规范社会化就是使人们按照一定的社会规范标准来支配自己的行为。社会规范是人类精神文明的一部分，它的功能在于调整人与人之间的关系，主要指法律规范和道德规范。马克思主义历来重视对青年进行法制教育和道德教育，列宁曾经说过："法庭是教育人民遵守纪律的工具。"①还说过："应该使培养教育和训练现代青年的全部事业，成为培养青年的共产主义道德的事业"②法律是经过国家制定或认可的，反映统治阶级意志的，由国家强制力保证实施的行为规则的总和。法律规范是强制性的规范，是现代化社会的重要管理手段。

青年的法律规范社会化，就是要使青年能按照一定的法律制度和法律规范来调节自己的行为，减少和消灭青少年犯罪，运用法律武器来保护自己的合法权益以及在将来走上社会后用之管理社会。美国的一些大学毕业生(包括硕士生、博士生)从校长手中接过的毕业纪念品之一就是一本《美国宪法》，可见美国人对青年法律社会化的重视程度。我国现在正进行的全民普法工作中，特别强调要对青年学生进行系统的法学理论和法制教育，培养和增强青年的法制观念和公民意识，为实现高度民主的社会打基础。

道德是一定社会调整人与人之间关系的行为规则的总和，道德规

① 《列宁选集》第 3 卷，北京：人民出版社，1972 年版，第 518 页。
② 《列宁选集》第 4 卷，北京：人民出版社，1972 年版，第 351 页。

范调整的范围最广，它表现在风俗、习惯、礼仪、风尚等许多方面。我国是一个文明古国，具有传统的优良道德风尚和风俗习惯，这是我们民族的宝贵财富，要通过对青年的道德社会化传留下去，并使之发扬光大。同时也要看到，传统的风俗习惯中还存在着剥削阶级的糟粕，并且随着改革开放，难免也会带来不少现代西方资产阶级在道德观念上的糟粕，这需要在建设社会主义精神文明的过程中加以批判和剔除。所以，青年的道德社会化主要应是使青年形成一定的价值标准体系，并以之建立一定的道德观念，确定一定的生活目标。因为道德的具体内容是和社会的价值标准紧密相连的，占社会主导地位的价值标准直接影响和左右着社会的道德规范。社会的发展要求传统的道德规范、道德观念不断更新与其进步相适应，而社会的稳定则要求绝大多数社会成员遵守现有的道德规范以保持传统道德的延续，在这个矛盾的情况下，青年人的特点——对人生意义的探求和渴望，自我价值实现的要求必定使之在价值目标的追求上与整个社会相比，具有一定的超前性，向传统的道德观念挑战以推动道德的发展。了解社会现存的各类价值取向和社会提倡的价值标准，在分析、判断的基础上做出正确的选择，就是青年道德社会化的全部课题。

社会角色，即指个人在社会和团体中所占的地位。社会化的最后成果，是为社会培养一个符合于社会要求的社会成员，使之在社会生活中担当一定的角色，这个角色要按照社会结构中为他规定的规范行事。一个人在少儿期的角色是特定的、不变的，所以，学习角色也较容易。而青年期是少儿期向成人的过渡，它的社会角色将由单一向复杂、交叉发展。如一个青年，他是一个工程师，同时又是儿子、父亲、丈夫，那么，他必须按照社会对工程师、儿子、父亲、丈夫的不同的规范来要求自己，使自己适应这些角色。青年人大都踌躇满志，对自己的未来跃跃欲试，角色期望偏高。青年人的较高的角色期望有利于自信心的增强和创造力的发掘。但是过高的角色期望也容易使人脱离实际，不能正确对待自己的能力和将要进行的工作，往往一旦进入一个角色，又不能适应相对于这个角色的社会条件。因而，常常在青年人中存在“眼高手低”的现象，也就容易在思想上和成年人形成“隔阂”。在现代社会中，人的生理性与社会性之间存在着越来越大的不平衡，青年的生理性成熟明显前倾，而由于人的社会性成熟的延缓，使得青年期的下限拉长。这就意味着在人的社会成熟的过程中，标志着成人化完成(社会化完成)的许多基本条件之间的距离也开始拉大。从联合国教科文组织对青年期完成的三项硬指标来看，就业、结婚、住房这些条件的满足，都是在人的生理成熟(一般认为，现代青年生理成熟即性成熟为女 15 周岁，男 17 周岁)之后才有可能开始进行的事情，如在我国，青年自 18 周岁获得完全的公民权，男青年到 22 周岁之后，才获得结婚的权利，到能够比较自觉地参与生产或管理，往往要到 30 周岁左右，又由于现代化生产的复杂化，对劳动者的知识、技能的要求大大提高，致使青年所必需的学习期延长，不仅推迟了就业年龄，而且即使参加了工作，仍要从事必需的学习，这就使青年进入社会成为主导力量的时间上明显后移。青年必须充分利用这段时间，选择并学习自己将要承担的社会角色，锻炼自己的社会应变力，适应社会的需要。

二、青年社会化的主要因素

社会化是通过个人和与之有关系的其他个人和团体的相互作用形成的。也就是说，作为社会存在物的客体的人，必然受到社会关系的制约，社会化因素就是影响个体社会化的全部社会环境。少儿社会化的主要因素是家庭教育，次之是学校教育，而青年社会化的主要因素则更为广阔，家庭的作用减少，而学校、社会实践及社会文化的作用相对增加。正如毛泽东同志所指出的：青年的“思想政治工作，各个部门都要负责任。共产党应该管，青年团应该管，政府主管部门应该管，学校的校长教师更应该管。”①

学校的作用，主要是把社会规范、道德的价值观以及历代所积累下来的知识、技能传授给下一代。学校按一定的教育方针、培养目标，有计划、有步骤地对下一代施加影响。学校对儿童社会化的作用，限于儿童生理、心理发展的水平，只限于浅显的概念与知识，而儿童对于社会生活的体验则主要来自家庭、父母的影响。学校对青年社会化的作用就大大不同于儿童。青年人由于抽象逻辑思维的发展及独立性的增强；可以比较深刻地理解学校的教育方针和培养目标，并将它们内化成为自己的行动目标，他们对于前人的智慧和实践结晶——教材的理解也大大加强，青年的学习活动影响着他们对生活技能和能力的获得，也影响着他们的道德水平，思想水平和文化素养的提高。

社会实践是青年社会化的一个重要因素，它包括社会调查、社会考察、勤工俭学、教学实习、军训、学工学农以及社会公德教育活动等。青年社会化的最大心理障碍就是青年的自我角色期望过高和社会应变能力较差。学校教育虽然可以从理论上教导青年如何正确对待并处理这些问题，然而理论与实践毕竟存在着较大的距离，社会实践可以把青年学生从理性的课堂拉向实践的社会，在实践中充当一个临时

---

① 毛泽东：《关于正确处理人民内部矛盾的问题》，见《毛泽东选集》第5卷，第385页。

的社会角色，从而找到自己与社会的结合点。苏联一向很重视中、大学生的社会实践，中学生的社会实践大多去国有农场劳动和到校际教学工厂或工矿企业劳动；大学生则利用假期组成“大学生建设队”参加工农业建设。我国近年来也开始重视并实行青年学生的社会实践活动。社会实践至少从三个方面对青年社会化起作用。其一，使青年学生重新认识自己，把理想的“我”拉向现实的“我”。青年学生包括中学生和大学生往往把自己看得过高或过低，要么是“万能我”，要么是“无能我”，这与他们不了解社会，不了解社会需要什么样的人有关。社会实践活动可以帮助青年学生认识到自己真正的价值，如勤工俭学活动，认识到社会对青年的期望；如社会调查，从而调整自己的目标，把自我的发展纳入社会发展的轨道之中。其二，使青年学生重新认识自我与他人，学会处理人际关系。进入青年期后，虽然接触面较少年期要宽一些，但对整个社会生活的了解，终究是很浅的。所以，青年人一旦作为独立的有机体跨入社会，往往会被复杂的人际关系搞得不知所措。社会实践可以使青年学生更多地接触社会，接触各种人，并在实践中重新认识自己与他人的关系。苏联著名的教育学家马卡连柯就极力主张学生要参加生产劳动，在生产过程中培养人的集体感，学会尊重他人，处理好人际关系。其三，使青年增强动手能力和解决实际问题的能力。社会实践可以促使青年把在学校学到的理论知识应用于实际工作，虽然是在教师或长者指导下的实践，但这对于培养青年解决实际问题的能力和动手操作能力，无疑是一个好途径。这种能力的提高，可以培养青年对未来的自信心，提高和增强心理承受力。列宁就曾这样要求青年：“应当这样安排自己的全部学习任务：在任何乡村和任何城市里，每天都能实际解决共同劳动中的某种任务，哪怕是最微小的、最平常的任务。”①这就要求青年在学习期间必须参加社会实践活动。

社会文化，包括政治、经济、国家的宣传体系、宗教、团体、风俗、习惯，传统等。不同的文化因素将对人的社会化产生不同的影响。在同一个文化圈内生活的人们都具有共同的行为方式和人格倾向。如我国社会心理学工作者张世富同志调查了云南省少数民族克木人和基诺族的某些人格特质，这两个少数民族新中国成立前都处于原始社会末期，新中国成立后虽然整个社会发生了巨大的变化，但其文化与习俗仍保留着许多原始社会的特点，当地的居民在这种文化环境中，私有观念淡薄，没有偷盗现象，家门不锁，每年收割完毕，粮食就放在地头的棚里，随取随用，没人看守。他们热爱劳动，学习刻苦，诚实不欺。父母不打孩子，青少年在一起不打架骂人，尊重老人及长者。乐于助人，舍己为人等。社会文化对青年社会化的作用主要是培养青年的政治观点、道德观点，树立正确的人生观、理想、信仰等。社会文化对青年社会化的作用往往是潜移默化而不是立竿见影的。一本书，一个思潮，都可影响青年对社会的看法，影响青年的人生目的和人生态度。一个政治清明、经济昌盛的环境，容易使青年人奋发向上，乐于进取。而如果国家的宣传体系在某些问题上的失误，往往会使青年本来就不够全面的思维方式更加片面地去看待社会、分析社会，夸大社会的弊端，产生一些盲目的或不正确的行动。如“文化大革命”的红卫兵运动。任何一个社会文化都是一种复合体，有多种层次。一般说来，包含有社会积极倡导而大多数人乐于接受的积极

---

① 列宁：《青年团的任务》，见《列宁选集》第 4 卷，北京：人民出版社，1972 年版，第 360 页。

的、进步的文化，这是社会的主导文化；消极社会心理、社会思潮以及行为模式、生活方式的次文化；腐朽反动的思想意识、生活方式的反文化两个层次。这两种层次的文化都可以通过相应的信息传递给青年，影响青年的社会化。由于青年个体的差异和具体情境的差异，青年会选择这不同层次的文化并接受之，这样，青年就被塑造成不同的社会个体，这也是社会成员有先进、一般和后进多层次特点的一个重要因素。另外，不可忽视社团在青年社会化中的作用。青年，无论是中学生还是大学生，都组有不少自己的社团，如学生会、科技小组、文工团、书画社、摄影协会等，这些社团不但可将青年按兴趣聚拢到一起，培养青年的集体观念，更主要的还在于社团有自己的章程，参加社团的人都必须遵守章程，享受权利尽义务，这样，就使青年在社团活动中扮演了一个“社会角色”，或者说是在学习做一个社会角色，他必须按章办事，必须与他人合作，必须处理好学习、工作与业余活动的关系，必须尽社会义务。有材料证明，在学校时参加社团活动并在其中担任一定组织领导工作的学生，走向社会之后，其社会应变力、适应能力远比没有参加社团活动的学生强。

三、青年与社会的互动

人既是社会的客体，受社会关系的制约；又是社会的主体，社会是由有意识有目的的人构成的，社会的发展也是通过人的活动来实现的，也就是说，人不是消极被动地受社会制约，而是积极主动地影响社会、发展社会的。青年工作是整个人类中最有生气的一部分，它是以自己独特的方式去接受社会的制约，影响社会的发展。

有选择地接受社会经验，是青年与社会互动的特点之一。在青年社会化过程中，必须要接受大量的社会经验，但这种接受，已不是儿童时期的无选择的、较被动的、简单的接受，而是根据青年人的特点和社会的时代特征有选择地接受。青年期是脱离家庭的怀抱、长辈的羽翼，走向社会，形成自己相对稳定的思维模式、生活模式的时期，正是这种从不稳定向稳定的过渡期的特点，使青年面临着旧的传统模式与新时代的模式的冲突和矛盾。青年在这新旧交替中必须做出自己的选择。而青年的独立性的增强又决定了青年决不会茫然从事。他们再不会人云亦云，而是将新旧观念加以比较，将个人(自我)与社会加以相融，并在其中选择对己有益的社会经验，包括社会政治现实、道德观念、传统文化、生活方式等。吸取时代的新观念新思想，从而形成自己的思维模式和生活模式。例如，在我国“五四”时期，反旧礼教、旧道德，青年率先脱掉象征封建文化的长袍马褂，追求社会平等、恋爱自由的新的生活方式，追求科学和民主的新文化。恩格斯说过，时代的性格就是青年的性格、也可以说青年经过选择而确定的新的思维模式、生活方式，就是时代的模式，因为经过选择必定摒弃了传统模式中的糟粕，继承和发挥了传统模式中的精华，加以新思想、新观念，必然形成代表时代的模式，并将推动社会的发展。

积极地影响社会发展，是青年与社会互动的特点之二。随着近现代社会中青年概念的成立，青年范畴的确定和对青年地位的肯定，青年对社会的影响也已日益引起人们的重视。青年作为最积极的一支社会生力军，它对社会发展的影响也是积极主动的。这种影响在不同的时期有不同的表现形式。

其一，在特殊时期，青年以运动的形式影响社会的发展，青年运动常常成为其他运动的先导。“学生运动是整个人民运动的一部分。学生运动的高涨，不可避免地要促进整个人民运动的高涨。过去的五四运动时期和“一二·九”运动时期的历史，已经表明了这一点。”[①] 1919年的五四运动，是中国革命青年在半封建半殖民地社会第一次伟大的革命运动和新文化运动。五四青年运动把以反帝反封建为任务的中国资产阶级革命向前推动了一大步，五四青年以他们无比的英勇气概和牺牲精神写就了中国革命史上的光辉的一页。五四以前，民族民主革命仅限于资产阶级少数上层分子的活动，所采取的手段带着浓厚的军事投机和军事阴谋的色彩。五四运动改变了这整个的情况，它不仅使青年学生站到了民主革命的前列，而且与中国最伟大的革命力量中国无产阶级和广大劳动大众汇集在一起，五四运动壮大了革命的力量。五四运动为第一次大革命准备了舆论，准备了干部，准备了思想和准备了人心，它是第一次大革命的先导。1935年的“一二·九”青年学生运动，同样是特殊时期的一次伟大的青年运动，它是抗日战争的准备，“是抗战动员的运动，是准备思想和干部的运动，是动员全民族的运动。”[②]30年的现代史，证明青年运动极大地影响了中国革命的发展，是中国革命运动中的一个重要组成部分。新中国成立之后，20世纪50年代蓬蓬勃勃的“青年争做社会主义建设积极分子活动”同样极大地影响了我国社会主义建设的发展。在实现我国国民经济第一个五年计划的关键一年——1955年，青年团组织发动了“争做社会主义建设积极分子活动”，邓小平同志曾就这次活动代表党中央致了贺词，“社会主义事业的推进更是为青年的全面发展打开了无限

① 毛泽东：《蒋介石政府已处在全民的包围之中》(1947年5月30日)，见《毛泽东选集》第4卷，北京：人民出版社，1977年版，第1169页。

② 毛泽东：《在延安“一二·九”纪念大会上的讲演词》(1939年12月9日)，见《论青年和青年工作》，北京：中央团校青年团工作教研室编印，1980年版，第66页。

广阔的天地。你们有一切机会学会为建设社会主义所需要的本领，你们有一切可能把自己的聪明才智和力量贡献给祖国。”①党的支持和关怀，使青年的这项活动健康地发展。在这个活动中，快速炼钢，节约煤炭，节省原棉，植树造林等先进经验和方法无时不起，无处不有，全国先后涌现出400万左右青年积极分子，极大地推进了社会主义建设的高潮。20世纪60年代的学雷锋运动也是由青年而起。雷锋是一个青年先锋、青年模范，雷锋精神体现了时代青年的精神。1963年，毛泽东、周恩来、朱德、邓小平等领导同志为雷锋的题词把学雷锋运动推向高潮。青年学雷锋，注重学习雷锋的精神世界，树立良好的道德风尚和革命人生观，使60年代青年的思想、道德面貌为之一新，青年风气的向上，必然推动了整个社会风气的好转。所以，50年代到60年代初，社会风气是好的，青年人的精神面貌也是健康的。学雷锋运动还带动了青年人钻研本职工作、搞好工农业生产、努力增产节约，青年之间、集体之间、行业之间，比技术、比贡献，有力地促进了社会经济的发展。20世纪70年代，是中国的灾难时期，然而，1976年的四五运动，为中国冲破“四害”横行的黑暗做了舆论与人心的准备。四五运动是顶着“四人帮”的高压发动的一次同样震撼世界的中国青年运动，它进一步证明了青年是最不怕牺牲，最敢说敢干，最敢于冲破一切黑暗势力的革命的先锋，青年必然以自己最大的政治热情和固有的团体的力量来影响社会历史的发展。

其二，在一般时期，通过青年文化影响社会。青年文化是群体特定的生活方式，是社会文化这个大网络中的一个小阶段性的亚文化。青年文化总是随着一代青年在特定的历史时刻出现，并随着这代青年

---

① 《青运史研究》，1983(6)，第17页。

进入社会的主导地位而广泛地传播，进入社会主导文化之中。青年文化具有强烈的时代性，通俗地说，就是青年时髦。青年选择的生活方式最具有时代感，这对社会的传统势力是个极大的冲击，并且这种时代性，这种时髦必然会影响成年人而被成年人所接受，而且随着青年的成人化，这种时髦也会最终成为社会的主导。比如，儿童的服饰变化大，但它不能引起成年人的较大的注意，然而青年的服饰变化常常引起成年人对自己青年时代的回忆，并产生要补偿一下自己青年时代不足的心理，于是，它很快被成年人所接受。

又如，青年的观念，总是在旧有的传统观念的基础上建立，开始时成年人也许认为这是瞎赶时髦，久而久之，由于青年人的坚持以及实践的证明，成年人开始接纳并采用之。青年文化还具有最大的未来性。青年正处于追求、选择并形成自己的相对独立的生活方式的时期，追求和选择就意味着面向未来，着眼于未来。青年的生活方式不仅最集中地体现和反映着一定时代的新的生活条件和生活观念，而且蕴含着超越现实、指向未来的因素。青年文化指向未来的意义在于，它虽然不会在一夜之间改变历史，但是，青年文化是变革的必然序幕，青年意识上的变革，价值取向和伦理观念上的变革，都会推动成年人去改变自己的社会规范和体制。这就是说，在今天的社会里，成年人也应该从青年文化中吸取有价值的面向未来的假设和挑战，并使它成为推动历史发展的种要环节。

引导青年正确对待需要问题

一、正确认识和处理需要的无限性和不满足性的关系

所谓无限性是指人的需要是无止境的，永远不会停留在一定的水平上。由于人类自然发展的规律，一旦某种需要满足了，又会产生新的需要，这个需要是无止境的。

所谓不满足性是指人的需要不可能同时都得到满足。满足需要是相对的，需要的不满足性则是绝对的。马克思主义认为，这种不满足是由多种原因造成的。第一，同社会生产力的发展水平有关。生产力是人们征服自然、改造自然的能力，生产力的水平标志着人们控制自然为自身需要服务的程度。发展生产力是满足人的存在和发展需要的必由之路。一定生产力水平所提供的物质生活和精神生活资料，只能满足人们一定程度的需要。因此，在一定社会中人们的需要能否得到满足，从根本上来说受制于生产力的发展水平。第二，同生产关系的性质以及个人在生产关

系中的地位有关。不同的社会形态，人们在生产关系中所处的地位不同，社会对人的需要的满足程度就不相同。奴隶社会生产关系的基础是奴隶主占有生产资料，并占有劳动者——奴隶。奴隶主根本不拿奴隶当人看，而只看作是会说话的工具，可以任意打骂、买卖、屠杀，甚至殉葬，根本不存在满足奴隶的需要问题。封建社会的生产关系是以地主占有生产资料和不完全占有劳动者为基础的，农民对封建主有一定的人身依附关系，他们虽然比奴隶多了一些人身自由，但在封建的等级制度、门第观念和各种封建思想的桎梏下，广大劳动人民的需要也不可能得到应有的满足，而能得到满足的只是那些封建主的需要。正如马克思所指出的在中世纪的社会里，特别是在最初几世纪，生产基本上是供自己消费。它主要只是满足生产者及其家属的需要。在那些有人身依附关系的地方，例如在农村中，生产还满足封建主的需要。① 资本主义的生产关系的基础是生产资料资本家占有，工人是法律上的自由人，但工人阶级“自由”到没有任何生产资料的地步，他们不得不出卖自己的劳动力。资本主义的生产关系决定了它的生产目的是无限度追求剩余价值，至于工人的需要，只有在保证这一根本目的的前提下才是可能的。社会主义的生产关系的基础是生产资料公有制为主，从根本上消灭了人剥削人、人压迫人的制度。劳动者不再为剥削者劳动，而是为自己、为集体乃至为全社会的利益而劳动。人和人之间的关系是平等、互助、互利与合作的关系，实行了“各尽所能，按劳取酬”的分配原则。社会主义的生产目的是为了满足人民不断增长的物质和文化生活的需要。正如列宁所指出的：到了社会主义“共同劳动的产品将由劳动者自己来享用，超出他们生活需要的剩余产

① 《马克思恩格斯全集》第19卷，北京：人民出版社，1975年版，第233页。

品，将用来满足工人自己的各种需要，用来充分发展他们的各种才能，用来平等地享受科学和艺术的一切成果。”①当然，社会主义社会还只是共产主义社会的初级阶段，它在许多方面还有许多不完善的地方，因此还不可能最大程度地满足人们的需要。只有到了共产主义的高级阶段，社会财富充分涌流之后，人们才能在自己的旗帜上写上“按需分配”，人们的需要才能充分得以实现。第三，同不同的时间、空间和不同的文明程度有关。在相同的生产力和生产关系的条件下，人们所处的时间、空间和文明程度也有很大差异。比如在城市和农村、南方和北方、高山和平原，人们的需要就有所不同；20 世纪 50 年代和 20 世纪 80 年代，人们的需要也不尽相同；不同的文化修养、文明程度的人，需要也有一定差异。马克思曾经说：“工人作为工人而生活所需要的生活资料，在不同的国家，不同的文明状况下当然是不同的。衣、食、住和取暖这些自然需要本身的多少，取决于不同的气候。同样，因为所谓的第一生活需要的数量和满足这些需要的方式，在很大程度上取决于社会的文明状况。这就是说，它们本身就是历史的产物。”②他还说：“如果你想得到艺术的享受，你本身就必须是一个有艺术修养的人。”③总之，人的需要的不满足性是由生产力的状况和生产关系的性质以及其他一些因素决定的，是不依人的主观意志为转移的。

这样，人的需要在其无限性和不满足性之间就产生了尖锐的矛盾。正确认识和处理这对矛盾，是马克思主义关于解决青年需要问题

---

① 《列宁全集》第 2 卷，北京：人民出版社，1985 年版，第 81 页。

② 《马克思恩格斯全集》第 47 卷，北京：人民出版社，1975 年版，第 43 页。

③ 马克思：《1844 年经济学—哲学手稿》，北京：人民出版社，2000 年版，第 108—109 页。

的一个原则。一方面要尽可能创造一切条件来最大限度地满足青年学习、就业、文化、娱乐、恋爱、婚姻等方面的需要；另一方面也要引导广大青年正确地认识我国的国情，教育青年不要过高地、不适当地要求社会对个人需要的满足。

在我国现实生活中，青年问题成为世人瞩目和普遍关心的问题。在满足青年的特殊需要方面，团中央和各级团组织以及社会各界为广大青年做了许多好事和实事。随着我国社会主义现代化建设的发展，青年的需要问题正在得到越来越好的解决。但是由于种种原因，青年的需要问题还有许多不尽如人意的地方。比如教育经费不多、教育结构不合理、高等教育不发达，这就使广大青年的学习需要得不到满足；我国的产业结构不合理、劳动人事制度不完善，就使广大青年的就业需要和选择职业的需要得不到较好的满足，甚至还有部分待业青年；我国的文化设施不健全，特别是农村的文化生活还很贫乏，这就给广大青年的文化娱乐的需要带来了不方便，我国青年的社会活动不够广泛，加之传统的封建的婚姻观念还有影响，这就给广大青年的恋爱、婚姻问题造成了困难，甚至大龄青年的婚恋问题还是个老大难问题；等等。对于这些问题，一方面要进一步创造条件逐渐加以解决，另一方面要教育青年正确地认识我国的国情，客观地、历史地看待社会主义社会对个人需要的满足。社会主义制度的建立，为社会生产力的发展和广大人民其中包括青年的物质和文化生活的需要的满足开辟了广阔的可能性和远大的前景。但是社会主义不是变魔术，不可能使人们的各种需要一下子都得到满足。在社会主义条件下，社会对个人需要的满足应该做客观的、历史的分析。

首先，要客观地实事求是地看待社会主义社会。我国目前尚处在社会主义初级阶段，生产力有了很大提高，但发展很不平衡，有的地方或部门还很落后；建立了以公有制为主体的生产关系，但仍然是多种所有制形式并存；社会主义精神文明建设有了很大发展，但科学文化还不发达，落后的思想意识还有较大影响；我国幅员辽阔、资源丰富，但人口多，底子薄；粮食、钢铁、煤炭、石油、电力的总量虽已进入世界前列，但人均占有量却是低水平的。我国的社会主义就是这样一个矛盾统一体，它并不是一个无差别的理想境界。正如毛泽东同志所指出的："社会主义制度的建立给我们开辟了一条到达理想境界的道路，而理想境界的实现还要靠我们的辛勤劳动。"①

其次，要历史地看待社会主义社会。历史唯物主义认为，人民群众是创造历史的决定力量，但同时也承认人民群众创造作用的社会制约性。马克思曾经说过："人们自己创造自己的历史，但是他们并不是随心所欲地创造，并不是在他们选定的条件下创造，而是在直接碰到的、既定的、从过去继承下来的条件下创造。"②社会主义的新中国是在半殖民地半封建的旧中国的基础上建立起来的。近代中国被帝国主义列强肆无忌惮地瓜分和掠夺，晚清王朝丧权辱国的割地和赔款，各派军阀的连年混战，国民党反动派的黑暗统治，造成了旧中国的贫穷和落后。我们就是在这样一个百孔千疮的烂摊子上建设新中国的。尽管我们现在还很落后，但是我们的党和人民已经付出了很大的努力，并且取得了巨大的成就。无论是工农业总产值，还是人民的生活水平，都比旧社会有了成倍的增长。经过三十多年的努力，使我们与资本主义发展三百多年所创造的社会生产力的差距大大地缩短了。当

---

① 毛泽东：《关于正确处理人民内部矛盾的问题》，北京：人民出版社，1964 年版，第 33 页。

② 《马克思恩格斯选集》第 1 卷，北京：人民出版社，1972 年版，第 603 页。

然我们也必须看到在社会主义建设期间，我们犯过在经济建设上急于求成，过分夸大主观意志作用的错误，也犯过忽视发展生产力，实行平均主义的错误。同时我们还要看到我国僵化的经济体制所带来的种种弊端。这些错误和弊端从指导思想上来看，都是违背了历史唯物主义的科学原理。我们在研究青年的需要问题时，也决不能离开历史唯物主义的指导。我们必须客观地、历史地看待社会主义社会，不能超越客观的历史条件，过高地、不适当地要求社会对个人需要的满足。

二、正确认识和处理个体需要和整体需要的关系

如前所述，人的需要不是抽象的，而是具体的、历史的。按其表现形式来划分，人的需要可分为个体需要和整体需要。个体需要就是作为自然主体的个人需要；整体需要就是全社会的共同需要或全体人民的共同需要。在社会主义条件下个体需要和整体需要二者是对立统一的，它们之间存在着既相一致又相矛盾的情况。其一致性表现于：一方面，个体需要的发展，必须依靠社会整体事业的发展；个体需要的满足，必须以整体需要的满足为前提。离开了整体需要的发展和实现，就没有个体需要的发展和实现。正如马克思和恩格斯所指出的："只有在集体中，个人才能获得全面发展其才能的手段，也就是说，只有在集体中才能有个人的自由。"①另一方面，整体需要又是由个体需要组成的，是个体需要的集中和概括。没有社会成员每个人需要的实现，整体需要的实现，也就成了一句空话。因此，个体需要和整体需要二者互相依存，互相渗透，互相转化。这就是他们的一致性或同一性。

---

① 《马克思恩格斯选集》第1卷，北京：人民出版社，1972年版，第82页。

在现实生活中，每个人的需要是多种多样的、丰富多彩的。整体需要作为共性的东西虽然集中了，代表了个体需要，但它并不能具体化为每个个体的需要，也不可能完全反映每个个体的需要。这样就不可避免地在个体需要与他人需要、个体需要与整体需要之间产生种种矛盾。不过，在社会主义条件下这种矛盾是在根本利益一致基础上的矛盾。

在解决个人需要与整体需要的矛盾时，马克思主义认为，个体需要应服从整体需要，个体需要的满足要以整体需要的满足为前提，同时要十分关心个体需要，尽量创造条件满足个体的合理需要，做到个体需要与整体需要的辩证统一。

首先，个体需要应服从整体需要。青年个体需要是多方面的，当个体需要与整体需要发生矛盾的时候，应自觉服从整体的需要。比如青年有就业和选择职业的需要，然而这种选择要以祖国“四化”建设的整体需要为前提，并且要服从党和人民对个人的挑选。那种随心所欲地选择，背离“四化”建设需要的选择，不顾客观条件的选择，是不合理的，也是不现实的。再比如，青年有恋爱、婚姻的需要，然而当祖国和人民需要他们为事业推迟婚期的时候，他们就自觉地把个人需要服从祖国和人民的需要。中国女排的姑娘们是这样做的，老山前线的战士们是这样做的，各行各业的许多青年也是这样做的。这都是个体需要服从整体需要的原则在青年生活实践中的生动体现。

其次，各级组织要十分关心青年的个体需要。目前，我国仍处在社会主义的初级阶段，社会还不可能向全体人民提供所需要的全部生活资料。多种经济成分的并存，商品货币经济的发展，“三大差别”的存在等经济事实表明，私人劳动与社会劳动的分离还将长期存在。劳动力仍然部分地归劳动者个人所有，劳动者仍然在一定程度上把劳动作为个人谋生的手段，劳动者个人仍然具有不同等工作能力的天然特权。这些都决定了劳动者个人具有不同的物质和文化生活的需要。这就决定了我国现阶段必须实行按劳分配，而不能实行“按需分配”；必须克服平均主义和不关心个人需要的“左”的影响。在对待青年需要问题上，不能只讲牺牲精神，不讲物质利益；不能只讲整体需要，不讲个体需要。正如邓小平同志所指出的：“革命是在物质利益的基础上产生的，如果只讲牺牲精神，不讲物质利益，那就是唯心论。”①党的十一届三中全会以来，各级政府和共青团组织都积极关心青年个体的需要，创造条件尽量满足青年各方面的需要。比如：除继续办好普通高等教育之外，还创办了各类成人教育，电视大学、函授大学、刊授大学、职工大学、夜大学等如雨后春笋，在一定程度上满足了青年学习、进修、提高的需要。城镇个体经济的兴起，解决了一大批待业青年的劳动就业的需要。有的城市兴办了一些青年宫和俱乐部，为满足青年文化、娱乐和社交的需要提供了一定的场所。有的机关和部门创办了婚姻介绍所，为求偶青年当“红娘”，解决了部分青年的恋爱、婚姻问题。这些都是为满足青年个体的需要所采取的积极的措施。

三、正确地认识和处理需要的目的性和手段性的关系

人的需要，就其实质来讲是客观的。然而反映在人们的观念中则是以一种欲求的形式出现的，这就使需要具有了目的性。比如人们为了实现某种需要，就自然而然地把它当作了追求的目的或目标。这是问题的一个方面。另一方面，有了追求的目的或目标，并不等于需要的实现，要使需要得以实现或满足，还必须寻求达到目的的手段。这

① 《邓小平文选》，北京：人民出版社，1994 年版，第 136 页。

就是说，人的需要的实现或满足是目的和手段的辩证统一，二者不可分割，不能对立，相辅相成，共同发展。正如马克思所说的："在文化初期，已经取得的劳动生产力很低，但是需要也很低，需要是同满足需要的手段一同发展的，并且依靠这些手段发展的。"①

人不仅有众多的需要，而且有众多的满足需要的方式和手段。这些方式和手段概括为一点，就是人的劳动。吃喝穿住的需要也好，从事政治、哲学、宗教、艺术的需要也好，都只有通过劳动才能实现。劳动是实现一切需要的前提。

人类的祖先与动物一样最初面临的是一片荒芜、混沌的自然；人也并不是特别具有适应环境的天赋能力，在某些方面甚至还远不如动物。然而人走出了动物界，超越了自然界，在物竞天择的环境中，拓展了自己的需要领域，原因就在于人能劳动。"劳动首先是人和自然之间的过程。是人以自身的活动来引起、调整和控制人和自然之间的物质交换过程。"②在这个过程中，人施展了自己的体力和智慧，在自然界中打上自己的烙印，创造出了原自然界中没有的各种形态的产品，使自己不断增长的需要得到满足。"世界不会满足人"是必然的，"人决心以自己的行动来改造世界"③也是必然的。人的伟大、劳动的伟大就在这里。

通过劳动来获取对象，从而满足人的需要，需要在劳动创造中满足，劳动在满足需要中发展，这是人类社会的铁的规律。马克思指出："已经得到满足的第一个需要本身、满足需要的活动和已经获得

---

① 《马克思恩格斯全集》第23卷，北京：人民出版社，1975年版，第559页。

② 《马克思恩格斯全集》第23卷，北京：人民出版社，1975年版，第201—202页。

③ 《列宁全集》第38卷，北京：人民出版社，1985年版，第229页。

的为满足需要用的工具又引起新的需要。”①人类的进步是以劳动工具的发展为标志的。第一把石刀的制造，标志着猿手已变成了人手，它标志着人类的诞生；木器工具的制造和使用，标志着奴隶社会的出现；铁器和牛耕，使一家一户的生产成为可能，封建社会得以建立；机器的出现，标志着资本主义生产关系的形成；电气化、电子化、自动化工具的出现，则是现代社会的标志。人类每前进一步，人的需要满足的性质和水平就提高一步，而这种前进和提高都是人类劳动的结果。近代以来，世界上相继发生的 4 次工业革命，使社会生产力成倍的增长，使得人的需要在更广阔的领域内发展着。18 世纪中叶英国发生了第一次产业革命。它是以动力机械、纺织机械的使用为标志，主要利用煤—热能作为动力，以铁为材料。19 世纪末德国发生了第二次产业革命。它是以电力工业、石油工业、钢铁工业的兴起为标志，主要以电能、石油—化学能为动力，以钢为材料。20 世纪 40 年代美国发生了第三次产业革命。它是以原子能的利用、信息的研究和利用为标志，以电能、化学能、原子能为动力，以半导体为材料。现在世界上正在发生一次新的技术革命，它将使人类改造自然、利用自然的能力大大向前推进一步。这些都是人的创造性劳动的结果。几千年的文明史就是人类通过劳动创造而不断发展自身需要的历史。

创造性的劳动，既是人们满足最高社会需要的手段，也是人们在生活实践中产生的最高社会需要本身。这就是马克思所预言的，到了共产主义社会，创造性劳动将成为人们生活的第一需要。到那时，人们的劳动创造与最高需要就达到了完美的统一，即目的和手段的统一。

---

① 《马克思恩格斯全集》第 3 卷，北京：人民出版社，1975 年版，第 32 页。

社会主义的生产目的是最大限度地满足人们不断增长的物质和文化生活的需要。要实现这个目的，关键在于发展社会生产力。历史唯物主义告诉我们，人类社会的发展归根结底是物质资料生产方式的发展。在生产方式内部生产力和生产关系的矛盾中，生产力是起决定作用的，是这一矛盾的主要方面。列宁曾经指出："马克思和恩格斯是唯物主义者。他们用唯物主义观点观察世界和人类，看出自然界中一切现象都有物质原因做基础。同样，人类社会的发展也是由物质力量即生产力的发展决定的。"根据历史唯物主义的原理，集中力量发展社会生产力，就是满足人的需要的最根本的途径和手段。党的十一届三中全会，总结了过去的经验和教训，正确地决定全党全国工作的重点必须坚定不移地转移到以发展生产力为中心的社会主义现代化的经济建设上来。同这一战略转移相适应，我们党决定和实行了一系列正确的方针和政策，开始获得了举世公认的显著成绩。当然，我们也要看到，现在不少群众生活水平还不高，有的地方还很低。所有这些问题，或者说限制我们满足人的需要的问题，主要是生产力发展水平不高。而造成生产力发展水平不高的原因，除了历史的因素外，主要是僵化的经济体制和政治体制的弊端所致。因此，实行经济体制改革和政治体制改革是发展社会生产力的必由之路。现在，党中央又进一步指出改革、开放、搞活是我们的总方针和总政策，是三中全会以来路线的两个基本点之一。有志青年都应该踊跃投身到改革的洪流中来，这是实现四个现代化的唯一正确的途径，也是满足人民的需要，其中包括满足青年自身需要的唯一正确的手段。

在社会主义条件下，在满足人的需要问题上，每个人既是目的，同时也是手段。社会主义社会的一切劳动都是为了人民及其每一个成员的需要，从这个意义上讲每个人都是目的。但是人的需要不会自动得到满足，无论人怎样广泛地利用机器和其他工具，归根结底，仍然离不开人本身的劳动。就是说，为了达到人是目的这个目的，人还是免不了要充当手段。当然，这同历史上剥削阶级把人当作手段截然不同，这里目的和手段不是分属于剥削者和被剥削的劳动者，而是统一到人民自己身上。由于这种一致性，人不是被迫作别人的手段，而是自觉地充当人民(包括他人和自己)的手段。同时，充当这种手段，不但不一定是痛苦和牺牲，而且正是人的尊严和荣誉的所在。鲁迅“俯首甘为孺子牛”的精神，雷锋的螺丝钉精神，掏粪工人“宁愿一人臭，带来万人香”的精神，张秉贵的为人民服务“一团火”精神，老一辈科学家的“人梯”精神，教师的“蜡烛”精神，边防战士的“吃亏不要紧，只要主义真，亏了我一个，幸福十亿人”的精神，都体现了为了满足别人的需要，为了别人的幸福，心甘情愿地充当手段的献身精神。具备了这些精神，才算做到了目的和手段的高度完美的统一。

目的和手段的关系在现实生活中还表现为索取和贡献的关系上。社会对个人需要的满足，从个人的角度上看，实际上表现为个人从社会上得到或索取。同目的和手段的关系一样，人人都要从社会索取，但同时人人又都必须对社会贡献。这如同没有耕耘就没有收获，没有劳动就不能享受一样，没有贡献就不应该索取。在贡献和索取的天平上，每个人的砝码是不一样的。有的人贡献大于索取，有的人贡献等于索取，有的人则贡献小于索取，也有的人贡献是负值。就人类社会的总体而言，人的贡献大于索取，社会扩大再生产的力量就强，社会发展速度就快；如果人的贡献等于索取，那么人类社会只好原地踏步；如果人的贡献小于索取，人类社会就会倒退乃至瓦解。事实上，人类社会总要向前进的，这就要求每一个人都应当贡献大于索取。就每个人而言，如上所说贡献和索取的比例是不一样的，因此人才有优劣高下之分，先进落后之别。青年是社会的未来，更应该代表社会发展的方向，应该为社会多做贡献。人的需要有物质和精神两个方面，社会的发展也需要物质文明和精神文明两方面的条件。这就要求人的贡献也是两方面的，即物质贡献和精神贡献。具体到每个人，由于职业分工和工作性质不同，这两方面贡献的侧重点也有所不同。但无论物质贡献和精神贡献，都需要献身精神和创造才能的统一。因此，社会对个人的要求也是知识才能和思想品德的结合，即又红又专、德才兼备。一个人只有做到了这一点，才能对社会有较大贡献。这正是每个青年在谈及个人需要问题时应该认识到的。

第五编　20 世纪 80 年代人生观教育研究

八十年代大学生人生观教育的回顾与反思*

对大学生进行人生观教育，历来是高等学校的一项重要任务。进入 20 世纪 80 年代，由于国内外政治、经济和文化环境的变化和新一代大学生自身成长的新特点，给人生观教育提出了新的课题和任务。过去的十年，在党的领导下，按照国家教委的部署，战斗在高等教育第一线的同志对新时期大学生的人生观教育，进行了十分艰难而又有一定成效的探索。为 20 世纪 90 年代继续进行人生观教育积累了一些可贵的经验。从 1980 年夏季部分高校针对“潘晓问题”的那场讨论着手对大学生进行人生观教育起，到 1982 年国家教育部明文把人生观教育列为高等学校思想道德教育的重要内容，再到 1987 年国家教委进一步把“人生哲理”定为高校思想政治教育的一门正式课程。这是十年来对大学生进行人生观教育的一个基本的工作线索，开设人

* 本文是作者出席 1989 年 10 月北京市教育工委高校德育研讨会提交的论文，并获一等奖。在《人生哲学》修订再版时作为跋语收入书中，北京师范学院出版社 1990 年 6 月再版。

生哲理课是对大学生进行人生观教育的重要途径。实践证明，它是党的十一届三中全会以来加强改进高校思想政治工作的一个有意义的尝试，它不仅能够满足大学生确立科学的人生观的需要，而且是抵制资产阶级自由化等形形色色的社会思潮的有效手段和重要阵地，回顾和反思十年来人生观教育走过的历程，认真总结其中的经验和教训，对于今后如何加强和改进人生观教育教学工作无疑具有重要的意义。

一、回顾与反思

十年来对大学生进行人生观教育大体经历了 6 个阶段。

第一个阶段，针对“人性自私论”进行人的本质教育。1980 年 4 月，某杂志发表了一篇题为《人生的路啊，怎么越走越窄》的文章，文中提出了两个命题，一是“人都是自私的，不可能有什么忘我高尚的人”；二是“任何人，不管是生存还是创造，都是主观为自己，客观为别人”，引起 80 年代第一场关于人生观问题的大讨论。这场讨论提出了许多似是而非的观点，如“人的本性就是动物性”，“弱肉强食、生存竞争是人的本性”，“人一半是天使，一半是野兽”，“人的本质是自私的，普天之下概莫能外”，“自私不是坏东西，它是推动社会前进的动力”，“雷锋助人为乐，是为了满足他的精神需要，也是自私的”等。这场讨论对大学生产生了强烈的影响，人性自私问题在当时成了大学校园的一个“热点”。“主观为自我，客观为别人”成为大学生的一个时髦的话题。1982 年硕士研究生考试中有这样一道题：“试用历史唯物主义观点剖析人都是自私的。”在 1100 份答卷中，有 30％考生这道题不及格，甚至有的考生竟把它当作一个正确的命题而论证。为了从理论上批判和澄清“人性自私论”对大学生的影响，相当一部分高等学校开设了人生观教育课，并且把“人的本质”作为一章写入教材，用辩证唯物主义和历史唯物主义观点分析人性和人的本质问题，详细阐述人的本质“是一切社会关系的总和”这一马克思主义的科学论断，分析人的自然属性和社会属性，人的共同性、阶级性和个性的辩证关系，剖析“人性自私论”中“动物本能论”“普遍规律”“自私动力论”和“精神自私论”。在当时起了积极的作用，收到了较好的教育效果。马克思主义关于人的本质的基本原理是人生观教育的理论基础。只有坚持这一基本原理，才能正确认识人、人性和人的本质，以及个人与社会之间的关系，澄清在这些重大问题上的模糊认识。应该说，20 世纪 80 年代初期的人生观教育在涉及思想深层问题和加强针对性上开了一个好头。

第二阶段，针对“渺茫论”进行了人生理想教育。党的十二大召开前后，社会上刮起了一股“共产主义渺茫论”的歪风。一些人热衷于宣传“理想是天上的星星，可望而不可及”，有人曲解恩格斯曾引用过的，并加以唯物主义改造了的黑格尔的话：“凡是现实的都是合理的，凡是合理的都是现实的”，以此来论证“讲实惠”“一切向钱看”的“合理性”。这股思潮对大学生产生了十分有害的影响。1982 年下半年，一所高校对八○级 800 名学生进行人生观问题调查，其中“你如何看待理想”一题，有 32％的学生这样回答：“理想＝幻想＋美梦”，“理想是烦恼的根源”，“理想是空洞的说教”，“理想是火，现实是水”，“理想是天上的星星，现实是眼前的灯，我爱星星，但离不开灯”，“共产主义理想还未经过实践的检验，看来很渺茫”等。在这种情况下，根据邓小平同志关于“有理想、有道德、有文化、有纪律”的要求，高校的人生观教育突出了理想教育的内容。以十二大精神为指导，从人类社会发展规律的角度讲共产主义的科学性、实践性和必然性，驳斥“渺茫论”，并且理论联系实际地讲共产主义理想与现行经济政策的关系，以及最高理想与共同理想和个人理想的关系，收到了一定的教育效果。遗憾的是，共产主义理想教育没有能够始终一贯地坚持下去，后来较多地讲共同理想和个人理想，最高理想则被逐渐地淡化了。理想教育要讲层次性，这当然是对的，问题在于，只讲低层次，不讲高层次，人们就失去了作为精神支柱的崇高目标，理想教育也就失去了本来的意义。

第三阶段，针对“人道主义”和“异化论”进行人生价值的教育。1984年前后，理论界在人道主义和异化问题上展开论战，有些人总喜欢抽象地谈论人的目的、人的需要、人的权利、人的自由、人的价值等资产阶级人道主义观点。这种思潮对大学生的思想产生了很大的冲击波。比如有的大学生就给报刊写信，对当时学习张华的活动提出了质疑：“张华救老农值得吗?”他的观点是：一个风华正茂的大学生，舍身救一个风烛残年的老农，等于拿金子换等量的石子，是毫不值得的。另有一位青年投书杂志，对张海迪的幸福观、价值观不以为然，他认为人应该心安理得地做一个“既要贡献，又要索取；既不占便宜，也不吃亏”的人，何必去无私的奉献。针对这种思想情况和人道主义思潮，高校的人生观教育又增加了“人生价值”一章，以胡乔木同志的《关于人道主义和异化问题》的文章精神为主导，联系大学生的思想实际，讲无产阶级价值观与资产阶级价值观的根本区别，引导学生认识人生价值两个方面，即社会对个人的尊重和满足与个人对社会的责任和贡献的辩证关系，强调应该把责任和贡献放在首位，指出了只有为振兴中华，实现“四化”，立志成才，多做贡献，才是评价人生价值的标准和实现人生价值的途径。这在当时对大学生正确认识个人与社会的关系，增强社会责任感，形成以立志成才、振兴中华为宗旨的“成才热”起了一定的积极作用。但是，由于后来资产阶级自由化思潮的泛滥，一些人不加批判地吸收西方哲学思潮中的某些观点，片面地宣扬“自我价值”“自我选择”“自我设计”“自我实现”等，这就给人生观和价值观的教育带来了思想理论上的混乱。再加上现实中某些腐败现象的滋生和蔓延以及某些舆论的错误导向，使得一些大学生感到迷茫，无所适从。人生观价值观教育有待进一步加强。

第四阶段，针对“拜金主义”进行“义利观”教育。1985 年以来，随着改革开放的深入和商品经济的发展，有人公然对“公有制”提出疑问。在实际生活中也确实出现了“知识贬值”、脑体收入“倒挂”等社会分配不公的现象，于是有些人便直言不讳地提出了“金钱至上”“拜金主义”“唯利是图”“重利轻义”的思想观点，对青年学生具有极大的诱惑力。一时间，大学生中出现了“厌学风”“经商热”和“公司热”。相当一部分学生感到失去了前进的目标和学习的动力，过去一度出现的“成才热”“考研热”“高学历热”开始大幅度地降温。成才意识淡化和新的读书无用论在高校里蔓延，急功近利的短期化思想冲击着大学生的心灵，部分学生在对“义与利”，“成才与发财”的认识上产生了强烈的反差和尖锐的矛盾。在这种情况下，高校的人生观教育又增加了“义利观”的内容，力图讲清楚义与利，即道德原则与物质利益的关系，分析个人利益与整体利益的关系、眼前利益与长远利益的关系，引导学生树立社会主义的义利统一观，克服“重利轻义”、急功近利的思想，着眼于长远和大局，为祖国“四化”大业立志成才。应该承认，思想教育不是万能的，要想收到预期的教育效果还必须有改革开放的大好形势、良好的教育环境，以及社会和家庭教育的一致性配合。

第五阶段，针对“西方哲学热”和“文化比较热”增加了“中国传统人生哲学”的教育内容。1986 年以来，社会上翻译出版和介绍西方哲学和中西文化比较的书籍大量涌现，萨特、尼采、弗洛伊德的思想到处流传。一些人专门在全盘否定传统文化上做文章，把中国的传统文化统统说成是封建糟粕，把中国的国民性完全视为无半点美德的“丑陋”。这就走上了彻底的民族虚无主义，其实质就是要用西方资产阶级意识形态取代社会主义精神文明建设。那些资产阶级自由化思潮严重的书籍和文章几乎成为大学生课外争相阅读的必读物，大学校园里出现了“西方哲学热”和“文化比较热”。1987 年，北京航空学院学生刘勇杀人后自杀的事件就是一个受西方哲学毒害的典型。他推崇萨特存在主义“以自我为中心”的观点，欣赏尼采“超人哲学”中“我即太阳”的思想，并且自己写了一本十几万字的《哲人世语》，形成了一套“自我万岁”的人生哲学，最终从醉心自我走向自我毁灭。高校人生观教育抓住了这个反面教材，引导学生讨论西方哲学对大学生的影响，并在教材中增加了中国传统人生哲学的内容，使大学生了解中国传统人生哲学有博大精深的理论体系，在“四书”“五经”等古代典籍中，具有积极意义和真理性的人生格言就有千百条，对于大学生走好人生道路具有重要意义。教育学生认识在对待西方哲学和一切外来文化的问题上，采取闭关自守、全盘否定或崇洋媚外、全盘西化这两种极端的观点和做法都是错误的。这种教育在一定范围内起到了对西方哲学思潮在大学校园泛滥的遏制作用。

第六阶段，针对“参政热”和“民主热”进行人生责任和人生道路的教育。1988 年，由于我国的改革开放和经济建设出现了一些暂时困难，中央及时采取了整顿、治理的措施，一些人便借此大做文章，资产阶级自由化思潮愈演愈烈。有些人大肆鼓吹经济上的“私有化”、理论上的“多元化”、政治上的“多党制”、文化上的“全盘西化”，以及社会主义制度和改革的“失败论”。这些资产阶级自由化观点直接冲击着大学生的思想，动摇着他们对四项基本原则和改革开放的信念。大学生对祖国的前途和民族的命运，以致对个人的前途和命运都产生了不同程度的苦恼、疑虑和彷徨。1988 年初，杂志上发表了大学生朗朗的诉说《我们究竟出了什么毛病》，在大学生中掀起了对人生困惑、求学苦恼、前途彷徨等问题的思考和辩论。如果说 20 世纪 80 年代初期大学生对人生问题的探索偏重于理论思考的话，那么这次对人生的求索则更多地偏向了人生实践和社会实践问题，并且从关注自我转向关注社会，进而对一些社会问题发泄不满情绪，“参政热”和“民主热”在大学校园里不断增温。针对这种情况，高校的人生观教育增加了“人生责任”和“人生道路”的内容。明确告诫学生，当代大学生的人生责任是“建设祖国”，而不是像民主革命时期那样“拯救祖国”，大学生今后的人生道路不只是“参政”这条路，而主要是脚踏实地地在各条战线的工作岗位上开拓奋进。鼓励大学生“行行出状元”，只要在各自工作岗位上做出成绩，都是为振兴中华做贡献。首都高校德育界一些专家曾发表文章指出：“大学生这个特殊的社会群体，把关注自我转向关注社会，从成才意识淡化转向参政意识强化，那就有可能再次出现学潮。”①呼吁重视和加强高校思想政治工作。

二、经验与教训

上述情况可以看出，十年来高校的人生观教育既有成功的经验，也有失败的教训。这些经验和教训，概括起来有以下几点：

第一，人生观教育必须坚持四项基本原则，反对资产阶级自由化。十年来高校人生观教育始终是围绕着四项基本原则与资产阶级自

---

① 《高校德育论丛》，北京：北京市高校德育研究会，1988 年第 19 期，第 28 页。

由化的对立和斗争这个核心而展开的，从“人性自私论”的提出，到“主观为自我，客观为别人”的辩论；从共产主义“渺茫论”的发难，到“理想与现实”的讨论；从人道主义和异化问题的论战，到“贡献与索取”的思考；从“拜金主义”的宣扬，到“成才与发财”的争论；从“西方哲学热”“文化比较热”的掀起和“全盘西化论”的鼓吹，到“参政热”“民主热”的出现。大学生在人生探索中出现的思想问题和人生困惑，往往是资产阶级自由化思潮影响的结果，高校的人生观教育正是针对资产阶级自由化思潮对大学生的影响而进行的。实践证明：什么时候坚持四项基本原则搞得好，反对资产阶级自由化比较得力，人生观教育就收到较好的教育效果；什么时候坚持四项基本原则不那么旗帜鲜明，反对资产阶级自由化思潮不够得力，人生观教育就达不到预期的目的。因此，要搞好对大学生的人生观教育必须始终一贯地坚持四项基本原则，反对资产阶级自由化。

第二，人生观教育必须坚持集体主义的价值导向，反对个人主义的价值导向。十年来思想理论和人生观的价值导向，集中体现了集体主义与个人主义的对立和斗争。在人性和人的本质问题上，是主张社会关系决定人，还是宣言“人性自私”；在人生价值问题上，是强调以贡献为标准的社会价值，还是片面强调以索取为尺度的“自我价值”；在人生理想问题上，是宣传远大的社会理想和共同理想，还是局限于宣传个人理想；在人生目的的问题上，是倡导为人民服务，还是鼓吹“主观为自己”；在人生道路问题上，是主张走与工农群众相结合的道路，还是标榜“精英道路”等，这些对人生观的重要问题的不同回答都反映了集体主义与个人主义的原则分歧。

个人主义是一切以个人为中心，一切从个人出发并为了达到个人需要和愿望的一种思想体系。作为一种思想体系，它可以渗透到经济、政治、文化、哲学以及价值观、人生观等各个领域，并表现为各种不同的形式。对于经济制度，个人主义主张维护私有制；对于政治民主思想，个人主义往往导致无政府主义；对于历史哲学，个人主义表现为“英雄史观”；对于文化思想，个人主义鼓吹“精英文化”；对于人生观，在个人与社会、自我与他人的关系上，强调个人至上，自我中心。个人主义作为一种价值导向，总是要诱发人们的私欲的不断膨胀，造成个人与国家与集体的疏远和分离，并最终沦为利己主义。这种个人主义的价值导向对国家、对民族、对社会无疑是有害的，并且最终使个人利益也将受到损害。

集体主义是社会主义的思想体系。社会主义集体主义，从公有制的经济基础出发，强调集体利益高于个人利益，主张当个人利益与集体利益发生矛盾时，要发扬先公后私、顾全大局的精神，反对自私自利、损人利己的思想和行为。集体主义作为道德原则和人生观的价值导向，主张个人要为人民服务，为社会做贡献。集体主义对个人与社会的关系的理解是辩证的，集体主义决不是也不应当成为限制个性发展、束缚个人才能的桎梏，更不应该是实现个人价值的障碍。相反，只有集体主义才是实现个人利益，包括个人的尊严、个人的价值的必要条件。之所以必须坚持集体主义的价值导向，正是因为它代表了工人、农民和知识分子为主体的绝大多数人民群众的根本利益。只有在全国人民中特别是在大学生中确立集体主义的人生价值导向，才能增强人们的爱国主义精神，增强民族的凝聚力和向心力，增强建设“四化”、振兴中华的强大力量。

第三，人生观教育必须建设一支思想政治素质较高的、相对稳定的师资队伍。十年来高校人生观教育的师资队伍经历了两次“动荡”，第一次是课程创建初期，有人出来发难，反对开设人生观教育课，一曰："这也叫课？简直是政治思想工作的变种!"二曰："你们也算教师？纯粹是给政工干部找出路!"面对着这些偏见和非议，刚刚组建起来的师资队伍发生了动荡，有的硬是挺住了，坚持下来了，有的则转向了，改行了。第二次是发生在这次学潮前夕，在"改造"思想政治工作的错误导向下，这支队伍的部分同志产生了迷惘和困惑，甚至发生了动摇。一些高校的思想教育课程出现了"缩、停、并、转"的现象。有的压缩了内容或缩短了学时，有的合并到马列教研室或社科部，有的把人生观教育改为人才学或心理学，有的干脆取消了人生观教育。由于师资队伍的不稳定，造成了全国高校人生观教育发展的不平衡。实践证明，哪些学校师资队伍比较稳定，什么时候师资队伍比较稳定，教育效果就好，相反，教育效果则差。因此，搞好人生观教育当务之急是加强师资队伍的建设。一方面要采取相应的政策措施稳定这支队伍，有效地防止德育师资的流失现象；另一方面要加强培养，提高这支队伍的思想政治素质和理论水平。十年来，在国家教委的领导下，举办了思想政治教育第二学位班，培养了一大批人才，充实了高校德育师资队伍。实践证明，这是培养和提高这支队伍的正确途径。此外，各省高校德育研究会经常举办各种类型的研讨会或讲习班，也发挥了很好的作用。几年来，我先后应邀在北京，河北、辽宁、山东、湖南、江西、江苏等地的德育师资培训班上讲授《人生哲学》教材教法分析或专题讲座，在这方面是深有体会的。德育师资的培养和提高需要继续发挥国家和民间学术团体的积极性，采取两条腿走路的方针。总之，德育师资队伍建设的根本出路在于向职业化、专业化和专家化的方向发展。

第四，人生观教育必须加强教材建设，使之在理论性和针对性上不断丰富和完善。人生观教育是高校思想政治教育的内容之一，由于国际国内政治、经济形势的发展和变化，以及资产阶级自由化思潮和其他各种社会思潮的影响，大学生在探索人生、思考人生的过程中，往往会出现不同的思想“热点”。为了适应形势发展和学生思想变化的需要，加强教育的针对性，人生观教材就必须不断更新换代，并逐渐丰富和完善。十年来全国高校从事人生观教育的同行们在教材建设上付出了大量的劳动，进行了有益的探索，并取得了丰富的成果。目前全国各地出版的定名为《人生观教育》《人生哲理》和《人生哲学》的教材就有几十种版本。仅我个人和其他同志主编或主要执笔的人生观教材就发展了六代。第一代是 1982 年编写的《人生观教育讲义》，第二代是 1983 年 4 月由四川人民出版社出版的《共产主义思想品德教育·人生观教育篇》，第三代是 1985 年 8 月对第二代教材的修订再版，第四代是 1987 年 3 月由北京师范学院出版社出版的《人生哲学》，第五代是 1988 年 8 月由北京出版社出版的《人生哲理》，第六代是《人生哲学》的修订再版。与此同时，我参加了国家教委组织编写的《人生的理论与实践》这本教材的编写工作。这六代教材中每一代都既有优点又有缺点，但总的来说毕竟是随着经验的积累和认识的深化，教材的内容在不断丰富和发展。从总结经验教训的角度说，我认为教材建设要克服两种倾向。一是只追求体系的系统性和完整性，而忽视了针对性；二是只强调了内容的针对性，而忽视了科学性和理论性。正确的做法是把理论性和针对性结合起来，从学生的思想实际出发，从理论的高度加以概括，进行分析和阐述。所谓针对性，不是就事论事，“头痛医头，脚痛医脚”，而是针对大学生中带有普遍性、倾向性、典型性的问题，经过科学抽象和理论概括，在教材中以知识体系的形式表现出来，以马克思主义理论和科学知识来武装学生，从而指导他们的人生实践。

第五，人生观教育必须成为高校长期而稳定的教育内容，在当前和今后一段时间里思想政治教育中尤其要突出进行人生观教育。十年来人生观教育的实践表明，当代大学生既关注人生，又关注社会。在不同的发展阶段，由于主客观因素的变化和制约，这种关注的侧重点会有所不同。有时他们侧重思考人生的意义，探索人生的价值，出现“成才热”或“社会实践热”；有时他们又偏重关注社会，出现“参政热”和“民主热”。当然，大学生无论是认识人生还是认识社会，都不是孤立地进行的。认识社会，往往是从个人经历和自我感受出发，因此而受到青年人天然弱点的制约，如缺乏社会实践和政治经验等；认识人生，往往需要联系社会现实和社会需要，因此会受到对国情认识的正确与否和各种思潮的影响。教育者的责任，不仅要把握他们每个时期关注的内容和方式，更要研究产生这种关注的社会背景和主观条件，以便从发展趋势上认识和对待大学生中所产生的各种思想热点。作为大学生，不论是个体还是群体，都是在认识人生—认识社会—再认识人生的不断交替和循环往复之中趋向成熟的。这是大学生社会化过程普遍规律。教育者应当把握和遵循大学生这种成长规律安排教育内容和活动，以便引导他们在认识人生与社会的过程中学会自我教育。在这场政治风波中，大学生普遍经受了血与火的考验。可以预见，他们会不同程度地从关注社会，转向关注人生。那么，高校的思想政治教育就应当及时把握大学生思想热点的变化，把教育的重点转到人生观教育上来。这不仅是十年来人生观教育的经验总结，同时也符合大学生思想发展变化的一般规律。

三、展望与导向

20 世纪 80 年代即将过去，我们对十年来的人生观教育进行回顾与反思，是为了总结经验与教训，更是为了对未来进行展望与导向。认真学习马列主义、毛泽东思想，坚持同社会实践相结合，同工人、农民相结合，不断地从人民的历史创造活动中汲取营养，在祖国社会主义建设中充分发挥自己的聪明才智，这是党中央对我国广大知识分子(其中包括大学生)的关怀与期望，同时也是对高校思想政治教育(其中包括人生观教育)的政治导向。展望未来，对大学生的人生观教育，无论是从理论上还是从实践上，都应该特别注意加强以下三个方面。

第一，认真学习马列主义、毛泽东思想。

马克思主义、列宁主义是指导我国社会主义事业的理论基础。同时也是我们每一个人在人生道路上观察事物和处理问题的指导思想。要树立正确的人生观，必须认真学习马列主义、毛泽东思想。

那么，如何学习马列主义、毛泽东思想呢？首先，对马列主义、毛泽东思想要全面学习，加深理解，融会贯通。我们知道，马克思主义是由三个部分组成的，这就是马克思主义哲学、政治经济学和科学社会主义。马克思主义哲学，即辩证唯物主义和历史唯物主义，是无产阶级的世界观和方法论，是马克思主义学说的理论基础，它给无产阶级指明了摆脱精神奴役的出路，是无产阶级解放的强大思想武器。马克思主义政治经济学是以辩证唯物主义和历史唯物主义来研究人类社会的生产关系的发展规律，特别是分析了资本主义社会的经济发展规律，阐明了无产阶级在整个资本主义制度中的地位，为无产阶级革命提供了理论基础，是马克思主义学说的主要内容。科学社会主义是以马克思主义哲学和政治经济学为理论基础，来论证无产阶级解放运动的规律，也就是从理论上和实践上来说明无产阶级用什么方法和通过什么道路来实现共产主义的伟大理想，是马克思主义哲学和政治经济学合乎逻辑的必然结论。可见，这三个组成部分在马克思主义学说中是统一的、完整的和密不可分的，从而构成了马克思主义严整的科学体系。列宁主义是帝国主义和无产阶级革命时代的马克思主义。毛泽东思想是马列主义的基本原理同中国革命的具体实践相结合的产物。因此，对马列主义、毛泽东思想的学习，就有一个全面学习、加深理解、融会贯通的问题。切不可把马克思主义三个组成部分割裂开来，孤立起来，也不可把马克思主义、列宁主义和毛泽东思想这三个发展阶段分化开来，对立起来。

其次，要重点学习马克思主义哲学。通过学习它的科学世界观和方法论，学会运用它的立场、观点和方法解决各种实际问题。我们说马克思主义三个组成部分是统一的、完整的和密不可分的，这是就马克思主义严整的科学体系和精神实质而言。但它们又是相对独立的，它们都有各自的研究对象和各自的特殊矛盾，因此各自构成一门独立的学科。哲学是关于世界观的学问，既是理论化、系统化的世界观，同时又是观察、分析和处理各种问题的方法论。因为世界观与人生观密切相连，所以要树立正确的人生观必然重点学习马克思主义哲学。世界观的对象是整个世界，人生观的对象是作为整个世界一部分的人生；世界观包括人生观，人生观是世界观的组成部分。它们的关系是：一方面，部分影响整体，有什么样的人生观，对人生抱什么样态度，往往直接影响对整个世界的看法，在世界观中打上了明显的人生观的烙印；另一方面，整体决定部分，世界观在很大程度上决定着人生观，支配着人们对人生道路的选择，贯穿于人们的理想、信念和抱负中，表现在人们对人生目的、人生意义、人生价值等的看法中。总之，人生观离不开世界观，一定的世界观总会体现为一定的人生观。马克思主义哲学，即辩证唯物主义和历史唯物主义，是唯物主义和辩证法的高度统一、唯物辩证的自然观和历史观高度统一的完整理论体系。这种既唯物又辩证的科学世界观，不仅正确地回答了世界的本质“是什么”和世界的状况“怎么样”的问题，而且揭示了自然界和人类社会历史发展的规律。同时还提供了观察、分析各种事物的立场、观点和方法。简言之，这个立场就是辩证唯物主义和历史唯物主义的立场，历史唯物主义的立场说到底就是无产阶级和人民群众的立场；这个观点就是辩证唯物主义观点，具体说就是全面的观点、联系的观点和发展的观点，这些观点在社会领域的运用就是历史的观点、阶级的观点和群众的观点；这个方法就是唯物辩证法，从认识和逻辑学的角度看，它表现在人的思维方法上就是归纳和演绎的方法、分析和综合的方法，以及历史的方法和逻辑的方法。运用马克思主义的立场、观点和方法来分析和处理人生道路上所遇到的善与恶、美与丑、荣与辱、苦与乐、公与私、义与利、生与死，以及理想与现实、贡献与索取、权利与义务、目的与手段、个人与社会等各种人生课题，对于树立正确的人生观无疑是十分重要的。

再次，学习马列主义、毛泽东思想要坚持理论联系实际的原则，反对教条主义和实用主义的错误倾向。理论联系实际，首先要认真读书，掌握理论。不然，用什么去同实际联系呢？所以，我们党历来主张系统地、完整地、准确地学习马克思主义基本理论。学习时不能浮光掠影、浅尝辄止，而应勤于思考、刻苦钻研。但是，学习马列主义、毛泽东思想一定要密切联系实际，把学习理论同社会主义现代化建设的实际和我们个人的思想实际、工作和生活实际，以及所学的专业紧密结合起来。为了贯彻理论和实际相结合的原则，必须反对教条主义和实用主义的错误倾向。马列主义、毛泽东思想从来不是教条，而是行动的指南。因此，学习时不能寻章摘句、断章取义、咬文嚼字、生搬硬套，而应当学习它的基本原理，把握它的精神实质。

新中国成立后，学习马列主义、毛泽东思想在知识分子中曾得到大力提倡，并且收到了实效。一大批知识分子正是由于学习了马列主义、毛泽东思想，树立了科学的世界观和掌握了正确的方法论，并用于指导自己的人生观，指导自己的工作和业务实践，才在社会主义建设中发挥了巨大作用，做出了突出贡献。比如，我国老一辈著名科学家华罗庚、李四光、竺可桢等就是通过学习马列主义、毛泽东思想而走上了从爱国主义到共产主义的人生道路。一大批中青年科学工作者，如彭加木、陈篪、栾茀、蒋筑英、罗健夫等，也正是在马列主义、毛泽东思想的指导下，树立了科学的世界观和正确的人生观，才创造了英雄业绩的。但是，近几年来，由于资产阶级自由化思潮的泛滥，在知识分子特别是青年知识分子中学习马列主义、毛泽东思想的风气淡薄了，甚至出现了马列主义、毛泽东思想“过时了”“不灵了”等错误论调。相反，一些西方资产阶级的思潮一个时期以来却在青年知识分子中颇为流行。这是一种极不正常的现象，对青年学生树立正确的人生观起到消极或阻碍作用。在反思过去和思考未来的今天，在知识分子中特别是在大学生中继续倡导学习马列主义、毛泽东思想就有着极为迫切的重要意义。

第二，努力在社会实践中锻炼成长。

树立正确的人生观，除了认真学习马列主义、毛泽东思想，以马克思主义科学世界观为指导之外，还必须自觉投身到社会主义现代化建设的实践中去，在社会实践中培养和锻炼。这是因为社会实践不仅是认识的源泉和动力，而且是认识的目的和归宿；参加社会实践不仅可以学到真才实学，而且是为人民服务的基本途径。

所谓社会实践，就是人们能动地改造和探索现实世界的一切社会性的客观物质活动。它的基本形式有三种，这就是生产实践、社会关系实践和科学实验。生产实践是处理人类和自然关系的实践活动，它是人类社会生存和发展的基础，是决定其他一切活动的最基本的社会实践；社会关系实践是指在社会内部处理人与人之间关系的实践活动；科学实验是一种探索性、学习性、创新性的实践活动。它要受生产实践和社会关系实践的制约，反过来又促进生产实践和社会关系实践的发展。辩证唯物主义认为，实践的观点是“认识论之第一的和基本的观点”。① 辩证唯物主义认识的实践观，包含相互联系的两个方面。

一方面，实践是认识的源泉和动力。实践出真知，但这并不排斥学习间接经验、学习书本知识的必要。就一个人的知识来说，多数还是从传授和读书中获得的。人不可能也没有必要事事都去亲身实践获取直接经验。然而，必须看到间接经验只是“流”而不是“源”，对我们来说的间接经验，在前人和别人那里则为直接经验。就知识总体来说，归根结底仍然是发源于实践。在校大学生的主要任务是学习书本知识。学习的过程就是认识的过程，认识的过程依赖于实践。书本上的知识，一般都是前人社会实践的概括总结。大学生本人在学习书本知识的过程中直接参加一定的社会实践，仍然是获取知识的源泉和动力。

另一方面，实践是认识的目的和归宿。辩证唯物主义的认识论指出，认识的过程就是从感性认识达到理性认识，再由理性认识回到实践中去检验。“实践、认识、再实践、再认识，这种形式循环往复以至无穷，而实践认识之每一循环的内容，都比较地进到了高一级的程

① 《毛主席的五篇哲学著作》，北京：人民出版社，1970 年版，第 6 页。

度，这就是辩证唯物论的全部认识论，这就是辩证唯物论的知行统一观”。① 这说明，从感性认识上升到理性认识，是认识过程的第一个飞跃，此时认识的过程并没有完成。要实现一个完整的认识过程，还必须由理论再回到实践中去，实现认识的又一次飞跃也是最为重要的飞跃。第一次飞跃是第二次飞跃的准备，第二次飞跃是第一次飞跃的归宿。形成理性认识并不是认识的目的，它的目的是完成第二次飞跃，实现改造世界的任务。大学生在校期间通过参加一定的社会实践和学习书本知识，可以说完成了第一个飞跃，然而掌握了知识并不是目的，学习的目的是为了更好地参加改造客观世界的社会实践。因此，大学毕业后应当积极投身到社会主义现代化建设的实践中去，到基层去，到生产第一线去，将所学的专业知识应用于社会实践。这是当今青年知识分子得以成才的正确道路。

我们知道，人民群众是一切社会实践的主体，知识分子作为人民群众的一部分当然也是社会实践的主体。然而，由于社会分工所造成的劳动特点、工作方式、社会环境等因素决定，知识分子的社会实践方式往往偏重于个人的独立实践。这就需要知识分子自觉地把个人的实践融合于社会实践之中，而成为社会实践的组成部分，这就有一个主动与社会实践相结合的问题。在知识分子中，有相当一部分人是从事政治、科学、文化、教育和艺术活动，这也就是实践。但人们的生产活动是最基本的决定其他一切活动的实践，对这部分知识分子来说，也有一个同生产活动相结合，更好地为生产实践服务的问题。当前，强调知识分子同社会实践相结合，并不是把知识分子的实践排斥在社会实践之外，而是希望知识分子更多地通过社会实践了解社会，

① 《毛泽东选集》(合订本)，北京：人民出版社，1968年版，第273页。

了解群众，了解实际，概言之，就是了解国情。只有在更广泛的意义上参加到社会实践中去，才能在改造客观世界的同时，不断提高自己的思想觉悟，树立马克思主义科学世界观和正确的人生观。

第三，坚决走与工农相结合的道路。

树立正确的人生观，必须与社会实践相结合，这就内在地包含了与工农相结合的道理，因为工人、农民是社会实践中最基本的实践活动——生产实践的主体。如前所述，人民群众是社会历史的创造者，而人民群众的主体和稳定部分始终是从事物质资料生产的劳动群众，即工人和农民及其知识分子。

知识分子同工人农民相结合，早在民主革命时期就是我们党倡导的主张。毛泽东同志在《青年运动的方向》一文中明确指出："中国的知识青年们和学生青年们，一定要到工农群众中去，把占全国人口百分之九十的工农大众，动员起来，组织起来。没有工农这个主力军，单靠知识青年和学生青年这支军队，要达到反帝反封建的胜利，是做不到的。所以全国的知识青年和学生青年一定要和广大的工农群众结合在一块，和他们变成一体，才能形成一支强有力的军队。"①这一主张曾经为我国广大知识分子所拥护，所接受，所实行，形成了优良的传统。许多知识分子在革命战争时期经过艰苦的磨炼，逐渐成长为无产阶级的先锋战士。在社会主义革命和建设时期，我国新一代知识分子们仍然继承和发扬了这一优良传统。许多知识分子在社会主义建设事业中做出了优异的成绩，正是同工农群众相结合的结果。这其中还涌现出一批英雄模范人物，他们是我国当代大学生的榜样。

---

① 《毛泽东选集》(合订本)，北京：人民出版社，1968 年版，第 529—530 页。

诚然，在过去“左”的思想占主导地位的一段时间里，与工农相结合的正确主张曾经受到过干扰和曲解，使这一传统遭到破坏。党的十一届三中全会以后，我们党重新明确知识分子是工人阶级的一部分，正确贯彻知识分子政策，纠正了过去在知识分子问题上的一些“左”的错误做法，极大地调动了知识分子建设社会主义的积极性。但是在纠正过去“左”的错误，强调尊重知识、尊重知识分子的同时，有少数同志产生了一种错觉，似乎知识分子同工农相结合的优良传统已经过时了，甚至出现了贬低工人农民的倾向，这是不对的。对过去在知识分子问题上的“左”的错误的纠正，决不是要丢掉知识分子同工人农民相结合的好传统。近几年来，由于资产阶级自由化思潮的影响，一部分青年知识分子滋长了脱离实践、崇尚空谈的浮泛学风和脱离群众、鄙视工农的个人主义人生观。这与不注重同社会实践相结合、同工人农民相结合有着密切的关系。

我国宪法明确规定，建设社会主义必须依靠工人、农民、知识分子。这从根本上规定了知识分子的社会地位，也说明了工人、农民、知识分子之间是同志和兄弟的关系，这是我们今天强调知识分子同工人农民相结合的一个基本立足点。所谓“结合”，更多地包含着互相尊重、互相学习的内容，同“左”的思想指导下所说的“结合”实际上是歧视知识分子的做法，不能同日而语。社会主义制度的确立，使我国人民享有一律平等的地位。由于社会分工的需要，人民中的一部分成了干部，一部分人是从事生产劳动的工人、农民，一部分人当了工程技术人员、专家、教员，以及各式各样的科学、艺术、学术工作者，但他们都是属于一个和谐一致的整体，为共同建设富强、文明、民主的社会主义国家而努力奋斗。不可否认，知识分子由于自身的劳动特点，特别是青年知识分子和大学生由于缺乏社会实践经验，与工人、农民相比还有某些弱点。在与工农相结合的过程中，知识分子可以直接向工人农民学习他们的优秀品质，如勤劳节俭的品格、吃苦耐劳的作风，以及自我牺牲、无私奉献和艰苦创业的精神等。这对于培养他们对工农的感情，树立正确的人生观，具有十分重要的现实意义。

知识分子在参与历史创造的过程中，无论是从事政治斗争，或者从事生产劳动、科学研究，真要有所作为、有所成就，都不但不能脱离工人、农民的实践，而且要采取各种方式同他们密切相结合。不了解社会需要，不从工农群众那里去汲取营养，不依托前人和他人业已创造的成就，不深入基层，不了解实际，能办成什么事情呢？人类的财富是脑力劳动者和体力劳动者共同创造的，随着社会的进步，两者之间的结合更能推动生产活动的发展。新中国成立以后，凡是有成就的知识分子，其创造的成果绝大多数都是在同工农群众相结合的基础上产生的。在今天科学技术高度发达、分工越来越精细的条件下，互相结合、团结协作已经成为必需的事情。就拿生产实践来说，工人农民处于生产第一线，对情况掌握最直接，生产经验比较丰富，而知识分子拥有专门的知识和技能，两者的结合就能产生巨大的物质力量，为社会创造出更多的财富。这不但是知识分子发挥聪明才智，实现人生价值的最佳方案，也是实现为人民服务的最好途径。

总之，知识分子包括大学生在内，同工人农民相结合，是充分发挥聪明才智的一条康庄大道，也是树立正确的人生观的必由之路。

人生真谛种种观点评析*

“真谛”，本是佛教用语，与“俗谛”合称二谛。“谛”是指真理或实理的意思。佛教认为，就现象而言，一切事物是“有”，这是顺着世俗的道理说的，叫俗谛。就本质而言，一切事物是“空”，这才是顺着所谓真理说的，叫真谛。“人生真谛”是个借用词，意思是人生的真实含意和实际道理，即人生真理或真相。

一、人生真谛的种种说法

古往今来，历代哲学家和思想家对人生真谛不断地探讨，提出了种种不同的说法，概括起来说，主要有以下几种。

第一种是把人生看得太短暂，主张及时行乐。我国汉代有一首古诗《驱车上东门》，是这样看待人生的：“浩浩阴阳移，年命如朝露。人生忽如寄，寿无金石固。……不如

* 此文与以下两篇文章是吴灿华、詹万生主编的《人生哲理》中作者撰写的第三章“人生真谛”的第一、二、三节，由北京教育出版社1988年8月出版。

饮美酒，被服纨与素。”三国时的大政治家曹操曾写诗道：“对酒当歌，人生几何？譬如朝露，去日苦多。”这些诗句，都是哀叹人生短促，不如及时行乐。

第二种是把人生看得漂泊不定，主张玩世不恭。唐代大诗人李白曾写过《将进酒》，其中两句是：“人生得意须尽欢，莫使金樽空对月。”他认为在人生的旅途上得意时要“尽欢”，“今朝有酒今朝醉”；失意时就披头散发，驾扁舟，游江湖。李白虽是我国唐代的伟大诗人，但他对人生的看法上，流露出玩世不恭、浪漫潇洒的人生态度。

第三种是把人生看成命中注定，主张听天由命。我国自古就有“生死有命，富贵在天”“委天之命”的说法，古希腊罗马的斯多葛派的“顺应命运”说，都是一种宿命论的人生哲学，认为人对自然、社会和人生是无能为力、无所作为的，“听天由命”就是人生的真谛。

第四种是把人生看作苦海或监牢，主张逃避现实。清末改良派思想家康有为说过：“人世间是个大苦海，贫贱人有苦，富贵人有苦，连帝王也有苦。”19世纪法国消极浪漫派诗人维尼写道：“人生是一座监牢，我们一个接一个地从那儿出发，或者看到一朵鲜花。”把人生看成苦海或监牢，是一种悲观厌世的观点，在这种观点的影响下，往往使人逃避现实，比如有的隐居山林，不问世事；有的削发为僧，遁入空门；有的悲观消极，厌世轻生。

关于人生真谛的种种说法，还可以举出一些，但有代表性的主要有这四种。把人生看得太短暂，实际上是如何看待生死问题；把人生看成命中注定，实际上是天人问题；把人生看得漂泊不定、不可捉摸和把人生看成苦海或监牢，实际上是苦乐问题。可见上述四种观点，是从生死、天人、苦乐等不同角度来概括人生真谛的。因此，要评判上述四种人生真谛的观点的真伪，还必须对天人、苦乐、生死等问题做进一步的分析和研究。

二、人生真谛种种观点评析

第一，关于天人问题。古代称自然为天，天人问题，也就是人与自然的关系问题。人一生下来所接触的便是周围的空间，从身旁的事物到天上的日月星辰，都是人们日常所熟悉的现象。人们生活在自然界中，久而久之，便发现了自然可以为人类带来许多祸福，人也可以控制自然而产生若干利害。早在古代就产生了人应当如何对待天的问题。于是哲学思想上就有了“敬天”“畏天”“顺天”“制天”，乃至“天人合一”的想法。中国传统的哲学思想，对于天象大都是采取敬畏而顺应的态度。道家法天，墨家尊天，荀子虽然主张“制天命而用之”，但仍存在敬畏和顺从的思想。所以中国人一向抱着“不识不知，顺帝之则”的生存法则，把皇帝称作“天子”，自己的生命依附在天命之下，只是希望托天之福。这就是把人生真谛看作命中注定，主张听天由命的思想根源。

近代自然科学的问世，使人类对自然界的认识有了长足的发展，从而人们对人和自然的关系的认识也逐步建立在科学的基础之上。哥白尼的“日心说”，推翻了“地心说”的长期统治，动摇了上帝创造世界和人类的传说。康德和拉普拉斯的“星云假说”，提出了太阳系起源的设想。细胞学的创立和蛋白体的发现，揭开了生命起源的奥秘。恩格斯提出了劳动在从猿到人的转化过程中的决定作用。总之，人与人类社会的形成是大自然长期演变的结果。人生与自然是辩证统一的。一方面，人生依赖于自然，人生的过程就是人与自然之间长期地、反复地进行物质、能量和信息交换的过程；另一方面，人不是消极地适应自然，而是能动地利用自然，改造自然。人生过程就是人不断地向自然索取物质生活资料的过程，是人认识自然、利用自然、改造自然的过程，这才是人生的真谛。

第二，关于苦与乐。人生究竟是苦还是乐？这是一个很难解答的问题。因为苦乐的感受，常常因人、因时、因境、因事等相对比照而发生种种的差异。人生苦乐的心情，都是相对的。就人生整体来说，大多数人都会感到苦多乐少。因为人类的欲望无穷，而能够满足人类欲望的条件毕竟是有限的。古语说：“人生不如意，事十常八九”，就是这个意思。

人生究竟会遇到哪些苦难呢？大概可分为五类。第一类是应天方面的，天有不测风云，人有旦夕祸福。台风地震使人丧生，迅雷疾电使人惊骇，骄阳使人炙热，寒冷使人瑟缩，这些都是不愉快的事，任何人都难以避免。第二类是接物方面的，如洪水泛滥，烈火蔓延，可以危及人的生命财产，豺狼虎豹可以伤人，病毒病菌可以传染疾病。第三类是处世方面的，如交通事故中的车祸、空难、海难等不断发生。战争从世界范围看，一天也没有停止过，它给人们带来莫大的灾难。偷盗抢劫、凶杀斗殴也很常见，对人的生命财产造成威胁。第四类是待人方面的，世态炎凉、人情冷暖，如果估计错误或应付不当，便可能遭到嫉妒、讥讽、排斥、打击和陷害，有时出于个人或集团、阶级的利害冲突，还可能导致更大的不幸等。第五类是修己方面的，人为了满足自身生命的需要，沾上一个贪字，如贪财、贪色、贪酒等，也可能因此招来事端，甚至身败名裂。

以上五类人生不愉快的遭遇，前两类属于人与自然的关系，随着社会的发展，科学的进步，一般遇到此类不幸，大都可以化险为夷，并且这类苦难，因其不是人为的，人们对它也不会讳莫如深，因此反倒相对减少了痛苦的压力。而后三类则属于人与社会的关系，这是人生中感到苦难最多，经常发生而且不易摆脱的，并且随着年龄的增长而不断增加的。一个人可能有过无忧无虑的童年和充满幻想的少年时期，可是当他步入青年的时候，当他以一个独立的人出现在社会上的时候，待人接物、立身处世的问题便实实在在地摆在了面前：升学、就业的选择，恋爱、成家的曲折，生儿育女的劳碌，工作、创业的艰辛，扑朔迷离的社会现象突兀眼前，纷繁复杂的社会关系接踵而来。儿提时代的爱抚、玩耍、幸福、欢乐，渐渐地流逝了，代之而来的则是烦恼、忧虑、困惑、迷惘和奋争。

这是为什么呢？这是因为人生活在社会中，社会关系是复杂的、多方面的。错综复杂的社会关系交织在一起，形成了一个无形的社会关系网。人要在其间立身处事、待人接物，就免不了产生许多矛盾，如公与私、义与利、名与实、荣与辱、美与丑、善与恶、真与假等。可以说，生活中有光明也有黑暗，有前进也有后退，有激流也有回流，有崇高也有卑劣，有正义也有邪恶，有喜剧也有悲剧，有真善美也有假恶丑。人生道路不会笔直平坦、风平浪静，它总会有坎坷曲折，惊涛骇浪。人生充满着矛盾，没有矛盾就没有人生，这才是人生的真谛。

第三，关于生与死。人既有生必有死，这是谁都知道的自然规律。一个人从生到死，一般几十年，多则上百年。几十个春秋在人的一生中应该说不算短了，但对人类历史的长河来讲，当然只是短暂的一瞬。于是有人哀叹人生之短暂，主张及时行乐，并且以此为人生的真谛。人的生命是有限的，是否意味着人生就是可悲、可怜的呢？是否意味着人生的意义就是有限的呢？当然不是。在人生有限与无限，即人死与不朽的问题上，历代思想家、哲学家有着不同的看法。《列子·杨朱篇》曾说过："十年亦死，百年亦死，仁圣亦死，凶愚亦死。

生则尧舜，死则腐骨，生则桀纣，死则腐骨，腐骨一矣，孰知其异？且趣当生，奚遑死后。”另外也有一些有理想、有抱负的人，不甘向现实的人生低头，抱着“人生不满百，常怀千岁忧”的态度，为子孙后代着想，为社会进步拼搏。也有的人认为，人的肉体虽然会死，精神可以不死。我国先哲叔孙豹就曾经提出过“三不朽”的说法：“太上有立德，其次有立功，再次有立言。虽久不废，此之谓不朽。”(《左传·襄公二十四年》)把立德、立功、立言，视为不朽的业绩。还有一种观点认为，自己的生命虽不免终了，但种族的生命却可无限延长。中国人以传宗接代，慎终追远为人生的基本德行，就是这个道理。在宗教方面，道家把人生和自然还混为一体，使生命大而化之。佛教认为生死轮回，人死后可以再生。基督教则相信人死后可被招回天国，从此得到永生。这些观点都是要突破生死的关口，把有限的人生延续为无限。

以上种种不同的说法，宗教观念当然是虚幻的，“不孝有三，无后为大”的思想，也只是一种封建意识。至于“三不朽”的说法，作为一种人生价值追求，是有进步意义的。比如，为人类进步事业而建功立业的政治家、科学家，不是值得人们永远纪念的吗？那些民族英雄、劳动模范、先进人物的功德，不是被誉为与天地共存、与日月同辉吗？那些伟大的诗人、作家、哲学家、思想家的作品连同他们的名字不是永垂史册吗？正如威克家在诗中写道：“有的人活着，但他已经死了，有的人死了，但他永远活着！”李大钊也说过：“人生的目的，在发展自己的生命，可是也有为发展生命必须牺牲生命的时候。因为平凡的发展，有时不如壮烈的牺牲足以延长生命的音响与光华。绝美的风景，多在奇险的山川。绝壮的音乐，多是悲凉的韵调。高尚的生活，常在壮烈的牺牲中。”①可见人生虽然是短暂的，但人生的意义决不以时间的长短来计算；人的生命是有限的，但生命的意义可以是无限的。这就是人生的真谛。

本文简要介绍了历史上关于人生真谛的四种观点。这四种观点又是从三对关系中引申出来的。我们通过对这三对关系的分析和评论，可以看出，天人关系实际上是人生与自然的关系；苦乐关系主要是对人生与社会的关系的一种体验；生死关系实际上是人生与自身生命的关系。因此，我们可以认为，对人生真谛的回答，就是人们对人生与自然、人生与社会、人生与自身生命之间关系的总结与概括。如果我们把自然和社会进一步概括为客观世界，那么，人的自身生命和由此而产生的人的意识就是主观世界。因此，对人生真谛的回答，就是人们对人生与客观世界和主观世界的关系的高度总结与普遍概括。按照辩证唯物主义和历史唯物主义的观点，我们认为人生真谛就是人认识、适应、利用、改造客观世界，和认识、发展、完善主观世界的生命历程。

① 许德珩等：《回忆李大钊》，人民日报出版社，1980年版，第22页。

人生是对客观世界的认识和改造

什么是人生？我认为人生既是人不断认识、适应、利用、改造客观世界的生命历程，也是认识发展、完善主观世界的生命历程。本文旨在论述人生是对客观世界的认识和改造。客观世界包括自然和社会，本文将以人生是对自然的认识和改造、人生是对社会的认识和改造两方面展开。

一、人生是对自然的认识和改造

人生与自然关系十分密切。人与人类社会的形成是大自然长期演变的结果。人生的过程是人生与自然界之间长期地、反复地进行物质、能量和信息交换的过程。自然界是人生的前提条件，人生依赖于自然。但是人生不是消极地依赖、适应自然，而是能动地认识自然、利用自然、改造自然。

自然，具有广泛的含义。具体说有“纯自然”和“人化自然”之分。“纯自然”是指天地宇宙，天上的日月星辰，地球上的陆海山川、草木鸟兽、潮汐涨落、海陆变迁、台风地震、昼夜交替、寒暑更迭等，都是纯自然现象。“纯自然”

不以人类的活动而改变，然而人类必须认识它、适应它、利用它。“人化自然”是指人类所能触及的、被人的活动打上烙印的地方，如开山采矿、兴修水利、植树造林等。“人化自然”正是人们认识自然、利用自然、改造自然的佐证。那么，人生是怎样认识和改造自然的呢?

第一，从人生的活动空间来看。人类立足于地球之上，把地球作为自己生存和生活的场所。在五亿一千万平方公里的地球上，有的地方气候宜人，土壤肥沃，有利于人类生活；有的地方气候恶劣、土地贫瘠，对人类生活不利。人类从诞生那一天起就在地球上选择适合自己生存和生活的家园，这个选择、适应的过程，就是人类认识和利用自然的过程。幼发拉底河和底格里斯河两河流域、尼罗河流域、印度河、恒河流域，以及我国的黄河、长江流域，成为古巴比伦、古埃及、古印度和中国四大文明古国的发祥地，成为人类文明的摇篮。这不是偶然的，这是人类认识自然、利用自然的最初成果。

近代自然科学的发展，推动了生产力的前进，地学、天文学、数学的发展，工业技术在造船业上的应用，罗盘在航海业上的应用，使地理大发现成为可能。达·伽马发现了绕过非洲南端好望角进入印度洋到达东南亚的新航路，哥伦布首开横渡大西洋的先例，发现了新大陆——美洲，继而有人发现了大洋洲、南极洲。人类超越了大海的阻挡，把自己的活动空间扩大到地球的各个角落。现代科学的发展，人们能够制造火箭、卫星，能够驾驶宇宙飞船、航天飞机，人类的活动空间已经扩大到地球以外，人们可以涉足月球、遨游太空。毫无疑问，这些都是人类认识自然、改造自然的成果。

第二，从人生的活动时间来看。时间是自然界的又一存在方式。地球在太阳系中运动，由于地球的自转，出现了昼夜交替；由于地球的公转，出现了四季变化。人类生活在地球上，人生的各项活动必须根据自然的时间运行规律进行调整和安排。人们经过长期的观测和生活实践发明了历法。历法是人们认识时间，利用时间的工具。我国人民很早就发现了二十四个节气，用以指导农事活动，至今仍有重大的实际意义。总之，人生的活动时间受制于自然，但人们发明了历法来认识时间、利用时间，这是人生认识、改造自然的又一种形式。

第三，从人生的活动内容上看。人生活动的内容很广泛，主要可分为生产活动、政治活动、科学研究活动、教育活动、文艺活动、社会活动等。各种人生活动或直接地、或间接地与自然发生着联系。如生产活动的对象要么是“纯自然”的材料，要么是“人化自然”的材料。近代以来先后发生了四次工业革命，每一次都使社会生产力飞跃一步，使人类的生产活动向深度和广度前进一步。再如科研活动，对自然科学家来说，其研究对象就是自然客体。天文学家研究宇宙天体，地理学家研究地球，物理学家研究光、声、电、热、力、微观粒子，化学家研究元素，生物学家研究有机体。自然科学研究本身就是人们在认识自然、改造自然。生产活动是人们最基本的实践活动，科研活动是生产力发展的推动力量。这两项活动与自然的联系最为密切。其他活动，如政治活动、文化活动等，都是建立在生产活动的基础之上的，它们的活动方式和内容受制于生产活动，因此也间接地与人们认识自然、改造自然的能力和水平有关。

总之，人生活在自然界的怀抱中。大自然无私地向人类奉献着她的一切，然而这种奉献的东西不是现成的生活资料，而是生活资料的素材。人们要想在自然界中获得自己生存和发展的资料，必须向大自然索取，然而这种索取不是唾手可得，而是必须付出艰苦的劳动，必须认识自然规律，利用自然、改造自然，使自然为人类服务。这是千古不变的定理。整个人类是这样，每一个个体人生也是这样。一个人，无论他是哪个时代，哪个社会的人，只要他是一个健全的人，就需要向自然界获取生活资料。虽然由于社会性质不同、社会分工不同，人们对自然界的认识和改造的方式和直接间接的程度不同，但是从终极意义上说，每一个人都要继承前人的事业，与同代人结成一定的社会关系，直接或间接地认识自然、利用自然、改造自然，向自然界索取自己生存和发展的资料，这是千古不变的人生的真谛。

二、人生是对社会的认识和改造

人生在对自然的认识和改造过程中，不是单个人孤立地进行的，也不是完全从头开始的，而是结成一定的社会关系，在前人的基础上进行的。马克思主义认为，“只有在社会中，自然界对人说来才是人与人联系的纽带，才是他为别人的存在和别人为他的存在，才是人的现实的生活要素；只有在社会中，自然界才是人自己的人的存在的基础”①。因此，人从其本性来说是社会的人。人在社会之中生活，并从社会中获得自身发展和认识自然、改造自然所必需的一切手段。

在历史上，谁也不是完全从头开始的。每一代人进入生活时，都会遇到某些早已为他们的生存准备好了的起始条件，即社会和文化环境。人不能脱离社会和文化生活，只能在这个基础上向前发展。正如马克思所指出的：“人们自己创造自己的历史，但是他们并不是随心所欲地创造，并不是在他们自己选定的条件下创造，而是在直接碰到的、既定的、从过去承继下来的条件下创造。”②

马克思主义在充分肯定人生对社会的依赖性和继承性的同时，深

① 《马克思恩格斯全集》第 42 卷，北京：人民出版社，1975 年版，第 122 页。

② 《马克思恩格斯选集》第 1 卷，北京：人民出版社，1972 年版，第 603 页。

刻地阐述了人生对社会的能动性和创造性。恩格斯曾指出："在社会历史领域内进行活动的，全是具有意识的、经过思虑或凭激情行动的、追求某种目的人；任何事情的发生都不是没有自觉的意图，没有预期的目的的。"①人是社会实践的主体，是社会关系中所产生的能动的和创造的存在物。人们每日每时都在各种极不相同的情况下决定着做什么和怎么做，辨别真假、好坏、善恶、美丑，并决定是适应它还是改造它。人生并不是被动地由社会所决定，而是在能动地发挥作用。

人生对社会的能动性，主要表现为对社会环境的认识、适应和改造。人所生活的社会环境可分为大环境和小环境。所谓社会大环境是指整个社会的性质、状态和发展趋势。不同的时代、国家、地区的社会制度，生产力发展水平，社会结构的特点，教育、科技、文化的发达程度等，都是社会大环境的内容。所谓社会小环境是指个体人生直接接触的生活范围，如家庭、学校、住区、单位，以及社交活动的范围等。那么，人生应当如何认识、适应和改造社会大环境和社会小环境呢？

第一，面对社会大环境，要审时度势，顺应潮流，推动社会前进。成都武侯祠有一副著名的对联，上联是：能攻心则反侧自消，从古知兵非好战；下联是：不审势即宽严皆误，后来治蜀要深思。这虽然讲的是诸葛亮的治国安邦之道，但对人生认识社会、改造社会也是有启发意义的。历代改革家、政治家之所以有所作为，推动社会前进，主要是因为他们能够审时度势，顺应社会发展规律，顺乎民心所向。青年是社会的未来和希望，是整个社会励志中最积极、最有生气

---

① 《马克思恩格斯选集》第 4 卷，北京：人民出版社，1972 年版，第 243 页。

的一部分。在社会大变动中，青年往往起着先锋队的作用。但是，在历史的大潮中，有激流也有回流，有浪尖也有漩涡，要想认清方向，顺应历史潮流前进，往往是不容易的。这里的关键仍然是审时度势。现在，我国正处在社会主义初级阶段，坚持四项基本原则，坚持改革和开放的总方针是这个历史阶段的两个基本点。从世界范围看，新技术革命正在兴起和发展，我国正在寻找机会加入国际经济大循环。这就是当今所处的社会大环境。当代大学生只有认清社会主义初级阶段的国情，看准社会发展的大趋势，积极投身于改革的洪流之中，站在历史大潮的前面，才能认识社会，改造社会，推动社会前进，实现自己的美好人生。

第二，面对社会小环境，要入乡随俗，扮演好自己的社会角色，以主人翁的姿态去影响周围的人和事。人生受社会小环境的影响和制约。但是人生不是消极地受制于社会小环境，而是能动地反作用于小环境，这种能动作用较之人生对社会大环境的能动作用来得更大一些。比如，青年可以给家庭带来新的信息、新的观念、新的社会生活方式等，成为影响家庭其他成员的重要因素。同理，一个人可以通过自己的言行去影响自己所在的学校、单位、社区，可以用自己的思想品德和学识去感染教育自己周围的社会成员，可以用自己的待人处世、安身立命的方式去影响他人的人生。随着社会的发展，社会交往和人际沟通越来越丰富，越来越复杂，人生的活动范围不断变化和扩大。当一个人来到一个新的、陌生的环境，要学会入乡随俗，比如要尊重人家的民族传统、宗教信仰、风俗习惯、生活方式、社会风尚等，这样才能适应环境，生活得愉快，工作得顺利。所谓改造社会小环境，不是要人立即去改变那里的传统和习惯，而是指尽可能使一个地方的人们能够和睦相处，使人们的生活方式能够与社会发展同步前进。这里，关键是以自己的角色行为去影响他人的行为。每一个人在社会生活中要扮演几种角色，是一个角色丛。每一个人都要在不同的场合、对待不同的人，恰如其分地扮演好不同的社会角色。人生活在社会小环境之中，每个人都是这个小环境的主人，应当以主人的姿态去影响小环境、净化小环境、改变小环境，努力使自己所生活的社会小环境树立起优良的风气，成为塑造美好人生的学校。

总之，人生在社会中，一天也离不开社会环境。要想使自己的人生更美好，就要认识社会环境、适应社会环境、改造社会环境。这是人生真谛的又一个方面。

人生是对主观世界的认识和完善

自古以来，许多哲人、学者都强调人们要增强自我意识，充分认识自己。希腊帕尔纳索斯山南坡的戴尔波尹神托所入口处矗立着一块大石碑，上书醒目大字："认识你自己！"古希腊哲学家苏格拉底说过："知人者智，自知者明。"这是富有哲理的格言。他甚至认为，哲学的目的不在于认识自然，而在于认识自己。我国战国时的著名思想家荀子说过："自知者不怨人，知命者不怨天；怨人者穷，怨天者无志。"孟子也说过："行有不得者，皆反求诸己。"意思是说任何行为，如果没有得到预期的效果，都不要埋怨别人，要反躬自省。人们在生活实践中，有成功，也有失败。这就要求人们要不断地总结经验，有所发现，有所发明，有所创造，有所前进。这个过程就是人们认识自己、提高自己的过程，就是人们在改造客观世界的同时，不断改造自己主观世界的过程。从这个意义上讲，人的一生就是一个不断加深认识自己、发展自己、完善自己的过程。

一、当代大学生的自我认识

一个人在人生的征途中，无时无刻不存在着认识自己的问题。这种认识在青年时期尤为重要。大学生的年龄一般在十七八岁到二十一二岁之间，正处在青年中期。此时已从生长发育期进入生长稳定期。身体内部各系统、各个器官都已达到成熟的水平，为学习和生活提供了必要的生理前提，也为心理发展奠定了物质基础。总的来看，大学生心理发展正处于迅速成熟而又未真正成熟的水平。具体来说，大学生的心理发展有以下几个特点。

第一，自我意识发展趋向成熟，独立性、自主性普遍增强。自我意识是指人对自身以及客观环境关系的一种认识。它包括自我观察、自我评价、自我体验、自我监督、自我控制、自我教育、自我奋斗、自我实现和自我完善等。大学生自我意识增强的表现之一，是要求对自我形象的了解和关心自我的发展。同学们经常对现实的自我和理想的自我进行思考和探讨，希望在二者之间架起一道桥梁。表现之二是自我评价能力日益发展。大学生的日记、思想总结、小组生活会，以及与同学、朋友、老师、家长倾谈等，都是进行自我评价的主要方式。表现之三是自我选择和自我设计的愿望普遍增强。有的同学开始设计自己的成才之路，规划自己的人生，制订自己的近期和长远的行动计划。表现之四是同学们大多数有了自己的座右铭，以此来作为自我命令、自我监督、自我管理的手段。总之，自我意识的发展，使大学生的独立性、自主性增强了。但是大学生的自我意识有时受情感因素的影响，自我评价有时过高或过低，自我控制还不够自觉，自我设计还带有某些盲目性。

第二，心理内容的社会性日益丰富，参与意识和社会责任感明显增强。绝大多数的大学生已经取得了法定的公民资格，开始有了一个独立社会成员的政治权利和义务。社会地位的变化，使同学们在认识自我的同时，也在思考和关注社会，探索自我与社会的关系，寻找自我在社会上的最佳位置。认识社会、适应社会、改造社会已成为大学生心理活动的主要指向和内容。同学们通过各种宣传媒介了解和收集国内外的各种社会信息，对反映各种社会问题的文学作品和反映各种社会思潮的理论著作很感兴趣，往往成为议论和辩论的主题；对名人传记爱不释手，从中吸取精神养料，对曾经为人类进步事业建功立业的政治家、思想家、科学家、艺术家、改革家、企业家非常崇拜，并有意模仿效法；对国际动态、国内形势、改革大业、风云人物十分关注，对社会上的不正之风极为义愤。这种心理突出表现为参与意识和社会责任感明显增强，从而导致为真理、为正义、为理想而献身的热忱和行动。但是，由于主、客观条件的限制，他们也容易产生某种消极的心理，如盲目的逆反心理和从众心理，往往遇事易冲动，不冷静，甚至走极端。

第三，人生观逐渐形成，但尚未定型，对理想和前途的思考呈多元性和多层次性。大学生入学后所学专业已经确定，这意味着未来的职业已经定向。随着自我意识的增强，同学们开始结合自己的职业思考如何立身处世的问题，这就为树立正确的人生观奠定了心理基础，此时大学生的人生观开始形成，但未完全定型，尚处在从准备阶段到确立阶段的过渡之中。这时，他们的心理特点有二，其一是理想人格与现实自我的矛盾。同学们想成人，想成才，但不知如何做人，如何成才。大部分同学对自己和社会的期望值过高，理想化的东西较多，一旦遇到现实问题又会出现某种迷惘和失落感。常常为“什么是人生的价值和意义”“怎样确定人生目标”而争执和苦恼。其二是人生理想的多元性与层次性。大学生的理想是丰富多彩的，对生活理想、职业理想、道德理想、社会理想都有较高的多样化的追求。目前，随着分配制度的改革和留学政策的调整，不少同学对前途怀有渺茫和忧虑的心情。

第四，个性心理趋向相对稳定，呈现复杂性和丰富性的特点。个性心理特征主要表现在兴趣、能力、气质和性格等方面。大学生就群体而言，个性心理特征趋向相对稳定，或说基本稳定型；就个体而言，大学生的个性心理特征千差万别，呈现复杂性和丰富性的特点。当代大学生兴趣特别广泛，不愿做“书呆子”，追求“多色彩”“全方位”；对政治、经济、思想领域的各种问题感兴趣，对科学、文化、艺术领域的东西更感兴趣；对学习、文娱、体育感兴趣，对社会调查、社会实践同样感兴趣。就大学生个体而言，兴趣的广度、深度和倾向性、专注性上是有差异的。大学生的能力，一般来说观察力、记忆力、思维能力等方面普遍较强，但具体说每个人的能力也是有差异的。由于大学生天然的弱点，涉世不深，缺少社会生活实践经验，因此，社会活动能力普遍较差。近年来，同学们已意识到了这个问题，都在自觉地锻炼自己的社交能力。大学生的气质在每个个体身上往往表现出明显的差异性。气质的差异是由于神经过程的三种特性(强度、平衡性、灵活性)的不同结合而形成的。胆汁质、多血质、黏液质、抑郁质等四种典型的气质类型在大学生中都有表现。大学生的性格更是千差万别的。从性格类型上来看，各种性格的同学都有。根据理智、意志、情绪三者在性格中哪个占优势来划分，可分为理智型、意志型和情绪型；按照心理活动倾向于外部还是内部来划分，可分为内倾型、外倾型；按照个人独立性的程度来划分，又可分为独立型、顺从型。

自我认识，不但要认识自己所归属的群体的一般心理特点，而且还应认识自己的个性心理特征。上述大学生群体的一般心理特点和大学生个体的个性心理特征，只是提供一个思路，每个同学要真正认识自己，还必须进行具体的、实事求是的个性鉴定。

二、当代大学生的自我完善

上述自我认识的情况表明，大学生的心理特点，既有积极的一面，又有消极的一面，无论积极的或消极的都处于不稳定状态。大学生的心理发展过程，正是积极因素和消极因素矛盾运动的过程。大学生精力充沛、朝气蓬勃、积极向上，这是积极的一面，但如果方向道路把握不好，有可能走偏方向。大学生富于理想、追求真理、关心政治是积极的，但一遇到现实的矛盾和困难，又会转向发泄不满情绪，甚至悲观失望。大学生思想敏捷，喜欢独立思考，勇于创新是积极的，但离开科学理论的指导或脱离客观实际，有可能产生不切实际的幻想。大学生就是在这种积极—消极—积极的不断起伏与反复的发展过程中，逐步学会把握修己、待人、处世的“分寸”和“限度”，逐步加深对自我和社会的认识，从而使自我的心理发展从不稳定趋向相对稳定，从不成熟趋向相对成熟。

那么，如何使自我心理发展达到稳定和成熟呢？如何实现自我完善呢？

第一，要自觉进行自我修养。自我修养是达到自我完善的重要途径。中华民族历来重视自我修养，古籍《大学》中就提出“以修身为本”的思想，并且提出了一套修养的程序：格物、致知、诚意、正心、修身、齐家、治国、平天下。古代的圣人、贤者大都是沿着这条修养途径走过来的。如果我们摒弃了它的封建主义内容，把它作为一种修养的途径来看待，也不是不可借鉴的。我们的许多革命老前辈，为了无产阶级革命事业的成功，在青年时代就把修养作为自身的必修课。毛泽东青年时期在湖南第一师范学习期间，就在一本《讲堂录》上写下了“修身”“奋斗”“朝气”几段笔记。周恩来在上中学时就提出：“以发达身体，陶养性情为第一要务。”后来，他在艰苦的革命斗争中仍然不忘自我修养，并亲笔写下了《我的修养要则》，以时时砥砺自己。长期以来，我国人民总结出了许多行之有效的自我修养的方法，如：“慎独”“兼听”“见贤思齐”“吾日三省吾身”“三人行必有吾师”、批评与自我批评、定期总结思想等。这些修养方法都是值得借鉴的。

第二，学会自我控制。自我控制，调试好心理的天平，是陶冶良好个性的重要心理基础，是达到自我完善的重要手段。“淡泊以明志，宁静而致远”。要养成良好个性，必须使情绪经常处于平衡状态，这样才能避免不良情绪的干扰，遇事保持理智，获得修养的效果。自我控制的方法很多，常见的有积极转移、抑扬结合、内力外投、自我合理等。

第三，吸取知识的营养。一个人良好的个性气质的形成，是与他的思想文化素养分不开的。吸收知识的营养，是达到自我完善的又一重要手段。孔子曾经对不同类型的人不学习的危害性提出了“学避六蔽”的观点。他说：好仁不好学，其蔽也愚；好知不好学，其蔽也荡；好信不好学，其蔽也贼；好直不好学，其蔽也绞；好勇不好学，其蔽也乱；好刚不好学，其蔽也狂。他认为，虽有“仁、知、信、直、勇、刚”的良好本性，但若不重学习，就会成为“愚、贼、荡、绞、乱、狂”的人。英国哲学家培根也说过：“学问变化气质”，不但如此，精神上的缺陷没有一种是不能由相当的学问来补救的。他还深刻指出：读史使人明智，读诗使人聪慧，演算使人精密，哲理使人深刻，伦理学使人有修养，逻辑使人长于思辨，总之，“知识能塑造人的性格”。有的人性格豪放，气质聪慧，风度潇洒大方；有的人胸襟开阔，性情爽朗，风度豁达开放；有的人举止端庄，性情温柔，风度庄重深沉，这都同知识水平有关。“腹有诗书气自华”，一个有深邃思想、高尚情操、丰富学识的人，自然是容易实现自我完善的人。

当代大学生要实现自我完善，除了上述的加强自我修养、学会控制自己和吸收知识的营养之外，还有一个勇于参加社会实践的问题。当代中国正逢改革、开放的年代，只有投身于改革的洪流之中，站在历史的大潮中搏击风浪，才能在自我认识、自我完善的过程中，认识自然、利用自然、改造自然，认识社会、适应社会、改造社会，才能使自己的人生放出光彩。

人生目的的含义及其形成*

人生目的是人生哲学最基本的范畴。在人生的旅途中，人们的各种实践活动总是有一定的目的性。为什么活着的问题，是每一个人都不能回避的问题。因此，探讨人生目的含义及其产生的根源，对树立正确的人生观有着重大的理论意义和现实意义。

一、人生目的的含义

人生目的范畴，指的是人们在社会生活实践中关于活动或行为的对象性的自觉意识，并表现为活动或行为的自觉的对象性。① 对于这个范畴的深刻理解，必须把握以下几点。

首先，人生目的必须放在实践活动中来考察。因为人生目的同实践活动的整个过程密切地联系在一起，人在进

* 此文和以下两篇文章是吴灿华、詹万生主编的《人生哲学》中作者撰写的第五章“人生目的”的第一、二、三节，北京师范学院出版社 1987 年 8 月出版。

① 夏甄陶：《关于目的的哲学》，上海：上海人民出版社，第 211 页。

行任何一种活动、从事任何一种事业的时候，自始至终都有一个自觉的目的在驱使、在支配。这就是说，人对自己活动的对象和这种对象性活动本身，对自己事业的未来状况和实现这一事业过程的本身，都在观念中有一种自觉的意识。对人的实践活动来说，目的并不是一种外在的东西，它就是在人的实践活动中产生的，并且构成实践活动的一个不可缺少的因素。可以说，目的是人的实践活动中的一个必然的内在规定性。正因为这样，人的实践才成为一种有目的的活动，成为一种自觉的、对象性的活动。有目的地进行活动的主体是具体的人，他所进行的总是指向具体客体的具体的活动，因而他的目的也总是具体的、有特定内容的。正如马克思所说的："一个目的如果不是特殊的目的，就不成其为目的，正如同行动如果没有目的就是盲目的、无意义的行动一样。"[①]正是具体的、特定的目的，规定了具体的、特定的实践活动，因而人的实践活动才真正是自觉的、有目的、有意义的对象性活动。一个具体的目的是人们具体实践活动的起点，又表现于实践活动的全部过程和归宿。在人的每一项具体的实践活动过程中，目的是起点，又是终点。它不仅使行动的动机在意识中有指向地对象化，而且实际地规定着行动的方向，支配着整个行动的过程，又体现于行动终了时所达到的结果。

其次，人生目的是主体与客体相互作用过程中主观与客观、观念与现实的对立统一。人是人生目的的主体，目的的对象是客体。人为了达到某种目的所从事的实践活动，构成了目的的主体与客体的矛盾运动。目的作为实践活动的前提和起点，首先总以主观观念的形式在主体的头脑中存在，如设想、计划、方案等。但是这些设想、计划、

① 《马克思恩格斯全集》第1卷，北京：人民出版社，1975年版，第287页。

方案，并不是人们头脑中先天固有的或主观自生、凭空想象出来的，而是从人们同外部客观现实的关系中产生的。就是说，目的的提出要以外部客观现实为前提和依据。人们提出目的，总是表现出对某种外部现实对象的需要，这种需要是客观的，但又是以意识的反映为中介的。所以对现存的客观现实必须从观念上加以改造，否定或扬弃它的自在的客观性，同过意识的再创造，在头脑中以主观观念的形式出现，这就是我们所说的设想、计划、方案等。可见，提出目的的过程中，客观现实的对象是前提和起点，而客观现实对象在观念上的被创造则是终点。所以，提出目的的过程，是由客观到主观，由现实到观念的过程。当这个过程完成以后，目的就成为实践的前提和起点。在实践目的的过程中，则是对目的的主观性的否定和扬弃的过程，这是由主观观念的形态向客观现实的形态转化的过程，即主观见之于客观的过程。这个过程的结果，就是目的否定或扬弃了自己在形式上的单纯的主观性、观念性，而达到了客观化、现实化，即目的的实现。人生目的的这种运动过程，体现了主体和客体相互作用的过程中主观与客观、观念与现实的辩证关系，体现了由客观到主观，又由观念到现实的发展过程。

再次，人生目的的矛盾运动，以意识、观念为中介。所谓目的，并不是指某种客观的趋势，自然的指向，不是那种由自然的原因所引起的自然的结果，而是指那种通过意识、观念的中介被自觉地意识到了的活动或行为所指向的对象和结果。所以，只有人才有目的，只有人才是自觉地提出目的并在实践中自觉地实现目的的主体，而目的在开始总是在主观观念中被意识到了的活动或行为的对象。生物界或自动控制系统所含的某种目的性与人生目的则是两个完全不同的范畴。人的有目的、有意识、能动的活动，与自然界事物的自然变化和生物的本能活动有着本质的区别。自然界的变化，是自然界内部矛盾运动的结果，是纯客观的，这里并没有以观念、意识为中介，因此并无目的可言。唯心主义者关于自然界的目的论的解释，是没有根据的。至于动物的活动，那也只是本能的、无意识的活动，尽管某些高等动物有了意识的萌芽，但在自然界面前，它也只能是消极地适应环境，而不会能动地改造环境。只有人通过自己有目的的活动，确立和发展自己与自然界的关系，在自然界打上自己意志和理智的印记，使自然“人化”，同时也确立和发展自己的社会关系，创造丰富多彩的社会生活，创造自己的历史。

必须指出，人们不可能无目的的提出目的，人们提出目的，总是为了实现目的。然而，人们提出的目的，决不都是如愿以偿的。事实上，人们不能实现预先提出目的的事情是常有的。而且，有许多目的，从一开始就注定是根本不可能实现的空想或幻想。人们提出目的既然是为了实现目的，那么，人们就应该尽可能地提出能够实现的目的。要做到这一点，我们还必须研究人生目的的形成。

二、人生目的的形成

辩证唯物主义认为，物质第一性，意识第二性，物质决定意识，意识反作用于物质。从这个基本原理出发，我们认为，客观世界中各种事物、各种现象的产生、变化和发展，都有其不以人的主观意志为转移的相互制约性和客观规律性。人生目的的形成也是一样。人们无论是提出目的还是实现目的，首先必须面向客观现实，以客观存在的、现实的物质世界为前提。决不应该忘记：当我们为了某种需要而提出某种目的的时候，在我们面前有着一个现存的、客观的，不以人的意志为转移的物质世界，人们面向着它、估计着它，以它为前提和依据来规定自己的目的。人生目的既不是从客观世界以外拿来的，也不是从心灵内部主观自生的。列宁曾经指出："事实上，人的目的是客观世界所产生的，是以它为前提的——认定它是现存的，实有的。"①我们所面临的物质世界，可以划分为两大现象，一类是自然现象，一类是社会现象，我们有必要分别从这两方面考察一下它们对人生目的形成的制约作用。

首先，人生目的的形成必须以现实的物质自然界为前提，人本身就是从自然界分化出来的，是属于自然界的一部分。只是由于人具有自然界其他事物所没有的特殊的自觉能动性，因而能够通过自己意识的对象性活动反过来支配自然界，统治自然界，改造自然界。然而，人对自然界的这种支配、统治和改造，决不是可以随心所欲地让自然界听命于自己的意志，服务于自己的目的。恰恰相反，人之所以能够支配、统治、改造自然界，就因为人首先来自于、依赖于、服从于自然界。人们只有承认自然界及其规律的客观性，自觉服从它们，以它们为前提和依据，按照自己对象性活动的需要提出目的，才能使自然界服务于自己的目的。有的人把人生目的的形成，看成是纯粹主观的自由意志的结果，企图随心所欲地指出目的，期望只凭主观热情来实现目的。这就完全错了。恩格斯指出："自由不在于幻想中摆脱自然规律而独立，而在于认识这些规律，从而能够有计划地使自然规律为一定的目的服务。"②

其次，人生目的的形成受社会历史条件的制约。按照历史唯物主义的观点，人类社会存在的基础是关于物质生活资料的生产方式。这

---

① 《列宁全集》第 38 卷，北京：人民出版社，1956 年版，第 201 页。

② 《马克思恩格斯选集》第 3 卷，北京：人民出版社，1972 年版，第 153 页。

种生产方式既包括在生产中建立起来的人与人之间的社会关系，又包括在生产中人同自然界所发生的关系。人与自然的关系，同人与人之间的社会关系，不仅互相联系，而且互相制约。以上我们谈到人生目的形成必须以自然界的规律为前提。这是从人与自然的关系来讲的。但是，人类并不是在先建立自己与自然界的关系以后才建立自己与社会的关系的。事实上，人只有结成一定的社会关系，才有自己与自然界的关系。人生目的必须以自然规律为前提，但自然规律是客观地起作用的，它不能直接规定人的目的。人生目的的提出，取决于人对自然规律的认识程度和利用程度，而人对自然规律的认识和利用，则是一件历史性的事情，完全取决于一定历史条件下的生产水平和认识水平。人类社会的历史，是人类通过自己有目的的活动创造的。但是，任何一个人很小的时候可能根据自己的意志自由地选择自己所喜欢的社会关系，自由摆脱自己所不喜欢的社会关系，因而也就不能随心所欲地在自己自由选定的条件下创造历史；人们只能在直接碰到的、既定的，从过去承继下来的条件下创造。因此，人生目的的形成是受客观历史条件制约的。

任何一个人，无论是伟大的人物，还是普通的群众，人生目的的形成都是受他所处的社会历史条件制约，都是由他所归属的阶级或集团的，或他本人的经济地位和经济利益决定的，都是他所处的社会关系的产物。如果说“皇宫中的人所想的，和茅屋中的人所想的是不同的”，那么，一个封建统治者的人生目的，同一个农民起义领袖的人生目的，也决不会相同；一个偷盗集团或走私集团的成员的人的目的，同一个共产主义战士的人生目的，也决不会相同。

再次，人生目的的形成以人自身对某种对象性的需要为动因。没有人的需要，人也就不会提出目的并从事有目的的活动。人的需要既包括自然性需要，又包括社会性需要。但无论自然性需要，还是社会性需要，都是在社会中产生并只有在社会中才能得到满足的。因此人的需要总是社会性的。作为社会性需要，既包括社会物质生活方面的需要，也包括社会政治生活和精神生活的需要。因此，人生目的，既包括物质生活方面的目的，也包括政治生活和精神生活的目的。人们在社会生活中，政治生活和精神生活是一个相对独立的部分，有它们自己独特的规律。但政治生活和精神生活都是在物质生活的基础上产生，并随着物质生活的发展而发展的，从事政治活动和精神活动的人们的物质生活条件，归根到底决定着这种政治活动的和精神活动的进行。因此，无论是人们的物质生活方面的目的，还是政治生活、精神生活方面的目的，都是由他们所在的一定社会历史条件下的物质生活需要或物质经济利益决定的。正如恩格斯所指出的：人们固然是有目的地创造历史，但“是在十分确定的前提和条件下进行创造的。其中经济的前提和条件归根到底是决定性的。这是政治等等的前提和条件，甚至那些存在于人们头脑中的传统，也起着一定的作用，虽然不是决定性的作用。”①

① 《马克思恩格斯选集》第 4 卷，北京：人民出版社，1972 年版，第477—478 页。

人生目的的种类及其革命变革

一、人生目的的种类

人生目的是人们所处的一定历史条件和社会关系的产物，是人们的社会物质生活和精神生活条件的反映。在阶级社会，由于人们的阶级归属不同，政治经济地位不同，生活经历和境遇不同，人们的需要不同，认识能力不同，就会形成各种不同的人生目的。从人生目的的内容上来划分，有经济目的、政治目的、军事目的、文化目的、生活目的等；从人生目的的主体上来划分，有个人目的、阶级或集团目的、社会或国家目的等；从人生目的时间期限上来划分，有近期目的、中期目的、长远目的、最终目的等；从人生目的的对象性的范围和程度来划分，又可划分为具体目的和根本目的。具体目的是指人们进行某一项活动的目的。根本目的是指人生在世为什么活着这个总目的。人生哲学的任务，主要是研究人生的根本目的，从而指导人生的各项具体目的。人的根本目的，按其性质来划分，又分为剥削阶级的人生目的和无产阶级的人生目的。马克思主义人生哲学在人生目的范畴上，主要研究无产阶级人生目的与剥削阶级人生目的的对立和区别，从而指导人们树立正确的人生目的。那么，剥削阶级人生目的的形式和根本特征是什么呢?

历史上剥削阶级的人生目的在表现形式上多种多样，但具有比较完备的理论形态的，在现时生活中仍有某些影响的，主要有以下几种。

第一，宗教来世主义的人生目的。在中世纪，哲学成了神学的“婢女”，人生哲学也被涂上了宗教的色彩。基督教的“原罪说”和“赎罪说”宣传人一出生就有罪，人们要忍受苦难向上帝赎罪，宣传“人人为上帝，上帝为大家”。伊斯兰教提出“今世”和“后世”说，要人们把希望寄托于后世的“天国”之乐。佛教主张“因果报应”“生死轮回”，要人们清心寡欲，超脱世俗，冀望来世得到理想的转生。宗教来世主义人生观是对现实人生的一种虚幻、歪曲的反映。

第二，享乐主义的人生目的。我国魏晋时代流传的《列子·杨朱篇》中说：“人之生也奚为哉？奚乐哉？为美厚尔，为声色尔。”这就是说，人生就是为了吃得好、穿得好、玩得好，享受口腹耳目的快乐。在欧洲，从文艺复兴时期的人文主义，到近代资产阶级各种社会思潮，都把追求个人享乐作为人生目的。英国功利主义者边沁则把“不能为了别人而牺牲自己的享乐”作为人生的原则。虽然资产阶级在上升时期的享乐主义，对于反对封建禁欲主义还有一定进步作用，但是，享乐主义的实质是资产阶级利己主义和纵欲主义，他们骄奢淫逸、纸醉金迷的享乐生活，是建立在对广大劳动人民的剥削和压迫的基础之上的。

第三，实用主义人生目的。实用主义人生目的适应资本主义发展到垄断阶段而出现的。主要代表人物是美国的詹姆斯和杜威。他们认为真理的标准，是“在我行动方面”是方便的、有用的，人生的目的就是为了方便、有用。詹姆斯还认为，人生就是要投机冒险，世界是上帝安排的大赌场，是投机冒险家的乐园，人生只需依靠侥幸和冒险去求得成功。这是一种以方便、有用为目的，以投机、冒险为手段的人生哲学。实用主义在中国的代表是胡适。胡适把人生看成与动物的生命一样，没有什么意义可言，只有生存适应，认为“方便”“实用”是人生价值的唯一标准。这种人生目的是中国半封建半殖民地社会条件下，官僚买办资产阶级的人生观。

第四，存在主义人生目的。它是现代资产阶级人生哲学中传播最广和最有影响的流派之一。它的主要代表人物是法国的萨特。“存在先于本质”是它的首要命题。萨特认为，现实的人的自然实体及其社会本质都不是人的真实存在。只有根本不依赖于客观条件的个人主观意识才是人的存在。显然这是一种主观唯心主义。从这个根本原则出发，存在主义认为可以“自由选择自己的本质”，既无客观根据、也无道德准则，完全是随心所欲地“自由选择”，并且认为个人的自由必然要排斥他人的自由。一个人只有完全无视他人时，才是完全自由的。同时，存在主义还有一个命题——“他人即地狱”。认为人与人的关系是冷漠的、讨厌的、互相监视、互相盘算的关系。认为“人生是悲剧”、人的一生总是在“苦恼”“呕吐”中度过。因此又认为人的存在毫无希望，只得孤注一掷，“冒险地活下去”。存在主义的人生目的是中小资产阶级和青年学生对资本主义不满而又找不到出路的颓废的人生观，反映了当代西方资产阶级精神生活上的不可克服的危机。

综观剥削阶级的人生目的，尽管形形色色，但万变不离其宗，它们有着共同的本质特征。首先，一切剥削阶级人生目的，都是在私有制基础上产生的，都是剥削阶级利益和意志的反映。其次，一切剥削阶级人生目的的理论基础都是唯心主义。要么把人生的凶吉祸福看成是上帝或神灵的旨意；要么把人生的方向道路看成自己纯粹的主观意志；要么把人生的目的意义归结于抽象的人性。再次，一切剥削阶级的人生目的都是为自己，“人不为己，天诛地灭”是他们奉行的唯一原则。自私自利、个人主义、利己主义是剥削阶级人生目的的核心。

二、人生目的的革命变革

马克思和恩格斯在《共产党宣言》中深刻指出：“至今发生过的一切运动都是少数人的运动，或者都是为少数人谋利益的运动。无产阶级的运动是绝大多数人为绝大多数人谋利益的独立、自主的运动。”① 与无产阶级革命运动相联系，资产阶级与一切剥削阶级根本对立，在人类历史上第一次对人生目的做了革命变革。

马克思和恩格斯在完成“两个转变”的过程中，同样也成就了人生观的革命转变。马克思在中学毕业时写的《青年在选择职业时的考虑》的作文中，曾说过“要为全人类谋福利而劳动”，“为全人类作牺牲”等，这种思想无疑是进步的。但是马克思并没有停留在这里，他继续前进了。当他后来发现了历史唯物主义和剩余价值学说，从而使社会主义由空想变为科学之后，他也得出了革命人生观的科学结论——为无产阶级解放事业而奋斗。恩格斯也大体上经历了这种转变过程。他在《英国工人阶级状况》德文第二版“序言”中曾指出，早期著作中的共产主义曾设想，“把连同资本家在内的整个社会从现存关系的狭小范围中解放出来”。尽管这个设想在抽象的意义上是正确的，然而在实

① 《马克思恩格斯全集》第 4 卷，北京：人民出版社，1975 年版，第 477 页。

践中在多数情况下不仅是无益的，而且是有害的。毛泽东思想继承发展了马克思主义科学的人生观，把人生的目的精辟地概括为“为人民服务”。毛泽东同志说：“我们一切工作干部，不论职位高低，都是人民的勤务员。我们所做的一切，都是为人民服务。”毛泽东同志的《为人民服务》《纪念白求恩》《愚公移山》《论联合政府》《一九四五年的任务》《关于正确处理人民内部矛盾的问题》等一系列著作中，集中论述了全心全意为人民服务的思想，指出它是每个革命者一切言论和行动的出发点和归宿。老一辈无产阶级革命家一贯把全心全意为人民服务作为自己的人生目的，作为一生遵循的行为准则。为人民服务的光辉思想和伟大实践哺育出一代共产主义新人。雷锋同志就是一个典型代表，他说得好：“人的生命是有限的，可是为人民服务是无限的，我要把有限的生命投入到无限的为人民服务之中去。”他正是在这种人生目的支配下，在平凡的岗位上做出了英雄事迹。

把为人民服务作为人生目的，是对旧人生哲学的革命变革，这不是马克思主义者的主观臆想，也不是空洞的道德说教，它是有科学根据的。

首先，为人民服务符合历史发展的客观规律。马克思主义认为，人类社会的历史是物质资料生产方式的发展史。从这个基本观点出发，历史唯物主义认为，人类社会的历史也就是从事物质生产和精神生产的人民群众的历史，而不是少数帝王将相或“天才人物”的历史。人民群众是社会实践的主体，他们之中蕴藏着无穷无尽的智慧和力量，在物质资料生产时，广大劳动人民始终站在第一线，辛勤劳动，创造了一代比一代更加进步的物质文明。在精神文明建设中，人民群众的实践活动是一切精神财富的源泉。科学文化的发展根源于劳动人民的生产经验；思想道德的提高依赖于劳动人民的革命实践；在阶级对立的社会里，人民群众是阶级斗争的主力军。在反抗剥削和压迫，争取自由解放和社会进步，推动社会形态更替的斗争，也是决定性的力量。总之，全部社会发展史，就是人民群众创造社会财富、推动社会变革的历史。人民群众才是历史的真正主人。但是，在以私有制为基础的社会里，由于人民和统治者处于敌对的地位，所以一切剥削阶级都不可能把“为人民服务”作为人生的目的。只有马克思主义诞生以后，对人民的观点和态度才发生了根本的变化。充分肯定人民群众的伟大历史作用，把“为人民服务”作为人生目的，这是符合历史发展的客观规律的。

其次，为人民服务符合无产阶级的根本利益。无产阶级是人类历史上最后一个阶级。它的历史使命，是要最后推翻一切剥削阶级，消灭一切剥削制度，在地球上建立一个没有剥削、没有压迫的共产主义社会。无产阶级又是与大机器生产相联系的最进步、最革命的阶级，它的阶级地位决定了只有解放全人类，才能最后解放无产阶级自己。无产阶级的阶级地位和历史使命决定了无产阶级的阶级本质是大公无私的，无产阶级的阶级本质表现在人生目的上就是为人民的利益、为共产主义事业而斗争。在无产阶级革命取得胜利之前，就是要投身到无产阶级的解放斗争之中去，与人民的敌人斗争到底。中国在无产阶级革命取得胜利之后，共产党作为执政党领导着几亿人口的大国。毛泽东同志曾多次谆谆告诫全党务必保持艰苦奋斗、谦虚谨慎、不骄不躁的作风。永远不脱离人民群众，一切从人民的利益出发，全心全意地为人民服务。要求党的工作干部想人民之所想，急人民之所急，帮人民之所需。周恩来同志就是为人民服务的光辉典范。十年内乱，由于林彪、江青反革命集团的破坏，少数党员干部沾染了官僚主义、以权谋私等不正之风。现在，党正在依靠人民群众，进行整党。党的优良传统一定会在新的历史条件下发扬光大。为人民服务永远是共产党人和革命者的宗旨，因为它符合人民群众和无产阶级的根本利益。

再次，为人民服务符合社会主义经济基础的客观要求。我国已经建立了社会主义公有制为主体的经济，它所包括的国有经济和集体经济，都是同剥削者私有经济根本对立的。虽然我国还存在着少量的个体经济，但它是社会主义公有制经济的必要补充，个体劳动者也是社会主义劳动者。各行各业的劳动者，在整个社会生产过程中形成了平等的互助合作关系，实行了按劳分配原则，社会主义的经济关系从根本上消灭了剥削和压迫。每一个劳动者都不再为剥削者而劳动，而是在为全社会、为他人同时也为自己而劳动。劳动产品也不再为剥削者无偿占有，而是在社会做出必要的扣除之后，根据每个劳动者付出劳动的数量和质量进行分配。社会主义的经济关系决定了个人、集体和国家三者的利益是根本一致的。社会主义公有制为主体的经济基础，决定了上层建筑中的意识形态必然是以社会主义的集体主义为核心的，反映到人生哲学上必然是为人民服务的人生目的。它体现了社会主义经济基础的客观要求，反映了社会主义人和人之间的新型关系。同时，它也反作用于社会主义经济基础，使社会主义公有制进一步得到巩固和发展。

人生目的的义与利和公与私

一、关于义与利的问题

什么是义呢？一般地说，义是指合乎正义和公益的或公正合宜的道理或举动。《礼记・中庸》说："义者，宜也"。韩愈《原道》说："行而宜之之谓义"。何谓宜呢？宜，相宜，适宜。这里引申为思想和行为符合一定的道德原则和规范的要求。所谓利，就是指利益，即物质利益。可见，义和利的问题，就是道德原则和物质利益的关系问题。那么，社会主义社会"义"与"利"的辩证关系怎样呢？

首先，社会主义的"义"不能脱离"利"而单独存在。社会主义社会是共产主义社会的初级阶段。社会主义革命和建设是向共产主义前进的步骤。共产主义运动和为之奋斗的共产党人的行动之所以伟大、正义，符合历史发展的规律，正是因为它是以解放全人类，为大多数人谋利益的。社会主义社会之所以公正、文明、进步，正是由于它实现了生产资料公有制，使人民当家做主，能够为实现富裕、美满和幸福的生活而共同奋斗。如果社会主义不讲利，人民的生活越来越贫穷，国家越来越落后，社会主义的义就会失去存在的物质基础。劳动人民就会失去对社会主义的信心，其后果是不堪设想的。所以我们说，社会主义的义和利是紧密相连，不可分割的。

其次，社会主义的“利”是社会主义的“义”的物质体现。社会主义的国家是无产阶级和劳动人民自己的国家，社会主义的利益就是全体劳动人民的利益。追求这个利，维护这个利，就是维护了人民的利益，就是社会主义的“义”。在社会主义生产中，讲求经济效益，千方百计提高劳动生产率，实现国富民强，就是为了维护国家和民族的利益，积蓄向共产主义前进的力量，这就是最大的义。所以我们说，没有利，义就失去了依附，也就没有了义。

再次，社会主义的“义”和“利”互为目的和手段。一方面，义是利的目的，利是义的手段。我们实行经济体制改革，对外开放，尽快地使国家富裕强盛起来，使人民得到更多的实惠，就是为了为人民谋利益，最终实现共产主义的大义。另一方面，利是义的目的，义是利的手段。我们树立共产主义的理想，提倡社会主义道德，进行思想政治教育和道德教育，建设社会主义的精神文明，就是为了保证社会主义的方向，促进物质文明的发展，最终维护无产阶级和全体劳动人民的根本利益。

总之，社会主义的义和利是相互依存、紧密联系的对立统一关系。只讲义不讲利，就不是真正的义，只能是脱离人民大众的、虚伪的道德说教。只讲利不讲义，就不是真正的整体的利，只能是暂时的一己私利，不仅是不道德的，而且在整体利益、长远利益受到损害的同时，个人利益也必将最终受到损害。在目前社会主义新的历史阶段，在改革的滚滚洪流之中，如果重义轻利，就可能导致“道德决定论”，甚至会滑向唯心主义和极左一方，阻碍社会主义建设和改革开放的前进；如果重利轻义，甚至见利忘义，利令智昏，就可能导致“非道德主义”，甚至滑向利己主义和极右一方，改变社会主义的正确方向。因此，我们说，社会主义的义和利是一损俱损，一荣俱荣，从社会主义事业的作用而言，是共而则进，分而则退，合而则生，离而则亡，这就是社会主义人道主义和社会主义功利主义的结合，这就是亿万劳动人民从现实生活中亲身体验出来的不能颠扑的真理和牢不可破的信念，这就是社会主义时代辩证唯物主义的义利统一观。

由此可见，提倡树立为人民服务的人生目的，并不是排斥对物质利益的追求，其中包括对人民的公共利益、长远利益的追求，也包括对个人利益、近期利益的追求，只不过应该把人民的利益放在首位，个人利益要服从于人民的利益。

其实，“为人民服务”本身，也不只是道义上的、精神领域的东西，它本来就包含着为人民谋利益、谋幸福的意思。

二、关于公与私的问题

首先，要明确公、私概念的两种不同的含义。人们平时所讲的“公”实际上有两种含义：其一是指社会的公共利益，即国家集体利益；其二是指为公的思想和行为。“私”也有两种含义：其一是指个人的物质利益；其二是指自私自利的思想和行为。公私关系指的是物质利益的关系，属经济领域的概念，而大公无私、先公后私、自私自利指的是处理公私关系中的行为和道德境界，属于道德领域的概念。看一个人为公还是为私，要看他在个人利益同集体利益关系的处理上以哪个为先哪个为后，哪个为主哪个为次。作为一种经济利益，无论是国家集体利益还是个人利益都是客观存在的。正当的个人利益是人们生存的基本条件，这是任何人都需要的客观事实。在我们社会里，对劳动人民的个人利益，还实行法律的保护。在道德境界上，无产阶级提倡大公无私，反对自私自利的思想。但这并不是反对和否定个人利益，而是主张在个人利益和集体利益之间，特别是当两者发生矛盾时，要求人们从公的思想出发，先公后私或大公无私，反对那种不顾集体利益，把个人利益放在集体利益之上甚至损害集体利益的行为和思想。有人认为，既然个人利益是客观存在的，任何人都离不开个人的物质利益，因此要求人们做到大公无私，树立为人民服务的人生目的是不现实的。这种推理实际上就是混淆了“公”与“私”概念的两种不同的含义，把经济领域的概念与道德领域的概念混为一谈，用经济领域客观存在的利益关系去反对社会道德对人们的要求，这显然是错误的。

其次，要划清个人利益和个人主义的界限。所谓个人利益，是指当时个人正常生活和工作所必要的物质和精神需要，它是通过当时社会所允许的途径和方法获得的，它不能损害社会整体利益，在社会整体利益需要时要做出节制和必要的牺牲。个人利益是受党和国家的保护的。我们提倡大公无私、为人民服务的人生目的，并不是不要个人利益，而是摒弃个人主义思想。所谓个人主义，是指为了个人或小集体的私利而不顾甚至损害他人或大多数人的利益的思想和行为。有这种思想的人，一事当前总是替自己打算，不考虑国家、集体、他人和社会的利益。为了达到个人私利，不择手段，损人利己，损公肥私。这是我们应当坚决反对的。个人利益和个人主义的含义和性质完全不同，二者的界限不容混淆。

一是方向和目的不同。凡是为了人民的整体利益，而珍视自己的学习和进步，注意增长自己的才能和本领，爱护自己的身体和健康，安排好个人的生活问题；把这些问题的处理和解决，作为更好地为人民服务的条件来看待，并且把这些放在为实现人民的整体利益的整个斗争中，根据客观的需要和可能予以解决，这种个人利益就是正当的。反之，如果个人利益作为唯一追求的目的，把个人利益和人民的整体利益截然对立起来，背离甚至损害人民的利益，达到个人利益的满足，这就是个人主义。

二是位置和地位不同。人民的整件利益是全局性的，它是从根本上解决个人利益的前提和基础，因而和个人利益相比，它是第一位的。凡是把人民的整体利益放在第一位，把个人利益放在第二位；当两者发生不一致的时候，自觉地使个人利益服从人民的整体利益，这就是正当的个人利益。反之，如果把个人利益放在第一位，凌驾于人民的整体利益义之上；两者发生不一致时，要求整体服从个人，宁肯牺牲人民的整体利益，也要满足个人利益，这就是个人主义。

三是途径和手段不同。生产斗争是社会的基本实践活动。生产劳动是一切物质文化财富的源泉。只有付出艰巨的劳动，才能实现人们的物质利益。在今天，搞好社会主义现代化建设，才是提高人民生活的唯一途径。凡是积极投身于社会主义“四化”建设，通过辛勤劳动所得的个人利益，就是正当的。反之，脱离社会主义现代化建设，靠不正当的手段损人利己，损公肥私，投机取巧，甚至违法乱纪去谋求个人利益，就是个人主义。

由此可见，个人利益和个人主义是完全不同的两回事。我们决不能因为社会主义社会还存在个人利益问题，就混淆个人利益与个人主义的界限，错误地认为真正树立大公无私、为人民服务的人生目的的人是没有的；也不能因为现实生活中还存在某些个人主义的人生目的，就以偏概全，错误地认为树立大公无私、为人民服务的人生目的是不现实的。事实上，在我们的社会中树立了为人民服务的人生目的的人是大量涌现的，并且是层出不穷的。革命干部“俯首甘为孺子牛”的精神，掏粪工人“宁愿一人臭，带来万人香”的精神，科学工作者、教育工作者的“人梯”精神、“蜡烛”精神，边防战士“亏了我一个，幸福十亿人”的精神，都是为人民服务的人生目的的生动体现。在社会主义现代化建设事业中，各条战线涌现出来的成千上万的先进人物、劳动模范、战斗英雄，他们都树立了为人民服务的人生目的，这才是社会主义社会人们的人生观的主流和发展方向。

第六编　待人处世的思想修养方法

学习待人处世的方法是青年的必修课*

朋友，你也许有过金色的、无忧无虑的童年，还有过玫瑰色的、充满幻想的少年。然而，当你步入青年的时候，人生旅途上的崭新课题便实实在在地摆在了你的面前：升学就业的选择，恋爱、成家的奔波，生儿育女的劳碌，工作、创业的艰辛……这一切，在我们这一代青年身上赋予了时代的内容和特色，它们是伴随着改革开放的紧锣密鼓而登场的，这就更加改变了以往的生活节奏。变幻莫测的思想潮流蜂拥而至，扑朔迷离的社会现象突兀眼前，纷繁复杂的人际关系接踵而来。儿提时代的爱抚、玩耍、幸福、欢乐，渐渐地流逝了。代之而来的则是烦恼、忧虑、困惑、迷惘和奋争。此时，你是在哀叹，还是在思考？是在逃避，还是在奋进？

哀叹、逃避是弱者的表现。要知道，谁也不能揪着自己的头发离开地球。思考、奋进是强者的品格。你要在生

* 此文与以下四篇文章是作者主编的《待人处世的艺术》一书中作者撰写序言和上篇中的四章。北京师范学院出版社，1989 年第 1 版，之后曾三次印刷。

活中获得幸福、成功、愉快和欢乐吗？那就要思考、奋进。在思考中奋进，在奋进中思考。不过请注意：思考要抓住要领，奋进要讲究策略。

你是否想过，使你在生活中感到烦恼、困扰、忧虑的，或者说使你遇到困难、受到挫折、导致失败的，最主要的主观原因是什么呢？是自己的知识不够，品行不端，信心不足，还是待人处世的方法不对？我曾就这个问题，访问过我所熟悉的许多青年朋友。他们的回答几乎是异口同声地：不会处理人际关系，没有待人接物的经验。是的，常常有这种情况：一个品学兼优的学生，走向社会后却到处碰壁；一个在工作上很有成绩的青年，却处理不好家庭邻里关系；一个满腹经纶的才子，在单位却不被领导重视；一个品德高尚的人，在公共场合却遭人冷遇或奚落。这是为什么？从主观上找原因，最重要的是他们没有学会待人处世方法。可以肯定地、毫不夸张地说：掌握待人处世的艺术，比拿到名牌大学的文凭，还要重要！

要明白这个道理，必须从人生与社会的话题谈起。

人是社会的人，社会是人的社会。人与社会互相联系，构成了一个辩证统一的整体。社会影响、制约、决定着人；人适应、利用、改造着社会。在社会中，人与人之间是由一定的社会关系为纽带联系起来的。社会关系一般可分为两大类：物质的社会关系和思想的社会关系。这两类社会关系又都是多层次、多方面的。物质的社会关系一般指生产关系或经济关系，生产关系又可分为生产、分配、交换、消费诸关系。思想的社会关系也是很复杂的，它包括政治的、法律的、道德的、宗教的关系等。这两类社会关系盘根错节、交叉纠缠在一起，互相渗透、互相影响。如家庭关系、地缘关系、业缘关系、阶级关系、民族关系等，既包括物质关系，又包括思想关系，各种社会关系纵横交错构成了一个复杂的社会关系网，而每一个人就是这个庞大的、复杂的社会关系之网上的一个“纽结”。

每一个人，当他从呱呱坠地那一天起，就置身于一定的社会关系之中。人最初接触的是家庭关系，随着年龄的增长，生活内容逐步丰富，他所接触的社会面不断扩大，进而置身于地缘关系、业缘关系、生产关系、政治关系、法律关系、道德关系之中。正是在这些社会关系的长期影响、陶冶和制约下，才使一个自然人转变为能够掌握一定的社会文化，学会参与社会生活，履行某种社会角色行为的社会人。这个过程就是人的社会化的过程。

然而，人对于社会不是完全被动的、消极的。人是万物之灵，人体有一块特殊的物质——大脑，这是人区别与动物的特殊的优越之点。人借助自己的发达的大脑和健全的神经系统，进行思维活动，可以认识世界、改造世界。人生，从自然角度看，是人的生命活动的历程；从社会角度看，是人的社会化的过程；从人的主体意识上来看，就是人对自然、社会的认识、适应、利用和改造的过程，也是一个人在立身处世中自我认识和自我完善的过程。

在人的一生中，青年时期是人的生命活动最旺盛的时期，是人的社会化的最关键时期，也是人认识世界、改造世界的最佳时期。立身处世、待人接物的经验，大部分也是在这个时候获得的。我们不妨分析一下人生的历程：

人，从一诞生，就开始了人生的旅途，直到告别人世，才算走到了人生的尽头。这期间要经历几十年，甚至上百年。按照不同时期的身心特点，人们把人的生命历程划分为若干阶段，称其为婴儿期、幼儿期、童年期、少年期、青年期、中年期、老年期。婴儿和幼儿，开始牙牙学语，认识身边的人和物，接触的社会关系是简单的家庭关系，他们还不懂得什么是人生，只是在爸爸、妈妈的怀抱里被动地走人生的路。童年和少年，童蒙初开，读书求知，从家庭走向学校，由原来的家庭关系，扩大到师生关系、同学关系，他们在老师和家长的教育下学着走人生的路。青年，特别是走向社会的青年，开始以独立的身份出现在社会上，人生的路就需要自己独立自主地走了。一方面，青年人精力充沛、兴趣广泛、自信好动、求知欲强、自我意识、参与意识和社会责任感也普遍增强，对未来充满憧憬，试图在社会中大显身手；另一方面，青年还涉世不深，对纷繁复杂的社会关系应接不暇。这种矛盾必然带来心理不平衡，产生困惑、忧虑和烦恼。中年和老年，一般社会阅历比较丰富了，世态炎凉、人情冷暖他们都尝过了，他们的社会角色基本定型了，生活稳定了，不会有更多的选择和变迁。虽然中老年也存在待人处世的问题，但毕竟不如青年那样迫切，那样突出。可见，人到青年如何解决好立身处世的问题，是至关重要的。正如诗人柳青所说的：人生的路虽漫长，但要紧处往往只有一两步，特别是当人年轻的时候。

年轻的朋友，你准备怎样迈出这关键的一两步呢？

良言一句三冬暖　恶语伤人六月寒

——运用语言的方法

语言是人类交往的工具，是人们互相之间传递信息、交流思想、表达感情的媒介。待人接物总免不了开口讲话，因此，待人接物的技巧，简直可以说就是运用语言的技巧。

俗话说："好马出在腿上，好人出在嘴上。"人们把"说话"与"好人"联系在一起，足见讲究语言艺术可以在待人接物中给人留下美好的印象。相反，如果不注意说话的技巧，则会出现相反的情况，所谓"话不投机半句多"就是这个意思。常见有的人好话不得好说，得罪了对方，使交往不欢而散，自己也感到晦气。"良言一句三冬暖，恶语伤人六月寒"，在待人接物中，有谁愿意伤害别人呢？恐怕没有一个人愿意伤人、反目、结怨。相反，人人都希望使人感到温暖，给人留下美好的印象，自己也从中得到快慰和欢乐，要实现这一点，必须学会运用语言的艺术和技巧。根据语言运用的情境和要达到的不同效果，我们把运用语言的技巧分为以下五种。

一、称呼得体

称呼，往往是待人接物时说出的第一个词，它好像是一个见面礼，又好像是进入交往大门的通行证。称呼得体，可以使对方感到亲切，交往便有了基础。称呼不得体，往往会引起对方的不快甚至愠怒，双方陷入尴尬境地，致使交往梗阻甚至中断。那么，怎样称呼才算得体呢？这要根据对方的年龄、身份、职业等具体情况和交往的场合，以及双方的关系来决定，不可能有统一的、固定的模式。

记得小时候，常听大人讲这样一个故事：过去，有个年轻人骑马赶路，眼看已近黄昏，可是前不着村，后不着店。正在着急，忽见一位老汉从这儿路过，他便在马上高声喊道："喂！老头儿，离客店还有多远?"老人回答："无礼!"年轻人策马飞奔，急忙赶路去了。结果一气跑了十多里，仍不见人烟。他暗想，这老头儿真可恶，说谎骗人，非得回去教训他一下不可。他一边想着，一边自言自语道："五里，五里，什么五里!"猛然，他醒悟过来了，这"五里"，不是"无礼"的谐音吗？于是拨转马头往回赶。追上了那位老人，急忙翻身下马，亲热地叫声"老大爷!"话没说完，老人便说："客店已走过头了，如不嫌弃，可到我家一住。"

这个故事所以流传很广，是因为它说明了一个朴素的道理：见了陌生的年长者，一定要呼尊称，特别是当你有求于人的时候，比如"老爷爷""老奶奶""大叔""大娘""老先生""老师傅""您老"等。不能随便喊"喂""嗨""哎"等称呼不明的话，更不能称呼鄙称，如"老头儿""骑车的""放牛的""干活的"等。否则会使人讨厌，甚至发生不愉快的口角。另外，还须注意，看年龄称呼人，要力求准确，否则会闹出笑话。比如，看到一位三十多岁的妇女就称"大嫂"，可实际上人家还没结婚，这往往会引起对方的不快。

有这样一件事情。几个年轻人结伴到承德避暑山庄去旅游，这天，他们从避暑山庄出来，想去外八庙，为了抄近路，两个小伙子上前去问路，正遇上一个卖茶蛋的农家姑娘。一个小伙子上前有礼貌地叫了声："小师傅!"开始这姑娘没有答应，小伙子以为她没听见，又高声叫了一声。这下激怒了这位姑娘，她嘴上也不饶人，气呼呼地说："回家叫你娘小师傅去!"两个小伙子还算有涵养，压了压火气，没有发作。本来是有礼貌地问路，反倒挨了一顿骂，这是为什么？后来才知道，当地的农民管和尚、尼姑称为"师傅"，一个大姑娘怎愿意听你称她"小师傅"呢？

这个笑话并不奇怪，现在许多青年人，不管遇到什么人都口称"师傅"，难免不使人反感。可见在称呼上还必须区分不同的职业。对工人、司机、理发师、厨师等称"师傅"，当然是合情合理的，而对农民、军人、医生、售货员、教师，统统称"师傅"就有些不伦不类，让人听着不舒服。对不同的职业的人，应该有不同的称呼。比如对农民，应称"大爷""大娘""老乡"；对医生应称"大夫"；对教师应称"老师"；对国家干部和公职人员、对解放军和民警，最好称"同志"。"同志"这个称呼，本意是指志同道合者，在资产阶级革命和无产阶级革命斗争中，一般把革命同仁、战友称为同志，这便赋予了它的政治色彩。新中国成立后，人民内部和国家工作人员之间一般互称同志，使人们感到一种亲切感和信任感。现在，在新的历史条件下，随着改革和开放的深入发展，人们的社会交往日渐频繁和复杂，人们相互之间的称呼也就越来越多样化，既不能都叫"师傅"，也不能统称"同志"。比如，对外资企业的经理、对外商，就不能称"同志"，而应称"先生""小姐""夫人"等。再如，对刚从海外归来的港台同胞、外籍华人，若用“同志”称呼，有可能使他们感到不习惯，而用“先生”“太太”“小姐”称呼倒会使他们感到自然亲切。这种称呼，在开放特区也逐渐为国内的一般工作人员所接受。比如，到深圳的国营旅馆或商店称年轻的女服务员“小姐”，她们是欢迎的，而在内地其他地方目前还不习惯。

有位大学生一次到老师的家里请教问题，不巧老师不在家，他的爱人开门迎接，当时不知称呼什么为好，脱口叫了声“师母”。她感到很难为情，这位学生也意识到有些不妥，有点不好意思，因为她也就是比这位大学生大十岁左右。遇到这种情况怎么称呼？这要看对方的身份。按身份，老师的爱人，当然是“师母”，这是旧称，对上年纪的人完全可以这样称呼，可是对较年轻的，这样称呼，人家不愿接受。最好的办法就是称呼“老师”，不管她是什么职业(或者不知道她从事什么职业)都可以尊称“老师”。

对待领导或上级如何称呼，这也属于身份问题，但要区别不同的场合。在日常交往中，对领导、对上级最好不称官衔，以“老张”“老李”相称，使人感到平等、亲切，也显得对方平易近人，没有官架子，明智的领导会欢迎这样称呼的。但是，如果在正式场合，如开会、与外单位接洽、谈工作时，称领导为“王经理”“张厂长”“赵校长”“孙局长”等，常常是必要的，因为这有助于体现工作的严肃性和领导的权威性和法人资格。

称呼得体，还要考虑自己与被称呼人之间关系的亲疏远近。比如，和你的兄弟姐妹、同窗好友、同一车间班组的伙伴见面时，还是直呼其名更显得亲密无间、欢快自然、无拘无束正经地冠以“同志”“班长”“小姐”之类的称呼，反倒显得外道、疏远了。当然，为了打趣故作“正经”，开个玩笑，那就另当别论了。

在与多人同时打招呼时，更要注意亲疏远近和主次关系。一般来说，以先长后幼、先上后下、先女后男、先疏后亲为宜。在外交场合，宴请外宾时，这种称呼先后有序更为重要。1972 年周恩来总理在欢迎美国总统尼克松的招待会上这样称呼："总统先生，尼克松夫人，女士们，先生们，同志们，朋友们！"这种称谓客气、周到而又出言有序的外交家的风度给我们留下了极其深刻的印象。

在向人打招呼时，要使对方有一见如故之感，最好的办法就是记住他(她)的名字。美国交际学家戴尔·卡耐基说：在交际中最简单、最明显、最重要、最能得到好感的方法，就是记住人家的名字。这一点，在我的生活中也深有同感。

某学校，来了一位年轻的实习老师。在短短的一个月的共同生活中，他和学生们相处得很好。在实习结束的欢送会上，他没有唱歌，也没有讲故事，而是含着泪花一口气背诵出全班四十八个同学的名字！当时同学们又惊讶，又激动，一个劲地鼓掌。在任教的老师中，他是最年轻的一个，也是时间最短的一个。然而他在同学们幼小的心灵中留下了永不消失的印象。后来，班上的一位学生也当了一所师范学校的教师，并且每年都当班主任。他也就学着那位实习老师的做法，新学年接新班的第一件事，就是记住学生的名字，这办法果然很灵，不出一个星期就和全班学生建立了感情，工作开展得十分顺利。十五年以后的今天，仍然还有许多当年的学生和他保持联系。还有一位记人名字的能手，他是一所大学德育领域的专家，他能熟练地记得全国各省市高校德育研究会的理事长、秘书长，以及全国几百所大学德育教研室主任的名字，难怪他在全国高校德育界享有不小的名气。

在一定意义上说，记住别人名字的多少与交往范围的大小和事业的成败成正比。一个政治家，记住幕僚的名字可博得拥戴；一个管理者，记住下属的名字能指挥自如；一个教师，记住学生的名字可赢得威信；任何一个人，记住他所结识过的人的名字，都会受到对方的喜爱。这是因为，人都希望得到别人的尊重，而记住他的名字，是尊重他的最简单的表示。

遇见熟人，脱口叫出他的名字，显得自然而亲切。如果叫不出人家的名字，就会感到语塞，或称呼失当，交往的大门就不容易打开。和陌生人第一次接触，应先问问“您贵姓？”“您怎样称呼？”要尽可能在不十分熟悉之前就记住他的名字。否则一旦很熟悉了还叫不出名字，这时再去问“您贵姓”，就有点问不出口了。

青年朋友，你能记住多少人的名字？你在待人接物中该如何使称呼得体，做到落落大方呢？

二、礼貌用语

说话要有礼貌，这是人类文明的常识。可是，在公共场所往往看到一些截然不同的现象。比如在公共汽车上，座位几乎坐满了，这时上来一个男青年和一个中年妇女。男青年抢先一步对坐着的人说：“嗨！往里蹭蹭，让咱插进去！”出言污秽，俗不可耐，得到的只是周围乘客的嘲笑和白眼。再看中年妇女走到另一个座位旁谦恭微笑地说：“对不起，请挤一挤，让我坐下可以吗？”这样一说，坐着的人自然十分愉快地给她腾出一块使她足以坐下的地方。同样是请求让座，前者出言不逊，反映了一个人的无知和粗俗；后者讲究礼貌用语，反映了一个人的文明和高雅。俗话说：一句话能把人说跳，一句话也能把人说笑。可见，说话是否有礼貌，对待人接物的效果关系极大。

那么，怎样使用礼貌语言呢？

谈到礼貌语言，自然就想到了“您好”“谢谢”“请”“对不起”“别客气”等常用的礼貌语言。可是当我们仔细琢磨起来，就会感到礼貌用语远非这些。实际上礼貌语言的用途是非常广泛的，内容是十分丰富的。根据要表达的语意和试用的范围的不同，我们可以把礼貌语言分为以下若干类：

①问候的语言：早晨好、您早、晚上好、晚安

②致谢的语言：谢谢您、多谢了、十分感谢

③拜托的语言：请多关照、承蒙关照、拜托

④慰问的语言：辛苦了、受累了、麻烦您了

⑤赞赏的语言：太好了、真棒、美极了

⑥谢罪的语言：对不起、实在抱歉、劳驾、真过意不去、请原谅

⑦同情的语言：太忙了、不得了啦、这可怎么是好

⑧挂念的语言：身体好吗、怎么样、还好吧

⑨祝福的语言：托您的福、上帝保佑、您真福气

⑩理解的语言：只能如此、深有同感、所见略同

还可举出一些，但主要的有上述十类礼貌语言。值得注意的是，各类礼貌语言的运用不可千篇一律，要根据不同的情境，针对不同的对象灵活掌握，既要彬彬有礼，又要不落俗气。

一般情况下，上级与下级、年长的与年轻的、前辈与晚辈、老师与学生、顾客与服务员之间，前者是礼貌用语的“受用人”，后者是礼貌用语的“使用人”。比如，早晨老师与学生相遇，总应该是学生先向老师使用问候语言：“老师早！”老师回敬：“你早！”而不能双方反过来问候。又比如，一名顾客在旅馆住了几天，现在交了住宿费准备起程，服务员彬彬有礼地说：“感谢惠顾，欢迎再来！”这种感谢语言在服务员和顾客之间也不应倒置。再比如，下级向上级请示工作，完毕之后说声：“请多关照！”这是很正常的，反过来如果上级要求下级“请多关照”就显得有失身份。祝福语言，也多见晚辈向长辈、年轻的向

年长的使用。

有些礼貌用语则不同，常规的“受用人”和“使用人”恰恰需要反过来。比如慰问语言，常常是上级对下级使用，在完成一项任务之后，领导总要表示一下：“同志们辛苦了！”再比如赞赏语言，在共同干完一件事情之后，年长者拍着年轻者的肩膀说：“小伙子，干得不错！”这种情况要是反过来使用，可就不大得体了。又比如理解语言，在一次学术讨论会上，老师刚刚结束发言，一个学生站起来说：“老师的发言，我深有同感，真是所见略同！”与会的师生不笑他骄傲自大才怪呢，至少也要指责他用词不当。

礼貌用语既然分为十类，自然使用起来就各有各的对象、范围和功效。有的礼貌用语较多的在同辈、同学、同事之间互相使用，如同情语言、理解语言、赞赏语言等。有的则可以在上下级之间、长幼之间、师生之间互相使用，如致谢语言、慰问语言、挂念语言等。有的则适用于任何人，不管谁对你有帮助，都应使用致谢语言；不管你对谁有过失，都应向人家使用谢罪语言。看来，礼貌用语还挺复杂的，青年朋友要想掌握它，还真得花一番功夫呢。

三、直言不讳

在待人接物中，礼貌、客气、谦逊是必要的。然而，过分的客套，语言太多的粉饰雕琢，往往会失去自然和坦诚，尤其是在亲戚、朋友、同学、同事、同乡、战友之间，说话不直抒胸臆，绕弯子兜圈子，反而会显得“见外”。试想，在朝夕相处的同学面前，一开口就说“请”“对不起”，一插话就问“我能不能打断一下？”那会产生什么样的效果呢？

因此，直言不讳也是待人接物中的一个重要的语言技巧。英国哲学家弗兰西斯·培根曾经说过："人与人之间最大的信任就是关于进言的信任。"直言是信任人的表现，也是与对方关系密切的标志。所以，直言不讳一般适用于自己所熟悉、所了解、关系比较密切的人。可以说它是朋友之间交往的一个突出的语言特点。

东汉末年，刘备和许汜交情很好，两人推心置腹，无话不谈。一天刘备和许汜闲谈，评论当世著名人物。谈到徐州的陈登时，许汜说："陈登文化教养太低，不可结交。"

"你有根据吗?"刘备感到诧异。

"当然有"，许汜说，"头几年，我去拜访他，谁想他一点诚意也没有，不但不理人，而且天天让我睡在屋角的小床上。"

刘备笑着说："他这样做是对的。"

许汜正要分辩，刘备双手搭在他的肩上，诚恳而直率地说："你在外边的名气大，人们对你的要求也就高了。当今之世，兵荒马乱，百姓受尽了苦。你不关心这些，只打听谁家卖肥田，谁家卖好屋，尽想捞便宜。陈登最看不起这样的人，他怎么会同你讲心里话呢？他让你睡小床，还算优待哩。若是我，就让你睡在湿地上，连床板也不给的。"

许汜闹了个大红脸，他感激刘备直言相劝，并表示要改正自己的缺点。

刘备其人，素以"一生不露真"闻名，可他在对待朋友的缺点上尚能直言批评，更何况我们当代青年呢？

孔夫子在论及交友之道时，曾说过："益者三友"："友直、友谅、友多闻，益矣。"他把"友直"作为益友的首要标准。我们常说的"道义相砥，过失相规"的"畏友"和刚直不阿、直言相谏、敢于当面批评的"诤友"，都具有直言不讳的特点，自然都属于"益友"之列。是的，谁不想交一个正直的而不是偏私的、直爽的而不是虚伪的、敢于直言的而不是谄媚奉承、当面恭维背后诽谤的朋友呢?

在实际生活中“诤友”往往是很难得的。陈毅同志感于此，他在1964年8月写的《六十三岁生日述怀》诗中，叙述了自己戎马半生，饱经沧桑的岁月，从亲身经历中深深体会道：“难得是诤友，当面敢批评”，只有同志之间赤诚相见，毫无保留地直言规劝，才能“互励互除乘”。这无疑是交友处世的金玉良言。正因为“诤友”是难得的，所以才是珍贵的。正因为他是珍贵的，人们才更爱戴他、尊敬他。你要想得到朋友的尊敬和爱戴，那就应学习做别人的直言不讳的“诤友”。

怎样才能做到直言不讳呢?

直言不讳，需要自信和自强。那种过分害怕别人的反应，看着别人眼色行事的人；那种见风使舵，墙头草两边倒的人；那种走一步怕踩死蚂蚁，说一句话要斟酌半天的人；是不可能做到直言不讳的。

直言不讳，需要不计较个人得失。唐代魏徵若没有“挂印封金”的胆略和刚直不阿的品格，怎能在唐太宗面前直言相谏?

直言不讳，需要意笃情真。常言说：苦口婆心，忠言逆耳。这“婆心”，这“忠言”，就是朋友之间的真挚情意。否则，虚情假意是没有直言可谈的，即便是貌似直言，也很难收到好的效果。

直言不讳，也得要讲究方法。有时为了触痛对方，直言难免“矫枉过正”。应当说，朋友之间互相比较了解，直言规劝即便有点言差语错，也不致影响团结。但并非所有的朋友都一概如此，比如有的可能“小心眼”，有的可能固执，如果不注意方法，他可能接受不了，甚至给你顶牛、怄气。所以说，为了取得好效果，直言的方法是不能不讲的。比如，直言要注意态度，要和颜悦色，推心置腹，切忌简单生硬、倾盆大雨。不妨采取茶余饭后摩肩漫步或促膝聊天的方式，用提醒劝诫的口吻，指出朋友的缺点，并帮助他分析危害，找出原因，这样他可能更容易接受。如果采取揠苗助长、烤花催红的办法，虽出自好心，效果却不一定尽如人意。

法国作家拉封丹写过一篇寓言：北风与南风比赛，看谁能把行人身上的大衣脱掉。北风猛刮不止，行人反把大衣裹得更紧；南风徐徐吹拂，行人感到温暖，便把大衣脱掉了。我们可以试验一下，在对朋友进行直言批评时，是学“北风”好呢，还是学“南风”好？

四、委婉、含蓄

在待人接物中，由于谈话的对象、目的和情境不同，语言的运用和表达的方式就有不同。在有些时候、对有些人，直言不讳效果很好，但在生活中并非处处都能“直”，有时还非得委婉、含蓄些，表达效果才能更佳。英国哲学家弗兰西斯·培根讲过“直言”的必要，但他又强调了“含蓄”的可贵。他说：“交谈时的含蓄和得体，比口若悬河更可贵。”

直道好行车，曲径可通幽，各有各的妙用，关键在于用得贴切、得体。这样就不能不讲究委婉、含蓄的语言技巧了。

委婉、含蓄都是一种修辞方法。两者的运用有相似之处，但在运用上又有些细微的区别。委婉，即是在讲话时不直陈本意，而是用婉转之词加以修饰，使语言婉曲、软化。含蓄，就是在讲话时表达的不清晰直露，而是含而不露、只需意会，靠对方从自己的话语中揣摩、体会出里面所蕴含的真正意思。

怎样运用委婉、含蓄的语言技巧呢？常见的一般有以下几种：

①巧用某些语气词。比如在句尾加上“嘛、吧、吗”等语气词，使语言软化、和缓，避免唐突、生硬。

尤其是在有求于对方的时候，这种语言技巧能够收到令人满意的效果。试比较下列几组句子：

别说了！/别说了好吗？

今天别去了！/今天别去了吧。

你听我说！/你听我说嘛。

显然，每组中的第二句加上了语气词就是一种请求、商量的口吻，显得比较客气、婉转，使听话的人比较容易接受。

②灵活使用否定句。有时候，一个意思可用肯定句表示，也可用否定句表示。一般说肯定句，语气重些；否定句语气轻些。特别是在对某人某事表态时，适当运用否定句，可以起到缓和语气的作用。试比较下列几组句子：

我赞成他这样做。/我不反对他这样做。

我认为你说得不对。/我不认为你说的是对的。

我觉得这样不好。/我并不觉得这样好。

同样的意思，第二种表达方式显得缓和婉转些，话的分量显得轻些。

如果是双重否定句，它表达的语气反而要比肯定句还要强些。

罗西尼是意大利著名作曲家。一天，有个青年曲作者拿着手稿来见他，并当面弹奏给他听。罗西尼一面听，一面不住地把帽子脱了又戴，戴了又脱。青年曲作者问他，是不是屋里太热了。“不，”罗西尼说，“我有个一见熟人就脱帽的习惯。在你的曲子里，我碰到那么多的熟人，不得不频频脱帽。”

“不得不频频脱帽”，就是一个双重否定句。它要比肯定句：“应该频频脱帽”，表达的语气重多了，感情也深多了。但是，由于他用的是否定句的表达方式，对青年曲作者的批评就显得婉转，不那么生硬。

③婉言谢绝。当有人向你求援或提出邀请的时候，往往不便直截了当地拒绝，可用婉言谢绝的方式，这样做可以不伤面子，不伤感情。

比如，有人求你办事，你办不到，就可以说："这件事目前恐怕很难办到。"这要比"这件事办不到"的回答缓和得多。

又如，同学邀你去看电影，你没空儿，就这样回答："今天恐怕没时间，下次一定去。"相反，如果说："没时间，不去了。"会使人扫兴。

④运用"讳饰"法。说话时，遇有忌讳的事物，不直接把它的原话说出来，而用一些旁的话来代替它、修饰它，这种方法在修辞学上叫"讳饰"法。在不同的场合，针对不同人，运用"讳饰"法，可以收到委婉的效果。

比如说"死"吧，这是个不吉利的词，一般人是忌讳它的，因此对不同的人的死，多采用不同的词语来表达。

对英雄的死，一般叫"牺牲""阵亡""尽忠""就义""永别"等，表示对英雄的敬仰和怀念。

对可尊敬的人的死，可称为"逝世""与世长辞""长眠了"等。

对敌人的死，往往带有贬义、轻蔑和讽刺的说法是"报销了""吹灯了""上西天了""玩完了""完蛋了"等。

过去对皇帝的死，要称为"驾崩了""归天了"。

民间常用的还有"老了""回老家""先走了""伸腿了"等说法。

⑤巧用隐喻。隐喻是比喻的一种，也叫暗喻。这种比喻把比喻的本体事物与喻体事物的关系隐藏起来，经过仔细推敲、琢磨也才领悟其中的意思。运用这种方法，显得含蓄、隐晦。男女在谈情说爱时，

喜欢用这种方法表达自己的爱情。

比如,《红楼梦》中宝黛读《西厢》的一段描绘就是如此,“宝玉笑道我就是个‘多愁多病的身’,你就是那‘倾国倾城的貌’。”黛玉听了,不觉带腮连耳的通红了,登时竖起两道似蹙的眉,瞪了一双似睁非睁的眼,桃腮带怒,薄面含嗔……这里,宝玉以张生的“多愁多病的身”,自况相思之苦;以莺莺的“倾国倾城的貌”,隐指与黛玉心心相印。

再如,电影《归心似箭》中,魏德胜与玉贞在表达他们的爱情时,又别有一番情趣:

银幕上现出魏德胜正在泉边替玉贞挑水的情景。

魏说:“要不是你,我早喂黑瞎子啦,这恩情可是俺没法报答的!”

玉贞:“哎哟,我可就等着你这句话呢!那你一天就给我挑两趟水。”

魏说:“那容易,我就一天给你挑两趟。”

玉贞:“挑到我儿子娶媳妇,挑到我闺女出门子,给我挑一辈子!”

魏德胜听出话中有话,立即补问一句:“挑一辈子?”

玉贞又明确回答:“挑一辈子!”

于是,两个饱受苦难的人,在这轻松欢乐的气氛下,各自把埋藏在心里的隐情,一下子就沟通了。这就是隐喻的妙用。

五、幽默、风趣

在待人接物中,一句幽默、风趣的话语,可带来满堂欢笑,使气氛融洽、和谐而轻松。有人赞美笑是礼貌之花,笑是友谊之桥,笑是刚启封的美酒，笑是暖融融的春风。著名科普作家高士其说："笑是美的姐妹，笑是善的良友，笑是爱的伴侣；笑有笑的哲学，笑有笑的文学，笑有笑的教育学。"幽默，则是笑的哲学、笑的文学、笑的美学之集锦，是思想、学识、智慧和灵感在语言运用中的结晶。

生活中不能缺少舒心的、快慰的、爽朗的，乃至意味深长的笑。而幽默，能寓庄于谐，使语言耐人寻味，给人轻松、优美之感。在交往中，幽默、风趣有着其他语言技巧不可替代的神力。

在交际场合，幽默、风趣的语言，容易接通感情的热线。幽默往往也是紧张情境中的缓冲剂，它能使人们摆脱窘境或消除敌意，化干戈为玉帛。英国诗人彭斯，一天在泰晤士河岸散步。突然，一个富翁不小心掉入河里，他直喊"救命"，围观的人中有一个小伙子跳下河奋力把他救上岸来，落水者一面道谢，一面从兜里摸出几个零用钱递给救他的那个小伙子，以做酬谢。这个小伙子很生气，心想："救你一命，就给这点儿钱？真是个吝啬鬼！"于是拉着他要把他再扔到河里去。这时，彭斯上前解围，他说："还是别扔了吧，他给你的钱少，说明他很清楚他自己价值多少钱！"这句幽默的话，引起了围观的众人一阵哄笑，小伙子松开了手，富翁乘机红着脸溜走了。

幽默在交往中还被用来含蓄地拒绝对方的某种要求。如美国前总统罗斯福当海军军官时，一次有一位好友向他问及有关美国新建潜艇基地的情况，罗斯福不好正面拒绝，就问他："你能保密吗？""能。"罗斯福笑着说："我也能。"对方一听也就不再问了。

幽默，还可以是一种对攻击和侮辱的十分有效的反击武器。

比如，大文豪歌德一天在公园散步，碰到了曾恶毒攻击他的一位批评家。那批评家傲慢地说："我是从来不给傻瓜让路的。"歌德立即回答："而我却完全相反。"说完转到一边去了。

又如，英国大作家萧伯纳身体很瘦。有一次在宴会上，一个胖资本家笑着对他说："哈啰，萧伯纳先生！一见到你，我就知道目前世界上正在闹饥荒。"萧伯纳不紧不慢地回答，"先生，我见到你，就知道了世界正在闹饥荒的原因。"

幽默，又可以用于对别人的善意批评和自我解嘲。

比如，一天杜邦去参加音乐会，他旁边的一位女士唠叨个不停。贝多芬交响乐演奏到高潮时，她突然对杜邦说："啊！先生，您说还有什么东西比音乐更美妙的吗？""有的，太太。"他回答说："安静！"此后，那位太太知趣了。

又如，一天克诺克先生走进一家小旅馆，他问老板："一个单间要多少钱一天？"老板回答："不同的楼层价格不同，二楼的房间是十五马克一天，三楼是十二马克，四楼是十马克，五楼是七马克。"克诺克考虑了一下，然后转身要走。"您觉得价格太高了吗？"老板问。"不是"，克诺克说，"但是您的旅馆太低了。"克诺克的幽默，既含蓄地批评了旅馆价格太高，又对自己住不起高价客房做了自我解嘲。

传情达意须意会　此时无声胜有声

——非语言交往的方法

非语言交往，是指使用不属于语言的方法来交流思想、表达感情的过程。在待人接物中，有时必须使用语言这个交往的工具，但有时候，不用语言而用手势、眼神、表情等非语言形式，却能收到更好的效果。比如一对青年男女倾心相爱时，双眸含情脉脉，相对无言，这样传递的信息量要比语言不知大多少倍。所谓“此时无声胜有声”，“只需意会，不必言传”，讲的恐怕就是这个道理吧。

当然，在大多数情况下，人们的交往则是语言和非语言并用的。语言是解决“说什么”的，非语言则是解决“怎样说”的，即用什么样的表情、姿势来配合、帮助说话的。要知道，在许多场合，“怎么说”比“说什么”更为重要。一般认为，语言交往更多的是用来说明思想，而非语言交往则更多的是用来表达感情。我们常说的：“动之以情，晓之以理，情通才能理达”，不正说明了非语言交往的意义吗？难怪在一般人看来，非语言交往似乎更“自然”更“亲近”。

既然如此，我们还是好好研究一下非语言交往的技巧吧！

非语言交往一般包括：面部表情、身体动作、空间位置、穿着打扮等内容。

一、面部表情

人的面部能传递十分丰富的感情。心理学家的研究表明，喜、怒、哀、乐、爱、恶、欲等七情，都可从面部表情表现出来。世界著名表演艺术大师卓别林，能够用哑剧塑造出栩栩如生的人物形象，揭示出非常复杂的内心世界，足见面部表情在传情达意上的功能了。古希腊哲学家苏格拉底说过："高贵和尊严，自卑和好强，精明和机敏，傲慢和粗俗，都能从静止或运动的面部表情和身体姿势上反映出来。"这话确实不错。

在现实生活中，人们用面部表情进行交往，在不同的人身上是不一样的。一般来说，女性比男性更多地使用面部表情来传递自己的感情；性格外向的人比性格内向的人更容易通过面部表情表达自己的感情。另外，有些人善于观察和理解别人面部表情的含义，却不善于自己运用面部表情来暗示。也有一些人则恰恰相反。有的人面部表情丰富笑脸常开；有的人则面部表情呆滞，郁郁寡欢。你是否注意到自己的面部表情呢？你是否留心周围人的面部表情呢？你能够恰如其分地运用面部表情来传情达意吗？你能够准确无误地理解对方面部表情所传达的信息吗？

面部表情，一般指眼睛、眉毛、嘴形，以及它们的综合表演——笑等。

①眼睛，确切地说是眼神，它是面部表情的第一要素。常言说，"眼睛是心灵的窗户"，"眼睛像嘴一样会说话"，这是很有道理的。

请看列夫·托尔斯泰笔下的渥伦斯奇和安娜·卡列尼娜交臂邂逅的刹那间，眼睛描写的妙笔："当他回过头来看的时候，她也掉过头来了。她那双在浓密的睫毛下面显得阴暗了的闪耀着的灰色眼睛亲切而注意地盯在他的脸上，好像她在辨认他一样，随后又立即转向走过的人群，像是在寻找什么似的。在那短促的一瞥中，渥伦斯奇已经注意到了有一股被压抑的生气在她的脸上流露，在她那亮晶晶的眼睛和把她的朱唇弄弯曲了的轻微的笑容之间掠过。仿佛有一种过剩的生命力洋溢在她的全身心，违反她的意志，时而在她眼睛的闪光里，时而在她的微笑中显现出来。她故意地竭力隐藏住她眼睛里的光辉，但它却违反她的意志在隐约可辨的微笑里闪烁着。"渥伦斯奇透过安娜那双"显得阴暗了的闪耀着的灰色眼睛"，就洞察到了这位少妇"被压抑"的心灵的奥秘，足见"眼睛是心灵的窗户"了。

再看看印度作家泰戈尔在《素苞》中，是怎样描写美丽而善良的哑女素苞的眼睛的吧：

"当我们用语言表达思想的时候，言辞并不容易找到，必须经过一个翻译过程，这往往是不准确的，于是我们就会发生错误。但是这一双黑眼睛却不要翻译；思想本身就反映在这眼睛里。在眼睛里，思想敞开或是关闭，发出光芒或是没入黑暗，静悬着如同落月，或者像急闪的电光照亮了广阔的天空。那些自有生以来除了嘴唇的颤动之外没有语言的人，学会了眼睛的语言，这在表情上是无穷无尽的，像海一般的深沉、天空一般的清澈，黎明和黄昏，光明与阴影，都在这里自由嬉戏。"

哑女素苞的眼睛便是无声的语言，传递着一颗纯真心灵的信息。可见，眼睛确实是会说话的。

不同的眼神，表达不同的感情。在待人接物中要特别注意鉴别和应对。美丽、动人的眼睛，是善意和友好的表示，容易讨人喜欢；脉脉传情的眼睛，是恋人间的专利品，不要向陌生人期求或馈赠；矜持、含羞的眼睛，是少女的护身符，不便主动与之对视；献媚、轻佻的眼睛，是不庄重、不严肃的举动，一定包藏着某种不良的目的，要尽量回避为好；猥琐、贪婪的眼睛，是垂涎三尺、欲壑难填的征兆，要早些提防为妙；轻蔑、傲慢的眼睛，是高傲自大、孤芳自赏的表示，这样的人得不到朋友，没人愿意和他交往；闪光、明亮的眼睛，是光明磊落、胸怀坦荡的反映，与之交往，有益无害；阴险、狡黠的眼睛，多怀有不可告人的目的，与之交往有害无益；聪敏、机灵的眼睛，深邃、睿智的眼睛，是智慧和力量的象征，与之交往，可受到学识方面的启迪和教益。如此等等，眼睛的神态各种各样，表达的感情非常复杂。尤其是几种眼神交织在一起的时候，眼神的变化频繁的时候，或者有人故意隐藏，只将真情偶尔流露的时候，注意察言观色，分析鉴别，迅速捕捉一瞬间，做到见微知著，就是十分重要的了。

当你主动与他人交往的时候，眼神的效用同样是不可低估的。当你作为主人招待众多的客人的时候，眼神自然要热情并带有稍许激动，一面对大家频频点头表示欢迎，一面用眼神与每一位客人打招呼，这样不致使客人感到自己被冷落。在与人谈话时，眼睛一定要注视着对方，眼光不能游移不定，否则对方会认为你不耐心或没有诚意。如果对方是一般的同志关系，尤其是异性间的谈话，双目对视一般只持续一分钟左右，然后就移开，长久的对视，会使人感到不自在，难为情。如果双方关系密切，则可以用多注视对方的办法来拉近心理距离，使感情更加融洽，恋人之间长久的默默无语的对视，就是心理相融的最好表示。

②眉和嘴，面部表情，除了眼神之外，还有眉毛和嘴的形态。有

人发现眉毛能做出二十多种表情。比如，眉飞色舞、喜眉笑眼、眉开眼笑，是兴奋、喜悦、高兴的表情；眉宇舒展、扬眉吐气，是被压抑的心情豁然开朗的表现；皱起眉头表示为难；眉头紧锁表示苦恼；眉毛竖起表示愤怒；眉头攒个疙瘩则显得忧愁。嘴形也能表达许多不同的感情。比如，努努嘴，表示怂恿或撺掇；撇撇嘴，表示轻蔑或讨厌；咂咂嘴，表示赞叹或惋惜；噘起嘴，则表示生气；等等。可见，眉毛和嘴也具有传情达意的功能，在待人接物中切不可忽视它。然而，不管面部表情多么复杂微妙，在交往中最常用的、也是最有用的面部表情还是你的笑容。

③笑，笑是眼、眉、嘴和颜面动作的集合，是面部表情的总体表现。笑的形态更是多种多样，常见的有微笑、欢笑、大笑、苦笑、傻笑、奸笑等。所谓笑容可掬、喜笑颜开、仰天大笑、似笑非笑、皮笑肉不笑等就是对各类笑的描写。我们这里主要研究的当然是微笑。

微笑，在待人接物中是最珍贵的见面礼，是人际关系中友善、谦恭、融洽、和蔼、可亲等最美好语言的代名词，是社交场合最有吸引力、最有价值的东西。许多心理学家、行为学家，甚至企业家都给它以高度的评价。

卡耐基说，微笑是给人好印象、讨人喜欢的最重要的原则之一。

纽约一家大百货公司的人事部主任宣布：他宁愿雇用一个小学未毕业的女职员——如果她有一个可爱的微笑，而不雇用一位面孔冷淡的哲学博士。

美国一家大公司在圣诞节广告中这样写道：

圣诞节一笑的价值

它不费什么，但产生许多。

它使得者获益，给者不损。

它发生于转瞬间，而对它的记忆有时永远存在。

没有人富得不需要它，没有人虽穷而不因它的利用而致富。

它在家中产生快乐，在生意中产生好感，又是朋友间的口号。

它是疲倦者的休息，失望者的日光，悲哀者的阳光，又是大自然的解除患难的良剂。

但它不能买，不能求，不能借，不能偷，因为在弃却以前，它是对谁都无用的东西！

假如在圣诞节购买的最后一分钟忙碌中，我们的几个售货员也许太疲倦，以致不给你一个微笑，我们可请你留下你的一个微笑吗？

因为没有什么比没有什么可给的人更需要一个微笑了。

微笑既然如此重要，我们在待人接物中就应该学会微笑的技巧。

在家里，父母与子女之间、夫妻之间、兄弟姐妹之间、姑嫂妯娌之间，互相见面时带着微笑，离开家门时笑着说声："我走了！"回到家中笑着说声："我回来了！"一起吃饭，一起看电视，多一点欢声笑语，会使家庭和睦、幸福。要知道，没有笑容和笑声的家庭是死气沉沉的、不幸的家庭。

在单位，同事之间见而打个招呼，点头微笑，说声"你好！"显得关系和谐、融洽。工作休息期间，互相开个玩笑既活跃了气氛，又消除了疲劳。遇到了误会，你可大度地一笑了之，误会也就烟消云散了。别人工作有了小小的失误，你一句笑语也许能为他解围。自己处于窘境，自嘲地开个玩笑，也就避免了难堪。与人初次见面，说句笑话，在笑声中也可消除双方的拘束感。

微笑，对从事不同的职业的人来说，还各有各的功效。比如，教师对学生谈话，面带微笑，可使学生消除紧张情绪，感到老师和蔼可亲、平易近人，他才愿意和你说心里话。售货员、服务员面带微笑，使顾客有宾至如归之感，你的生意准会兴隆。

值得提醒的是：微笑，应该发自内心，自然坦诚，切不可故作笑脸，假意奉迎，否则可能适得其反。

总之，一扬眉，一抬眼，一个嘴形，一个微笑，里边都有许多学问，如果你能得心应手地运用面部表情来传情达意，一定能在待人接物中成为一个老练的“外交家”。

二、身体动作

身体动作是非语言交往的重要手段之一。它在待人接物中有着特殊的功效，能够表达语言和面部表情所无法表现的内容。

比如，到码头送客时，轮船一声汽笛长鸣徐徐开动，渐渐驶入烟波浩渺的江心，这时讲话对方已无法听见，表情对方也不能看见，只有频频挥手，才能使离别的客人体会到你那一片依依惜别之情。

更何况在有些场合，对待某些不熟悉的人，喋喋不休容易讨嫌，过多的面部表情也不一定得体，这时默默无闻的行动，则是最好的交往手段。

请看顾尔镡在小说《归宿》中的一段描写：

到车站去接的，除了姑妈，还有一个男的，五十上下年纪，中等身材，微胖、白净，两眼有神，衣冠整齐。虽已算不上风度翩翩，仪表也还不俗。心想：这一定是姑妈信上说的那个人了。只见他和姑妈笑脸迎来，姑妈也不介绍，他也不自我介绍，就好像他们之间是熟悉的，抢在姑妈前一步从她手里将旅行包接去，然后，又退了一步，让姑妈和她并肩走在前边，出了检票口，又赶上一步，走到一辆轿车前打开车门，让姑妈和她先坐进去，他才上了车，关上车门，吩咐司机驱车江南饭店，在预订的单间里，点了几个可口的菜。饭后，先送她们回到姑妈的住所，而后道歉着告辞去开一个重要会议。

你看，这段故事中的“他”，既没有热情洋溢的话语，也没有十分丰富的面部表情，有的只是一连串的行动。那么“他”留给故事中“她”的印象如何呢？当然是热情、稳重、关心人、不外道的可敬可爱的人。

身体动作，一般指交往中的手势、姿势和触摸等行为。如何恰到好处地运用这些动作达到交往的目的，也不是一件容易的事情。

1. 手势。手势是人们在交往中使用得最多的动作。比如，与熟人见面时抬起手打个招呼，显得亲切；分别时挥挥手，表示再见。愤怒时会攥起拳头；为难时会搓搓双手。说话时用手势来辅助，以增强感染力；思考问题时用手拍拍脑门，以集中精力。但是，在有的时候，人们对手势的运用往往是不自觉的，无意识的，就好像人们的“口头语”一样，形成了一种不知不觉的习惯。比如，见了陌生人，手脚似乎不知怎么放才好；遇到了为难的事，就抓耳挠腮；与人谈话时，不时地摸摸头发、抠抠鼻子；等等。这些都是不良的习惯动作，往往会影响交往的效果。

要想手势运用得恰当、明了，增强传出信息的清晰性，还必须对手势做进一步的分析和研究。

根据美国社会心理学家艾克曼和弗爱森的看法，手势可分为象征型、说明型和示意型三种类型。象征型的手势，一般都有相对应的语言意义。例如，竖起大拇指，表示称赞；伸出小指，表示轻蔑；把食指竖起放在鼻翼，表示秘密，暗示不要作声；摆摆手表示不同意；等等。这些手势约定俗成，用它们表示特定的含义，容易使人领会。如果违反人们的习惯，自编一些生僻的手势，别人是很难辨认的。说明型手势，一般与语言并用，对语言起说明和注释的作用。例如，某人在会上发言，说准备讲三个问题，第一是什么，第二是什么，第三是什么，一面说一面伸出手指数着，这是为了引起听众的注意，增强自己表达的逻辑性和层次性。这种手势随着讲话的内容和感情的起伏而变化，没有严格的规范，使用起来比较自由，因此使用得较为普遍。示意型手势，一般是指暗示或要求别人做出相应反应的手势。例如，站在马路旁向出租汽车招手，就是示意它停下来，你要乘坐。上课了，老师双臂自然前伸，手掌向下轻轻扇动，是示意学生坐下听讲。示意型手势因为要求别人做出反应，所以必须准确、清晰，不能含混不清，使人无法适从。

2. 姿势。姿势是我们探讨的又一种身体动作。它和语言一样被认为是一个人是否有教养的表现。在待人接物中，如果你希望给人一个良好的第一印象，请注意你的行、走、坐、卧的姿势。一个人如果在众人面前站没个站相，坐没个坐相，甚至毛手毛脚、呆头呆脑，那谁还乐意和你交往呢？

我国历来重视待人接物的姿势，素有“站如松、坐如钟，卧如弓，行如风”的说法。站、坐、卧、行的姿势，是一个人的气质和风度的表现，它反映了人的精神风貌。在现实生活中也应该引起我们的重视。

站，虽然不能要求时时处处都要保持“立正”姿势，但在与人交往中也应讲究站的艺术。比如，有人来联系工作，你总应站起来向人家表示欢迎。在与人谈话时身体应保持直立并微微前倾，眼睛正视对方，神态自然，落落大方。试想，如果你双手倒背，或双手叉腰，或双手插在兜里，双眼朝天，踱着方步，一派趾高气扬、傲慢冷淡的态度，人家会怎样想呢？可见站也要有站的功夫，站也要讲站的艺术。

坐，也要讲究坐的姿势。根据交往的对象或场合的不同，坐的姿势也要有所区别。如果与德高望重的前辈、师长交谈，自己不应该正襟危坐，也不要靠在椅子背上挺胸仰面，而应该侧身面对谈话者，身体微微前倾，还可把双手放在膝上，这样是尊敬和聆听的表示。如果与你谈话的是同学或朋友，则大可不必这样一本正经，相反你身体随便靠在沙发上，架起二郎腿，那才显得亲热、自然。

卧，也有不同的姿势，常见的有仰卧，俯卧、侧卧、半卧、斜卧等。同窗好友在家里或在宿舍躺在床上谈天说地也是常有的事。但在有不太熟悉的人在场时，自己最好不要大模大样地躺着。如果你正在躺着看书，进来一位不太熟的人，就应该欠起身子打个招呼，然后坐起来或换个半卧的姿势。如果进来的是位女同志，你应该立即起身，这样做表示礼貌。女青年卧的姿势，就更为讲究，有外人在场的时候，特别是男青年在场时，最好不要躺着，以表示端庄和矜持，即便是在熟人面前躺着，也要用侧卧的姿势，不要四仰八叉地仰卧在那里，这样显得自重和自爱。

走，在不同的场合也有不同的讲究。在大街上行走，上身保持正直，目视前方，摆臂自然，步履轻盈，显得朝气蓬勃、风度翩翩；如果歪歪扭扭、左顾右盼，与人勾肩搭背则显得不雅。在阅览室、教室、会议室、电影院，如果有人在学习、开会或电影已经放映，则要轻手轻脚，切不可旁若无人，大步流星地闯入。如果下课后、下班后，三五成群，谈笑风生，蹦蹦跳跳地走着，也可显出学习工作后的愉快和青年人的活泼和生气。如果在假日与恋人漫步在公园里，脚步轻盈而和缓，那更显示出一种和谐、恬静的美！

请自我检查一下待人接物的姿势，看看是否做到了文雅、大方而得体呢？

3. 触摸，触摸也是身体动作的一种，它是与人交往的一种最有力的方式。美国交际问题专家皮尔逊认为：在绝大多数的文化背景中，触摸代表着一种肯定的态度，而不触摸则表示出否定的态度。触摸也许是最能清楚地表明人与人之间相互了解、相互谅解和感情融洽的最好方法。换句话说，触摸是对对方肯定的、好感的、关系亲密的一种交往行为。

触摸的具体意义，取决于交往双方的关系、特定的环境、触摸的方式和触摸的部位。在我国的传统行为习惯中，触摸的方式主要有以下几种：

握手，是交往中用得最多的触摸方式。同志之间、朋友之间见面之时，握握手表示欢迎和亲热，分别之际握握手，表示留恋和期望再见；谈判成功，握握手，表示友好与合作；喜庆之日握握手，表示祝贺；慰问之时握握手，表示关怀；消除误会握握手，表示和好……可见，握手能表达十分丰富的感情。

握手虽然用得很广泛，但在与不同的人握手时，还要注意微妙的讲究。比如，男子和妇女握手时，忌讳握得太紧、时间太长；还应注意不要主动伸过手去，要等看到女子有握手之意时，再去与她握手。上级和下级握手时，一般也应上级主动先伸出手来，下级再去握；作为上级，与下级握手不能被动无力，否则会给人架子十足，敷衍了事之感。青年在与长辈握手时，最好伸出双手迎上前去，这样显得对人尊敬。同时，在握手时要完全伸开手掌捏住对方，力量不轻也不重，双目正视对方，面带微笑，而不能心不在焉、漫不经心、无精打采。

拍拍肩膀，这是又一种触摸方式。一般是长者对晚辈表示喜欢、称赞或鼓励的表达方式。比如：老师傅看到自己的徒弟掌握了一项新技术，便拍拍他的肩膀说："真有你的！"教练员看到他的队员取得了好成绩走下场来，便递过一条毛巾，拍着他的肩膀让他擦擦汗。

这种触摸方式，在年轻的伙伴之间，则变成了另外一种形式。小伙子看到自己的同伴或队友在一片掌声中走下场来，高兴地上去狠劲地给他一拳！姑娘们高兴起来会互相搂着脖子，脑门顶在一起嬉笑；劝说或安慰同伴时，往往是在背后抚摸或摇曳她的肩膀。

你是否赞同"触摸是与人交往的一种最有力的方式"这种说法呢？不妨在自己的身上做个试验，当你被人这样触摸之后，你是否感到不自然，不舒服？你在同别人交往时，你是否也喜欢这样触摸？

拥抱和亲吻这种触摸方式在西方民族中作为交往的礼节，是习以为常的。在我国传统习惯中，一般人际交往是不使用这种方式的。使用这种方式的，大概只有两种场合：一是在外交场合，国家领导人与外国首脑会晤时，拥抱和亲吻几乎场场不落，通过电视传播媒介传到千家万户的观众的眼睛里。这种情况似乎是多见不怪了，人们从心理上接受了。另一种场合，是在人们的私生活中，拥抱和亲吻是夫妻之间、恋人之间的私事，在公众场合还被视为"禁区"，至于其他关系的人之间则更被认为是非分，而讳莫如深了。这种情况无论是当事人的观念，还是社会舆论，目前还不可能突破和超越传统。

那么，我们如何看待这个问题呢？应该说，拥抱和亲吻是人际交往中关系最密切、情感最热烈、体验最深刻的一种触摸方式。青年男女在交往中，尤其是热恋中的青年男女，采用这种方式表达感情，是自然的、纯洁的、美好的、正当的、无可非议的。但是，值得注意的是应该尊重我们民族的传统美德和遵守公共生活秩序，在大庭广众之下应该有所克制和收敛，不要做出有伤风化的事情。

三、空间位置

在交往中，每个人都占有一定的空间和位置。个人空间是随个人的行动而移动的，它指的是围绕着人体的空间范围。个人位置，是指在交往中个人所处的方位，以及自己和他人之间所保持的身体距离。

平常，我们很少想到个人的空间位置问题，可是，一旦有人侵入我们的个人空间或占据了我们的个人位置时，就会引起不快或心理紧张，本能地做出某种防御或回避动作。比如，在公共汽车上，本来并不拥挤，可是上来一个陌生人有意无意地站在了与你靠得很近的地方，此时你会感到讨厌，自觉不自觉地挪动一下身体，与他拉开一定的距离。请回忆一下，你是否也有过类似的情况呢？那对你的交往会带来什么影响呢？看来空间位置也是值得研究的一个问题。美国社会心理学家艾德华·霍尔 1966 年在他的《神秘的领域》一书中首先提出了这个问题。1969 年，罗伯特·索姆麦尔又在《个人空间：有计划行为的基础》中对这一课题做了进一步的研究。

(一)空间

这里讲的是个人空间，一般是因人而异的。人们之间的关系、物理环境、人的性别、身材等，都会影响个人的空间范围。关系密切的，如夫妻、恋人、父母与子女、要好的朋友等在交往中，个人空间会大大缩小；一般同志、不怎么熟悉的人、陌生人之间的交往，个人空间则会相应地扩大；如果遇上有权势的人、身份高贵的人、不同种族的人，就会站得离他更远一点，所谓“敬而远之”恐怕就是这个缘故吧。物理环境也会改变着个人空间，比如在一个较大的房间里，几个人就会站得靠近一点，而在较小的房间里就会站得稍远一点；在拥挤的公共汽车上，人们的个人空间自然就要缩小，而在天安门广场上散步个人空间也会随之扩大。

(二)距离

在交往中人们必定要保持一定的距离。如上所述，每个人都有一定的个人空间，或者说每个人的周围都有一个无形的场，别人进入了这个场，就会感到自己的私人权利被侵犯了。在一般情况下，普通人的场的半径约2尺左右，大约相当于一个手臂的长度。这就是说，两个人在谈话时一般应保持2尺多远的距离。当然，人们之间的距离的远近还要根据两个人的亲密程度和谈话内容的秘密程度而定。根据霍尔的研究，他把常见的身体距离分为四种：公众距离、社会距离、个人距离和亲密距离。

公众距离，至少为3.6米。比如开大会、上课、演讲等面对公众讲话时，一般应采取这个距离。

社会距离，大约在1.2～3.6米之间。比如召开讨论会、座谈会，举行宴会，买卖双方进行交易，一般出现这个距离。

个人距离，一般在45厘米到1.2米之间。这是同志、同学、同事、朋友的一般交谈的距离。

亲密距离，指的是从皮肤接触到45厘米之间，这是非常亲密的人之间拥抱、亲吻、说悄悄话的距离。

由此可见，距离在交往中也是很讲究的，与不同的人交往恰当地掌握距离当然是非常必要的了。

(三)体位

交往中不仅要保持一定的距离，而且还应注意身体的位置。我国古代很讲究座次的尊卑，皇帝是坐北朝南，大臣们则是北面朝君，又一定是以东为上，以左为上。这种传统至今仍有影响，在正式场合，比如开大会或照合影，总要以官职排座次，以显示身份和权威。在个人家庭生活中也是如此，合家聚餐或合影，总有个长幼辈分，这也是人之常情。有朋友来访，总要把客人让到上座，以表示礼貌。

不同的体位在交往中有不同的效用，研究体位的种类和区别，有助于我们在待人接物中得心应手。根据斯科夫伦的研究和笔者的观察和体验，体位一般分双双对应的六种类型。

一种是封闭—开放型。如果你此时不愿意与人交往，可采取封闭型的体位；如果你盼望与人交往，则应采用开放型的体位。例如，三个朋友围成一个小圈，头凑在一起交谈，这架势叫人望而却步，不敢插入进来，这就是封闭型。同样是在走廊里等着上课，同学甲面壁而立，似乎是在背外语单词，同学乙则背朝墙壁，漫不经心地看着走过来的其他同学，这里同学乙是开放型的，他的体位表明他愿意与人交谈，你可上前与他打招呼。相反，同学甲那里最好不要去打扰。

一种是面对面—并排型。夫妻、恋人交谈一般不会相对而坐，而是要比肩而谈，这种体位属并排型，这样才显得双方亲密无间。相反，在外交谈判时却必须是双方相对而坐，显得互相平等，且有一种抗衡感，这种体位属面对面型。

另一种是中心—外围型。在开研讨会或演讲会时，如果你准备发言，就应坐在会场的中心或靠近主持人的位置上，这样站起来即席发言，可以面向全体与会者，容易引起大多数听众的注意，效果自然就好。如果你坐在一个角落里或靠近出口的地方，则不会被人注意，反而会受到想不到的意外干扰。前者属中心型，后者属外围型。如果你是会议的联络员或服务员，当然坐在外围工作起来更方便。

四、穿着打扮

爱美之心，人皆有之，尤其是青年男女，正是风华正茂的好年华，谁不愿意讲究穿着打扮使自己更漂亮呢？然而，要知道，带有交往意图的服饰和其他装饰，被称为人工语言或物体语言，它向人们传出许多信息，如性别、年龄、职业、身份、地位等。同时，它还向人们展现出一个人的思想、品德、气质、风度等，是人的心灵的外在表现。穿着打扮得体，给人以赏心悦目之感，在交往中必能略胜一筹。否则，奇装异服，花里胡哨，矫揉造作，则会令人生厌，谁还愿意与你交往呢?

那么，怎样才算穿着打扮得体呢?这要以服装的色彩、款式与你的体形、身份和活动的场所，以及待人接物的对象等方面的关系而定，不可能也不应该有统一的标准。我们从服装和装饰两方面分别叙述。

(一)服装

服装是否得体，要注意以下几个审美原则:

一要注意服装色彩的搭配。“先看颜色后看花”，色彩对于服装来说，其重要性甚于质料。不同的色彩是由色相、明度、纯度、色性的不同而呈现出来的。色相，即色彩的相貌，如红、黄、蓝等。明度，是指色彩的明暗度即同一颜色深或浅的区别，色彩越浅明度越强，越深明度越暗。纯度，是指颜色的饱和度而言，纯度越高色彩越鲜明。色性，是指颜色的冷暖，如红、黄、橙给人以温暖的感觉，称为暖色；蓝、绿、白给人以冷的感觉，叫作冷色。而对比色则是指两种互相排斥的颜色而言如红与绿相配，会使人感到红的更红，绿的更绿，这说明两种颜色对比强度高。

没有不美的颜色，只有不美的搭配。服装色彩的搭配是很有点学问的。要使自己在交往中服装不露怯，还须懂得色彩的搭配艺术。通常有以下几种方法:

根据色彩明度不同来搭配，即把同一种颜色按深浅不同进行搭配，造成一种和谐的美感。但应注意深浅色的衔接不能太生硬，尽量过渡得自然。

用相近的颜色搭配，即色谱上相邻的色，如橙与黄、蓝与绿的搭配等。但搭配时在明度和纯度上要有所不同。

用对比色来搭配，但一定要在明度、纯度上有所不同，才能既鲜明又不刺眼。

运用流行色。人们有时会兴起对某种颜色的偏爱，使其迅速流行起来。由于它适应了人们的审美心理，所以流行色往往会引人注目和喜爱。这在社交场合更加明显。

二是根据体型选择服装。人的体型千差万别，而且往往难以十全十美。但如果掌握一些有关服装造型的知识，根据自己的身材选择服饰，就可以利用眼睛的视错觉，达到扬长避短、丑隐美显的目的。

高而瘦的人，面料图案不宜选用竖条纹的，料子也不能过薄过软，那样显得呆板没有韵味。稍硬一点的料子则会使瘦人看上去精神。最好不穿领口宽大的上衣，否则露出突出的锁骨，影响美观。如选择带环形图案的面料，袖子采用泡泡袖或灯笼袖，穿百褶裙或喇叭裙会显得丰满一些。还应避免颜色暗浅的收缩色。

身材肥胖的人，服装的质地不能太厚，显得笨重；也不能太薄，使体型过于暴露。胖人还忌穿大花纹、横条纹、大方格图案的服装，避免体型横宽的视错觉。也不应选用皱褶的面料做裙子，最好不穿无袖短衫或连衣裙。胖人选择服装，在色彩上应用收缩色，图案最好用竖条纹，力求线条简洁明快。

身材短小的女子，可利用颜色创出高度，让衣服鞋袜连成一色，看上去会有修长感。小花图案比大花大块的为佳；

上衣短些，腿会显得长些。腰部过粗的人，不宜穿紧身衣和连衣裙。应选择流线型上衣，筒裙、西服裙、旗袍都适合。

三是着装必须注意场合。装束与环境和场合关系也很重要，不然，本来很美的服装也会因其与场合不协调而大为逊色，甚至引起反感。

芭蕾舞演员穿着透明的薄纱裙，在舞台上跳天鹅舞，给千百观众以十分高雅的美；但如果穿着这种服装逛大街，就不雅观，不协调。

年轻的女教师下班后在公园或在家里，尽管可以穿得漂漂亮亮的；但如果穿得花枝招展地去给学生上课，就显得不够严肃和庄重，还会分散学生听讲的注意力。同样，大学生穿着运动衣裤在操场上锻炼，显得很健美；但如果穿着运动裤衩背心去上课或参加集会，就不大适宜。

上班穿的服装，要整洁、大方、高雅，不需过分引人注目。赴朋友之约或参加晚会，当然应尽可能穿得漂亮点，但也不要打扮得珠光宝气，那样反会显得俗气。

男女朋友约会，着装应整齐、体面一些，以示尊重对方。姑娘可穿得艳丽一些，但决不要过于袒露而流于轻佻。小伙子主要是整洁、大方。姑娘们一般不喜欢过于注重修饰的男子。但如果认为邋遢、随便才体现男子气，实在是一种误解。

四是服装要适合身份。装束与身份(职业)有着密切的关系。人民警察的白警服、大檐帽，显示了庄严、威武的美；人民海军的蓝白相间的海魂衫和带飘带的无檐帽，显示出矫健、勇敢的美；炼钢工人的厚帆布工作服和带着防火眼镜的鸭舌帽，呈现出雄伟、健壮的美；紧身的体操服，显现出运动员身材的线条美；中小学生各有特色的校服，表现出一种整体美。

牛仔裤近年来在我国很流行，它实用、潇洒、耐脏、耐磨，青年人很喜欢它。但要注意穿着得法，比如：牛仔裤与中山装、西装和布鞋搭配，就有点不伦不类；过瘦、过胖和臀部肥大的人穿起来并不好看；因牛仔裤穿着比较随便，因此不登大雅之堂，在正式社交场合不宜穿着。一般来说，牛仔裤最宜配穿各式各样的汗衫、运动衫和击剑衫、夹克衫。最近流行的蝙蝠衫配上牛仔裤也很好看。因为牛仔裤粗糙厚实，而各种针织衫都较柔软，上松下紧，互相搭配起来，使人产生一种刚柔相济的美感。

西装近年来在我国开始流行，它造型优美，做工讲究。男装穿起来笔挺、潇洒、有风度，女装穿上线条优雅柔和，是社交场合理想的服装。但穿西装有很多讲究，如果搭配不当，不伦不类，反而会失去应有的美感。比如穿西装要配有衬衫和领带，领带必须扎在有座的硬领衬衣上，针织的圆领衫和翻领衫不宜扎领带。领带系好后，上面宽的一片须略长于底下窄的一片，领带尖不要遮住裤腰。穿西装不系领带只适于非正式场合，正式社交场合，如开会、迎客或参加舞会，最好要扎上领带。还有穿西装要配有皮鞋，最好避免穿球鞋和露着脚趾和后跟的凉鞋。

（二）装饰

在穿着打扮中装饰也很重要。一身入时的服装，再配上得体的饰物，能收到画龙点睛之妙。这在交往中也是不可忽视的无声语言。装饰又可分为服饰和首饰两类。服饰包括鞋、帽、围巾、腰带、手提包、胸饰等。首饰包括耳环、项链、戒指等。

一双得体的鞋子可使衣服生辉。对男子来说，黑色皮鞋庄重大方，能适应各种衣着。姑娘们喜欢穿各式各色的高跟鞋，它能使身材挺拔和显出女性的线条美。但高跟鞋不一定对每个人都适用，如罗圈腿穿高跟鞋反而使腿部的缺陷更突出了。

围巾和帽子对服装的整体美影响甚大，在冬季对于点缀色彩尤为重要。冬天人们的穿着较黯淡，所以围巾和帽子的颜色可鲜艳一些。

身材高的姑娘，巾和帽应宽大些，而体形纤小的女孩不宜围长巾。长脸的人不宜戴高筒帽和小帽，脸宽的人则应戴小檐高顶的帽子。

佩戴耳环、项链，要根据自己的脸形、衣着来选择。面部较宽的胖女子，不宜戴大耳环；圆脸的最好选戴链长形耳环，以从视错觉上造成延长脸形的效果。戴眼镜的女性不宜戴耳环。

脖子短的人不宜戴多串的项珠，而应选择长一些、颗粒小一些的项链，使脖颈充分暴露显得长一些。脖子长的人最好戴颗粒大而紧短的项链。也可穿高领毛衣，把项链戴在外面。

戴戒指在西方很有些讲究。通常戴在食指上表示想结婚；中指意味着正在恋爱之中；无名指表明已订婚或结婚；而戴在小指上意即“我是独身的”。我国虽不讲究这些，但戴什么样的戒指也要因手形不同而去选择。手指短粗的人，应尽相挑选起角和不规则的设计样式，尖形、椭圆形的能使手指显得长些。如手指纤细，则应选择圆形的、心形的。

不管怎么说，装饰毕竟是一种点缀，无论在什么情况下都不宜佩戴过多，那样容易喧宾夺主，失去青春本色的自然美。另外，佩戴装饰品一定要与自己的身份和社交的场合相协调，如果打扮得珠光宝气、华而不实，会显得俗气。只有装饰得体，才能收到“浓妆淡抹总相宜”的效果。

木桃当以琼瑶报　礼尚往来知多少

——积极反馈的方法

在待人接物中，除了自己主动地运用语言和非语言技巧向对方传出信息之外，还需要对对方传来的信息进行积极地反馈。这样才能达到相互之间交流思想、传达感情的目的。我国最早的一部诗歌总集——《诗经》就有这样两句诗：投我以木瓜，报之以琼琚；投我以木桃，报之以琼瑶。这虽然讲的是恋爱双方对爱情的报答，但在一般的人际交往中也应是通行的原则。常言说："来而无往非礼也"，"你敬我一尺，我敬你一丈"，"人心换人心，四两换半斤"，讲的也都是这个意思。可见，我国历来重视人际交往中的回报或反馈的。

"反馈"一词是信息论的概念，它是由信息论创始人罗伯特·维纳最早提出的。我们这里说的反馈，是指在待人接物中，对对方传出的信息，给予积极地反应，用自己的反馈信息去调整对方的传出信息，以便更好地交流思想，传情达意。

反馈可以分为正反馈和负反馈、即刻反馈和延缓反馈、语言反馈和非语言反馈等。正反馈是给对方肯定性、支持性或鼓励性的信息；负反馈是给对方否定性、批评性或要求更正的信息。比如：对别人的意见点头称是、鼓掌赞成，或连声叫好，这就是正反馈；如果在安静的阅览室大家都在认真看书，突然有人弄出了声响，你皱皱眉头，或摆手示意，这就是负反馈。反馈可以在得到信息后马上做出，也可以在过一段时间以后再做出。比如：在小组讨论会上，有人提出的意见你不同意，可以当即反驳，也可以会下找个机会和他慢慢交换意见，陈述自己的观点。前者属于即刻反馈，后者属于延缓反馈。对别人的意见，你可以说“我同意”或“我不理解”，这是语言反馈；也可以点点头，或皱皱眉，这是非语言反馈。

反馈，按其性质来划分，一般可以分成评价性反馈、解释性反馈、支持性反馈、探询性反馈、理解性反馈等。评价性反馈主要是对对方的行为或说话是否得体而作评价性反应，如：“这话太对了!”，“您这样做恐怕不太合适”等。解释性反馈指的是试图解释对方言行的确切含义的反应，如：“我懂了，您的意思是……”“你这样做，是希望大家能理解，对吧?”等。支持性反馈则是在反应中表示对对方的赞成，如：“我完全同意你的看法”“这样做太好了!”等。探询性反馈是试图获得另外一些信息，或者想把话题引向深入的反应，如：“除了这些，您再谈谈那个问题吧!”“请您进一步谈谈好吗?”等。理解性反馈是对对方言行表示理解的反应，如：“我理解你的意思”“只好这样了”等。

反馈的类型和性质既然有不同，那么反馈的方式就是多种多样的，主要的有倾听、应答、赞赏、交流等。为了更好地掌握积极反馈的技巧，我们有必要对反馈的各种方式进行具体的研究。

一、积极倾听

倾听在待人接物中非常重要。它不仅是人们接受信息的主要手段，而且是反馈信息不可缺少的渠道。我们每天花在听上面的时间比用在其他交流信息的活动(如说、读、写等)上都要多。据美国人际传播学专家朱迪·皮尔逊的研究，一般人在醒着的时间里，听占去29.7%，而学生花在听上面的时间则更多。人们用于听的时间是读的三倍，写的五倍，说的一倍半。人们互相交换信息时，听的时间占42%—66%。可见，听在人们生活中司空见惯，习以为常，只要不是先天失聪的人，都具有听的功能。

然而能听不等于会听。常言说，“会说的不如会听的”，会听的人善于捕捉信息，能够抓住对方讲话的要领，能够领会人家的确切含义，甚至能听出对方的弦外之音。所谓“眼观六路，耳听八方”，正是对善交际的人会听的描写。我们平常赞扬某个学生聪慧、聪敏、聪明、聪颖等，这些美好的赞语无不与这个人的听觉灵敏和会听有关。

那么，怎样做到会听呢？让我们来谈谈积极倾听的技巧吧！

第一，要集中注意力。人们听的目的和听的注意程度各不相同交往的效果就大不一样。积极倾听，要求要集中自己的全部精力，包括积极调动自己的知觉、感情、态度等。消极倾听的人仅仅把自己当作一个接受声音的机器，既不施加个人的感觉和印象，也不产生什么好奇心。积极倾听有它的目的性和指向性，或者想获得信息、得到指导、寻找论据，或者表示理解对方、揣测对方、分享乐趣，或者对对方表示支持、鼓励、赞扬等。在积极倾听的过程中，你既要把握对方说话的中心意思，又要注意这些话的内在含义，对对方传出的语言和非语言信息，要加以思考、理解。积极倾听的人既注意对方的话，又注意对方的表情、姿势，因此自己的眼睛、神态、姿势也必须倾注于对方的身上，这就是积极倾听的指向性。指向性越集中，注意力就越集中，对方也就越感到对他的关心、重视、理解和支持。否则，漫不经心地听，心不在焉地听，对方会产生什么感觉呢？他还能饶有兴味地和你攀谈吗？

比如，小王失恋了，他十分痛苦，便找到小李和小张，倾诉自己心中的郁闷，以便求得朋友的同情和帮助。小李全神贯注地听着，并不时表现出同情、愤懑、理解的表情，还不时插话询问和劝慰。而小张呢，手里不停地摆弄自己的东西，偶尔向窗外张望，似乎是盼着谁来找他，时而回忆起自己与朋友约会的甜蜜夜晚。试想，假如你是小王，你会对小李和小张做出什么评价呢？你愿意和谁进一步发展友谊呢？请记住：心情烦闷时，任何人都需要倾吐，更需要有人来听他的倾诉。如果你能做到倾听，就能受到别人的欢迎。

第二，让对方把话说完。在与人交谈时，不要只顾自己滔滔不绝，要给对方说话的机会。要让对方谈得更深更细，并允许对方选择新的话题。当对方谈兴正浓时，要静心地听下去，不要轻易打断让人把话说完。

有位著名记者认为，采访中得不到深刻印象的最大原因，是没有积极倾听对方所说的话。他说："大部分人只关心自己要说的话，耳朵却从不注意听别人说的话。伟人们多喜欢听自己说话的人，不喜欢和自己争着发言的人。"其实，不仅是伟人，大多数领导者、上级、长辈也都不喜欢他的被领导者、下级、晚辈打断他的话，这大概是一个通病。

因此，青年人在他们面前最好保持缄默，注意积极倾听，不必与他们争着发言。

在与同辈人交往中，也不要轻易打断人家的谈话，因为倾听是对他人尊重和赞美的最好表示。有位心理学家说过：“不为任何赞美词所迷惑的人，也会被专心听他说话的人所迷惑。”我们诚心诚意地倾听别人的谈话，就是给予对方最好的赞美词。我们既然不吝啬对对方的赞美，就应该凝神屏气地听对方说话，不要打断人家，做一个忠实的听众。

第三，积极倾听的语言技巧。不要打断对方的说话，并不意味着始终保持沉默。倾听中适当地插话也是必要的。因为不时地语言反馈能够表明你一直在积极地听。同时对方也可在你的语言反馈中得到肯定、鼓励、引导，而使他的谈话更深入、更明晰。

适当的插话，关键在于适当，一般来说有这样几种情况是插话的契机：一是当对方说话稍有停顿时，你可以插话要求补充说明，如：“请再说下去。”“还有其他情况吗？”“后来怎样？”像这类语言，可使对方谈兴更浓，把更多的想法和消息告诉你。二是当对方说话间借喝茶、点烟思考问题或整理思路时，你可插话提示对方，如：“这是第二点意见，那么第三点呢？”“上述问题我明白了，请谈下一个吧。”像这类插话，承上启下，给对方以启示和引导，实际上是在帮助对方继续说下去，因为正如“上阵者蒙，旁观者清”一样，说话的人往往由于紧张或干扰会出现思路紊乱，而听的人如果精力集中，并且由于听比说反应得快，在听的过程中有时间整理思路，因此给对方这类插话是有可能的，也是最受对方欢迎的。三是在对方谈话间歇的瞬间，给予简单的肯定的回答，如：“是的”“我理解”“我知道”“对”“明白”等来表示对对方的赞成。但要注意答语的变换，不能老是“对，对，对”地毫无变化。

第四，积极倾听的非语言技巧。倾听，当然主要是听，倾听中的语言技巧则是适当和简短，因此更需要非语言技巧作为听的补充。甚至可以说，积极倾听主要是通过非语言技巧来表示的。

我们已经知道非语言技巧有多种表达方式，但在倾听中主要用以下几种：一是身体前倾，擅长听人说话的人身体往往微微前倾，这是注意的指向性的外部表现。这种姿势表示对对方的话感兴趣，给人留下一个洗耳恭听的印象。靠近对方，缩短与谈话人的空间距离，也会收到同样的效果。二是采取面对面的体位，这也是注意的指向性的要求，不管是站还是坐，都应直接面向讲话人，这样显得注意力集中，也确实不致因环境的干扰而走神。否则如果侧着身子对着讲话人，会给人造成一种你想溜走或正在挪开的印象。同时面对面的体位最容易听或观察对方的语言或非语言信息，因此是积极倾听的最佳体位。三是保持眼光接触，眼光是注意的指向性最敏感的地方，如果眼光总是盯着讲话人，表示对他的话感兴趣，而经常转移视线则表明没有认真听人家讲话。比如，学生在教室听课，望着窗外或天花板；在家与客人交谈，不时瞥一眼电视；开会时总是东张西望，或不时看看手表。这些都不是注意倾听的表示。积极倾听，请注意保持与对方的眼光接触。

二、巧妙应答

在待人接物中，对对方发出的信息，有时候注意倾听就是一种积极地反馈。但有的时候，仅仅是倾听还不够，必须做出应答。比如："小王，你路过新华书店帮我买一本书好吗?""昨天郊游你怎么没去?真让大家扫兴!""我的女朋友，昨晚约会她没来，会不会出了什么事情?"诸如此类的信息，如果你只是一听了之，不做任何应答，显然是不行的。值得注意的是，对方发出的信息是多种多样的，并且由于对方心境和情绪的影响，即便是同一内容的信息，表达方式也会不同，因此应答要巧妙。一般来说，对方发出的信息需要应答的可以分为三类：向你请求帮助、向你发出责备、向你提出咨询。面对这三类信息，应该如何巧妙应答呢？我们分别谈谈各类应答的基本技巧。

(一)对方向你请求帮助时的应答

这类应答有三种方式，即许诺式、歉意式和躲避式。我们仍以上述例子来说明，“小王，你路过新华书店帮我买本书好吗?”你如果愿意并能够帮对方这个忙，就应该用许诺式应答：“可以!”或“没问题!”这种应答要求爽快、肯定、明确，使对方感到你乐于助人，并且心甘情愿。而犹豫不决，吞吞吐吐，即便是答应了，也会给人带来“不得已而为之”印象。如果你想进一步表示热情和诚意，还可以再追加一句：“买什么书？我带五块钱够吗?”或者说：“买什么书？拿钱来!”

如果你愿意帮忙，但由于某种原因一时办不到，就应该用歉意式应答：“实在对不起”或“实在抱歉”，然后说明原因：“我今天和朋友一起去看电影，不路过新华书店。”如果你想进一步表示补歉，还可以再补充一句：“如果你不急等用，我后天给你买可以吗?”这样应答比较周全、得体，对方还有什么不满意的呢?

躲避式应答，是指用变换话题，转移和分散注意力，转嫁于人等手段，把对方的请求推脱掉的应答方式。比如：“今天新华书店可能不开门吧?”“这种书没意思，买不买都无所谓。”“听小李说，过两天新华书店要到学校来摆摊。”“小张在新华书店有熟人，让他打个电话给你留一本算了。”这种应答无异于说“我不愿帮你买”，会给对方造成什么印象呢？请记住：在对方有求于你的时候，切忌不要用躲避式应答。

(二)对方向你发出责备时的应答

这类应答也有三种方式，即承认式、解释式和批评式。例如："昨天郊游你怎么没去？真让大家扫兴！"显然，这是对你没有如期赴约的责备。你怎样应答为好呢？

首先，应采用承认式应答："是我的错！""认打认罚，这不，我负荆请罪来了。"当你确实因自己的过错给对方带来不快时，这种承认式应答是最明智的，一方面显得你胸怀坦荡，知错认错，回答幽默，又不失面子；另一方面也使对方立即消除了怨恨，双方便和好如初了。

其次，在承认错误之后，还可以做出适当的解释。比如："昨天家里突然来客了，我没法和你们联系，真抱歉！""我何尝不想和你们一起去呢？公共汽车赶上三次红灯，换车时又忙中出乱，坐错了车，来迟了一步，太遗憾了！下次我一定提前出发。"这就是解释式应答。不过，请注意：解释式应答不应放在承认式应答之前。那样会适得其反，越解释，对方越反感。

还有，就是批评式应答，常见有的青年朋友缺乏涵养性，听到别人的责备(哪怕是善意的)，他就受不了，不但自己不认错，反而批评别人。如："谁让你们不多等一会儿呢？""你们扫兴，活该！""你们责怪我？我有气还没地方出呢！"这样的批评式应答会产生什么后果呢？下次再去郊游，谁还愿和你相约结伴呢？

(三)对方向你提出咨询时的应答

这类应答也有三种方式，即探究式、劝慰式和敦促式。例如："我的女友，昨晚约会她没有来，会不会发生什么事情？"对方能提出这类问题向你咨询，是对你的高度信任，应该做出积极回答。可是当你尚未了解到真实情况之前，很难做出准确的判断，因此不能信口应答。最好的办法是先做探究式应答。

探究式应答，就是要求对方谈及他没有说出的事情，或是要求他详细地描述事情的某些细节，或是要求他自己说出他所担心的后果。这样既表现出你对问题的关心和兴趣，使对方感到你的诚意，又为以后的分析判断和提供意见做好了准备。比如对上个问题就可以这样探究："以前发生过她失约的事情吗？""这次约会之前你们发生过矛盾吗？""依你的看法，可能会发生什么事情呢？"对方会一一对你的探究做出回答，这样你就可能找到了进一步应答的根据。

劝慰式应答，这是消除对方的疑虑，劝解、安慰的应答。如果对方的女友从未失约过，这次约会之前也没发生什么矛盾，说明俩人的关系发展是正常的。那么你就应采用劝慰式应答，如："放心吧，你俩关系一直不错，不会出现什么意外的事情的。""不要胡思乱想了，第一次失约就沉不住气，那还行？""可能是她昨晚有特殊情况，否则她不会失约的。你可给她打个电话问问情况，表示关心嘛。"

敦促式应答，如果确实对方和女友闹了别扭，吵了架或出现其他什么矛盾。就应该把原因找出来，然后敦促他尽快解决矛盾，不要拖延。如果是双方发生了误会，就要敦促他去消除误会；如果是男方本身的问题，就要敦促他去主动承认错误，言归于好；如果是女方的问题，也要敦促他放下男子汉的架子，找女友坦诚地谈一谈。总之，对这类问题的应答都应是积极的、善意的敦促双方和好，而决不能泼冷水或火上浇油。

三、不吝赞赏

在与人交往中，当对方的言行给你带来好处时，或者你喜欢对方如何行事时，应该做出积极的反馈——赞赏。

谁不想被身边的人群称赞？谁不希望被他人肯定自己存在的重要

性与价值？我有两个同学，一个毕业分配到中学当教师，一个分配到市委机关当秘书。一次同学聚会，在谈及各自的领导时，当教师的同学说：“当教师虽然很清苦，但我现在还不想调动工作，确切地说是不好意思向领导提出调动问题，原因是校长待人很好，他经常称赞我的工作，哪怕是一个微小的成绩，我很乐意在他那里工作。”谈话中大家都认为当秘书的同学运气好，在大机关的领导身边工作，将来一定有前途。可是这个同学却叹息连声地说：“唉！有什么前途？我都待腻了，整天看上司的脸色就够你受的。他总希望你工作完美无缺，经常告诉我他对哪些不满意，却从来不称赞我哪件事情办得好，在这样的领导面前，我还能继续干下去吗？”

在这个例子中，当教师的同学能够安心于教师工作，是因为他得到了领导的赏识；当秘书的同学不愿在大机关工作，是因为他没有受到赞赏。可见，赞赏多么重要！虽然我们不是为了赞赏而活着，但赞赏毕竟使人心情愉悦，增添了生活的光彩。

赞赏，不是领导者、管理者、教育者所专用的，任何人都可以用，且随时随地都可以用，其效果是非常惊人的。运用赞赏很容易，不需任何代价，但得到的报偿却是多方面的。你不妨在待人接物中一试，但要注意讲究赞赏的技巧，适得其反的情况也不是没有的。那么，运用赞赏需要注意什么呢？

首先，赞赏要真心诚意，实事求是。待人接物贵在真诚。实事求是、恰如其分的赞赏才能收到好的效果，否则会适得其反。不真诚的赞扬，给人一种虚情假意的印象，或者会被认为怀有某种不良的目的，被赞扬者不但不感激，反而会讨厌。言过其实的赞扬，会使受赞扬者感到窘迫，也会降低赞扬者的威信。花言巧语的赞扬，听起来像屈尊俯就，意味着赞扬者地位低下，不会被人尊敬。过于频繁地赞扬一个人，不但会招来其他人的嫉妒，还会滋生被赞扬者的自满情绪，或引起他产生错误的希望。要杜绝这些赞赏的弊端，唯一的办法就是真诚和求实。

其次，赞赏用语要具体、明确。人们喜欢真诚的赞赏，也需要具体、明确的赞赏。如果是含糊其辞的评价性的赞赏，可能会产生误解、混乱、窘迫。比如："你是一个伟大的人物。""你真了不起!""你工作很出色。"这种大而空的评价性赞扬，让人摸不着头脑，容易产生歧义，分不出你是赞扬他，还是奉承他。还可能使人误认为你在居高临下地看人家，而产生屈尊俯就的感觉。因此，赞赏用语要避免抽象、含糊。

赞赏用语是一种表明自己喜欢对方某个具体行为的用语。这种用语一般不评价行为者，而是描述、赞扬行为本身。赞赏用语一般由三部分构成：你所喜欢的他人的具体行为、这种行为产生的实际效果、你自己的感受。例如："昨天你提醒我带雨衣，还真用上了，不然我非淋个落汤鸡不可。""自从你帮我整理了办公桌之后，看上去整洁多了，我坐在这儿也感到舒服多了。""感谢您对我的论文提了很好的建议，我按照您的意见做了修改，结果我很满意。"赞赏用语三个部分的公式，可以指导你更有效地对你喜欢的行为做出反应。这样可以使对方明确地知道你所赞赏的具体行为，知道他对你有什么帮助，知道你喜欢什么，他就有可能继续或重复你所喜欢的行为。

再次，采用赞赏反馈需要追寻积极因素。要想诚心诚意、具体准确地赞赏别人，必须善于发现对方的积极因素。他人的所作所为不可能事事使你喜欢，也可能有的行为不使你满意。在与人交往中，对那些使你不满意的消极因素要尽量回避，使不愉快的事情不致发生；对那些使你喜欢的积极因素，要尽可能地多发现，发现后就抓住不放，不失时机地运用赞赏反馈。你想有一个和睦美满的家庭，就不可老是责备妻子(或丈夫)的缺点，而应尽情赞赏她(或他)的优点；你想有一个团结融洽的工作单位，就不能总是抓住同事的缺点不放，而要尽量发现他们的优点，并恰如其分地去赞赏他们；如果你希望自己生活得愉快，那就要毫不吝啬地赞赏别人！

四、善于交流

在与人交往中，谁都难免遇到由于对方的行为而产生的问题，给你的生活或工作带来麻烦或干扰。比如：当你需要集中注意力时，有人在你旁边喧哗。当你准备骑自行车上班时，发现邻居的小孩把车胎放了气。别人借了你的东西迟迟不还，等你要用时怎么也找不到。朋友给你打了电话，办公室值班的同志忘了转告你。诸如此类问题，你应该如何做出反馈呢?

对待他人引起的问题，有的人往往处理的方式不得当，会引起抵触、自卫和不满情绪，结果造成问题或冲突加剧。既影响了与他人的关系，又给自己的生活带来不快，甚至还可能影响事业的成功。与此相反，如果针对问题进行主动的交流，则能使理解加深，使双方互相尊重和体谅，合作得到加强，问题得到积极而有效的解决。交流是处理好这类问题的最有效的反馈方式。

那么，如何主动交流效果最佳呢？根据美国社会心理学家海伦·克林纳德的研究，主动交流可以分成五个步骤进行。下面我们分别探讨这五个步骤的技巧：

(一)准备和推敲交流的措辞

交流的措辞非常重要，措辞优劣的标准是：既解决了问题，又不伤害双方的关系或对方的自尊。准备和推敲措辞是交流的第一步，应在交谈之前做好。

交流用语和赞赏用语一样，也是包括三部分，只是这里你对其做出反馈的行为是你不喜欢的，而不是你喜欢的。我们以“办公室的值班秘书忘了给你传电话”这件事为例，来分析一下交流用语的措辞。按照交流用语包括三部分的要求，你应该这样对秘书说：“上午处长打来的电话你忘记告诉我了，让他等了我一个小时，我感到很不安。”

“上午处长打来的电话你忘记告诉我了”，指出了你不喜欢的对方的行为。对行为描述的措辞要具体、明确，描述应仅限于对方所做的或所说的(或未做的未说的)，避免指责和批评，避免对态度或品质的评价，也不要涉及以往此事发生的次数。比如：“由于你的粗心大意，处长打来的电话你忘记告诉我了。”又如：“处长打来电话你怎么忘记告诉我了，真不像话!”又如：“你忘了传电话，已经是第三次了。”这几种描述对方行为的措辞都不合适，因为过分地指责、批评和怪罪，会引起对方的防御和抵触情绪，不利于问题的解决。其实，当你客观地描述了对方的行为之后，就足以引起他的愧疚、歉意和悔过之意了，再加上那些不必要的词语，就成了画蛇添足了。

“让他等了我一个小时”，说明了对方行为的直接的实际影响。这部分的措辞要实事求是，不能夸张和渲染。比如说“等了半天”或“等了很久”，就给人以夸大事实的感觉，这无助于解决问题，只能引起对方的反感。同时必须注意是对方行为的“直接”影响，不应把间接产生的连锁反应都说出来。比如：“让他等了我一个小时，耽误了他参加一个重要会议，甚至会影响全处的工作。”这样说简直成了危言耸听，忘了传一个电话，难道竟造成了如此严重的后果？对方肯定持怀疑态度，对解决问题当然是不利的。

“我感到很不安”，表达了你对这些影响的感受。这种感受是对对方行为直接后果的感受，而不是对对方的行为本身的感受。这种措辞实际上是为了避免对对方的正面批评，而是将这种批评对事而不对人。相反，如果对对方行为本身作评价，如："你忘了传电话，这使我很恼火"，"你这样一来，耽误了多少工作"，"这样我在领导面前如何交代?"这种措辞就把自己和对方对立起来了，冲突起来了，事情还怎么解决呢?

(二)选择适当的交流时间和地点

交流的时间和地点，是交流成功的时空条件。从时间上看，应在行为发生后尽早谈，这时对事情的经过记忆犹新，描述事实的误差要小得多。同时也避免时间久了再重新提起，会使对方误认为你对一件小事耿耿于怀，过了这么长的时间还抓住不放，甚至怀疑你想算总账。另外，机会也很重要，不必专门找时间谈，最好寻找一个机会，使对方不知不觉地交谈。比如上边这个例子，就可以在对方再次向你传电话时先肯定他这次的做法，然后再谈及上次忘记传的情况。这样就显得自然、得体。

但是，时间的早晚，都要具备一个先决条件，这就是你和对方都应是没有怨气，心情平静、感觉良好的时候。这样容易做到心平气和，听得进，谈得拢。

地点的选择，要根据交谈的内容和所需时间的长短而定。问题比较复杂，谈话时间较长的，最好找一个可以从容谈问题的地点。如：办公室、宿舍、茶馆、酒楼等。问题比较简单，谈话时间不长的，可以随时随地交谈。如：下班的路上边走边谈，饭桌旁边吃边谈等。大多数情况下，在事情发生的地点谈，此情此景，情景交融效果较好。比如上边的例子，在打电话的办公桌旁谈就很合适。请注意，不管是在什么地方，最好是私下单独谈，避免在大庭广众下做双边交谈，这样给人留面子，也有助于问题的解决。

(三)创造和调节交流的情感

开始交流和交流过程中，情感因素是非常重要的。在正式交流之前，要尽可能创造一种亲密友好的气氛。以上边的例子为例，你可以先对秘书这样说："上午半天够你忙的吧！可以看得出你大概接待了几起来访，处理了不少事情。"这样的开场白，是对他的工作的肯定和理解，双方的感情就贴近了。然后你还可以进一步试探地问："上午的电话多吗？有什么需要我做的？"如果对方此时意识到了忘记传给你的电话是他的失误，他准会主动承认并表示歉意，那么你就可以顺水推舟，与他交流了。如果他还没想起此事，你不妨主动提醒他："你大概忘了吧？……"接下去仍可表明你的意思。如果对方有意回避，不愿谈及他的失误，你也不必继续追问，可换一个话题，等到适当的机会再谈。总之，正式交谈之前要创造一个好的心理气氛，不要强迫对方接受你的交流。

在交流过程中，即便是措辞十分严谨、富于诚意的交流用语，也可能引起对方的防御性反应。人们一般不喜欢承认自己的过失，别人提出后，他们出于自尊的心理也会进行辩解、自卫，甚至攻击。无论是哪种，都表明你的交流对象有某种程度的消极情感。面对这种情况，你必须做出及时的调节。

心理学家托马斯·戈登把这种调节称为"换挡"，意思是根据需要，在两种技巧(听和说)之间互相交换。当对方表示出不高兴听或想说什么的时候你应由说转向倾听；当对方看来准备倾听时，你就由听转为说。仍以上述例子来说明：当你按照准备好的交流用语谈了自己的看法之后，对方可能要进行一番解释，这时你就应静静地倾听。他可能说上午太忙了，忙中出错，便把传电话的事给忘了。你应该表示理解。他也可能埋怨办公室人手太少，一个人顾此失彼，难免忘事或出错。这你也应听下去，让他把话说完。通过倾听对方的话，一方面为对方提供一个平和情绪，或诉说苦衷的机会；另一方面也可对自己的理解进行反省，并思考进一步交流的措辞。在对方的解释完了或牢骚发泄出来了之后，你再谈自己的意见，他可能也就容易接受了。

从说到听，再从听到说，这个过程对打破僵局有很大作用。只有这样，才能真正达到交流的目的。一方面，你在维护自己的利益，向给你造成问题者讲明了事态；另一方面，你还要倾听并理解对方的需求和问题。两者并非真正对立，它们是同一态度的两个方面，即：哪一方的需求都应得到承认，哪一方的情感都应得到尊重。

(四)做出对交流结果的反应

交流的目的是要得到满意的结果，但这并不意味着任何时候你都能完全彻底地达到目的。一般来说，交流的结果不外乎有这样几种情况：对方同意改变自己的做法；对方需要继续他的行为；双方各自都做些让步，求大同存小异。

如果对方表示愿意改变他的行为，或以某种方式帮助你解决问题。那么，你自然应做出赞赏的反应，少不了要说些感激和答谢的话。

如果对方没有接受你的意见，需要继续自己的行为，那就要做具体的分析，根据不同的原因做出不同的反应。可能是因为你的交流用语不当，或时间地点选择的不好，或交流中的感情不融洽，那么你不要放弃努力，请再做一次有效的交流。也可能是对方本人愿意帮你解决问题，但由于外界更强大的力量使他不能按照你的意愿来改变自己的行为，或者是因为客观条件不允许他这样做，比如政策规定、领导授意、条件所限等，这就不是双方交流可以解决的了，需要寻求其他的解决办法。还可能是你本人对对方的要求不切合实际通过交流你认识了这一点，就应该对自己的需要进行自我调节或修正。

通过交流如果双方确认各自的需要和行为都有其合理的成分，同时又都有可以修正的地方，那就应该双方都做些必要的让步，求大同存小异。这时你应该对对方使你满意的方面做出积极的、肯定的评价，然后再告诉对方哪些地方你不满意，还可保留自己的意见。

生意人有句行话，叫作“买卖不成仁义在”。人际关系中的交流，虽然不是做买卖，但双方也有个需要和利益关系问题。交流的结果虽然有满意、不满意和部分满意之别，但双方不伤感情，更不能反目成仇。愿青年朋友们都能掌握交流的技巧，使我们的人际关系充满着轻松、愉快、和睦、融洽的气氛。

牢骚太盛防肠断　风物长宜放眼量

——控制情绪的方法

有人说“人是感情动物”，也许“动物”这词不应再冠于人身，但这“感情”却是不仅有，而且比任何动物都丰富，人毕竟是一种社会化了的不再称作“动物”的动物。

属于感情范畴的情绪，对于人的行为有着重要的影响，这是我们每个人的常识所能理解的。良好的情绪，使人愉快、振奋、舒畅，能让人更好地发挥聪明才智，在待人接物中做到轻松、自如；不良的情绪、损害、消耗、阻碍着人们能力的发挥，往往使人际关系紧张，甚至恶化。因此，如何控制自己的情绪，是至关重要的。

朋友，让我们就如何控制愤怒、消除忧愁、摆脱苦恼、克服急躁和消除牢骚等问题，共同探讨一下吧。

一、控制愤怒

愤怒，是人在客观外界某种事物刺激下产生的一种强烈的情绪反应。它最显著的特点是对某种事物不满。愤怒程度完全取决于不满的程度。人生活在社会中，每天遇到很多事物，这些事物又不可能完全被人们同意认可，就不可避免要产生不满情绪。这种不满到了较强烈的程度，就使人表现出愤怒了。所以我们每个人都有数不清的产生愤怒的原因。但并不是一有这样的情绪就必然愤怒，随着人的年龄、文化教养、觉悟程度的提高，对于愤怒这种情绪是可以控制的。人类既然客观地存在着愤怒这样一种情绪反应的能力，不论它是好是坏，就必然有它存在的合理性，所以我们应该冷静地对它进行分析，然后才能善则行，不善则改。

先来探讨一下愤怒的好处。这话似乎荒唐，都说愤怒是不良情绪，那么又有什么好处可言呢？其实也有。

首先，愤怒令人激发志气、斗志昂扬。战国时著名纵横家苏秦，开始游说秦惠王失败，回到家，妻子看他“形容枯槁，面目黧黑”一副狼狈相，继续织布；嫂子也不给他做饭；连父母都不和他说话。于是，他发愤读书，困了用锥子刺大腿，“血流至足”，终于学成，而且这次游说山东六国诸国君，佩六国相印，获得最大成功。这里如果没有受歧视激起的愤怒，他就不一定“引锥刺股”发愤读书，自然不会有后来的成功。

在现实生活中，我们可以看到一些小时候就被老师认定是成不了事的坏孩子，长大后都很有出息的事例。家长和老师说了一些刺激性很强的话，激起了孩子们的愤怒，于是才有了奋发图强的结果。这样的愤怒你能说没好处吗？

其次，愤怒还是正义感变为行动的媒介。古语云，“恨小非君子”，恨，这里就是愤怒的意思，在不平面前不能愤怒，就不可能上前“拔刀相助”，主持正义。鲁迅先生之所以弃医从文，就是因为看到中国人虽然体格健壮，但眼看着自己的同胞被杀，无动于衷、麻木不仁，只能充当示众的材料和无聊的看客，认识到中国人需要治疗的不是身体的病，而是思想的病。于是他发愤要以文字来医治民众精神上的痼疾。

再次，愤怒对敌人有一定威慑力。战国末期、秦国先后灭亡了韩魏两围，又想用诈骗手段吞并魏国的附属小国——安陵。安陵君派唐雎出使秦国。秦王对唐雎的态度相当蛮横，想以“天子之怒，伏尸百万，流血千里”的话来压倒唐雎。唐雎不但没被吓住，反而针锋相对，说：“若士必怒，伏尸二人，流血五步、天下缟素。”意思是我们这些策士如果发了怒，那么死去的是你我二人，血流不到五步远，天下人都要为你穿白戴孝。然后“挺剑而起”，使得目中无人的秦王不得不求饶。

我们的战士在前方与敌人打仗，向敌人冲锋时，他们的情绪必然是愤怒占上风，只有这样才能有强烈的压倒一切的士气、才能让敌人闻风丧胆。如果换一种情绪，战士们都心平气和地、漫不经心地哼着柔曼的小夜曲去冲锋，那将出现什么结局呢？

愤怒之所以有一定好处，是因为它能使人情绪紧张，很快进入“应激状态”，引起交感神经兴奋，接着肾上腺素分泌也会增加，这时全身就会呈现出准备发挥力量的最佳状态。人在这时力量要比平常大得多，动作也会迅猛得多。这时如果让人去战斗，毫无疑问是最勇敢的，“狭路相逢勇者胜”。因而这些被义愤激发起来的人，往往能战胜敌方。部队的战前动员，就完全是运用了愤怒使人产生勇气和力量的原理。

以上说的是一定程度的愤怒是有好处的，如果超过了一定限度，或者根本不应愤怒的事，也怒气冲天，就会产生很多坏处了。这也是“物极必反”，那么，愤怒究竟有什么坏处呢？

第一，愤怒有损于身体健康。中国医学经典《黄帝内经·素问》称

“怒伤肝”，因为“百病之生于气也，怒则气上”，这是人们在漫长生活实践中总结出的屡试不爽的宝贵经验。我们平常也能有所体验：当你生过大气之后，会觉得浑身发抖，两肋胀满，食欲不振，甚至根本吃不下饭。有的人白天生了气，怒气郁结于胸，晚上做噩梦，往往梦中与人争吵、或遇到可恨的事，就要大声呼喊起来。而总是这样的人，肝脏往往不好，甚至会有病变，用中医的话来说叫“肝郁气滞”。长期下去，后果不佳。即使是西医理论上虽不讲究肝脏与生气有多大关系，但也至少承认，不良情绪影响病情好转，影响健康。英国著名作家迪斯雷利说“为小事而生气的人生命是短促的”也是这个道理。

第二，愤怒可使人头脑丧失理智，做出一些不该做的鲁莽的蠢事。三国时的刘备虽然有“喜怒不形于色”的修养，但关羽被杀后，他悲愤无比，不顾一切地为关羽报仇，结果“火烧连营七百里”大伤元气就属这类情况。有这样一桩案子：一个小伙子和一个姑娘谈恋爱，女方家长硬不同意，这位姑娘是特别尊重父母意见的人，因此也就对小伙子表示不同意了。小伙子认为这事不成完全因女方父母阻挠之过，于是一怒之下竟闯入女方家将其父母全部杀死。等他被捉拿归案时，也理智地认识到自己太鲁莽了，但已悔之晚矣！平时，我们看到有些小青年打架，打得头破血流，伤势严重，究其原因，不过为了争一句话的气，互不相让，越争越火，越火越出言不逊，温度随着语言的升级而急剧升高，到了不动手不足以解恨之际，“动手”就代替了“动口”，一旦打起来，就无所顾忌。

第三，愤怒会使人说话措辞过激影响团结。由于愤怒往往会使朋友之间、恋人之间、夫妻之间造成裂痕，很难恢复。即便恢复了，也难免留下阴影。正所谓“多好的刀伤药，不如不刺口”。有些恋人之间，因某一小事，激起对方愤怒，说一句绝情话，也许就能结束恋爱关系。特别是在双方还不甚了解，还没发展到“一日三秋”的火候时，是很容易因为一句气话而分道扬镳的。

从以上分析，可以看出：愤怒也可分为有意义和无意义两种。我们对有意义的愤怒，自然要“从之”；对无意义的愤怒则要“改之”，如何改呢？

第一，要努力加强修养，使自己心胸开阔。君不见，历史上凡成就大业者，哪个不是心胸开阔能忍住愤怒的人呢？汉高祖刘邦手下的谋臣张良，在汜桥遇一老者，老者故意把鞋掉到桥下，令他取上来，还让他给穿在脚上，这样取鞋穿鞋弄了三次，被老人认为是“孺子可教也”，得到老人的一部兵书，后来成为汉朝开国元勋之一。汉朝另一个开国元勋韩信，也是心胸开阔的人。当初在他尚未成大事时，带着剑在大街上走，遇一个无赖，非要挟韩信要么杀了他，要么从他胯下钻过去。韩信也是一个大丈夫，俗话说“丈夫可杀不可辱”，难道从别人胯下钻过去？如果是一般人，很可能就选择第一条路，杀了无赖。但韩信选择了后一条路，居然在别人的嗤笑声中，在无赖的得意神情中，从无赖的胯下钻过去了。这在常人看来觉得太窝火，但韩信为了成就大事业，不愿与无赖争高下，容忍了这胯下之辱。他和张良都是心胸开阔的人，都是“猝然临之而不惊，无故加之而不怒”的“大勇者”。

陈毅在赣南坚持游击战争时，曾被同志当作叛徒绑了三天，差一点被杀，但事过之后，他不但不恨别人，反而去安慰绑他的人。这是多么开阔的胸怀。

如果我们能向这些著名人物学习，就能在被别人误解时心地坦然，站得更高、看得更远，就能有效地控制自己的愤怒情绪了。

第二，有意避开对方的火头，是控制愤怒的有效措施。俗话说

“三十六计走为上”，一离开矛盾的焦点，情绪就不会被激化起来，愤怒的火还没烧起来就自然熄灭了。这样一来，对方的愤怒之火也会有减无增、逐渐平息。等事过之后，再找对方解决问题不迟。大家熟知的蔺相如因完璧归赵之功被封官，位在老将军廉颇之上，廉颇不服，非要寻机侮辱一下蔺相如，但蔺相如回回避开，手下人都沉不住气了，蔺相如表明自己连秦王都不怕还怕廉将军，只因为要顾全大局，才处处忍让的。后来廉颇很受感动，负荆请罪，将相和好，传为千古佳话。

这种在矛盾将要激化时暂时避开的办法，是很有效的。亲友争吵，特别是夫妻之间争吵，如果谁也不肯暂时离开，一直吵下去，越吵越激烈，后果将不可收拾。但如一方回避，待双方都消了气，事情就好办了。

第三，要学会自我精神解脱，实在不能解脱的，可以用另一种形式发泄出来。使积郁的怒气发泄出来，免得抑郁成疾、这也可以算一种有效办法。国外有一种“发泄公司”，就是专为排除人们的愤怒郁闷之情而开设的。当有人受到上级训斥，回家被爱人责骂，或还有其他不痛快事时，无法发泄这种愤怒之能量，于是到“发泄公司”中可以随心所欲打砸那里专门为他提供的东西，还可以要求送出引起他愤怒者的石膏像，然后狠狠打个稀巴烂。打完之后，怒气就会消除了。当然发泄完得付出一笔足以赔偿损失的款。有一对夫妻争吵起来、男方就离开这争吵的环境，到院子里去狠狠地用手掌砍大树，边砍边“嘿、哈”地喊，打了不到十分钟，手也疼了，气也消了，然后两人矛盾平息，言归于好。我们没有国外那些洋办法，不妨用一用这练少林功用手砍树的土办法，还可以因地制宜、因人而异地想一些别的有效办法来发泄愤怒之气。但是有一条原则必须遵守，那就是必须在不能再造成新的矛盾、不损害公共利益的前提下进行发泄活动。

总之，为了使自己不至于“钻死牛角尖”，我们应该控制愤怒这种情绪的恶性膨胀。我们不妨从一些先哲那里学一些控制愤怒的办法，如西门豹自知性情急躁，他就在腰间佩戴一根柔韧的皮带，以随时警告自己以免发火。林则徐写“制怒”二字张贴起来提醒自己。你能否也用一种什么东西来时时告诫自己不要愤怒、不要“小不忍则乱大谋”呢？

英格兰剧作家萧伯纳有一句格言：“自我控制是最强者的本能。”朋友，你一定不甘心做弱者吧，那就让我们牢记这句话吧！

二、消除忧愁

当人面临着一种被认为不利于未来发展前途的环境或因素时，往往会产生一种担心的情绪，这种抑制性的情绪就是忧愁。为了进一步说明忧愁的性质，不妨把它与愤怒比较一下，打一个比方来说明：愤怒好像往一个气球里不断地打气，如不停止，气球必然爆裂；忧愁则像一个饱满的气球放了气，使它越来越瘪，最后抽成皱皱巴巴一堆软橡胶皮。一个要往外发散，一个要往里收缩。一个是意气昂扬、胆壮气粗；一个是优柔寡断、气虚声微。所以我们可以认为忧愁是一种信心不足，提不起精神的忧郁情绪，这种情绪也是人常常产生的。

如果说愤怒作为一种具有双重性的情绪，还有一定意义的话，那么可以说忧愁则是有百害而无一利。

首先，忧愁严重地损害人的身心健康。中医理论认为“忧伤肺”。平常人们也说“忧者伤神”“愁能断肠”。说忧“伤肺”“伤神”这不难理解，说“愁能断肠”显然带有一定的夸张色彩了。愁能影响人的食欲、人愁得不吃不喝，时间稍长了身体自然要坏的。所以用“断肠”代指忧愁深重的本身，就已说明人们早就发现忧愁有损于身体了。传说伍子胥一夜间就愁白了头。李白也写过“白发三千丈”的表达忧愁的句子。杜甫诗中也很多地方写忧愁心绪的。“万里悲秋长作客，百年多病独登台。艰难苦恨繁双鬓，潦倒新停浊酒杯”多么深重的忧愁。至于“朱门酒肉臭，路有冻死骨！荣枯咫尺异，惆怅难再述”。是忧国忧民之情，但毕竟也是忧愁。正因为种种浓厚的忧郁情绪，使杜甫59岁就在贫病交加中死去，他的病是肺痈(肺脓肿)。林黛玉总是忧愁不已，最后也是患肺痨(肺结核)而死。鲁迅先生患肺结核病，也可以说与他对灾难深重的中华民族的极为深广的忧愤有直接关系。所以，忧愁对人身体的损害是很厉害的。

其次，忧愁令人产生自卑感、失去拼搏的勇气，成为生活的弱者。凡忧愁者往往都是对将来出现的困难害怕的人，是胆小怯懦者。这样的人没有勇气与困难抗争而沦为弱者，是很可悲的事。契诃夫小说《套中人》里的主人公别里科夫，就是一个充满忧愁情绪的可怜虫，对什么都害怕出乱子，连他的女友骑自行车他也怕有损于他的体面，最后落了个可悲而又可笑的下场。果戈理小说《外套》中的小公务员阿卡基也是忧郁过重，胆小怕事，为了寻找一件被强盗扒去的外套，被“大人物”呵斥得丧了命。

再其次，忧愁使人智力下降，严重影响工作。俗话说：“一心不可二用。”当人脑中某一区域兴奋时，其余区域是处于抑制状态的，这是人脑思维活动的基本形式。一个人如果长期处于忧愁之中，这在他的大脑皮层上必然形成一个兴奋区域，而这个区域总在不断地兴奋着，也就是说这个人对于忧愁的事总是放不下，总是像热油一样煎熬着他的心。至于别的信息(工作的、学习的)基本上不能引起他大脑其他区域的兴奋，或者引起兴奋也不能专注、持久，总要被忧愁引起的兴奋区域干扰成半抑制或抑制状态。这个人就表现出记忆力明显下降，工作学习肯定不会好，甚至干什么也心不在焉，只有"惶惶不可终日"的忧愁之蛇，紧紧地缠绕着他，折磨着他。这样长期下去，人的智力必然下降，而且还会变得目光呆滞，反应迟钝。鲁迅小说《祝福》中的祥林嫂在临死前，整个面部已经痛苦忧愁到了失去悲哀的神态，像木刻的一样，只有眼珠间或一转，表示她是一个活物。这是人忧愁到极点的写照。

既然忧愁对人有百害而无一利，而忧愁又是人们经常产生的情绪，那么怎样消除它呢?

第一，认真分析产生忧愁的原因，正视困难，调整自己的应付能力。任何事物的发生都是有原因的，任何情绪的产生亦有缘由，无缘无故的忧愁实际上是不存在的。当你陷入忧愁云雾中时，就要冷静地看一看，想一想，自己所忧愁的是什么?是学习不如人，还是工作不顺利;是生活多坎坷，还是婚恋不如意;是担心将来竞争不过别人而被淘汰?或许你是个姑娘，面对当前女孩子就业困难而特别担忧你的前途?还可以举出很多。实际上人们的担忧是多种多样，五花八门的，有小有大，有轻有重，有缓有急，有浅有深，不管何种忧愁和忧愁的程度如何，总可以找出忧愁的具体原因。这些原因，有的来自社会，有的来自家庭、有的是属于自己没认清形势、错误地估计了客观现实，因而想不开，产生忧虑。忧愁的原因找到后，就可以像医生给病人对症下药一样，自己给自己治思想病了。比如你的忧虑来源于社会的改革，你担心竞争不过别人而被淘汰，或者身为一个姑娘为自己的就业问题担心，这不无道理，但作为一个社会普通成员，是根本无法改变社会发展趋势的。只有充分认清这种趋势，自己努力发展自己的能力，让自己逐渐能够适应社会的发展。

除此之外，别无办法。当你把道理想通了，把精力集中在真正可以解决你所担忧的困难的奋斗中时，眼前的忧愁情绪自然就被淡化了。至于现在很多单位不愿要女同志，认为是负担，这在以讲求经济效益为基本动力的经济体制改革中是必然要出现的事，也只好由决策者来调整这种不良趋势。与其担心忧愁不如冷静努力发展自己的能力，争当强者，取得和男子一样平等的经济地位，只有这样才能真正在政治上获得平等，只有这样才不至于充当不同档次的“花瓶”。总之，来自社会原因的忧愁，要想消除，一靠社会的改革，二靠自己的奋斗，除此之外没有其他出路。忧愁者应该做的是想些具体改变自己命运的办法，办法是有价值的，而忧愁本身毫无意义。

第二，不断修养，培养豪爽乐观、坚定坦然的品格。客观事物同样降临在不同人身上，人们的反应是不一样的，有的人可能认为是很严重的事，因而忧愁；有的人则认为小事一桩，根本不值得忧愁，也许还会说一句：“脑袋掉了不过碗大个疤瘌，这点事算个啥?”那么对事物是否应该忧愁呢？我们的回答是：对任何事物都没必要忧愁，忧愁是你主观认识的问题，与客观外界毫无关系，为一件事忧愁死了，那事物一点也不会被你为它死而感动，还仍然按照它原来的发展轨迹完成它的发展过程。所以，重要的是要自己调整自己的意识水平，能客观地、冷静地对待外界事物。有一个寓言叫“杞人忧天”，说那个杞国人很可笑。我们现在绝少有人去忧虑天塌下来，星辰掉下来，但对好多事的忧愁，却又类似这位忧天的杞人。比如还未谈恋爱，就担心将来找不到一位理想的爱人，在高中或大学还未毕业，就忧愁将来找不到理想的工作。现在工作得好好的，就忧虑将来竞争不过别人。儿女还在上幼儿园，就为他的前途顾虑重重、忧心忡忡等。忧愁还可举出很多。这里不妨想想中国人常说的一句老话：“车到山前必有路。”

你又何必“人生不满百，常怀千岁忧”呢？你的责任只是努力发展自己，提高自己各方面水平就足够了，至于其他的那是不以你意志为转移的，只要你具备了相当的水平，那机遇就会把你拉过去，使你理想变为现实的。

有一点忧虑是自然的，人毕竟是有丰富感情的，绝对没一点忧愁也是不现实的，只要不是陷进愁海不能自拔，都没什么了不起的，都能消除的。消除忧愁的力量大小，完全取决于你本人思想修养水平的高低。

第三，排除忧愁要积极，不要消极。我们的古人在诗文中常常流露出非常浓郁的忧愁情绪，而且他们排忧解愁的办法多是饮酒。曹孟德有“对酒当歌，人生几何？譬如朝露，去日苦多。慨当以慷，忧思难忘。何以解忧？唯有杜康。”的名句，是主张以酒解忧的。李太白留下的关于“酒”与“愁”的名句更多。“穷愁千万端，美酒三百杯。愁多酒虽少，酒倾愁不来。”这里也认为酒可以解愁。“抽刀断水水更流，举杯消愁愁更愁。”这与前面不矛盾吗？不。这大概是刚举起酒杯，还未喝多少，等真的“酒倾”完了，用现在医学术语说是酒精中毒了，自然就顾不上愁了。实际上除非永远醒不来，否则酒醒后会更愁的。所以李白永远处在愁中，又永远豪放地不吝惜一切财物地拼命喝酒。“五花马，千金裘，呼儿将出换美酒，与尔同销万古愁！”这反映出诗人处在那种黑暗的封建社会中，处处遇到不平的事，反映到诗人头脑中，自然是永无边际的愁闷。他们怎么能凭个人奋斗改变整个黑暗的社会呢？所以无可奈何，只好消极地借酒来麻醉自己，以求得精神上的解脱。“自古圣贤皆寂寞，唯有饮者留其名。”这也说明以酒消愁早已成为一种传统习惯，一直到了清末，秋瑾女士作为一个资产阶级革命家，不是也有“浊酒不消忧国泪”的诗句吗？当然秋瑾女士已经认识到喝酒是不解除对国家前途的忧愁的，接着是“挽救须仗出群才”，这还是清醒积极的态度。我们的古人借酒消愁的消极遗风，是不值得我们继承的。我们需要的是积极的排除忧愁的有效办法，这办法只有两点：一是开阔自己的胸怀，二是发展自己的能力。除此而外，别的闲愁杂虑，都是枉费精力，徒劳无益的。

三、摆脱苦恼

苦恼和忧愁像是一对孪生兄弟，都属于人的一种不良的抑制性情绪。二者是紧密相连的，如果说忧愁多指对尚未出现的事物的一种担心的话，那么苦恼则是对未来出路的担心，和对现实处境的不堪忍受，因而苦恼比忧愁更厉害，更令人痛苦，自然它的坏处也就更大。

人们产生苦恼的因素是多方面的。在现代社会背景下，对于青年人来说，失恋或单相思的痛苦是最常见的，也是程度很深的苦恼。其次就是工作、学习不顺利引起的苦恼也不少。还有因生活贫困而苦恼的。另外还有患得患失而苦恼等。作为一种人脑主观形成的情绪，苦恼在很高程度上是自己思想不够开阔造成的，所以自我思想意识水平，是最重要的因素。

苦恼究竟对人有什么坏处呢?

首先，苦恼比忧愁还要严重地影响人的身心健康。比如失恋或单相思，就最容易使一个年轻人陷入不能自拔的痛苦之中。电视剧《彩云归》中有这样一句歌词：“相思最使人憔悴。”这是被无数事实证明了的真理。青年人一旦陷入单相思的苦恋中，白天不思饮食，晚上辗转反侧，无穷无尽地消耗心血，面色哪能不渐渐变得发黄发青，憔悴不堪，身体哪能不渐渐消瘦呢?《西厢记》中的张君瑞与崔莺莺，在封建家长断绝了他们的关系之后，不都陷入极度痛苦之中吗? 如果没有那热心机敏、侠肝义胆的红娘起调解促成作用，这两位恋人说不定也得像《孔雀东南飞》里的刘兰芝和焦仲卿一样，一个“举身赴清池”，一个“自挂东南枝”吧？这些青年男女反抗封建吃人的礼教方式各有不同，但他们所尝到的由爱情不遂人意产生的苦恼则是一致的。《古诗十九首》中有一首叫《行行重行行》写一女子在丈夫离家远游，“相去日已远，衣带日已缓”。丈夫一天比一天走得远，妻子一天比一天消瘦。可见相思的苦恼对于身体影响如何严重了。

工作对一个人来说，是至关重要的。谁也愿意有一个比较合意的工作，但客观条件往往不能让人满意，于是就很容易产生苦恼，时间一长，可以影响身体健康。还有的青年人家庭环境不好，比如家有老父老母都卧病在床，这就容易让人为他们担心、忧虑、焦急，这些情绪实际也是一种苦恼，至于夫妻不和，经常吵架，也会让人陷入苦恼。倘有失去亲人，有长期思念的痛苦，就更会影响健康。马克思这样伟大的人物，在他最亲爱最忠诚的战友、妻子燕妮逝世之后，精神受到巨大打击，怎么也振奋不起来了，以致别人这样评论：他已经死了，不是肉体而是精神。

总之，不论哪种情况产生的苦恼，都会严重地影响人的身体健康。俗话说：“恼一恼，十年老；笑一笑，十年少。”

其次，苦恼影响人的智力和能力的发展。长期陷入精神苦恼的人，思维是不容易敏捷的，倒是常常呆头呆脑、郁郁寡欢、表情阴沉冷漠。这样的人至少有很多工作不能做，如搞外交、交际等工作就不行。而且如果人长期苦恼下去，还会产生变态心理，会觉得世界上的一切都是冷酷的，因而他对别人也必然报以冷漠态度，越这样，别人对他也会越冷淡，形成恶性循环。本来一个人在心情舒畅时，完全可以带着一种胜任愉快的情绪去完成一项工作而自得其乐，可是由于他的心理障碍，使他和别人之间筑起一道看不见、摸不着的厚障壁，自己会越来越孤僻，那么能力就不容易有更好的发展机会了。鲁迅的小说《故乡》中少年闰土无忧无虑，聪明活泼，在月光下的西瓜地里，敢用钢叉去猛力地投偷吃西瓜的猹。可是饱经忧患苦恼的中年闰土，却变成“仿佛木偶人”了，这时那还能谈得上智力开发，能力发展，相反倒是只有“辛苦麻木”地生活到死吧。

苦恼既然和忧愁一样，绝对是不良情绪，那么我们应该怎么摆脱它呢？

第一，提高修养水平，向古今中外一切哲人们学习。同样一件事，对不同人来说，反映是绝不相同的，有的人认为是十分苦恼的事，在另一些人看来，认为没什么了不起，原因何在？人的心胸宽窄不同，人的修养水平不同。凡是能在别人认为很痛苦的环境、事物面前从容不迫、坦然应之的人，都是值得我们学习的榜样。马克思的夫人燕妮，无论生活环境怎么不好，始终是乐观的，直到她患癌症临终时，精神一直很好，她忍受着剧烈的病痛，对她的孩子们还说幽默的笑话，想以此来驱散别人的焦虑。直到不能再说话时，还紧紧握住女儿们的手，并尽力露出笑容。能把一般人认为是最大的苦恼放在一边，只想着给别人以愉快的安慰，实在是种了不起的伟大精神。

白求恩大夫是加拿大著名的胸外科专家。他的薪水在加拿大医学界在最高之列，物质生活条件是很优裕的。为了人类解放的崇高事业，为帮助中国人民抗日，他来到中国，与八路军战士一起过着非常艰苦的生活，但他却感到这是人生最大的幸福。他在临终前给聂荣臻司令员的信中写道：“请转告加拿大共产党和美国人民，告诉他们我十分快乐，最近两年是我平生最愉快、最有意义的时日。”在一般人都认为是艰苦的条件下生活，对于白求恩这样的人，当然就是更艰苦的，但他不但没有苦恼，而是认为是最大的愉快。

两位崇高人物把苦恼、艰苦看作寻常事，都能把苦恼置之度外，我们还有什么不能摆脱的苦恼呢？

第二，达观地认识世界，化苦恼为平静。英国作家萨克雷有句名言："生活是一面镜子，你对它笑，它就对你笑；你对它哭，它也对你哭。"这话强调一个主观思想与客观世界的关系问题。苦恼其实不过是人对与自己相联系的外界事物的一种反映而已。国外一个伐木工人，被第一棵锯倒的树与另一棵长着的树夹住了腿，绝无拔出的希望。他费很大劲把电锯拉过来企图锯断树救出腿，但还没等锯完，树越压越紧了，如果再锯树，就有全身被树压住的危险，在这种情况下，这位勇敢顽强的工人，做出令人意外的抉择，用电锯猛地把自己的腿截断，使生命保存下来。这样的截肢会多么痛苦，是不难想象的，但他为了保存生命，面对冷酷严峻的现实，把截肢的巨大苦恼淡化了，这是很达观的做法。以这位勇敢者的达观态度，去对待我们周围种种苦恼，还有什么摆脱不了的。人们不总是为了一个重要的目的而舍弃次要的目的吗？比如有人职称没评上，要有些苦恼，因为评上职称对这个人来说无疑可以提高工资待遇，提高生活水平。失去这个提高的机会，怎能不苦恼呢？但苦恼只能有损健康；会更影响你的生活，等于在原有水平上下降。如果不苦恼，或者苦恼一阵很快就战胜它了，那至少还保持原来的生活水平。只要健康存在，还会创造条件，下次被评上，只不过稍比别人晚些时间罢了，况且自古"好事多磨难"，一个人一生不会是一帆风顺的，使人苦恼的事会接踵而来的，就看你以什么态度对待了。如果为苦恼弄坏了身体，从此一蹶不振，那岂不是更大的损失吗？

对其他事，如失恋、家庭困难、工作不顺心等，都是一个道理，

“留得青山在，不怕没柴烧”。要是因为暂时没柴烧，而把整个青山都烧毁了，那岂不是大错特错了吗？凡是受打击之后的自暴自弃的行为，其实都属这类错误。水蒸气在空中飘着，形成云雾，遮蔽着人们的视线，遇到冷空气它就会凝结成雨滴落下去，于是万里晴空又复现在你眼前了。这自然现象能不能给我们一定启发呢？苦恼就像迷雾，你只要能以冷静(这像冷空气一样)对待它，它就无能为力，只好落下去，让你看清一切。

第三，在摆脱苦恼时，务必“釜底抽薪”，不可“扬汤止沸”。鲁迅先生笔下的阿Q是一个精神自我麻醉的典型，用自我麻醉来解脱苦恼，那是几千年以来的旧社会的事了。现在，如果我们还用阿Q精神来作为摆脱各种苦恼的灵丹妙药，显然不合时宜了。其实这办法不过等于扬汤止沸、不解决根本问题。所以要想真正脱开苦恼对我们的束缚，唯有采取“釜底抽薪”的办法，即冷静分析苦恼的原因、害处，努力提高自己认识水平，面对现实，脚踏实地去解决问题。只要你把苦恼的毫无意义的消耗，转移到有意地实干上来，你就好像在一步一步地登上泰山极顶，在雾消云散的晴空万里的早晨，你就会看到无比瑰丽壮观的一轮朝日。朋友，愿你早日拨开迷雾看到这轮照耀你生活道路的朝日。

四、克服急躁

急躁是人们不考虑客观事物发展的速度，总想急于求成的一种情绪。这种情绪多发生在青年人身上，这与他们血气方刚、思维敏捷、动作灵敏、生活节奏快形成的习惯心理有关。这种朴素的情绪，不但与人的性格气质有关，而且还往往随着人的年龄、经验、修养的变化而变化。俗话说“老要仓皇、少要稳”，正是针对不同年龄的缺陷提出的纠正行为的准则。老年人多行动迟缓，可以加快些动作速度，要有“时不我予”的紧迫感；青少年办事多急躁，快而不稳，可以在快的基础上，增加稳重程度，就不会出什么问题了。

急躁既然是一种违反事物规律的情绪，当然是不良的情绪，它的坏处是很多的。

首先，办事急躁容易造成适得其反的结果。急躁往往使动机和效果不能统一起来。《孟子·公孙丑上》中讲了一个“揠苗助长”的寓言故事：一个性情急躁的农夫，总嫌地里庄稼长得慢，费了一天劲，辛辛苦苦地把地里每棵苗都拔高一节，还高兴地向儿子报功。儿子到田里一看，满地禾苗全枯萎了。这位农夫是好心办了坏事，吃亏就在于不顾客观规律，急于求成。还有一个故事叫“杀鸡取蛋”，说一个老太太养一只母鸡，下蛋竟是金的。老太太高兴极了，打算今后盖起楼房、雇上佣人，可以享清福了。可是等鸡一天下一个蛋，得等到什么时候呀？于是她就把鸡杀了，想一下把所有的蛋都取出来，殊不知杀了鸡只取出一颗尚未完全成熟的软蛋。这老太太也犯了急躁病。

在我们日常生活中，也常常会遇到这样的事，有的家长望子成龙心切，每天强逼着孩子拼命地看书、写字、做作业，别的什么活也不让他干，只要求他学习成绩不得下 90 分，弄得孩子整天紧张，疲于奔命。久而久之，孩子失去了儿童的天真活泼的性格，变得呆头呆脑了。有的还生了病。另外，还养成了不爱劳动，一切等现成的恶习。这样的孩子将来果真能“成龙变虎”干出一番大事业来吗？未必。倒是容易成为“衣来伸手，饭来张口”的纨绔子弟。

有的青年教师做学生思想工作，一做不通，就大发雷霆，体罚了学生，造成严重后果。他们的动机一般都是“恨铁不成钢”，都是好心，但一急躁，办了自己的身份不该办的事。

还有的小伙子和姑娘谈恋爱时，对方还不了解他，还没决定行不行时，他就急于求成，非逼姑娘下结论，甚至强拉住姑娘不放，表现出毫无教养的劣迹，反倒促使姑娘下定坚决与他分手的决心。

这类现象非常多，总起来说就是这些人都不顾事物发展的正常速度，而幻想一切都能以闪电般的速度达到随心所欲的目的，这些人岂不是和“揠苗助长”的农夫、“杀鸡取蛋”的老太太是一样愚蠢吗？

其次，急躁情绪容易让人丧失理智，干出错事来。有一位老农，人十分耿直善良，但性情急躁。听人说他年轻时，有一次从菜园里挑着满满两架筐冬瓜，准备往集市上送。上坡时，后面筐里的冬瓜掉下一个，他放下担子，把它拾起来。又挑起担子，没走几步，前面筐里又掉一个，他又耐着性拾起来。再挑起来刚走几步，后面又掉一个冬瓜，他一放挑子，前面又滚下一个来。这回他大怒，把所有的冬瓜，一个接一个地在地上摔个粉碎，边摔边说：“我让你掉！我让你掉！”然后挑起空筐回家了。辛辛苦苦种出的果实，一急躁就丧失了理智，全报销了。两筐冬瓜损失了问题不大，如果一个指挥千军万马的将军犯了急躁情绪那将出现什么后果呢？不顾一切硬拼、死伤无数、全军覆没，问题就严重了。

再次，急躁情绪影响身体健康。急躁到了一定火候，就会发怒，可以说急躁是发怒的基础，是发怒的前奏。这两种情绪虽不完全一样，但有相似之处，相关之处，所以它对人的健康影响极大。听医生说过，一个人在年轻时总爱急躁，到了中年很容易得冠心病。急躁还容易让人肝脏得病。一些患这类病的人，他们多为性情急躁者。

另外，爱急躁的人不容易和人搞好关系，影响团结。人一急躁，说话往往不注意方式，容易说出一些让别人不愿接受的话，这些话往往带有命令性的，缺乏礼貌的，如“你给我快点！”“你真算是废物！”这样一来必然损伤了别人的自尊心，容易产生口角，甚至互相攻击谩骂、继而动武。如果把急躁情绪画成抛物线图，你会发现它起得快而且高，落得也是快而近。就是说人的急躁情绪来得快，消得也快，如不注意调解，很可能在情绪上升时向大怒方向发展，造成不必要的严重后果。

怎样克服急躁呢？方法有三。

第一，以冷治热。急躁是急剧激发起的情绪，这种情绪实际也是一种特别方式表现出来的热烈的激情。它像火一样燃烧起来，温度一下就上升到很高。这时要想治它，只能以冷静来对待它，先给它降温，直到火完全熄灭为止。冷静凭借的是理智，急躁多半是靠感情激发。理智运用的武器是带有经验、规律性的被实践过的真理，可以清醒地指导人的行为，使人不犯错误；而情感支配行为的依据是凭爱好或憎恶、喜欢或讨厌等直觉的印象如何而定的原则，因为它很具体，很有特殊性，往往不被多次实践证明而固定为一种真理，只要形似就往往被认为是同样的东西，于是凭着这直觉的情感，就激起了相应的急躁情绪之火。这两者在正确程度上，显然理智要占上风，因为理智可以统治情感，可以指导情感，使之沿着正确的轨道发展。莎士比亚通过他的戏剧人物哈姆雷特说过这样一句话：理智和感情均衡的人是最幸福的。指明了理智与情绪的关系只有均衡一致，才能使人的行为正确，从而获得人生之幸福。我们要想克服急躁，只有以理智的冷静来完成。

第二，以缓治急。只有缓和，才能冷静思考，从而做出符合客观规律的处理问题的决策。而急躁是不大可能一下子就选择到正确的处理问题的方法，往往要出问题。有一位行医六十年的老中医，他对来家看病的人无论什么时候从未一进门就急着给看的，总是不着急，让患者坐一些时候，才开始给看病。问起原因时，他说干这行的就得这样，病人从老远来的，走得心跳气喘，你就马上给他看，能看准吗？再说当医生每看一病都系人命关天的大事，故此必须稳重，不可有半点草率，否则后果不堪设想。这一番道理，何止仅仅适应于行医呢？

做任何事都可以以缓和来克服急躁情绪，临事先不要急于下结论，应先想一想该怎么办，然后再开始处理，这样看着是慢，其实这样做免去了因仓促行事做错了又改的浪费，通过深思熟虑后一气呵成的具体操作，还可以把用来思考耗掉的时间补回来。那种只图省力省事的“快刀斩乱麻”的做法，也许能给人一种雷厉风行的“帅劲”，但在多数情况下，这种做法是不可取的。

第三，以远治近。远，指看问题的目光要长远；近，指急躁情绪看问题往往只顾眼前最近的利益。这实际是一种长远利益和眼前利益的矛盾在一个人身上的斗争过程。是让“远”战胜“近”还是让“近”战胜“远”的抉择问题。这也是说起来容易，做起来难的事。这需要我们身虽在事物中，思想却要跳出事外去。既是当事人，又是旁观者；既有满腔的希望成功的当事人的热忱，又有超脱事物之外的清醒的旁观者的冷峻。这样把关心和超脱结合起来，急躁情绪多半就不会发生了。我们现代青年所面临的世界，是这样一个特别需要人们适应，并不断改变不实用的传统观念的时代，谁不能这样做，固执己见，谁就会受到相应的惩罚。急躁作为一种超越客观规律的“左”倾情绪，既然有百害而无一利，何不早日抛弃它呢？

五、消除牢骚

牢骚是人们对某些人或事物不满而用语言表达出来的一种情绪，是怨气发泄的一种表现形式。人生在世，错综复杂的客观事物总要纷至沓来反映到人脑中。对这些事物，不同人会有不同反映，同一件事，有人可能完全赞同，有人则有不满情绪。有人不满情绪小些，有人则激烈些。不满情绪没通过语言表达出来，还不成为牢骚，一旦用语言表达出来，即可称之为牢骚。因此，牢骚是一种主观性很强的情绪行为。一般说来，既然它来源于不满和怨气这些令人不愉快的原因，那么就属于不良的情绪，是人们应该加以控制的。

“不平则鸣”作为一种普遍规律，也可以看作是牢骚产生的规律。从古以来，不平现象就普遍存在着，人们的不满情绪就不断产生着。从我国最早的诗歌总集《诗经》中就能看出一些，如《伐檀》中的“彼君子兮，不素餐兮”，《硕鼠》中的“三岁贯女，莫我肯顾。”都是劳动者对不劳而获的剥削者强烈不满情绪的反映。《七月》中的“无衣无褐，何以卒岁?”反映了劳动者对受奴役的悲惨生活处境的担忧和不满情绪。《鸨羽》中的“王事靡盬，不能蓺黍稷，父母何怙。悠悠苍天，曷其有所。”(意思是官家的差使弄得我们没一点闲暇，不能种庄稼，父母依靠什么来养活？高高的苍天啊，何时小民才有安身住处啊?)这是老百姓不满于官府的无休止的征役而发的牢骚。《氓》里有弃妇对忘恩负义的丈夫的牢骚。最著名的长篇牢骚是屈原的长诗《离骚》。诗中反复表达自己强烈的爱国之心不被君王理解的苦闷不平之情。鲍照的诗《拟行路难》其六中有“对案不能食，拔剑击柱长叹息。丈夫生世会几时，安能蹀躞垂羽翼？弃置罢官去，还家自休息。……自古圣贤尽贫贱，何况我辈孤且直!”这是怀才不遇者的愤世嫉俗之情，是有志之士不满现实的牢骚。这类例子是不胜枚举的。这些诗人们处在黑暗的时代，有满腹苦闷，无法排解，必然写进诗中。诗人的这些不满当时社会的牢骚情绪，对于揭露社会黑暗现实，表达自己积极的抱负，都有着积极的意义。

从牢骚的实际收效来看，往往是事与愿违，越是想通过发牢骚解决问题，越容易引起人们的反感，把本来容易解决的问题弄得很不好解决。因为牢骚毕竟不是开诚布公的意见、建议，也不是光明正大地放在桌面上的议题，而往往是在背后对认为是同路人中发表的，由于不满怨恨耿耿于怀，措辞就极易偏激。这些话自然总要传到你们埋怨、抨击，甚至咒骂的人的耳中去的。他听了之后，一般会产生什么情绪是不难想象的。这不仅于事无补，反而招来很多麻烦，使问题不好解决。无论是领导人还是普通人都是在构造上与我们自己一样的人，有谁爱听背地里别人指责他、骂他呢？所以背后发牢骚的后果，是什么事也办不成。

有人也许会说：冯谖在孟尝君家做门客时，不就靠发牢骚(“长铗归来乎，食无鱼。”“长铗归来乎，出无车。”“长铗归来乎，无以为家。”发三次牢骚。)而得到优厚待遇的吗？其实不然。主要是因为孟尝君作为一个视养宾客为乐事的封建贵族出于政治需要的宽宏大量，才完全满足了冯谖那种简直是得寸进尺的要求的。齐威王在邹忌的建议启发下，容许别人对他的错误“谤讥于市朝”，如果传到他耳中去，还要受下赏。这是背地发牢骚的好处吗？也不是。那完全是齐威王出于政治需要，才异乎寻常地给人们以这样一种提意见的方式(实际就是发牢骚的方式)。这些都是比较特殊的情况，并不能说明，背后发牢骚有好处。

再说老爱发牢骚，久而久之就会形成一种思维的习惯方式。一有不满，立刻就以牢骚的形式表现出来。今天你为张三而发牢骚，明天为李四发牢骚，后天又为王五发牢骚，时间长了，人们就会觉得你非常尖刻，气量狭窄，善于挑剔别人，“关公眼里不容一粒沙子”谁也就不敢也不愿和你打交道了。正所谓“水至清则无鱼，人至察则无徒”。因为只要和你接触，必然会被你背后作为发牢骚的对象，谁还喜欢充当这个角色。慢慢地你就会众叛亲离，孑孓一人，独往独来，你会觉得孤独，有话想对别人说、也没人听了，你会更苦恼的。你的偏执使得谁也开导不了你，你自己年深日久形成的毛病，恐怕也难改了。于是你继续发牢骚，等于自己折磨自己，影响情绪，影响健康，也会形成恶性循环。

另外一个人过多地发牢骚，就容易倾向对一切要求非常严格，唯独对自己原谅宽容。这样一来，必然不会严格要求自己增长工作能力，而是满足于现状，将来必然在事业上落伍，一事无成。严以待人，宽以律己，实际上是骄傲自满的另一表现形式。它的结果，只能导致一个人日趋退步，自己倘不能自省，那是很可悲的事。

还有发牢骚仅仅限于私人的恩怨，顶多搞不好团结，如果经常发表对社会政治不满的牢骚，则可能在一定的社会条件下，给自己带来祸害。这种教训，人们还应该是记忆犹新的。当然发牢骚和勇于发表自己的政治观点，界限在于：前者往往是出于不满情绪的讥讽、嘲笑，甚至诅咒；而后者则是比较客观地有理有据的分析。

我们了解了牢骚的坏处之后，怎样才能消解它呢?

首先，提高认识水平，培养严于律己、宽以待人的品格。爱发牢骚的人，总是指责别人，埋怨别人，把一切失败的原因都推给别人，唯独不怨自己，这正是人的一种总要表现自己、突出自己和表白自己重要的原始天性的流露，是一种缺乏教养的表现。我们冷静地从幼儿园小朋友、学校的学生，一直观察到社会上的成人，就不难发现！越是年龄小的、受教育少的，越爱处处表现自己，不顾别人；而越年岁大，受的教育越多的，则逐渐注意了收敛自己的表现欲，顾及别人，给别人以表现自己的机会。我们在没认识这个问题时，大多也是那样，既然明白了这道理，就可以注意时时提醒自己，要容人，要给别人表现自己的机会，要宽以待人，不要随意臧否别人，要善于在别人认为最不好的人身上找出优点来，自己不妨还要学习这种优点。总是这样不断地修养自己，就完全可以改掉爱发牢骚的毛病了。

其次，把准备发牢骚的劲，用在实际努力的行动中。一阵牢骚不管发得多么慷慨激昂多么解恨出气，说完之后，你再想一想，有没有半点实效？如果你真冷静坐下来想一想，就会得出结论：没有。事情该怎么着还是怎么着，一点也不会因为你个人发牢骚而有所改变，相反，一旦你的牢骚被当事人知道了，事情则会更糟。所以，你不如把发牢骚的精力，放在干实事上。比如你的工作成绩总不被领导看到，你想发牢骚表白自己。牢骚传到领导耳朵里，他看不见你的成绩，却听到了你的满腹牢骚，就必然对你产生厌恶情绪，这样你的成绩就更不容易被他看到，你的牢骚动机与效果就不统一了。其实，尽管领导人有时有片面性，或缺乏调查，没能了解你的辛苦，但你周围的同志是会了解你的。领导没重视你的工作成绩，时间长了，群众总会有反映的，一旦领导知道了自己了解不够，埋没了你，而且知道了你并未因此抱怨过。这样，只要他是个稍有良心的人，都会为你的精神所感动。如果这时候再提你的成绩，那不仅仅是工作成绩，还加上了你本人高尚的品格精神。这样，你在群众中自然就会提高了威望，你会多方面获得人们的尊重。你自己也会受到精神鼓舞，以后自然会做得更好，会以乐观愉快的心境去对待别人，你的道路也就越走越宽广了。到了那种地步，再让你发什么牢骚，恐怕你没那个心思了。你会深深体会到发牢骚的思想境界还是太低了些，与其发牢骚，不如踏踏实实地干好自己的事业。事业有了成就，这对一个人是最重要的事，别的问题都会逐步顺利解决的。

第七编　德育基本理论研究

德育的概念、本质和功能研究综述*

对德育的概念、本质和功能的认识、理解和把握，是德育理论研究的逻辑起点，也是德育实践工作的基本前提。党的十一届三中全会以来，随着我国教育科学研究事业的不断深入和发展，德育理论的研究也有了长足的进步。十几年来，出版了几百部德育专著和教材，发表了上万篇德育论文和文章。概览和研读这些论著，我们发现对德育概念的理解与表述，可谓是众说纷纭、莫衷一是；以德育本质的认识和阐述，主要是在教育本质的讨论中涉及的，对德育的本质则很少专门论及；对德育功能的认识和论述却是另一番景象，可谓硕果累累，且有较大突破。

一、德育的概念

在逻辑学上，概念是抽象思维的基本形式之一，它应该是对事物或现象的特有属性的反映。所谓特有属性，就

---

* 本文系与王文源合作，见詹万生主编：《中国德育全书》，哈尔滨：黑龙江人民出版社，1996年版。

是该类事物都具有而别的事物都不具有的那些属性。要科学准确地理解和把握德育这一概念，就必须把握住德育的特有属性，必须在给德育这一概念下定义时准确地揭示德育的特有属性。我们常用的下定义方法就是属加种差法，传统逻辑认为，种差就是属下面一个种不同于其他种的特征，属加上种差，便构成事物的特有属性。

综观有关论著中对德育概念的界定。从种属关系看，人们对德育这一概念的属，也即德育的上位概念主要有四种不同的观点。第一种观点把德育归属为一种教育，如“德育是教育者培养受教育者思想品德的教育”“德育是教育者按照一定社会或阶级的要求，有目的、有计划、有组织地对受教育者施加系统的影响，把一定的社会思想和道德转化为个体的思想意识和道德品质的教育”“德育是向学生进行政治思想和道德品质的教育”等。第二种观点是把德育归属为一种活动，如“德育是学校按照一定的社会要求，有目的、有计划、有步骤地培养受教育者，使其具有一定的政治、思想和道德品质的活动”“学校德育是教育者根据一定社会、一定时代的要求和受教育者品德形成发展的规律和需要，有目的、有计划、有组织地系统地对受教育者施加社会思想道德影响，以使其形成教育者所期望的品德的活动”“德育就是教师有目的地培养学生品德的活动”等具体提法。第三种观点是把德育归属为一种影响，如“德育是在组织儿童的各种活动过程中，为了形成儿童的道德行为、道德概念和信念以及性格特征而施加的一种有计划的影响”等。第四种观点就是把德育归属为一个内化(或转化)过程，如德育就是把党和国家对年轻一代在道德、政治和思想素质方面的要求转化为受教育者个体的品德，即“个体品德的社会化”等。此外，还有的同志没有采用这种属加种差的定义方法，而是采用名词定义的方法，即直接指出德育这一概念的含义，其中，最典型的就是“德育是思想教育、政治教育和道德教育的总称”的提法，这一提法在不少著述中都被采用。从逻辑学及教育学理论体系角度来分析，我们认为，将德育归属为一种教育是比较合理的。因为，在这里，德育是作为人的全面发展教育的一个重要组成部分，它是与智育、体育、美育和劳动技术教育并列的种，它们同属于教育这个属之中。

从对德育概念内涵的理解来看，十一届三中全会以后，无论德育理论界还是德育实践中，都逐步摒弃了“德育即政治教育”的片面理解，对德育内涵的理解日趋丰富和全面。在逻辑学上，内涵是指词项的定义，即概念，是事物的特有属性的反映。如前所述，人们对德育内涵的理解是存在分歧的，基于这种分歧，直接导致了人们对德育基本内容的理解或划分上的不一。有的同志主张，德育是政治教育、思想教育和道德教育的总称。所以，德育就包括政治教育、思想教育和道德教育三个基本方面的内容，每一方面又各自包括其具体的教育内容。这种提法得到比较广泛的支持，不过在具体提法上有些差别而已。如有的称之为政治教育、道德品质教育和基本观点教育；有的称之为共产主义思想教育，政治教育和道德品质教育；有的称之为政治思想教育、思想意识教育和道德品质教育。有的同志则主张，德育是思想教育、政治教育、法制教育(或法纪教育)和道德教育的总称。所以，德育除了包括政治教育、思想教育和道德教育三项外，法制教育(或法纪教育)也是德育的基本方面。此外，第三种观点认为，德育除了包括政治教育、思想教育和道德品质教育外，还应包括个性心理品质和能力的教育。把个性心理品质和能力教育作为与前面三者相并列的基本方面之一。多种观点的出现，一方面说明了人们认识与观念上的不同或变化，另一方面也反映出社会的发展及新生一代身心发展特点对学校德育提出了新的要求。德育的基本内容也必将在这种发展与变化中不断丰富和发展。我们认为，对德育这种基本框架的划分，一方面是取决于对德育内涵，即德育特有属性的把握和理解，另一方面也受制于对思想品德结构的把握和理解。思想品德“三维结构说”提出，任何一种思想品德都是心理内容、心理形式和心理能力三者的有机统一。从思想品德的心理内容维度来划分，将德育划分为政治教育、思想教育和道德教育三个基本方面是比较合理的，这样也比较符合我们传统的习惯。在这三个方面的每一方面都包括心理形式(知、情、意、行)及诸种品德能力的教育问题。在内容上，每一方面也还有亚层次的更具体、丰富的内容。在新形势、新环境下，德育内容的发展变化都应该是上述三个基本方面的亚层次上的丰富和发展。

从对德育概念的外延的理解来看，过去我们一直认为德育的外延就是道德教育、政治教育、思想教育、个性心理品质和能力教育、法纪教育等。如果说，有分歧有不同意见的话，也只是在政治教育、思想教育、道德教育之外是否应该包括个性心理品质教育、能力教育、法纪教育问题上的纷争。其对德育外延的理解的基本思路上是一致的。我们知道，外延是与内涵相对的一个概念在逻辑学上是指一个概念所确指的对象的范围，是概念所指的事物所组成的那个类。德育的外延。就应该是根据德育的内涵来确定的对象的特定范围。据此，我们认为，在广义的德育意义上，德育的外延应该是指学校德育、家庭德育、社会德育等；在狭义的德育意义上，即学校德育，其外延应是小学德育、中学德育、大学德育等。因为德育是思想品德教育的简称，是政治教育、思想教育和道德教育的总称。无论政治教育或思想教育，还是道德教育，它只是德育的一个方面。它们不能单独构成德育这个属里的一个种。因而，我们认为，过去我们对德育的外延的理解是欠妥的。而我们对德育外延的理解又是否得当，我们仍以求实的态度来进行更为深入的探讨。

长期以来，我们对“德育”这个概念的理解和运用都比较混乱。这种混乱不仅表现在一些文章或著作中对德育概念的界定上，而且还表现在我们对“德育”的称谓上。如有的同志认为“德育”与“思想教育”“思想政治教育”可以通用，不论是德育或思想政治教育，都包括思想教育、政治教育和道德品质教育三方面的内容，是大德与小德的统一。也有的同志主张用“共产主义道德教育”的概念。理由是，一个人的道德行为也反映了他的世界观、人生观。共产主义者的大德和小德是不可分的。综观十多年来的德育研究，人们所使用的“德育”概念大致有“思想教育”“政治教育”“思想政治教育”“政治思想教育”“共产主义思想教育”“共产主义道德教育”“思想道德教育”“品德教育”“道德教育”“政治思想道德教育”“思想政治品德教育”“道德品质教育”“思想品德教育”等。长期以来，这种称谓上的不一与混乱也确实给德育理论研究与德育实际工作带来很大的不便，甚至在德育实践中造成一些偏差。

十余年来，随着我国德育理论研究的不断深入，对于德育概念虽然存在种种不同的具体称谓及规定。但在存在一些明显分歧的同时，在有些方面也取得了各家比较一致的意见，即有了一定的共识。这种共识主要表现在以下四个方面：

第一，大多数人都赞同德育即是思想品德教育。这种称谓反映在目前许多同志的文章和著作中，同时也在党和国家有关的文件纲领之中。

第二，教育者、受教育者及一定社会要求的思想品德规范是构成德育的三个基本要素。

第三，德育包括政治教育、思想教育及道德教育三个方面的基本内容。

第四，德育是教育者根据一定社会的要求，对受教育者进行的教育。

关于德育概念规定上的分歧点则主要表现在：

第一，德育除了政治教育、思想教育、道德教育三个基本部分外，还应包括哪些方面的内容？有人认为还应包括法纪教育；有人认为还应包括个性心理品质和能力教育；有人提出应包括青春期教育、心理健康教育、职业准备教育、国情教育等。如关于是否包括个性心理品质和能力教育问题，虽然写进了《中学德育大纲》，但关于这一问题的分歧还是明显存在的。

第二，德育是一种教育，还是一种活动，还是一种影响，还是一个内化过程？对此，各家观点不一。实际上，对这一问题的回答便表明了对德育本质的认识。对此，至今没有找到一个各家较为一致的科学表述。

第三，德育是不是一种有目的的影响呢？对此，也有不同的认识。有人认为，德育既然是一种教育，就必须是教育者对受教育者实行的有目的的影响。而有的人则并不强调“有目的”，甚至把一切影响都看成是德育。

第四，德育要不要分成“广义德育”和“狭义德育”两个概念？意见的分歧首先表现在，有的人认为概念反映的是事物的本质属性它应该是“单一的”，德育就是一种概念，不必分“广义德育”和“狭义德育”。有的人则主张必须分成“广义德育”和“狭义德育”。这一问题的分歧还表现在，主张分“广义”和“狭义”德育的人，也对广义与狭义德育分别有不同的意见。有人认为“广义德育”就是指政治教育、思想教育和道德教育的总称，而狭义的德育就是指道德教育。也有的人认为，广义的德育就是指有目的地影响人的品德的一切活动，包括家庭德育、学校德育和社会德育等；而狭义的德育主要指学校德育。

二、德育的本质

德育的本质是德育科学中的一个基本范畴。对德育本质的认识是对德育这一社会现象的根本性的认识。本质，是指事物的根本属性，是同类现象中一般的或共同的东西，是事物自身组成要素之间相对稳定的内在联系，是由事物本身所具有的特殊矛盾构成的。组成事物的要素以及要素之间的关系结构是事物本质存在的客观基础，一事物和他事物的本质区别是由事物的各个特殊的组成要素及其关系结构决定的。要回答德育的本质是什么，就是要揭示德育的质的规定性。德育同其他任何特定的事物(或现象)一样，它具有多种属性，但其本质的属性却只能有一个。研究德育的本质，就是要揭示德育之所以是德育的质的规定性。

德育作为教育的一个重要组成部分，它的本质与教育的本质有密切联系，我们对其本质的认识也同我们对教育本质的理解密切相关。十一届三中全会以来，尤其在八十年代初期，我国教育理论界展开了广泛而深入的讨论，仅《教育研究》杂志就连续发表了五十多篇讨论文章，全国八十多种刊物，先后发表了数百篇有关讨论文章。这些讨论推动了研究教育本质问题的深化，同时也对我国教育实践产生了不可忽视的指导意义。这些年来的讨论，从不同的侧面和角度、提出了许多有益的见解。当然，各家观点有分歧、有争鸣，归结起来，主要有上层建筑说、生产力说、多因素多属性说及本质规定性说四种不同的理论观点。

上层建筑说，被认为是传统派的教育本质观。此观点直接源于苏联教育界50年代初“关于作为社会现象的教育的专门特点”的大讨论的总结。该讨论总结认为，教育是社会上层建筑。虽然作为劳动力再生产的手段之一的教育与生产相联系，但作为上层建筑，它同生产力没有直接的联系，它必须通过经济基础的中介而发生作用，教育不直接反映生产力发展水平。就在同时期，我国教育理论界完全接受了这一观点，而且反映在当时出版的教育学教科书及教育理论论文之中。教育本质的上层建筑说认为，教育属于精神生活，它是受经济基础决定的。经济关系的性质决定了教育的性质，经济关系的发展变化，决定了教育的发展变化。一切社会上层建筑都具有这一特点因而教育是社会上层建筑；教育的目的是教育工作的出发点和归宿点，教育目的又无不受一定的经济制度和政治制度的制约，教育目的能集中体现出一定社会的占统治地位的阶级的利益和意志。所以，教育是属于上层建筑；生产力同教育的联系不是直接的，它必须通过生产关系的中介发生作用；教育的性质表现为教育目的、教育方针、政策、教育思想、教育的支配权和受教育权等，这些本质因素，正是受生产关系和政治制度制约的。因此，教育是上层建筑。

生产力说。被称为是现代派的教育本质观。持此观点者认为，教育有两种主要的社会职能，即阶级斗争的职能与生产斗争的职能。从人类社会产生和发展的历史来看，生产各种不同类型的社会人就是教育永恒的社会职能。社会人的实质就是不同层次不同类型的劳动力。教育实践的基本方面是劳动力的再生产，教育的主要内容是传递生产经验。教育与社会生产之间存在着客观的、本质的联系，特别是在现代生产的条件下，科学技术不仅是整个生产的基础，而且发展成为生产过程的一个独立因素。同时，生产力发展直接在劳动力的规格、教学内容、教学方法手段等方面决定或影响着教育的发展。一般来说，科学还不是生产力，而是一种知识形态的生产力。如果要想将科学转化为直接的生产力，要经过两个基本的途径，一是物化在技术和生产资料上，一是“智化”于劳动力的主体之中。两个转化过程的实现都有赖于教育的直接或间接的作用。以科学技术为基础的现代生产导致教育从物质生产中分化出来从而确定了教育的生产力性质，证明了教育是现代生产体系中的一个重要环节，它成为生产力的一个独立要素。据此，持生产力说者认为，教育的本质是生产力。

多质说或称为多属性、多因素说。这种观点被称为折中派的教育本质说。他们认为，教育是一种复杂的社会现象。教育本质也应该是多质的，多层次的。教育的本质是社会性、生产性、阶级性、科学性和艺术性的统一。因为教育具有这多方面的属性，所以不能将某一种属性看作其本质，更不能简单地把教育的本质归结为上层建筑或生产力，或者归结为一种生物活动。

本质规定说，这种观点被称为是深化派的教育本质观。持此观点者主张，应从教育本身的质的规定性、从教育之所以是教育的专门的特点及从教育过程中矛盾的特殊性来揭示教育的本质。以此为出发点，在研究中又出现了教育本质的“社会实践说”“传递说”“促使个体社会化说”等不同的提法。不过，虽然他们立论各异，但共同主张：

第一，在逻辑规定性上，本质是事物的特殊矛盾，是区别于其他事物的规定性的属性。研究教育的本质。就是要揭示教育之所以为教育的质的规定性。他们提出，教育本质的“上层建筑说”“生产力说”“多质说”都只是从教育的某些方面揭示了教育的某个或某些属性，但没有揭示教育是教育的质的规定性。归属问题，不是本质问题。

第二，探讨教育的本质，就要揭示教育内部的矛盾。通过对构成教育的四个要素，即教育者、受教育者、教育内容和教育手段 4 个要素的复杂关系的分析，指出教育者与受教育者之间的矛盾就是教育活动中的基本矛盾，即教与学的矛盾。在这个基本矛盾中，教是矛盾的主要方面。教与学的关系，实质上就是教育与发展的关系。所以说，教育与发展的关系才是教育过程内部矛盾的实质，揭示教育与发展的关系的含义，就是揭示教育的本质。

第三，教育过程实质上是促使个体社会化的过程。从社会的角度来看，教育就是造就合格社会成员的工具，是老一代与新一代之间的接续的手段，是社会生活得以延续和发展的手段。从个体发展的角度来看，个体的发展是生物进化的历史和人类认识发展的历史的两个缩影。而人类在长期的社会实践中，创造了两种社会财富即以物质形体表现出来的人的精神的物化和以语言文学、思想情操等形态保存下来的精神文化。这种社会财富得以世代相传并继续发展，不是依靠人的生物遗传来实现的，而是靠老一代人传授给新代人来实现。实现这种传授的方式就是教育。

第四，任何事物或现象的规定性属性都应该是单一的、确定的。教育的本质属性也应该是单一的、确定的。教育就是根据社会的需要培养人的活动，或者说是培养人的过程。教育是培养人的活动，这一本质属性贯穿于一切教育之中，从古至今，以至未来，只要培养人的职能还存在，就可称为教育。

从以上四种教育本质观来看，“本质规定性说”的研究探讨显然是比较深入，也是比较符合逻辑的。但有的研究者指出，“教育是培养人的活动，或者说是培养人的过程”这个说法虽然是对的，但它只是教育的现象的描绘，而不是理论的抽象，是同义语的反复，而不是对教育内涵的揭示与阐明。并指出，教育的本质就是“在一定的生活条件下，将社会本质内化于主体和将人的本质全面呈现的过程”。因为，

“它存在于一切教育活动之中，不论是原始萌芽状态的教育，还是现代教育；不论是中国的教育，还是外国的教育；不论是整体的教育，还是局部的教育；不论是完整的教育，还是片段的简单教育活动，都是这一矛盾的过程，都呈现着‘内化’‘外化’的实质。所以它是教育的本质，也是教育的‘细胞’”。我们认为，这种教育本质观在一定程度上体现了现代的教育观念，其探讨的角度突破了传统的思路，且探讨得比较深入，对于教育本质问题的进一步深入探讨也是有启发意义的。但对教育本质的这种表述，又使其自身陷入了另一个理论的困难境地之中即“社会本质”“人的本质”是什么？对于这一问题的回答是不一致的，也是人类长期以来一直在争论不休的一个理论难题。这一来，对这两个问题的不同回答又必然会造成对教育本质认识的混乱。

从逻辑性上来讲，我们只有在弄清教育本质的基础上，才能更好地把握德育的本质。对教育本质的不同认识就必然地影响着对德育本质的认识。实际上，在一些关于教育本质的论述中就已经反映出他们对德育本质的认识。无论是“生产力说”“上层建筑说”还是“多质说”“本质规定性说”，它们都为德育的本质规定了一个逻辑的范畴。

由于对教育本质理解的不确定性及德育基础理论自身的不成熟性，在教育理论研究中，迄今为止，对于德育本质问题的专门研究和论述并不多见或者说是很不深刻。

关于德育本质含义的表述，实际是德育概念的问题。从人们对德育概念的不同规定中，我们可以看到大家对德育本质的不同理解和规定。有的认为，德育是一种教育；有的认为，德育是一种影响；也有的认为，德育是一种社会活动；还有的同志认为，德育就是一种内化过程，或称之为个体的德文化等。我们认为，这些表述是没有错的，但它不是对德育的特殊规定性的认识，只是从不同的立足点出发，对德育属性的认识。这种认识的结果是德育的归属问题。但是，归属问题不是本质问题。

随着近几年来德育理论研究的不断深入和发展，德育研究者比较注意对德育过程的研究，通过对德育过程的研究来揭示德育的特殊矛盾。因为，德育的本质是由构成德育的特殊矛盾来决定的。通过对构成德育的基本要素(教育者、受教育者、德育的内容和方法)之间相互关系的分析，研究者指出，德育的特殊矛盾就是教育者提出的德育要求与受教育者原有的品德方向和水平之间的矛盾。并指出，德育的实质就是教育者根据社会需要，提出德育要求，再把这种要求转化为学生个体的需要并形成政治思想品德。

综观所有有关研究，人们对教育或德育本质的认识，基本上都是从两个侧面来表述的：一是从教育者培养人的过程来谈，如培养人、训练人、发展人等；二是从受教育者主体变化来谈，如主体的发展、对生活的适应、个体的社会化等。无疑，教育过程是教育者活动与受教育者活动统一的过程。教育本质或德育本质就应该是对这种统一过程的特殊规定性的抽象概括。教育这一特殊的社会现象，社会对它的要求及人们对它的理解必然随着社会的发展与变迁而有所不同。那么，社会的政治、经济、文化等各个领域的变化都可能引起社会对教育的要求及人们对教育的理解的变化，德育与教育其他各育相比尤其如此。那么，我们对德育本质的认识，也即对德育特殊规定性的抽象，是否可以超越这种时代或历史的局限呢？另外，德育作为一种培养人的活动，一方面它要将社会的要求内化于主体，这已被广泛认同；另一方面，有的同志还提出，在这个内化的同时也还有一个将人的本质全面呈现的责任即所谓的“外化”。那么，这个外化，除了将个体后天习得的经验外化于自己的行动之外，是否还应包括将人类自身固有属性的呈现与对其潜能的发展呢？如果是这样，那么这种固有的属性与潜能，在德育意义上具体指什么呢？这一系列问题都是现代社会条件下，社会对教育提出新的要求，以及人类对自身认识的日愈重视与深刻而产生的。我们认为，对于德育本质的认识，沿着教育本质规定性说的思路去探索是有益的。但现有的认识又显然是不够的，还有待研究者在已有认识的基础上，结合现代社会现代教育的新特点来进行深入的探讨。

三、德育的功能

德育功能问题，是德育理论的基本问题之一。正确地认识和探讨德育的功能，既是德育基本理论建设的需要，也是我国德育实践的需要。回顾1949年到十一届三中全会以前这段时期，我们对德育功能的研究几乎是一片空白，而我们对于德育功能的理解，强调的只是其政治性功能，基本上是把德育作为政治的工具(或者说是阶级斗争的工具)，政治思想教育、思想政治教育成为德育的“公称”，甚至直到今天，这种观念也尚未能在一些人的意识中完全转过弯来。这种德育功能政治化的认识定势在我国产生，当然并非偶然，更不能简单地归结为一种认识上的偏差，而是有其深刻的社会历史的以及哲学方法论上的根源。

十一届三中全会以来，随着我国社会战略重点的转移和社会发展的转轨，人们对教育的认识也开始发生了根本性的变化，从教育是阶级斗争的工具转变到对其生产斗争职能的重视。然而，这种在教育职能认识上的转变，开始往往还只局限于智育的领域。对于德育，所重视的往往还只是它的政治性功能。在70年代末80年代初的许多有关著作和文章中，谈及德育的意义和作用时，多是从意识形态领域内阶级斗争依旧存在、青少年一代必须具有明确的政治方向、保证学校的社会主义性质等方面作为唯一的出发点。

十一届三中全会以来，我们对于德育功能的认识，有的是反映在对德育的意义或德育的地位和作用的论述中，有的则是在德育价值的研究中体现。一般也就是从德育对社会政治、经济制度的作用及德育对青少年一代全面发展的作用这两个方面来论述，而很少有关于德育功能问题的专门探讨。在我国德育理论界真正开始对德育功能问题的理论研究，是在 1989 年 5 月初于南京召开的全国教育学研究会德育专业委员会第三届年会之后近几年的事。这个年会的主题是“社会主义初级阶段德育与德育学科建设”问题。会上对于德育功能问题进行了专门的讨论。有的同志提出，“现在发展商品经济已成为亿万人民生活的主旋律，具有多元化、纷杂、竞争和动态特征的商品经济对德育提出了很多要求，政治思想工作必须重新探讨自己的位置，研究德育的功能和作用，对原有的德育功能来一个彻底的转变”。会上具体提出要在德育功能上实现四个方面的转变：

第一，由政治性功能向生产性功能转变；

第二，由社会性功能向个人性功能转变；

第三，由单层面向多层面培养功能转变；

第四，由限制性功能向发展性功能转变。

此后，有不少同志开始关心或者着手对德育功能问题进行研究。在短短几年时间里，德育功能问题的研究取得了突破性的进展，针对德育各个方面的功能都取得了不少有价值的研究成果，它既推动和丰富了我国德育理论的研究和发展，也对我国德育实践产生了一定的积极指导意义。同时，对政府有关政策决策机构同样具有参考价值。

综观几年来大家的研究成果，对于德育功能的探讨主要是从德育的社会性功能、个人性功能与及教育性功能三方面来进行的。当然，各自探讨的侧重点不尽相同，角度也不完全一样，对其功能的具体表述也不完全一致。关于德育的社会性功能主要包括德育的政治功能、经济功能(或发展生产力功能)、文化功能、道德伦理功能、价值导向功能、民族性格的审美功能、促进人们生活水平的提高的功能、促进社会进步的功能等方面或提法；关于德育的个人性功能，主要有促进人的全面和谐发展功能、思想导向功能、品德铸造功能、性格优化功能、认知发展功能、政治导向功能、价值导向功能、审美导向功能、心理导向功能、方法论导向功能、人生导向功能等方面或提法；关于德育的教育性功能是指学校德育具有促进其他各育的功能，德育是开展各种教育活动的保证，它决定学校教育的性质和培养人才的方向。

关于学校德育的政治功能，在我国公开出版与发表的有关著作及论文中，基本上都是以辩证唯物主义和历史唯物主义观点为指导，从德育对社会政治、经济制度具有能动作用，德育通过决定教育的性质，制约青少年学生的发展方向、影响社会的稳定与发展这一角度来揭示的。我国历来十分重视学校德育的政治功能，新中国成立后的“十七年时期”一直是这样；在“文革”中，由于路线上的错误，德育的政治功能被扭曲。而历史的发展表明：在阶级社会中，教育是有阶级性的，其阶级性又集中体现在德育之中，超阶级的德育是不存在的。在教育实践中应正确地理解和充分发挥德育的政治功能，防止“左”和右两种错误的倾向，这已成为我们的共识。

德育的经济功能，有人称之为生产性功能或发展生产力功能。德育的经济功能过去长期被人们忽视或不承认。但随着我国社会“以经济建设为中心”这一总的指导思想的确立，使得德育的经济功能也逐渐为人们所关注，尤其近年来，这方面的研究不少。围绕德育经济功能的研究，大家争论的首先是德育有无经济功能或发展生产力功能。今天看来，这已基本形成共识：德育具有经济功能。在此基础上，大家研讨的中心进一步深入：德育的经济功能是直接的还是间接的？对此，还存有不同的看法。有的同志认为："德育的经济功能，就是承认德育并通过德育去推动社会生产力的发展，德育的经济功能不是直接的，而是间接的。"胡守棻教授主编的《德育原理》一书中指出，过去我们"忽视或很少研究德育与生产力的关系，这是不全面的，既不利于德育学科的理论建设，也不利于学校德育实践。……人的思想品德也具有生产力的意义"。有的同志认为，"教育作为一个系统，它具有发挥社会作用的经济功能，而教育的经济功能必须是其整体作用的结果，其中德育的功能是不可忽视的"。并指出，德育产生经济效能具有产生经济效益的有限性、长效性、潜在性、增效性四个特点。还有的同志从道德因其不同的表现，可能是直接地也可能是间接地反作用于生产力的基本观点出发，认为作为个体劳动力的基本要素之一的思想品德对生产力的作用可能是间接的、也可能是直接的，即二者兼而有之。鲁洁教授还专门撰文论述了德育的经济功能，认为德育的经济功能表现于多方面：从作用的层次来看，可表现于宏观层次，即通过德育形成或变革一定的社会意识形态以影响整个社会的经济生活、经济行为的价值取向；也可通过发展和完善个体的思想道德素质，在微观层次上对经济的发展直接发生作用。从不同的经济生活领域来看，德育的经济功能表现于生产领域、经济形态领域及生活与消费领域等方面的功能，此外还表现在社会流动和分工领域内的功能。

关于德育的社会性功能，还有同志专门撰文探讨了德育的文化功能、价值导向功能、道德伦理功能、民族性格审美功能、促进人们生活水平提高及促进社会进步等方面的功能。它们以不同的提法，或从不同的角度或深度丰富了人们对德育的社会性功能的全面认识。

德育的个人性功能，有人称之为个体性功能，或个性发展功能、个体发展功能，或者称人的发展功能。过去长期以来，学校德育只注重其社会性功能，而忽视或根本否认德育的个人性功能。理论不敢涉足，实践更是谈“个人”色变。这种状况阻碍了德育理论朝科学化方向发展，更给我们的德育实践造成了许多偏颇。吸取历史的经验教训，近几年人们已经越来越重视德育的个人性功能(或者说个性发展功能)，许多专家学者都呼吁，要树立全面科学的德育功能观，要重视德育的个人性功能的发挥。如有同志指出，德育不仅仅要有目的地培养人的思想品德，而且要促进整个人的个性的发展，塑造和谐的个性是德育追求的最终目标。并指出，德育在个性教育中处于核心地位，它在人的发展中具有定向作用、合理建构作用及心理保健作用。

在近几年的研究中，关于德育的个人性功能，还提出了德育的促进人的全面和谐发展功能、认知发展功能、性格优化功能、品德铸造功能、人生指导功能及思想、政治、价值、审美、心理、方法论等导向功能，等等。

此外，还有同志提出，德育具有自我享用的个人性功能，学校德育应注意这种功能的发挥。虽然这方面的研究成果还很少见到，但德育的这种功能确已被人们所关注。

关于德育的教育性功能，其专门论述并不多见。但德育具有教育性功能已成为人们的共识，德育具有教育性功能是客观的存在。王逢贤教授从德育价值的角度指出，德育具有教育价值，“受教育者的优良道德品质是各种教育过程的内在动力，是开展各种教育活动的内在保证”。更多的同志则认识到，德育对教育活动中的其他各育具有促进作用，指出“作为灵魂，德育对其他各育具有定向、推动作用”。

在研究中，还有同志提出，在我国教育理论界对功能这一概念的把握存在两个误区：一是使功能带有价值判断倾向，即将功能理解为乃至规定为含有肯定评价意义的“贡献”，致使功能这一概念实际上成了正向功能的代名词。二是将功能染上了理想主义色彩，将功能理解为“社会期待”或“主体意志”的等价物，致使功能这一概念实际上混同于“职能”的概念。并指出，功能本来只是一个中性概念，它泛指构成某一社会系统的要素对系统的维持与发展所产生的一切作用或影响。功能只能是就客观结果而言，并非指主观愿望，它所涵盖的并非主观企求的应当发挥的作用，而是客观呈现的实际产生的作用。此观点是从社会学角度提出来的，依此，德育活动过程中对教育对象所产生的消极影响也应属于德育的功能。但是，在《现代汉语词典》里，对“功能”一词是这样规定的：事物或方法所发挥的有利的作用；效能。依此含义，功能不是指客观的所有结果，功能一词不应是中性的，而是指“有利的作用”。对于功能一词含义的理解必然影响我们对德育功能的理解，这一问题也还有待进一步讨论研究。

回顾几年来的研究成果，对于德育功能问题的研究从一片空白已变得日益丰富、日益系统和深刻。作为一种科学的理论研究，今后除了进一步加强对德育功能问题的理论探讨外，还应注意对德育功能问题的应用性研究，也即是研究如何在德育实践中更好地、全面地发挥德育的功能，使我们的理论更好地为教育实践服务，为培养合格的适应社会主义市场经济的新型人才服务。

德育概念的不同界定及其理论思考

对德育概念的正确把握是从事德育理论研究与德育实践工作的基本前提。党的十一届三中全会以来，随着我国教育科学研究事业的不断深入和发展，德育理论的研究也有了长足的进步。如今，教育学、德育理论著作及论文很多，在这些著作和论文中，对于德育概念的表述与理解，可谓是众说纷纭。

一、对德育概念的不同界定

十一届三中全会以来，我国印行的第一本《教育学》对德育的概念规定为："思想教育也称思想政治教育，或思想品德教育。它包括三方面的教育：政治教育、道德品质和基本观点的教育。"①实际上"这一本教育学是在1961—1963年前后连续3年之久由本国教育学者和大学教师联合编写的自编的教科书，也是企图有别于凯洛夫主编的《教育学》

① 上海师范大学编《教育学》讨论稿，北京：人民教育出版社，1979年版，第191页。

的一本新的教科书，或者也可以说是力图能超过从外国翻译过来的教科书”，“在1979年印行的《教育学》(讨论稿)，比1963年印刷的多了一个《前言》”，“所谓‘新版’也并未有一个字的改动，只是把小32开本的上下两册，改为大32开本的一册”。① 可见，此书对德育这个概念的规定实际上是60年代初的研究成果。但由于当时没有别的教育学教科书，此书成了70年代末80年代初的教科书，在全国大量发行。

王逢贤教授在其《德育原理纲要》中指出：“德育是道德教育的简称。广义的德育即指‘德才兼备’、‘德、智、体’的‘德’，包括思想教育(主要是思想观点和世界观教育)、政治教育和道德品质教育。狭义的德育仅指道德品质教育。教育学里的德育概念是广义的，和我国社会上通用的思想政治教育是同义语。”②

南京师范大学教育系编的《教育学》认为：“德育是教育者按一定的社会要求，有目的有计划地对受教育者心理上施加影响，以培养起教育者所期望的思想品德。思想品德，就其内容说，包括人们的政治立场、世界观以及道德品德等方面。因而，我们所说的德育，包括对学生的共产主义思想教育、政治教育和道德品质教育。”③

华东师范大学等8所院校合编的《德育原理》一书中，对德育概念的规定为：“同智育、体育并列的德育，是一个更为广泛的概念，它是学校对青少年学生进行政治教育、思想教育、道德教育的总称。它

---

① 陈元晖：《中国教育学七十年》，载《北京师范大学学报》，1991(5)。

② 王逢贤：《德育原理纲要》，东北师范大学教育系编印，1983年版，第1页。

③ 南京师范大学教育系编：《教育学》，北京：人民教育出版社，1984年版，第230页。

既包括政治理论课和形势任务教育，又包括日常的思想政治工作；既包括党团组织和少先队、学生会组织进行的教育，又包括思想品德教育和各科教学中的思想教育。”①在此书基础上修订的由胡守棻教授主编的《德育原理》对德育概念的规定也做了一些调整，“同智育、体育、美育、劳动技术教育相对应的德育，是一个更广泛的概念，它是对青少年学生进行道德教育、政治教育、思想教育的总称。它既包括政治理论课和形势任务教育，又包括日常的思想政治工作；既包括党团组织和少先队、学生会组织进行的教育，又包括思想品德教育课和各科教学中的思想教育”。并指出，“概括地说，德育就是把一定社会的思想观点、政治准则和道德规范，转化为受教育者个体的思想品德的社会实践活动。我们社会主义学校的德育，也就是把党和国家对年青一代思想道德规范等方面的要求，转化为受教育者个体的思想品德。综上所述，德育是教育者培养受教育者思想品德的教育。”②

《辞海》中《教育心理分册》认为德育是“向学生进行政治思想和道德品质的教育。同智育、体育密切联系。中国学校中德育的任务，是把年青一代培养成有社会主义觉悟和共产主义道德品质的革命接班人”。③

《中国大百科全书》中把德育的概念规定为“教育者按照一定社会或阶级的要求，有目的、有计划、有组织地对受教育者施加系统的影响，把一定的社会思想和道德转化为个体的思想意识和道德品质的教

① 华东师范大学等8所院校合编：《德育原理》，北京：北京师范大学出版社，1985年版，第3页。

② 胡守棻主编：《德育原理》修订版，北京：北京师范大学出版社，1989年版，第3页。

③ 《辞海·教育心理分册》，上海：上海辞书出版社，1980年版，第2页。

育。德育是教育的一个重要组成部分”。①

苏州大学等六院校合编的《教育学》认为：“德育，是思想教育、政治教育和道德教育的总称，在学校工作中也叫思想品德教育或思想政治教育。它是指教育者根据青少年身心发展的规律，对受教育者有目的有计划地施加影响，以培养适应社会需要的思想品德的那种教育活动。”②

李景先等主编的《大学德育学概论》对德育概念的规定是：“究竟什么是德育呢？简言之，德育是学校按照一定的社会要求，有目的、有计划、有步骤地培养受教育者，使其具有一定的政治、思想和道德品质的活动。”③

陈育辛主编的《教育学新编》认为：“德育是培养无产阶级政治观点、共产主义道德规范和科学世界观的教育。”④

华中师范大学教育系等六院校合编的《德育学》指出：“德育作为一种教育，它是人的全面发展教育的组成部分之一，对人的全面发展具有重要的意义。……德育的概念是德育自身的特殊规律的抽象概括。……如用简单概括的表述，德育就是教育者培养受教育者品德的教育。如若进一步表述德育的特殊矛盾，从其内部的、稳定的、区别于其他事物的内部矛盾联系上表述德育概念，就必须对德育的特殊矛

① 《中国大百科全书·教育》，北京：中国大百科全书出版社，1985 年版，第 59 页。

② 苏州大学等 6 院校合编：《教育学》，南京：江苏教育出版社，1986 年版，第 164 页。

③ 李景先、肖约之、李庆善主编：《大学德育学概论》，长沙：湖南人民出版社，1986 年版，第 8 页。

④ 陈育辛主编：《教育学新编》，上海：上海教育出版社，1986 年版，第 99 页。

盾作具体分析。我们知道，德育的进行，需要有三个要素组成活动，即教育者(德育工作者)、品德规范、受教育者三方面发生联系，产生矛盾运动，即德育。也就是说，教育者以一定的品德规范要求受教育者，同受教育者原有品德基础发生矛盾，即德育的特殊矛盾。这个矛盾的解决，就是教育者将品德规范要求转化为受教育者的品德。所以，德育是教育者将品德规范转化为受教育者品德的教育。”①

赵翰章主编《德育论》中认为，就德育的外延来说，“作为人的全面发展教育重要组成部分的与智育、体育、美育、劳动技术教育等相对应的德育，应该包括道德教育、政治教育和思想观点即人生观、世界观等教育内容，这样既符合我们学校德育实践的实际情况，也与经典著作和我们党的干部政策所要求相一致”。而就德育的内涵来说，“德育的实质归根结底就是把一定社会的思想观点、政治立场和态度以及道德规范转化为受教育者个体的品德。我们社会主义学校的德育实质，就是把党和国家对年轻一代在道德、政治和思想素质方面的要求，转化为受教育者个体的品德。简言之，即‘个体品德的社会化’”。②

孙喜亭等主编的《简明教育学》对德育的概念规定为：“思想道德教育，就其广义来说，包含了政治思想教育、思想意识教育和道德品质教育，也就是我们常说的德育。不能把德育仅仅理解为道德教育，道德是社会意识形态的一种形式，此外，还有政治思想、法权思想等

① 华中师范大学教育系等：《德育学》，西安：陕西人民教育出版社，1986年版，第16—17页。

② 赵翰章主编：《德育论》，长春：吉林教育出版社，1987年版，第3页。

形式。德育是解决一个人的社会意识的问题，它的内容是比较广泛的。”①

王顺兴、韩水昌编的《教育学》中认为：“德育是道德教育的简称，有广义和狭义两种理解。就广义而言，德育包括三个组成部分：政治教育，即政治方向和态度的教育；思想教育，即世界观和方法论的教育；道德教育，即处理人与人之间、个人与社会之间关系的行为准则或道德规范的教育。就狭义而言，它指的是道德教育。与政治教育、思想教育相并列。”②

谢景隆主编的《普通教育学》中把德育概念规定为：“德育，即品德教育。所谓品德是指表现在个体身上的那些符合一定政治准则、思想观点及道德规范的稳固特征和倾向，故品德教育一般包括政治教育、思想教育和道德品质教育。德育的实质在于用反映一定社会经济基础和政治关系的立场、观点及道德规范等社会意识形态教育下一代，以维护和巩固一定阶级的利益和统治。”③

沈适菡主编《实用教育学》中认为，“一般说来，德育是教育者培养受教育者品德的活动”，“德育的‘德’，从社会角度说，是指社会意识形态的哲学、政治、法律、道德等观点(简称思想道德)；从个体角度说，是指人的品德，亦即人的思想、政治、法纪、道德等品质。因此，德育不是道德教育的简称，而是思想教育、政治教育、法制教育和道德教育的总称；德育即品德教育，包括思想、政治、法纪、道德等品质的教育”。“德育有广义、狭义之分。从广义上说，凡是有目的

① 孙喜亭、靳希斌、陈孝彬：《简明教育学》修订本，北京：北京师范大学出版社，1988 年版，第 255 页。

② 王顺兴、韩水昌：《教育学》，济南：山东教育出报社，1985 年版。

③ 谢景隆：《普通教育学》，西安：陕西人民出版社，1987 年版。

地影响人的品德的活动，都是德育。它包括家庭德育、社会德育、学校德育等。狭义的德育主要指学校德育。学校德育是教育者根据一定社会、一定时代的要求和受教育者品德形成发展的规律和需要，有目的、有计划、有组织地系统地对受教育者施加社会思想道德影响，以使其形成教育者所期望的品德的活动”。①

王道俊、王汉澜主编的《教育学》中，关于德育的概念是这样规定的：“德育是教育者按照一定社会或阶级的要求，有目的、有计划、系统地对受教育者施加思想、政治和道德影响，通过受教育者积极的认识、体验、身体力行，以形成他们的品德和自我修养能力的教育活动。简而言之，德育就是教师有目的地培养学生品德的活动。德育是我国全面发展教育的一个重要组成部分。对学生进行德育是学校的一项重要工作。”“教育学范畴的德育与伦理学范畴的道德教育有联系，前者要反映后者的要求。但两者也有区别，伦理学范畴的道德，作为一种社会意识形态，是相对于政治观念、法律观念、宗教观念和艺术观念来划分的，故伦理学上的德育侧重人的行为规范和风尚，培养人们一定的道德品质。教育学上的德育，则是相对于智育和美育来划分的，它的范围广，包括培养学生一定的思想品质、政治品质和道德品质。因此，道德教育的概念实有广义和狭义之分：狭义的道德教育，是指伦理学上的，即道德品质教育；广义的道德教育，则是指教育学上的德育，道德品质教育只是它的一个组成部分。认清广义与狭义的道德教育概念，是为了全面理解学校德育的范围和组成。”②

---

① 沈适菡主编：《实用教育学》，北京：北京师范大学出版社，1991 年版，第 192—193 页。

② 王道俊、王汉澜主编：《教育学》，新编本，北京：人民教育出版社，1989 年版，第 333 页。

此外，也有不少同志在刊物上撰文，对德育这一概念做了讨论和界定。如吕型伟同志撰文提出：“在教育方针上我们一贯采用德育这个概念，但在平时工作中我们都不大用这个概念，而是用思想教育、政治教育、思想政治教育、政治思想教育或思想品德教育。我觉得这些名词，既有联系又有区别，不能画等号。德育是个大概念，可以包括其他几个概念的内容，而其他任何一个词汇，都不能包括德育的全部内容，互相之间也不能完全包含。政治思想教育，当然十分重要，属于德育内容中比较高的层次，但不能说它就是德育的全部内容。”① 余光先生认为：“德育仅仅理解为就是道德品质的教育或者就是‘五讲、四美、三热爱’的教育，无疑缩小了德育的外延，这在实践中易于导致忽视对学生的政治品质和人生观、世界观教育的偏向。同样，把德育等同于政治思想教育，这使人误认为德育仅仅指的是政治品质教育，因此，也是不全面的。作为人的全面发展教育的重要组成部分而与智育、体育、美育相对应的德育，它包含道德品质、政治品质和人生观、世界观等方面的教育。”②冉乃彦同志认为：“德育就应该是从人类历史发展的客观要求出发培养个体的需要，形成正确的动机，确定恰当的目标，锤炼坚强的意志，组织相应的行动，并逐步形成稳固的行为方式，提高评价水平，激发健康的情感，促使螺旋轨道不断上升，最终出现层次越来越高的动机、目标、意志、情感、行动、评价六要素形成的合金——信念。信念既不同于没有内化的知识、概念认识，又不同于具有情境性的具体行为，是比六要素更高一层的结

---

① 吕型伟：《德育问题的思考》，载《教育研究》，1988(1)。

② 余光：《德育原理研究对象初探》，载《华东师范大学学报(教育科学版)》，1987(4)。

构。这就是各个历史发展时期、各时期不同阶段德育的较稳定的基本概念。只是由于历史发展阶段不同，各阶段的要求不同，德育在具体内容上，随着形成动机这个中心的不同，发生着不同的具体变化。”①

二、关于德育概念问题的思考

德育概念问题，实际上就是要回答“什么是德育”的问题。对于德育这个概念的规定，实际上就是对德育本质的抽象。德育应该是德育原理或德育论的最基本的概念。对德育概念的界定或理解应该是德育理论研究或德育实践工作的起点，也是实现德育科学化、建立德育科学的逻辑体系的逻辑起点。

正如孙喜亭教授指出：一门科学，首先应该研究概念。长期以来，人们把“抠概念”当作贬义词，进行鞭笞。这是不对的，这只能妨碍教育理论的发展。理论科学不是应时对策，理论家不是对策专家，不能因为研究基本理论与对策工作不同，而轻视基本理论的研究。理论研究要脱离特定的实际，要远离特定的实际，否则，它就不可能科学的抽象。当前，教育科学不是在最基本概念方面研究得够了，而恰恰相反，理论上的不彻底，结果导致了实践的随意性、盲目性，使实践多次失误。并指出：“作为概念，它与知觉、观念不同，它所反映和确定的，不是对象的一切为我们感觉器官所达到的属性，而是我们思想从对象中所分离出来的本质属性。概念反映本质属性，是‘单一的’这并不否认教育还具有其他许多属性，也不否认教育具有多种形

① 冉乃彦：《德育的心理结构与德育概念及德育方法》，载《武汉教育科研》，1988(2)。

态和形式。”[①]这是孙喜亭教授关于教育本质问题的一个精辟论述。我们以为，它对德育问题的研究同样是有价值的。长期以来，德育概念的五彩缤纷，一方面实际上给我国德育理论研究及德育实践工作带来一些混乱或偏差；另一方面，也正说明我国德育基础理论研究还很不够，就连“德育是什么”这样最基本的问题也还很不深入。对于德育的概念，也有必要在今后的研究中进行更加深入地探讨。

(一)德育概念的历史沿革

德育概念的形成和使用经历了一个长期的历史发展过程。我国古代并没有直接用“德育”这个概念，而往往用“教”“学”“修”“养”“习”“道”“德”等字来代替。如《说文解字》上，把“教”字解释为“觉悟”的意思。

“斅，觉悟也。”[②]就是说，“教”就是提高人的觉悟的意思。这里的“教”即是德育。孔子说：“性相近，习相远也。”(《论语·阳货》)这里的“习”，既有客观环境的习染、熏陶、影响之意，又有主观上的学习、实习练习之意。王充曾借周人世硕的话说：“性各有阴阳善恶，在所养焉。”(《论衡·本性》)《学记》里说：“建国君民，教学为先。”“君子欲化民成俗，其必由学乎。”《大学》里指出：“大学之道，在明明德，在亲民，在止于至善。”这里面的“教”“学”“习”“养”“道”等概念都具有教化之意，也即我们所谓的德育。可见，我国古代的教育，主要就是指德育。但德育的概念并没在这里诞生。

在近代，我国教育史上使用过“道德教育”和“训育”等概念以示德

① 孙喜亭主编：《教育学问题研究概述》，天津：天津教育出版社，1989年版，第136—138页。

② 孟宪承等：《中国古代教育史资料》，北京：人民教育出版社，1962年版，第15页。

育。当西方资产阶级教育思想输入我国之后，才开始明确地使用“德育”这一概念。王国维在1906年《教育世界》杂志第56期《论教育宗旨》一文中就提出德育，他认为应该“培养智育、德育、美学和体育四育”全面发展的“完全之人物”。蔡元培在《普通教育与职业教育》一文中，陶行知在《中国教育改造》一书中都曾明确使用过“德育”概念。

在外国教育史上，在比较长的时间里，是将德育的概念混同在教育概念中，或者与教育概念等同使用。在卢梭那里，“教育”“培育”和“养育”几乎是同一意义。夸美纽斯认为：“只有受过一种合适的教育之后，才能成为一个人。”①他们所说的“教育”，实际上都在很大程度上是指的“德育”。而赫尔巴特，则有时把教育与德育完全等同起来，有时又把德育当作狭义的教育。对我国新中国成立后教育学发展影响极大的苏联教育学著作中，一般认为德育就是道德教育。如凯洛夫主编的《教育学》认为：“德育是在组织儿童的各种活动过程中，为了形成儿童的道德行为、道德的概念和信念以及性格特征而施加的一种有计划的影响。”又说：“在苏维埃学校中，德育包括有计划有目的地影响学生的意识、情感和行为，目的在于培养他们的共产主义道德精神。”②

新中国成立后，我国教育学体系的构建深受苏联教育学体系的影响。德育概念的使用和表述问题同样也受其影响，但也表现出十分混乱的状况。有的照抄苏联教育上的提法，用狭义的教育表示德育；有的主张用我国思想政治工作的习惯用法，称德育为思想政治教育或政

① 夸美纽斯：《大教学论》，见《西方资产阶级教育论著选》，北京：人民教育出版社，1964年版，第4页。

② 伊·阿·凯洛夫总主编：《教育学》，北京：人民教育出版社，1957年版，第222页。

治思想教育；还有的同志认为德育就是道德教育；也有的说德育就是政治立场教育、世界观教育、道德教育等，各种观点，各有侧重，并非完全相同。

十一届三中全会以后，1979 年由人民教育出版社印行的《教育学》，虽然是 1963 年的研究成果。但在当时没有别的版本，在全国作为教材广泛使用，影响很大。所以说，此书对德育概念的规定实际上就成了十一届三中全会以来德育概念研究的一个起点。1982 年我国颁布的第一个小学思想品德课教学大纲，用思想品德教育表述德育概念，反映了比较多的教育工作者的倾向。1982 年 11 月下旬在河北保定召开了华东华北 7 院校教育学第 2 届学术讨论会，会上就德育概念等问题进行了专题讨论。关于德育概念，“有两种意见：一，认为德育是向学生进行思想政治、遵纪守法以及培养学生道德品质和行为习惯的教育。这一定义的根据是马列主义关于政治与道德统一的原理。二，认为上述定义只揭示了德育的外延，没有揭示其内涵，所以，德育应该是：教育者根据一定社会的需要和青少年思想品德形成的规律，为形成受教育者一定的政治立场、思想观点和道德品质而进行的教育。这样的定义才反映了学校德育的特点。”①

1984 年，南京师范大学教育系编的《教育学》出版，此书对德育概念的界定表明了我国教育理论研究对德育概念认识的视角的转变，从以往的注重现象的归纳整理转移到对其内涵的本质的认识。而且此书对德育概念的规定也获得了教育理论和实践工作者比较普遍的认同。虽然在各家的著作和文章中有着不尽相同的具体规定，但在各家

① 瞿葆奎主编，余光、李涵生选编：《教育学文集·德育》，北京：人民教育出版社，1989 年版，第 250 页。

的规定中都在一定程度上可以看到这个界定的影子。大家都力求从本质和内涵上来对德育概念做出比较科学的界定。

(二)德育的内涵和外延

随着德育研究的深入与发展，对于德育概念的认识，近年来人们都注重从德育的内涵与外延相结合的角度来把握。

那么什么是德育的内涵，什么是德育的外延呢？对于这一问题的回答至今也仍然存有分歧。较早提出德育的内涵与外延的应该是1982年的保定学术讨论会。在讨论会上有人提出“德育是向学生进行思想政治、遵纪守法以及培养学生道德品质和行为习惯的教育”说，只揭示了德育的外延，没有揭示其内涵。并提出，“德育应该是：教育者根据一定社会的需要和青少年思想品德形成的规律，为形成受教育者一定的政治立场、思想观点和道德品质而进行的教育”。可见，持这一观点的人认为，德育的外延是思想政治教育、遵纪守法教育、道德品质和行为习惯教育等；而他们对德育概念的规定也正是他们对德育内涵的理解。实际上，后来的研究基本上都是沿着这个思路来把握理解德育的内涵和外延的。比较有代表性的提法就是胡守棻教授主编的《德育原理》中所述的，从德育的外延上说，“它是学校对青少年进行道德教育、政治教育、思想教育的总称”；从德育的内涵来说，“就是把一定社会的思想观点、政治准则和道德规范转化为受教育者个体的思想品德的社会实践活动”。

就沿着这个思路，对于德育的内涵和外延也有许多不同的表述或不同的观点。关于内涵问题，有人认为：“以政治教育、思想教育、道德教育为中心的整体影响”是德育内涵的整体含义①；也有人认为："德育工作是整个教育工作有机整体中的一个侧面，不是一项孤立的工作。……是培养人的全面发展的整体工作的一个组成部分。……德育工作又是整个教育工作中的一项相对独立的工作。在现代社会中，德育是一种以培养人的理性认识能力和一定的行为规范，激发人自觉提高自身素质，按照一定社会要求完成人的社会化过程，促进人的精神世界发展的一项社会实践活动。”②关于外延问题，除了政治教育、思想教育和道德教育三方面外，有的同志主张加上个性心理品质和能力的培养两个方面，这种观点已经反映在我国现行的中小学德育《大纲》和《纲要》中。也有的同志提出：德育的外延大致涉及个体素质的以下六个层面：

第一，个性心理层面。包括满足人的情感要求、交往需求等最基本的心理需求。培养健全的人格、良好的性格等。

第二，科学文化层面。主要指以一般的科学文化为基础的社会科学、人文科学的基本知识和道德知识、法律常识等。

第三，观念意识层面。包含文化观念、道德观念以及其他社会观念，对社会实践和社会生活中改革、更新最为迅速明显的那些新事物有敏锐的意识。

第四，道德品质层面。即个体品德所及的各个方面。

第五，世界观(包括方法论)层面。涉及人生观、社会观、幸福

---

① 冯忠汉：《德育实论》，北京：教育科学出版社，1990 年版，第 183 页。

② 钟禾祖等：《德育科学化的新思维》，载《上海教育(中学版)》，1989 年第 1 期。

观、义利观、理想等精神世界的高层次发展。

第六，政治态度层面。表现为牢固的政治信仰、社会理想等人的最终精神支柱。”

回顾过去，我国对德育内涵的理解也是经历了一个历史的变化的过程：20 世纪 50 年代中期强调以“五爱”(爱祖国、爱人民、爱劳动、爱科学、爱护公共财物)为中心的思想品德教育；六七十年代，把德育只限制在政治思想教育，特别是阶级教育的范围内；十余年来，人们比较趋于一致的将德育视为政治教育、思想教育和道德教育的整体，是个体思想品德的培养活动。对于德育外延的认识集中反映在近些年来对思想教育、政治教育、道德教育之外是否加上个性心理品质和能力培养两方面的问题的讨论。如有的主张就是前三部分；有的主张平行的五部分；有的主张思想、道德、政治三合为一与个性心理品质、能力两部分共同组成三部分；也有的主张将个性心理品质与能力合为一部分等。

那么，究竟应该如何来理解德育的内涵和外延呢？我们首先得搞清楚什么是内涵，什么是外延。所谓内涵，逻辑学上指一个概念所反映的事物的本质属性的总和，也就是概念自身的内容。如，“人”这个概念的内涵是能制造工具并使用工具进行劳动的动物。外延，在逻辑学上是指一个概念所确指的对象的范围。如“人”这个概念的外延是指古今中外一切的人。据此，我们说，德育的内涵就应该是对德育的本质属性的抽象和概括，而不是对德育现象的简单综合或罗列。德育的外延，应该是根据德育的内涵来确定的对象的特定范围，而不能随意扩大或缩小。

关于德育的内涵和外延问题，经过近年来的研究，尽管找到了一些共同点，但分歧是明显存在的。这一问题有待于今后深入地进行研究，以促进我们对德育概念的科学认识的形成，也有利于我国德育理论与德育实践的发展。

德育本质及思想品德结构探讨

一、对德育本质的不同表述

一般认为，德育概念的规定应该是对德育本质的抽象。那么，什么是德育的本质呢？对这一问题的回答，目前尚未得到完全统一的认识和统一的规定。也正因为对德育本质的认识不一，才出现对德育概念规定的纷纭现象。

胡守棻先生主编的《德育原理》一书中指出：德育是有目的地培养受教育者思想品德的活动。从对德育活动的诸要素及其内在联系的分析，德育的基本矛盾是教育者提出的德育目标(教育要求)与受教育者思想道德状况之间的矛盾。在这一意义上，我们可以说，德育是在社会发展与个体发展的需要的条件下进行的。这一矛盾运动贯穿于德育活动过程的始终，而且规定着或影响着其他矛盾的存在和发展。“德育的本质就是教育者使一定社会的道德规范要求与受教育者现有的思想道德状况间的这一特殊矛盾不断得到解决，把一定社会思想道德转化为受教育者个体的思想品德。”①

有的同志认为，德育的本质是由构成德育的特殊矛盾决定的。指出：“所谓事物的本质是指事物的根本性质，是组成事物基本要素之间的内在联系。事物的本质是由它本身所固有的特殊矛盾决定的。这就是说德育的本质是由构成德育的特殊矛盾决定的。什么是德育的特殊矛盾呢？按照我们对德育概念的理解，德育的特殊矛盾就是教育者提出的德育要求与受教育者原有的品德方向和水平之间的矛盾。德育这种特殊的矛盾运动，便是我们讲的德育活动。德育是一种有目的的社会活动。德育的实质是教育者根据社会需要，提出德育要求，再把这种要求转化为学生个体的需要并形成政治思想品德。”②

赵翰章主编的《德育论》中认为：“德育的实质归根结底就是把一定社会的思想观点、政治立场和态度以及道德规范转化为受教育者个体的品德。我们社会主义学校的德育实质，就是把党和国家对青年一代在道德、政治和思想素质方面的要求，转化为受教育者个体的品德。简言之，即‘个体品德的社会化’。德育的这一实质是我们社会主义的思想、政治和道德规范同受教育者原有品德水平之间特殊矛盾的反映。正是这个特殊矛盾，才把德育与智育、体育等区别开来。”③

华中师范大学教育系等六院校编的《德育学》中指出：“德育是教育者将品德规范转化为受教育者品德的教育。德育的特殊矛盾的不断产生、不断解决，就是受教育者品德水平的不断提高。只有当受教育

① 胡守棻主编：《德育原理》修订版，北京：北京师范大学出版社，1989年版，第36页。

② 孙喜亭主编：《教育学问题研究概述》，天津：天津教育出版社，1989年版，第305—306页。

③ 赵翰章主编：《德育论》，长春：吉林教育出版社，1987年版，第3—4页。

者自觉地选择、消化、吸收、运用教育者对他提出的品德规范，并转化为个人需要，形成个人品德的时候，德育的特殊矛盾才能解决。所以，德育的本质就是教育者培养受教育者一定的品德。”①

关于德育本质问题，李道仁先生早在 1982 年就撰文进行专门的探讨，指出：“德育是教育者将外在的社会思想言行规范转变为受教育者内在的精神财富，形成个人的稳定的性格特质，并在社会生活中表现出来。这才可以说是德育的本质概念，人们可以清楚地看出德育过程的三要素，即教育者、思想言行规范、受教育者之间的运动变化规律。”并进一步分析指出，在德育过程中，教育者是主导因素，在德育过程中发挥主导作用；思想言行规范是德育过程的第二个基本要素，它是教育者教育学生所依据的内容；受教育者是德育过程的主体因素，它既是德育的客体，又是德育的主体。“就这种意义上说，德育的本质，就是教育者将社会提出的思想言行规范的需要，转化为受教育者的需要，形成个人品德的过程。”最后指出，“德育的本质，即德育过程的特殊矛盾运动，它是教育者、思想言行规范、受教育者三要素之间的相互联系的矛盾运动的统一体，是教育者将社会提出的思想言行规范转化为受教育者个人品德的矛盾运动过程，只要德育过程存在，这个矛盾运动就始终存在”。②

华东师范大学余光教授也曾撰文指出：“德育的实质说到底就是把一定社会居于统治地位的统治阶级的人生观和世界观、政治立场和态度以及道德规范通过教育转化为受教育者个体品德的一种活动。今

---

① 华中师范大学教育系等编：《德育学》，西安：陕西人民教育出版社，1986 年版，第 17 页。

② 李道仁：《德育本质问题的探讨》，载《华中师范学院学报》，1982(6)，第 108—110 页。

天社会主义学校的德育，就是要有目的有计划地把我们党和国家对年青一代在道德、政治和人生观、世界观等方面的要求，根据教育学和心理学的原理，加以科学的组织和教育，使之转化为他们的品德活动。即社会主义社会的社会意识形态个体化的过程。这个过程就是社会主义社会的社会意识形态同受教育者原有品德水平之间的这一特殊矛盾的产生、斗争、统一到再矛盾、再斗争、再统一这样一个不断循环往复的过程。正是这个特殊的矛盾，才把德育与智育、体育、美育等全面发展的其他组成部分的教育区别开来。”①

也有的同志从多角度来分析，指出：从德育活动的目标指向上看，德育是培养受教育者一定的品德，而不包括其他——诸如提高受教育者的科学文化知识水平和增进其身体健康等。这是德育的本质特点之一。从德育活动的内容上看，德育是向受教育者灌输一定社会的品德规范。从德育的活动形式上看，德有是自觉地、有目的、有计划、系统地对受教育者施加思想政治和道德影响的活动。其中，学校德育除了上述特点外，还是有组织地进行的，并且有相对固定的培养场所，有各种必要的培养手段和设施等。从德育活动场所上看，德育的活动场所根据其活动指向和辐射对象的范围来具体确定。如果德育活动是指向学校的，辐射的对象主要是学生，那么就叫作学校德育。从活动过程上看，德育作为一个活动过程，它有其构成这一过程的特定要素以及由这些要素所形成的特殊结构。所谓构成德育过程物质活动本身的要素至少包括这样的含义，即：首先，这些要素本身是可以相对独立的客观实在；其次，每一个要素本身都部分地反映出德育的特点。德育过程的要素主要有教育者(德育工作者)、受教育者和品德

① 余光：《德育原理研究对象初探》，载《华东师范大学学报》，1987(4)。

规范等三种基本因素。这三个要素之间相互作用。发生矛盾运动时即产生德育过程。换言之，只有当教育者以品德规范要求受教育者，引导受教育者并使其以品德规范约束其行为时，德育过程才得以实现。

关于对德育本质的不同认识，在前面关于对德育概念的不同规定中可以发现，在这里不必重复。此外，还有一些同志是在对德育过程或德育过程的本质研究中来回答德育本质的。对于德育过程的研究，在本书后面将有专章论述，这里也不做多述，只选其中几个论述。王逢贤教授早在 1979 年曾撰文指出："德育过程，简言之即教育者根据受教育者思想品德形成的规律，对受教育者的知、情、意、行几方面进行有组织有计划的影响，使他们形成一定德育任务内容所要求的思想品德的过程。"①

班华教授认为："德育过程的本质是在活动和交往中，教育者借助一定教育手段，把一定的社会思想、道德转化为受教育者个体思想品德的过程；也就是说，德育过程主要是道德的社会继承过程，或道德的社会传递过程。德育过程是把社会道德规范转化为个体思想品德的过程。因而这一过程的主要矛盾是教育者(代表社会)所提出的道德要求(德育任务)同受教育者现有道德水平之间的矛盾。这也是决定德育过程本质的特殊矛盾。"②并且还在《德育原理》一书中指出：德育过程中，解决德育任务的要求同受教育者发展现状的矛盾，就是有目的地促使受教育者个体品德社会化的过程，即个体掌握社会思想、政治、道德准则，形成社会所要求的思想品德，成为能适应和参与一定

---

① 王逢贤：《学校德育过程特点初探》，载《教育研究》，1979(3)。

② 南京师范大学教育系编：《教育学》，北京：人民教育出版社，1984 年版，第 261 页。

社会的政治生活、精神生活、伦理生活、履行一定角色行为的社会人。社会化过程也是社会道德个体化的过程。社会道德个体化包含两层意思：一是社会道德内化，即把社会思想、政治、道德规范逐步内化为个体的思想品德；二是个性化，每一个体有性别、年龄、智力、性格的差异，实现思想品德社会化的共同要求，不是把人变成一模一样的人，而是个性化的过程。个体品德的社会化正是通过社会道德的个体化实现的。德育过程是个体品德社会化和社会道德个体化的统一过程，也就是一种有目的的或有选择性的道德的社会传递与个体道德体验相统一的过程。它不是受教育者独立地去发现、去创立新的思想体系、政治观点和道德规范，而是受教育者通过自己的主观努力，根据自己的体验去掌握业已形成的思想体系、政治观点和道德规范，形成教育者所期望的思想品德。"①

余光先生还指出："德育过程的主要矛盾是德育任务与受教育者之间的矛盾，其表现则为教育者与受教育者的矛盾。因为德育任务一般是通过教育者向受教育者提出来的。而这一主要矛盾的解决，从教育者角度说，就是使社会的思想、政治和道德规范，转化为受教育者个体的思想品德，即促进社会道德个体化。从受教育者方面说，就是使自己的思想品德社会化。总之，德育过程的最终目的，就是培养受教育者思想品德的过程。"②孙喜亭教授在《简明教育学》一书中指出：思想品德教育从根本上说，就在于形成学生内在的道德境界，或者说培养学生内在的道德信念。道德的特点不在于外在的强制而在于内在

① 胡守棻主编：《德育原理》修订版，北京：北京师范大学出版社，1989年版，第110—111页。

② 赵翰章主编：《德育论》，长春：吉林教育出版社，1987年版，第84页。

的信念。道德舆论表明社会对人们行为的监督，但这种社会舆论还是要通过人们对善恶的内在信念来起作用。一个确立了高尚的道德信念的人，在实际生活中，随时能够择善而行，遵守道德规范完全具有自觉的特性。即使在只有一个人的情况下，也能“慎独”，不做不道德的事。即使在外部环境十分不利的情况下，也能做到“富贵不能淫，贫贱不能移，威武不能屈”，也就是外部条件不能乱我之心、变我之志、屈我之节。能做到这样，一个人的道德就达到完善的境界了。品德教育的最终目标就是发展学生的道德内部境界并使之日益完善，也可以说是形成学生共产主义的世界观和情操。① 北京师范大学教育系胡厚福先生认为：“德育过程的特殊矛盾决定德育过程的本质。德育过程的实质就是教育者将社会思想政治准则和法纪道德规范转化为受教育者个体的品德，即教育者借助一定的德育方法和手段，组织教育性活动和交往，并通过受教育者品德内部矛盾运动，将一定社会的思想政治准则和法纪道德规范转化为受教育者个体的品德，以便把受教育者个体纳入到现成的社会思想道德等实际关系中去。这是一定社会思想道德的个体化过程，也是在思想道德方面受教育者个体的社会化和再社会化的过程，即受教育者个体不断接受社会思想政治准则和法纪道德规范，形成社会所要求的品德，成为能适应和参与一定社会的政治经济生活、思想文化生活、伦理道德生活，合乎一定社会角色身份要求，具有独特个性的社会人。……总之，社会思想道德个体化的过程也是个体品德社会化或社会性发展的过程；而个体品德社会化的过程正是通过社会思想道德个体化的过程实现的。德育过程就是社会思想

① 孙喜亭、靳希斌、陈孝彬：《简明教育学（修订本）》，北京：北京师范大学出版社，1988 年版，第 287—288 页。

道德个体化和个体品德社会化的统一过程。”

可见，大家都比较倾向于从德育过程的基本矛盾或特殊矛盾来把握认识德育的本质。这种特殊矛盾就是社会要求的以教育者为代表的品德会要求或德育任务与受教育者思想品德现状的矛盾，矛盾的两个方面的统一，即德育过程的实现，也即是个体品德社会化与社会道德个体化的统一，这个统一的实现也就是德育目标的实现。

从以上各家的论述中，我们可以看出，对于德育本质的认识，有人是从哲学的角度来抽象，有人是从德育过程的角度来分析，也有人是从活动特点的角度来分析。无论从哪个角度来分析，对于我们对德育本质的探讨和认识都是必要的，也是有益的。

二、思想品德及其结构

一般地，人们似乎更习惯于认为思想品德及其结构问题是心理学研究的问题。而教育学或德育理论所关心的只是受教育者的思想品德的形成和培养问题。这种观点是不无道理的，但实际上，教育理论界或德育理论界一直就没有忽视或停止对这一问题的探讨研究。

在心理学界，人们一般就称之为“品德”。近年来，我国心理学界也有不少对品德问题进行研究的文章或专著发表与问世。如林崇德先生著的《品德发展心理学》(上海教育出版社，1989 年版)，对于品德与品德结构问题，都从心理学角度做了较为深入的专门研究。在我国心理学界，对品德的一般理解是：品德，“即道德品质，又称品性、德性。它是个人依据一定社会的道德原则和规范行动时所表现出来的某些稳固的心理特征和倾向。在人的个性中，它是具有道德评价意义和处于核心地位的部分。它包括道德认识、道德情感、道德意志、道德行为习惯及道德理想等许多极其复杂的相互联系相互制约的心理成分”。“品德的基本心理结构包括道德认识、道德情感、道德意志和道德行为方式四种成分。”①

在教育理论界，近年来，对于思想品德及其结构的研究有不少，也提出了一些不同的看法。在具体称谓上，有的用“思想道德”，有的用“道德品质”，也有的就用“品德”。对于其内涵的理解，有的同志认为，“思想品德简称德”，“从德育观点上看的‘德’，其中包含着心理的因素，又包含着伦理的因素。在我国，略称品德。品德中的心理因素一般称为性格。它在整个品德中占据着中心的地位。伦理思想只有融合到性格里才会成为一个人的思想品德”。② 也有的同志认为，“‘德’这个有关伦理学说的内涵，其内容极为广泛。‘德’的本字书写为‘悳’，‘悳’字的上面一半为‘直’，不是我们现今所指的曲直的直字，而是‘得’的假借字，‘得’则是‘直’的假借义”。“如果从今天心理学角度来分析，‘德’就是内在的认识、情感和外在的行为(包括意志)等方面的统一体。”③有的同志则认为，“品德是指调节一定社会关系的政治规范、思想规范和道德规范表现在个人思想言行中稳固的政治品质、思想品质和道德品质的总和”。④胡守棻教授在《德育原理》一书中指出，“个体的思想品德是指一个人依据社会思想观点、政治准则(包含法律制度)和道德规范在言行中表现出来的一些经常的、稳定的

① 朱智贤主编：《心理学大词典》，北京：北京师范大学出版社，1989 年版，第 472 页。

② 薛殿会：《思想品德的结构及其形成》，载《教育研究》，1983(1)。

③ 余光：《德育原理研究对象初探》，载《华东师范大学学报(教育科学版)》，1987(4)。

④ 华中师范大学等六院校：《德育学》，西安：陕西人民教育出版社，1986 年版，第 19 页。

特征和倾向”。[①] 目前，大多数同志都比较倾向于这种观点。

人的思想品德结构，这是长期以来，许多心理学家、教育学家比较关注的问题。这个问题能否得到科学的解决，不仅直接影响品德心理研究的深入开展，而且也影响着对德育本质问题的正确认识的形成及德育工作的科学化。迄今为止，思想品德的心理结构尚未形成比较一致的公认的观点。不过，国内大多数人实际上都是持“知、情、意、行”四因素说的观点。同时也有不少同志对这种四因素说提出质疑。近年来主要出现以下几种观点：

(一)“四项意识说”

“四项意识说”是从社会实践活动的范围和顺序上去考察的，认为人的思想品德是由政治观、世界观、人生观、道德观四个意识因素构成的。它们作为意识形态都是由一定的社会环境和社会关系所决定的，虽然相互影响，但不是相互决定的，而是互不派生的独立因素。道德意识先于政治意识的出现和形成，并积极影响政治意识的形成。道德意识最初影响着政治意识的形成，而政治意识的形成虽后于道德意识，却起支配作用，政治意识制约着道德意识的提高和定型。四项意识对社会生活的反映方式不同，政治是直接的，道德是间接的，世界观是更为间接的。据此，把人的思想品德结构分为以道德意识为主和由以道德意识为主到以政治意识为主的过渡以及以政治意识为主的三个阶段。[②] 这种思想品德结构论，偏重从意识因素来分析，而很少涉及思想品德中的情感、意志等因素，显然是失之于片面的。

---

① 胡守棻主编：《德育原理(修订版)》，北京：北京师范大学出版社，1989年版，第20页。

② 韩树华：《论人的思想品德结构》，载《教育研究》，1983年第10期。

(二)“基本维度说”

“基本维度说”从人的社会适应说来研究思想品德结构，并以动态发展的观点来考察人的思想品德结构，强调其多维性及基本的维度。“基本维度说”指出，品德结构是非常复杂的，它可以随着考察角度的不同而呈现各种不同的“相”。但是，这多种维度并不全在一个水平上，其中有较为基本的，有较为枝节的。品德的一个最基本的维度是它的层次性和融合性。层次性就是说，品德的各种因素有比较深在和比较浅在之分。和先天素质直接有关的如冲动、气质等在最深层；其次是性格品质方面的，它是品德的较低级部分；再次是精神、意识方面的品德的较高级部分。融合性就是说，各个层次之间的关系并不是堆叠的、静态的，而是互相融合、互相形成的。精神方面的因素一旦同深层的东西互相融合，也会成为十分稳固的东西。品德的另一个基本维度是多元性和统一性。品德内部各元之间互相联结、互相转化，从整体上看协调统一。

人在个体发展中思想品德的形成大体上经历了三个水平：第一个水平是积极的社会适应；第二个水平是自觉的意识统一；第三个水平是能动的自我控制。据此，思想品德的基本结构(从层次性的维度上看的)及其发展为：处在最深层的内核部分是本能和生理上的冲动，由此向外依次是气质、性格、伦理观念、人生信念。其中除了本能和冲动之外，都是经过积极的社会适应、自觉的意识统一和能动的自我控制这三个水平的形成而依次形成的。形成之后，新层和原层之间互相渗透，成为统一的整体。但是，思想品德的结构是经常处在动态之中的。各层的结构状态随着环境条件和主体情况时刻变化着，尤其是在主体和环境之间发生激烈冲突的时候，这个变化可以达到层次序列改变甚至整个结构混乱的程度，使主体显露出幼稚或冲动的行为，或招致“性格解体”。[①] 这种品德结构论，从动态的观点来考察，强调个体思想品德的多维与基本维，并把品德同气质、性格等联系起来，重视心理的分析，但它把本能、冲动作为人的品德结构的核心，这还有待进一步的研究。

(三)“三环结构说”

“三环结构说”是用辩证的系统的方法对品德做结构性的改造，提出以世界观为核心的思想品德三环结构的理论，认为品德完整的心理结构，是品德心理要素环、品德的个性倾向环和品德的能力环三方面的有机结合。每一环又各有自己的亚结构，形成多方面、多层次的统一体。在这一动态品德心理结构系统内的各元素交互作用过程中，世界观居于决定性的主导地位，构成以世界观为核心的心理要素、个性倾向、心理能力三环交错的整体结构区。在品德结构中世界观是核心，各种心理品质都按照各自与世界观的联系程度面依次排列在世界观的周围，受世界观的统驭，同时各心理品质也给世界观的形成与巩固以不同程度的影响。品德心理结构中的世界观晶核包含的内容极其丰富，诸如认识、观点、信念、理想等，而理想又是整个世界观晶体的内核。[②] 这种三环结构论，以系统的联系的动态观点作为因素系统结构分析，提出思想品德三环结构并以世界观为核心。这种观点对于世界观尚未形成的少年儿童来说，似乎是难以成立的。

(四)“四环多维立体结构说”

“四环多维立体结构说”指出，个体的思想品德结构以品德信念为核心、以品德行为为外部表现，由社会内容要素系统、心理形式要素

---

① 薛殿会：《思想品德的结构及其形成》，载《教育研究》，1983(1)。

② 赵志毅：《思想品德三环结构论初探》，载《教育研究》，1987(6)。

系统、心理内容要素系统和品德能力要素系统（依次分别用O、E、A、B、C、D表示）等有机结合而形成的球形四环多维立体结构。其中，各品德要素系统又都有自己的亚结构，并形成多方面、多层次，具有稳定倾向性的统一整体。

品德的社会内容要素主要包括：政治品质、思想品质和道德品质等。品德的心理形式要素系统主要包括品德的知、情、意、信、行等因素，即品德认知、品德情感、品德意志、品德信念、品德行为。品德心理内容要素系统主要包括需要、动机、自我意识等。品德能力要素系统主要包括品德智力自我教育能力、品德评价能力、品德践行能力等因素。这种思想品德结构论注重人的思想品德的系统要素的整体性分析，提出以品德信念为核心，品德行为为外部表现的四环多维立体结构。它注重心理因素的分析，提出品德的"四环"与"多维"都具有一定的启发意义。但可以看出此说显然受到品德"三维结构说"的较大影响，或者说是对"三维结构说"的改造。它提出的品德信念是思想品德结构的核心之说碰到"三环结构说"同样的难以回答的问题，因为个体品德信念是在个体品德水平发展到较高或一定阶段才能形成或萌芽的。

（五）"三维结构说"

"三维结构说"是从系统论来理解思想品德结构的，认为一切思想品德的形成都通过人的心理活动，任何一种思想品德都是心理内容、心理形式和心理能力三者的有机统一。思想品德完整的心理结构应当是三维结构，即是品德的心理形式维、品德的心理内容维、品德的心理能力维三个方面的有机结合，每维又都有自己的亚结构，形成多方面多层次的统一体。"三维结构说"指出，思想品德的心理形式维，即是"四要素说"的知、情、意、行，它不单是指道德品质的要素，而且也指政治品质、思想品质的要素。思想品德的心理内容维，包括思想、世界观和政治观点、立场以及伦理道德方面的内容。这三方面内容与相应的心理形式维、心理能力维的结合，表现为人们的思想品质、政治品质和道德品质。思想品德的心理能力维，即有关思想品德方面的智能结构。品德能力是个体完成品德活动的本领。这样，在品德的心理内容和心理形式中，既包含品德能力的因素，也表现出知、情、意、行等心理形式，完整的品德结构是心理形式、内容、能力三方面相互联系相互渗透的统一。① 这种“三维结构说”从系统论出发，注重个体品德心理的全面分析，被公认为比较系统和全面。在当时的历史条件下提出此说，无疑是一种创见，拓宽了思想品德结构问题研究的思路，摆脱了“四要素说”的固定思维模式。

当然，思想品德结构问题不仅仅是一个教育学理论问题，更应是一个心理学理论问题，问题的本身是很复杂的。就目前出现的种种品德结构论，没有任何一说是十全十美、普遍令人信服的，对它的正确认识也还有待今后进一步的研究和讨论。对于思想品德结构问题如何认识，既关系到对德育本质的理解，也关系到德育目标、德育内容等的实施，所以德育理论研究也必须重视对个体思想品德结构问题做进一步的深入研究和讨论。

---

① 班华：《思想品德结构与新时期德育任务》，载《华东师范大学学报(教育科学版)》，1986(2)。

德育功能的社会性和个人性研究

一、德育的社会性功能

(一)政治功能

学校德育的政治功能在我国历来被重视。在我国许多有关著作中都从不同的角度论述了德育的政治功能。有的是从培养人的角度论述了德育对培养人的政治觉悟、政治意识及对政治稳定的作用，表现出德育对社会政治经济制度的能动作用；有的是从历史的经验与教训来阐明充分认识与摆正德育政治功能的必要性的。

胡守棻教授主编的《德育原理》一书中，是从德育对政治、经济制度的能动作用的角度来揭示德育的政治功能的。指出：从辩证唯物主义和历史唯物主义观点来看，德育与政治、经济制度的关系，一方面是政治、经济制度制约着德育活动，另一方面德育活动又具有维护和巩固政治、经济制度的社会功能。而德育对政治、经济制度的反作用主要表现在两个方面：一是培养具有一定的社会意识形态的统治人才，为政治、经济制度服务；二是传播一定的阶级意识、制造舆论、影响群众和社会风尚。学校德育对社会发展的能动作用，不仅表现在向受教育者传播一定的阶级意识，使之成为统治者，还表现在宣传群众、教化群众、影响整个社会风俗、道德面貌和社会舆论等方面。并指出，我们不能据此而把德育的作用夸大到不恰当的程度，甚至把两者的关系颠倒过来，而陷入“德育万能论”的错误。同时还指出，在同一个社会形态的不同时期，德育反作用于政治、经济制度的功能是不同的。当一个新的社会制度刚刚建立或是发展初期，代表统治阶级利益的学校德育，对社会发展起着推动和促进作用。反之，当社会形态处于没落和濒临灭亡的前夕，这时代表统治阶级利益的德育，不但不能对社会的发展和进步起到任何积极作用，相反，还会对新的社会政治、经济制度的诞生起阻碍作用。①

有的同志指出：“德育通过决定教育的性质，制约青少年学生的发展方向，影响公众舆论，影响民族素质和社会心理，对社会生活产生巨大的作用，是维护、调整、完善一定社会关系、生活方式、政治与经济制度的一个重要因素。所以，影响社会的稳定与发展，也是德育的重要功能。”“今天，我们重视学校的德育。但我们的德育性质与作用，与资产阶级的德育比较，有根本的不同。我们的德育是社会主义的德育，是社会主义精神文明建设的组成部分。它促进经济发展与社会进步，是为巩固安定团结的政治局面和实现社会主义现代化服务的。”②

有同志认为：“辩证唯物主义和历史唯物主义，不仅承认、强调

① 胡守棻主编：《德育原理(修订版)》，北京：北京师范大学出版社，1989年版，第42—44页。

② 王道俊、王汉澜主编：《教育学(新编本)》，北京：人民教育出版社，1989年版，第338—339页。

社会经济基础对学校德育的决定作用，而且承认、重视学校德育对经济基础的能动的反作用。学校德育不是被动、消极地反映一定经济关系的客观要求，而是能动地反映一定经济关系的要求，并且给予一定经济关系以巨大的反作用。”“学校德育对生产关系的作用，概括地说，无非是两种形式：或者是巩固一定的生产关系，或者是破坏一定的生产关系。如果学校德育能够正确反映一定生产关系的要求，并同这种生产关系相适应，那么，学校德育对这种生产关系的巩固、完善和发展就起着积极作用；如果学校德育不能正确反映现存的生产关系的要求，同这种生产关系不相适应，或者落后于现存的生产关系，或者超越了现存生产关系的要求，那么，它对这种生产关系就起着削弱、瓦解和破坏的作用。……历史事实表明，学校德育对生产关系和代表这种生产关系的阶级，不是可有可无的东西，而是维护一定生产关系及其阶级利益，或是危害一定生产关系及其阶级利益的重要武器。学校德育正是在为一定生产关系及其阶级利益的服务中，才体现了自己存在的价值，发挥着自己的社会作用。”“学校德育为一定政治服务，是一种普遍的现象，是一条不以人的主观意志为转移的客观规律。不管具体从事德育工作的人是否承认，学校德育始终是从属于并服务于一定政治的，它履行着一定政治关系的要求，贯彻着一定阶级的政治意图。不是为这种政治服务，就是为那种政治服务；不是自觉地为某种政治服务，就是盲目地为某种政治服务；不是公开承认德育的政治属性，就是口头上否认、而实际上却丝毫也没有摆脱一定政治这样或那样的干预。因此，在学校德育与政治关系问题上的争论和分歧，其焦点并不在学校德育要不要和能不能为政治服务的问题，而实际上往往是一个怎样为政治服务的问题。”在分析德育对生产关系与政治的反作用的基础上，还进一步分析了学校德育对社会意识形态的积极作用。

《大学德育学概论》指出："大学德育对统治阶级意识形态的积极作用，概括地说，就是维护统治阶级意识形态的主导地位，扩大它的影响，削弱和消除被统治阶级和其他社会势力的思想意识的干扰和影响，从而巩固一定的思想关系。这具体表现为如下三个方面：第一，学校德育是统治阶级意识形态的重要舆论阵地；第二，学校德育是传播统治阶级意识形态的重要途径；第三，学校德育是统治阶级意识形态世代延续的有力手段。受统治阶级意识形态所指导的学校德育不仅能维护现存的思想关系，而且能突破时间的局限，把这种思想关系一代代延续下去。学校德育的特殊功能是教育培养年青一代，把统治阶级的意识形态转化为年轻人的思想意识。……正因为学校德育在青年学生思想意识形成中起着主导作用，所以它完全能够把统治阶级的思想意识灌输给年青一代，使他们把这种思想意识继承下去，从而使这种思想意识不仅在现实的思想关系中居于主导地位，而且还影响着未来的思想关系。学校德育的这种独特功能，对于社会主义社会的思想建设，尤为重要。"①

(二)经济功能

德育的经济功能，有人也称之为生产性功能或发展生产力功能。虽然德育的这种经济功能长期被人们所忽视或不承认，但它却实际地存在着。随着我国社会"以经济建设为中心"这一指导思想的确立、德育的经济功能也逐渐为人们所关注，尤其近年来，对德育经济功能的研究也不少。如有的同志认为："所谓德育的经济功能，就是承认德育并通过德育去推动社会生产力的发展；承认德育能够将精神的力量

① 李景先等主编：《大学德育学概论》，长沙：湖南人民出版社，1986 年版，第 35—50 页。

转化为物质的力量。德育的经济功能不是直接的，而是间接的。”①“学校德育对社会的作用，还表现为对社会生产力的反作用。同生产力对学校德育的影响，一般要通过生产关系的中介作用一样，学校德育对生产力的反作用，也要通过生产关系这个中介。也就是说，学校德育促进还是阻碍生产力，乃至整个社会的发展，不仅取决于学校德育与生产关系是否适应，而且也取决于生产关系是否适应于生产力的发展水平。如果一定的生产关系适应于一定的生产力，学校德育又同这种生产关系相适应，那么，学校德育就会推动生产力的发展，成为促进社会进步的力量；如果一定的生产关系同生产力不相适应，而学校德育又适应于这种生产关系，那么，学校德育就会起着阻碍生产力发展的作用，成为社会进步的消极力量。”②胡守棻教授主编的《德育原理》一书中认为，过去我们“忽视或很少研究德育与生产力的关系，这是不全面的，既不利于德育科学的理论建设，也不利于学校德育实践”。并指出，“生产力中的人和物的两个要素，是互相影响互相作用的。两者之中人是主体因素。因为生产工具这一积极的、活跃的因素，是依赖于人这个主体去掌握和运用的，它的制造、改进和创造都离不开生产力中人这个主体因素，即使当代电脑和智能机器进入了生产过程，同样也是如此。……如果说，生产力是人驾驭自然的能力，那么这种能力与人的劳动积极性、主动性和责任感等思想道德素质是密不可分的，甚至可以说，人的思想品德也具有生产能力的意义”③。

---

① 贾英杰、齐炘：《建立科学的德育功能观》，载《山东教育》，1990(11)。

② 李景之等主编：《大学德育学概论》，长沙：湖南人民出版社，1986年版，第37页。

③ 胡守棻主编：《德育原理》修订版，北京：北京师范大学出版社，1989年版，第54页。

有的同志认为:“教育作为一个系统,它具有发挥社会作用的经济效能,而教育经济效能必须是其整体作用的结果,其中德育的功能是不可忽视的,否则教育经济效能的发挥会受到限制和削弱。从这个意义上看,德育所具有的经济意义,应该是站得住脚的。”并指出,德育产生经济效能具有以下四个特点:

第一,德育产生经济效益的有限性。德育所产生的社会经济效益及其效益的大小,是受多方面条件和因素制约的。因为德育是通过培养人来创造社会经济价值的,而人要发挥作用,至少在两个方面受到一定限制:从教育过程看,德育受智育、体育等教育因素的影响;从物质生产过程看劳动者的职业道德、劳动态度和生产积极性对生产的经济效益有着重要的影响,但这种影响首先受到物质条件的限制。

第二,德育产生经济效益的长效性。某个人或某代人一旦通过德育形成了优良的思想品德,并且在社会发展和经济增长中产生了作用,带来了经济效益,那他所发生的作用将是长期的。

第三,德育产生经济效益的潜在性。德育包括学校德育,主要是通过道德观念、政治思想观点来影响劳动者和受教育者的。这种影响作用所产生的社会经济效益不像实物的投入产生的效益那样,而是具有潜在性特点。这种作用往往是很难以数量化的,或即使产生了经济效益,也因它是无形的,而不易引起人们的注意和重视。

第四,德育产生经济效益的增效性。在发展生产、发展经济的过程中,人们十分注意挖掘和最大限度地发挥资金、设备和技术等经济因素的作用,很少有人注意到德育在其中起的增效剂的作用。实践表明,物质生产所产生的经济效益在很大程度上要依赖于德育的增效作用。比如,在生产技术、机器设备相同的条件下,劳动者的生产积极性、劳动态度将决定经济效益的大小。①

还有的同志提出，要探讨道德教育的发展生产力功能，必须从研究道德本身的发展生产力功能开始。马兆掌同志撰文指出，人们在生产中的分工协作关系是构成生产力的一个新的要素，社会生活中，客观的道德表现也的确证实了部分道德直接来源于并反作用于生产力。“正因为作为道德表现的集体主义、组织性、纪律性等，来源于生产中人们的分工协作关系，因此也强有力地直接反作用于生产力，它们维系和调节着作为工人的每一个体的生产到位的及时性，以及自己的与别人的操作行为的协调性，使自己的劳动力作为一种物质力量在相互联结的生产过程中发挥出来，从而确证了这部分道德的发展生产力功能”。而“来源于生产关系中的物质利益关系的道德，它的直接反作用点是生产关系而不是生产力”。并分析指出“来源于生产关系总体的两个方面的道德，我们简单化地笼统地判定它只直接反作用于生产关系，而不判定它部分地直接反作用于生产力，显然在理论上是有缺陷的，正是这种理论上的缺陷，成了人们长期以来忽视道德的发展生产力功能在思想上和理论上的根源”。② 可见，道德因其不同的表现，可能是直接也可能是间接地反作用于生产力。

“作为社会意识形态之一的道德，经过教育转化为社会个体的思想品德之后，不仅直接作用于生产力，还直接作用于生产关系。……思想品德在发挥其直接维护生产关系作用的时候，却又在间接地影响着生产力的发展，只不过这种影响是以生产关系为中介的。即思想品

① 胡晓莺：《德育社会作用的再认识——从经济角度的思考》，载《教育研究》，1989(8)。

② 马兆掌：《试论道德教育的发展生产力功能》，载《教育研究》，1990(4)。

德去维护和巩固生产关系，生产关系再去影响生产力的发展。在这里，表现了思想品德的间接发展生产力的功能”。“思想品德能否间接地起到发展生产力的作用，就取决于思想品德借以产生并作为思想品德与生产力之间的中介的生产关系本身，是否适应生产力发展的需要。如果生产关系不适应生产力发展的需要，思想品德直接去维护和巩固这种生产关系，那就不但不能间接地促进生产力的发展，而且还会间接地妨碍生产力的发展。只有在生产关系适应生产力发展需要的时候，思想品德去维护和巩固这种生产关系，才能间接地促进生产力的发展”。①

那么，经过德育，道德转化为社会个体的思想品德之后，它的发展生产力功能是怎样发挥的呢?

马兆掌先生认为：“社会个体的体力和智力直接从属于生产力范畴，因为劳动力是生产力的直接构成要素。但是智力和体力这两个要素组成的劳动力，只有在社会个体处于劳动活动之中，才能真正成为发挥作用的现实的生产力。”

然而，要使社会个体参与劳动活动本身，就涉及社会个体的动机和态度问题；同时，即使社会个体参加了劳动活动，还有一个把存在于自己身体中的智力和体力发挥到什么程度的问题，即积极性问题。这些问题的解决，单靠智力和体力本身是不行的，只有靠存在于社会个体头脑中的思想品德要素的作用。因此，劳动力在生产劳动中的作用的大小，取决于智力、体力之和与思想品德的函教。用公式表示就是：

劳动力在发展生产力中的作用=(智力+体力)×思想品德

① 马兆掌：《试论道德教育的发展生产力功能》，载《教育研究》，1990(4)。

在这里，分析所得的公式充分表明，存在于活动的社会个体身上的劳动力作用于生产力发展的内在机制，在于社会个体的思想品德所起的调节作用。这种调节作用，正是转化为个体思想品德的道德发展生产力功能的客观表现，也正是道德教育发展生产力功能的客观表现。

从以上公式可知，社会个体依靠思想品德要素的调节，使作为劳动力构成要素的智力和体力发挥其在发展生产力中的作用。然而，假定智力与体力之和是个既定的量。那么，思想品德的正向调节、负向调节以及在这两个方向上调节的程度，实实在在地决定着劳动力在现实生产中的作用状况。

鲁洁教授还专门撰文论述了德育的经济功能，认为德育具有经济功能。但是，由于中国几千年来形成的政治文化道德传统的认识定势及在哲学方法论等方面的原因，都或多或少地限制了人们对德育经济功能的认识及发挥。指出："德育对经济的作用表现于多方面。首先，从作用的层次来看，它可以表现于宏观层次，即通过德育形成(或变革)一定的社会意识形态，其中最主要的是形成一定的经济文化、经济思想、经济道德，以此影响整个社会的经济生活、经济行为的价值取向。在学校德育参与下所形成的各种社会意识形态总是以其独特的方式对经济的发展或延缓起着导向作用。每一种社会意识形态，总是一方面从思想上调节和控制着人们之间的关系，影响人们观察、认识自然与社会的立场、观点和方法；另一方面，又通过意识形态对政治上层建筑的作用，影响各种经济的决策、经济的运行，从而最后影响整个社会的发展。"①

① 鲁洁：《试论想有的经济功能》，载《教育研究》，1992(8)。

"德育通过形成一定社会意识形态对经济所发挥的功能，既可能是维护性的，即维持和保存社会既定的意识形态；也可能是变革性的，即通过德育，树立和发展新的意识形态，充当社会、经济变革的先导。它既可能发挥正向的功能，即推动经济的发展和改革，也可能是负向的功能，阻碍经济社会的发展。……德育除了在宏观层次上影响和作用于经济以外，通过发展和完善个体的思想道德素质，还在微观层次对经济的发展直接发生作用。人是经济行为的主体，作为具有思想意识的人，他们的经济行为、经济生活总要受一定思想意识的支配，在教育普及的当代，个体的思想意识又无不受学校思想教育、道德教育的影响。其中如在较深层次上的劳动者的主体意识、技术意识、全球观念等，以及较为表层的人的劳动积极性、竞争意识、创业意识、效益观念、时间观念等，都直接制约和规范着人的经济生活和经济行为，而它们的培养、完善、提高，又都需要发挥德育的功能。"①

此外，鲁洁教授进一步指出，学校德育的经济功能，除了表现在不同的层面上，还表现于不同的经济生活领域的功能。

第一，生产领域的功能：既表现于作为"人本身的生产力"的劳动者方面；也表现于作为"直接生产力"的科学技术方面。在劳动者方面。由德育培养与形成的劳动者的思想品德素质决定了劳动者能力发挥的方向；同时，劳动者的思想、道德素质也决定着劳动者能力发挥的程度。可见，劳动者的思想道德素质对生产力具有一种不可忽视的直接作用。在科学技术方面，首先是学校德育所传播的各种哲学思想，在它参与下所形成的时代精神对科学技术的发展起着促进或阻碍

① 鲁洁：《试论想有的经济功能》，载《教育研究》，1992(8)。

的作用。同时，德育的科学功能还表现在它可以培养一种科技发展的必要的科学精神，以及还通过培养人的科学道德、科学价值观而实现。

第二，经济形态领域的功能：学校德育在社会经济形态领域的功能可以通过诸种途径来实现：可以通过其政治性功能而维护、巩固一定的社会经济形态、经济制度；可以通过对发展生产力、科技的功能而作用于一定的经济形态、制度；也可以通过形成符合一定的意识形态、经济道德的精神以巩固和发展一定的经济形态。

第三，生活与消费领域的功能：学校德育对社会和个体的生活方式具有引导人们的需要、形成正确的价值观等作用。德育通过形成正确的、符合时代需要的价值观念而影响生活方式。

此外，德育的经济功能还表现在社会流动和分工领域内的功能。因为人的社会责任感，人的奉献精神的培养，有利于社会流动的积极进行，而这种积极的社会流动又是一个开放的社会所必需的。①

(三)文化功能

从文化的角度来分析德育的功能，是对德育功能问题的认识与研究的新视野。从这一角度来认识与分析德育的功能，无疑将有助于我们更加系统、更加全面、更加深人地来认识德育的功能。迄今为止，这方面的研究不多，但是，鲁洁教授 1992 年初在《教育研究》杂志上发表的《德育之文化功能探索》(以下简称《探索》)一文是具有重要意义的。

《探索》一文指出："德育之文化功能指的是它对社会文化结构中的其他结构单位，如各种意识形态、价值观念、行为规范、科学技术

① 鲁洁：《试论德育的经济功能》，载《教育研究》，1992(8)。

等等以及对整个社会文化结构所产生的客观结果(或称为互动影响)。德育的社会文化功能从内容来分析，可区分为对道德文化、政治文化经济文化等不同文化结构单位所产生的功能；从文化的运行过程来分析，则可区分为社会文化的维系性功能以及变异性功能。”①

《探索》一文主要对德育的文化维系功能及变异性功能做了深入的分析。指出：“与教育的其他各个组成部分如智育、美育一样，德育对既定的社会文化具有一种维系性的功能。即是德育具有使文化各要素发生协同作用，维持原有的文化及其结构，保持文化的相对稳定性的功能，这种功能特别表现在某些精神文化方面，如道德文化、政治文化、哲理性文化等。这种功能，一是通过文化的继承而实现。二是通过对既定文化的控制而实现。”②

德育的文化继承主要就是通过文化传递来实现。教育作为一种文化活动，通过使正在成长发展中的个人心灵与优良的“客观文化”适当接触，把客观文化安置在个人心灵之中，使其成为“主观文化”。正是这种在教育过程中所实现的从客观文化不断向主观文化的转移，人类文化才得以世代相传。但是，“通过德育所传递的文化与智育有所不同，这种不同不仅表现在所传递文化的类别上，如德育主要传递的是道德文化、政治文化等，而智育主要传递的则是各种科学文化、技术文化等；这种不同还表现在文化的形态上，智育传递的主要是知识形态的文化，而德育，除了传递知识形态的文化如道德知识、政治知识、哲学知识等以外，还传递了规范形态的文化，如世界观、人生观以及各种价值观，除了传递浅层规范文化如道德规范、纪律规范、法

① 鲁洁：《德育之文化功能探索》，载《教育研究》，1992(1)。

② 同上。

律规范等以外，还传递深层规范文化，也即是价值规范——人们对于社会价值关系的规律性认识，除了传递理性形态的文化以外，还传递了各种非理性形态的文化，如情感、态度、信仰等，除了传递意识层面的文化以外，还传递了潜意识层面的文化，如各种文化心态、社会风尚等”。①

德育对既定文化的有效控制，可以使一种社会文化得以整合，得以稳定发展。“德育之所以成为文化控制的一种有力手段，首先是因为道德作为一种普遍性规范，对文化具有强有力的控制作用。……道德是文化的一部分，但它一经产生，就成为一种独立的力量，有力地控制着社会人的文化行为。道德具有使文化模式化的功能，它控制着文化的动态变化，是文化控制中一个重要的具有自我组织能力的子系统。德育通过对人的培养，形成符合一定社会道德要求的认知、情感系统、行为规范，也形成了对一定文化信息评估的价值取向，以及文化选择的能力和方式。……通过教育，特别通过德育还可以使社会大多数人具有较为一致的价值取向。或辐射于同一目标，从而在社会文化内部产生一种协同机制，以此把全社会的文化生产、增长、采纳、应用等过程纳入预定的轨道。当前在我国，要使文化按照社会主义的、现代化的、民族的方向去发展，德育之文化控制功能的发挥是决不能忽视的。”此外，“德育的文化控制功能，还表现在它能消除文化失调现象的出现。……通过学校德育增强人的文化主体意识，从而在文化内部产生一种抗变机制，使得人们在各种异质文化面前，能以其已形成的主体意识继续保持原有文化的稳定性和连续性，不致在异质文化的冲击下失去方向，导致文化发展中的混沌、断裂与失范。”

① 鲁洁：《德育之文化功能探索》，载《教育研究》，1992(1)。

《探索》一文还指出："德育之文化变异功能，即是说德育具有使社会文化改变其内容与结构，使其不断发展的功能。""教育总是指向未来，是一项超前的工程。学校德育培养具有开拓精神、革新意识的人，它以新的价值观念影响新一代人的人格构成，使他们面向未来，乐于接受新事物，并开发出人的无穷的创造力。教育既可以使人继承传统文化，又可使人超越这种传统，开创出新的文化。"德育所发展的文化变迁功能所促进的文化变迁是一种自导性的变迁。"为此，通过教育所实现的文化濡化过程，既不应该是对外来文化的拒斥过程，也不应该是被外来文化的同化过程。它应该既是一种外来异质文化的吸取、改造、重建的过程，又是一种对本体文化的改建与更新的过程。"

(四)价值导向功能

德育具有价值导向的作用。为此，有的同志认为，"德育应积极地对学生进行价值导向，也就是运用马克思主义原理对各种文化思潮进行研究，对学生进行正确的和积极的价值导向，引导他们在各种文化思潮的比较选择中和在社会实践中成熟起来，形成正确的、符合社会主义的价值观念。如果德育失去了对学生进行价值导向的作用，那么这种德育就是失败的"。"德育的价值导向功能，就是通过德育，帮助学生形成正确的和积极的价值观念，利用和发挥价值具有的指导人的行动的作用，让学生在实践过程中产生正确的行为。这就是说，德育帮助学生对具体活动或事物正确做出有用性、重要性和价值的判断，让学生明确在选择性情境中的行动方向或行为倾向，并使正确的选择体现在自己的行动中。不过，德育的价值导向又存在着效价的问题。当德育在进行人生观教育时，引导正确、得当，就会取得正效价；引导得不正确、不恰当，就会产生负效价；含糊其辞、自相矛盾的引导，只会导致零效价。由此可见，德育的价值导向对价值观念的形成具有显著的影响，不是可有可无”。并进一步指出：“德育的价值导向要达到价值传递的目的，发挥其应有的作用，就必须依靠学生的认知、实践和体验三者的统一，也就是说，调动学生的认知、实践和体验三方面的要求创造机会，即德育的价值导向应能够满足学生认知上的要求，向学生传授价值观念和内容，使他们对价值观念有正确的认识和理解，这是价值观念形成的先决条件。德育的价值导向也要向学生提供实践的机会，让学生在实践中受到价值判断和选择的训练，提高在多种选择中做出正确选择和评价的能力，善于对价值行为进行具体分析，这是价值观念形成的重要途径。德育还要引导学生进行积极的情感体验，让学生通过身体力行，对价值观念和价值行为产生体验，诱发价值情感，这是价值观念保持的必要条件。”①

关于德育的社会性功能，还有的同志提出德育具有道德伦理功能、民族性格审美功能、促进人们生活水平提高功能、促进社会进步功能等。如有人提出：“所谓德育的伦理功能，就在于通过道德和伦理教育，调整和规范整个社会的人际关系，保持社会的安定、和谐的进步，使每个社会成员在日常生活和社会活动中掌握自己恰如其分的角色地位。”②不同的具体提法，从不同的角度或深度揭示了德育的社会性功能。

二、德育的个人性功能

德育的个人性功能，有人称之为个性发展功能，或个体发展功能，或者称人的发展功能。关于德育与人的个性发展的关系，胡守棻

① 张惟勇：《德育的价值导向功能》，载《教育研究》，1991(3)。

② 贾英杰、齐炘：《建立科学的德育功能观》，载《山东教育》，1990(11)。

教授主编的《德育原理》一书中指出，德育的功能简言之为育德。德是人的个性的有机构成部分，与其他方面素质不可分割，德育和整个教育最终是要完善人的个性。德育不仅仅要有目的地培养人的思想品德，而且要促进个性的发展，塑造和谐的个性是德育追求的最终目标。而我们社会主义学校德育反映社会主义发展的要求，具有社会价值；德育最终又要完善人的个性，则具有个人价值，这两方面是一致的，是有其社会基础的。并且指出，德育在个性教育中处于核心地位，它在人的个性发展中具有定向作用、合理的建构作用及心理保健作用。①

此外，在近几年来的研究中，关于德育的个人性功能，还提出了德育的促进人的全面和谐发展功能、认知发展功能、性格优化功能、品德铸造功能、人生指导功能及思想、政治、价值、审美、心理、方法论等导向功能。关于德育的促进人的全面和谐发展功能，在下章有专门论及，这里不做详述。

(一)认知发展功能

鲁洁教授曾在《光明日报》撰文指出，“道德教育的认知性功能的确是存在和不可忽视的”，因为，“在认知模式中起着核心作用的是个体的世界观、他们的信念、信仰系统”。可见，“德育在个体的认知发展中发挥着重要的功能。它通过正确的世界观以及道德观等的形成，以认知模式为中介，对于个体认知对象的选择、信息整理的规范以及对认识结果的解释等方面都起着支配和控制的作用。”“通过德育所形成的世界观、价值观以及信念信仰体系，可以发展为个体的一种独特

① 胡守棻主编：《德育原理》修订版，北京：北京师范大学出版社，1989年版，第63—68页。

的文化经验或文化方式。这种文化经验与方式对个体的某种认识能力具有强化、激发作用，而对另一些认识能力则可能起抑制的作用”。“对于每一个个体来说，‘冷静而不积极的知性判断’何以得以激发，这里离不开德育所发挥的功能。一个缺乏起码社会责任感的人，难以在学习中具有认知的积极性；一个不具备热爱科学思想观念的人，就不会有科学探索的热情；一个没有形成勤劳、刻苦、勇敢等反应释放自身能量需要的各种品质的人，也决不会以坚韧不拔的精神在认知的道路上去攀登高峰；一个缺乏理想的人，也就不会去编织奇思与异想，迸发出创造性的火花。”最后还指出，“德育的一个重要功能就在于通过一定道德规范的培养，形成教育过程中的各种良好关系，保证教育群体运行所必要的一致性，减少教育能量的内耗和浪费，并进而使师生双方都能从和谐、协调的人际关系中获得一种社会性的能量，保证个体的认知发展所必需的教育社会学的条件。”

(二)性格优化与品德铸造功能

有同志研究提出，德育在改善人的心理素质，提高人的性格水平方面大有用武之地。“性格本身是一个心理学的命题，而性格的优化则具有德育的价值和意义。性格是指一个人对现实世界稳固的态度以及与之相适应的习惯了的行为方式方面的个性心理特征。性格可以分为对现实态度方面的特征、意志方面的特征，情绪方面的特征以及理智方面的特征四个方面。这四个方面的改铸、优化，本身就属于德育的功能。”①这即是德育的性格优化功能。同时，朱维炳、陈雪良同志在文中还指出，“一个人一生中品德发展的关键年龄期是小学中高年级到中学阶段，历时近十年。在这一阶段，德育就起着对个人的品德

① 朱维炳、陈雪良：《德育功能论》，载《上海教育(中学版)》，1990(4)。

初步铸造的功能”。还有的同志提出，“德育的基本功能在于：它能有目的、有计划地对学生施加思想影响，引导他们的道德实践，培养他们的品德。而品德是人的个性的核心部分，对人的心理发展起着定向作用。因而培育人的品德的德育在人的发展中具有导向的功能”。① 这就是德育的品德铸造功能。

(三)思想、政治、价值、审美、心理、方法论导向功能

有同志指出：“德育总是阶级的德育。任何时代，任何阶级，都十分重视德育的思想导向功能。没有思想导向的德育，在现实生活中是不存在的。……无产阶级的德育也应注重思想导向，使学生沿着健康的轨道前进。思想导向是德育的生命，是德育的魂魄。”“德育思想导向的具体内容是由一个国家的本身国情决定的。从我国国情出发，思想导向首先是要对学生进行热爱社会主义祖国的教育。坚持四项基本原则，这是最基本的思想导向。”②所谓德育的政治导向功能，在一些同志的研究中，实际上他们所指的与德育的思想导向功能是一回事。如有的同志认为，德育具有政治导向功能，且这种功能历来为人们所重视。认为“德育的导向首先是政治导向，因为只有坚持四项基本原则，才能把学生培养成为‘有理想、有道德、有文化、有纪律’的社会主义建设者和接班人。”③德育的政治导向功能与思想导向功能是有联系的，但两个概念有不同范围的内涵，思想导向应该是有广阔得多的内涵，政治思想导向只应是其中的一个方面。而政治导向也不只

---

① 王道俊、王汉澜主编：《教育学》，北京：人民教育出版社，1989 年版，第 335 页。

② 朱维炳、陈雪良：《德育功能论》，载《上海教育(中学版)》，1990(4)。

③ 邓才彪：《德育在信息化发展中的导向功能》，载《山东师范大学学报(社科版)》，1993(2)，第 62—65 页。

是一个思想的问题，还应有其他知、情、行等方面的内容。

德育的价值导向功能，对于个体而言，实际上就是个体价值观念的培养与价值观系统的形成。“德育的价值导向是指思想品德教育，使学生形成正确的和积极的价值观念，并引导学生在实践中产生正确的行为。这就是说，教育者通过德育工作，帮助学生对客观事物做出正确的价值判断和正确的选择，最后体现在行动中。”①

德育的审美导向功能，有的同志是从善和美的统一的角度来论述的。如“审美教育的任务是培养学生具有正确的审美观点、审美能力、陶冶情操和文明行为习惯。审美教育与道德教育有着密切的关系，人的道德行为，从道德的观点来看是善的，从审美观点来看是美的。美和善是有机的统一，都是一种社会价值观，以真理为基础。……对学生进行审美观的导向教育，首要的是使他们分清什么是真、善、美，什么是假、恶、丑。凡是符合社会发展规律、体现社会进步要求、对人民有利的，都有美的价值；反之，那些违背社会发展规律、阻碍社会进步、对人民有害的，都是丑恶的东西，都应该抛弃”。②

“心理导向是一种有目的有计划地对学生心理上存在的问题给予方向性指导，使其心理沿着健康的方向发展，以培养良好的心理品质的活动。心理导向是心理教育的主要成分。长期以来，德育工作主要培养学生的政治思想和道德品质，而对他们的心理品质往往忽视，使德育工作难以收到良效。事实证明，学生在日常学习和生活中，有些问题既不是政治思想问题，也不是道德品质问题，而是心理障碍问

① 邓才彪：《德育在信息化发展中的导向功能》，载《山东师范大学学报(社科版)》，1993(2)，第62—65页。

② 同上。

题……如果把心理问题当作政治、思想、道德问题来处理，不但收不到效果，而且会强化心理障碍。”[1]并指出学校德育的心理导向包括学习心理指导、性心理指导、人际关系指导、性格指导、心理负荷指导等方面的具体内容。

方法论导向功能，就是指德育应该针对青少年学生各个年龄阶段思维发展的特点及世界观形成的水平，加强辩证唯物主义方法论的指导。

此外，关于德育的个人性功能已有不少的专家学者日益认识到德育的自我享用功能。虽然这方面的研究成果还很少见到，但德育的这种功能确已被一些专家学者所关注。

三、德育的教育性功能

关于德育的教育性功能的专门论述并不多见。但德育具有教育性功能是多数人的共识，德育的教育性功能客观存在。在已有的研究中，有些同志从不同的角度研究，在一定程度上揭示了德育的教育性功能。如王逢贤教授从德育价值的角度指出，德育具有教育价值，“受教育者的优良道德品质是各种教育过程的内在动力，是开展各种教育活动的保证”。[2] 还有的同志从德育对其他各育的促进作用的角度，认为“作为灵魂，德育对其他各育具有定向、推动作用。通过德育，学生明确了学习目的，端正了学习态度，树立了社会主义的坚定

① 邓才彪：《德育在信息化发展中的导向功能》，载《山东师范大学学报(社科版)》，1993(2)，第 62—65 页。

② 王逢贤著：《德育原理纲要(讨论稿)》，长春：东北师范大学出版社，1983 年版，第 28 页。

信念和'振兴中华、实现四化'的崇高理想，因而能够更严格要求自己，更刻苦、更勤奋地学习文化知识、积极参加体育锻炼、文艺活动和生产技术劳动，推动和促进智、体、美、劳各育的和谐发展”。①

① 贾英杰、齐炘：《建立科学的德育功能观》，载《山东教育》，1990(11)，第9页。

在社会学说比较中正确认识社会*

我们每人都在一定形态的社会里生活着，天天接触社会。人们在日常生活中也不断地使用“社会”这个词。但是，若要回答“什么是社会”，则不那么容易。要理解这个问题，就要先谈谈人类社会的起源，再介绍西方社会学家的两个观点，然后重点阐述历史唯物论的社会观，以期使我们在比较中正确认识社会。

一、人类社会的起源

自从自然界有了人，人类社会便出现了。人和人类社会是同步产生的。然而，关于人和人类社会的起源问题，却经历了漫长的、艰难的认识过程。虽然由于受生产力和科学技术水平的限制，人们对这一问题的认识开始是相当幼稚的，但总的来说是沿着逐步深化和逐步科学化的大道

* 本文和以下两篇文章是作者参加国家教委思想政治工作司组织编写的、罗国杰教授主编的全国高等学校思想政治教育课试用教材《思想道德修养》中的一章。北京：高等教育出版社，1993年版。

前进的。历史的车轮滚到了19世纪中叶，产生了马克思主义，人与人类社会的起源问题才得到了科学的回答。

（一）“女娲造人说”和“上帝创世说”

我国远古时代流传下来一个女娲造人的神话故事。有一个叫女娲的天神，她按照自己的形象用水和黄土捏造了一个个泥人，其中有男的，也有女的，吹了一口气，泥人就活了。从此之后，她便和好一大堆泥浆，折一把树枝在泥浆里搅拌，漫天挥舞甩出一块块泥巴，溅出一颗颗泥点，使这些泥点变成了更多的人。女娲又让男女成亲，传宗接代，形成了人类和人类社会，这就是最原始的“女娲造人说”。它反映了人们探求人与人类社会起源的美好愿望，但在今天看来未免太幼稚了。

在欧洲中世纪，由于宗教神学的禁锢，人们对人类与人类社会起源的思考，同样被罩上了神的灵光。据《圣经》“创世记”记载，太初之际，上帝开天辟地。在一星期里，上帝先后创造了光，创造了水，创造了陆地和植物，创造了日月星辰，创造了水中的游鱼和空中的飞鸟，又创造了牲畜、昆虫和野兽，最后按照自己的形象，用泥土造出一个男人亚当，又从亚当身上取下一根肋骨，造出一个女人夏娃。亚当和夏娃偷吃了伊甸园的禁果，结为夫妻，生育后代。这个“上帝造人”的故事，在漫长的欧洲历史上占有统治地位，成为科学不能入内的“禁区”。

（二）达尔文的“进化论”

英国生物学家达尔文于1831年至1836年以历时5年的环球航行，对动植物进行了科学考察。他吸取了拉马克在《动物哲学》中的成果，于1859年出版了《物种起源》。达尔文论证了整个有机界，植物、动物，包括人在内，都经历了从简单到复杂、从低级到高级的进化过程。他指出物种都是在“生存斗争”中经过“自然选择”“优胜劣汰”实现进化的。由此提出人类是由古猿演化而来的观点，从而推翻了“上帝创世说”，使人类起源问题从宗教神学的桎梏中解放出来。

(三)劳动创造了人和人类社会

马克思和恩格斯高度评价了达尔文的进化论，认为它是19世纪自然科学的三大发现之一。但是，达尔文的进化论没有揭示人同猿的根本区别，没有回答人怎样从猿进化而来。1876年，恩格斯写了《劳动在从猿到人转变过程中的作用》，第一次科学地揭示了人类和人类社会的起源，阐明了劳动创造人类和人类社会的原理。

从猿进化到人是一个漫长的过程，第一个有决定意义的变化，是类人猿学会直立行走。上肢的解放意味着手可以越来越多地从事其他活动了，如采撷、使用天然石块或木棒等。“形成中的人”学会使用天然工具获取生活资料，这就开始了一种动物式的本能的“劳动”。从使用天然工具到学会制造工具，即开始了真正的人类劳动。在劳动中，相互呼唤和交流信息，逐渐形成了语言。在劳动和语言的推动下，较为简单的猿脑，逐渐变成了发达的人脑，同时，和人脑髓最密切的感觉器官也进一步完善和发展起来。

在从猿到人的转变过程中，与人类形成的同时，也形成了人类社会。古猿是一种群居动物，猿群还不是社会。从“正在形成中的人”发展到“完全形成的人”，猿群也就发展成为人类社会。

恩格斯指出，“由于随着完全形成的人的出现而产生新的因素——社会”，“人类社会最后毕竟出现了”。①

---

① 《马克思恩格斯选集》第3卷，北京：人民出版社，1972年版，第512—513页。

上述可见，劳动创造了人，创造了人类社会。从“神创论”到“进化论”，把人类从上帝那里还原于动物界；从“进化论”到“劳动创造论”，又从物种关系方面把人从动物中提升出来，使人们看到人和人类社会的特殊本质。

二、社会契约论和有机论

我们弄清了人类社会的起源。那么，究竟什么是社会呢？在我国的古籍中，“社”是指用来祭神的一块地方。《孝经·纬》记载：“社，土地之主也。土地阔不可尽敬，故封土为社，以报功也。”“会”就是集会。“社会”这个词早年的意义是指有许多人为了一个共同的目的聚集在一个地方进行某种活动。然而，由于我国的传统文化是以伦理道德为核心，社会学并没有形成完备的知识体系。

在西方国家，社会学者对社会一词有各种不同的理解。有的社会学家认为社会是许多人的集合；有的认为社会是一种包括人类行为习惯、情操、民俗在内的文化遗产；有的认为社会是人们交互作用的过程；有的认为社会是一种建立在个人意识之上的独立实体；等等。这些学者，虽然说到了社会一词内涵的一些主要方面，但并没有指出社会的最本质的内容，其中有代表性的是社会契约论和社会有机论。

(一)社会契约论

这是资产阶级学者提出的颇有影响的学说。1762 年，法国资产阶级启蒙思想家卢梭出版了《社会契约论》，在这部著作中，卢梭认为，人是生而自由的。国家或社会是由许多具有平等权利的个人自由协议和通过契约结成的，也就是说，国家是“自由”的人民“自由协议”的产物。

卢梭设想人类最初生活在理想化的“自然状态”中。在这种状态下，人人都是平等的，道德上是洁白无瑕的，他称之为“高尚的野蛮人”。由于私有制的出现，人们就失去了“天赋的自由和平等”。要使人们挣脱身上的枷锁，恢复失去的平等和自由，只能通过人们相互订立契约，才会得到可靠的保证。卢梭的理论，为资产阶级反对封建制度提供了根据，对法国资产阶级革命产生很大的影响。卢梭的政治理想，就是人们根据社会契约建立一个“自由、平等”的理性国家。实际上，就是资产阶级共和国。

卢梭的社会契约论，把国家社会说成是某种社会契约的结果，把社会看成是抽象个人的机械的结合体。实际上是把国家和社会描绘成人们的理性和意志的产物，即观念的产物，没有探索在观念背后的“生产关系这样简单和这样原始的关系”。① 因而不能正确的认识社会。

(二)社会有机论

“社会有机论”最早是19世纪法国实证主义哲学家孔德提出来的，是把社会或国家比做生物机体组织的学说。后来，由英国社会学家、哲学家斯宾塞系统地论述了“社会有机论”，成为这一学说的主要代表人物。

斯宾塞用生物学概念解释社会现象，认为社会就是生物机体，用生物发展的规律取代社会发展规律。斯宾塞认为社会如同自然界的生物一样，两者的“规律没有什么不同”。在《社会学原理》一书中，他阐述了“社会有机论”的观点。

在斯宾塞看来，一切发达的社会就像生物机体一样，有三个器官系统：一是生物有机体的营养系统，这是向生物有机体提供营养的各

① 《列宁全集》第1卷，北京：人民出版社，1985年版，第7页。

个组织，而社会则是由生产必需品的工人担任这一营养职能的；二是生物机体的循环、分配系统，它保证有机体的各个部分在分工基础上的联系，而社会则由运输业、商业组成这一系统，商人从事分配或交换职能；三是生物的调节系统，它保证各个组成部分服从于整体，而社会则由工业资本家调节社会生产。政府相当于神经系统，这是社会的管制系统。

他还认为，生物个体之间相互竞争以维持其生存和发展的自然现象，也适用于社会人与人之间的关系。人们都具有生存竞争的能力，使个人有机体和社会有机体保持均衡状态。

斯宾塞的"社会有机论"，是从动物机体来推论出社会结构的，用社会生活职能的分工，来掩盖社会分裂为不可调和的对立的阶级，企图证明资本主义社会制度的永恒存在。

三、历史唯物论的社会观

19 世纪 40 年代，马克思和恩格斯创立了辩证唯物主义和历史唯物主义学说。从此，社会学才在前人的基础上走上了科学的大道。历史唯物主义认为，社会是人类生活的共同体，是人们相互交往的产物，首先是物质生产过程中相互交往的产物。因为，无论是什么人，要维持自己的生存，都要以不同的方式从事物质生产活动，而要从事物质生产活动，就必然与他人交往，建立起一定的生产关系和相应的其他交互关系。所以，马克思在《致巴·瓦·安年柯夫》的信中说："社会——不管其形式如何——究竟是什么呢？是人们交互作用的产物。"①他在《雇佣劳动与资本》中还说："生产关系总合起来就构成所

① 《马克思恩格斯选集》第 4 卷，北京：人民出版社，1972 年版，第 320 页。

谓社会关系，构成所谓社会，并且是构成为一个处于一定历史发展阶段上的社会，具有独特的特征的社会。”[①]因此，就实质而言，社会是人们以物质生产活动为基础的相互关系的总体。

社会是一个不同于生物的复杂的有机结构，它是作为一个大系统而存在的。社会这一系统，是由社会各种要素按照一定的方式和规律组成的。社会有三大系统，即生产力、生产关系和上层建筑。人们利用自然，改造自然，从自然界获得物质生活资料的力量，就叫生产力。任何社会都离不开一定的生产力，生产力是一切社会结构的第一系统。在社会生产过程中，不仅形成了人和自然的物质交换关系，也形成了人和人之间的相互关系。这种物质的社会关系就是生产关系。上层建筑系统，是一个比生产力和生产关系更为复杂和庞大的子系统。它是建立在社会经济基础之上的社会意志形态，以及与之相应的政治法律制度和设施。

社会是变化发展的自然历史过程。唯物史观揭示了社会变化发展的根本规律。生产力、生产关系和上层建筑之间的相互联系和相互作用，构成整个社会的基本矛盾，即生产力和生产关系的矛盾，经济基础和上层建筑的矛盾。构成社会基本矛盾中的生产关系是个中间环节，对下联系生产力，对上联系上层建筑，起中介作用。这两对基本矛盾也不是平起平坐的。生产力和生产关系的矛盾是最根本的，它决定和制约经济基础和上层建筑的矛盾的发展和变化。这是因为生产力决定生产关系，生产关系作为经济基础又决定上层建筑。社会基本矛盾贯穿整个人类社会发展过程的始终，推动人类社会由低级形态向高级形态发展，这是不依人的主观意志而转移的客观历史过程。

① 《马克思恩格斯选集》第1卷，北京：人民出版社，1972年版，第363页。

在人的学说比较中正确认识人

人是什么？或者说人性、人的本质是什么？这是一个古老而常新的课题。自从人类诞生以后，人们就在认识自然、改造自然的同时，不断加深对人自身的认识。对“人是什么”的问题的求索，可以追溯到人类的童年时代。在我国古代思想史和西方近代思想史上，许多思想家在回答“人是什么”的问题上，确实不乏真知灼见，为最终科学地揭示人的本质提供了大量的思想资料。如有的认为人有智慧和理性，有的认为人的行为有自觉性和目的性，有的认为人能和群(有社会组织、人际关系)，有的认为人有伦理道德，等等。这些观点都说明人之所以为人的一个方面，对于正确认识人的本质具有一定的积极意义。然而，只有到了19世纪中叶，马克思和恩格斯创立了辩证唯物主义和历史唯物主义，并运用它来观察人、分析人、认识人的时候，才在人类历史上第一次科学地揭示了人的本质问题。

一、中国古代关于人的学说

在我国，远在传说中的炎帝、黄帝时代，就有人试图回答“人是什么”的问题。《列子·黄帝》中写道：“有七尺之骸，手足之异，戴发含齿，倚而趣者谓之人。”这时，人们只能从人的身高、手足分工、头发牙齿和行走的姿势等外在的自然属性上说明人与动物的区别，这当然是十分幼稚的。

春秋战国时期，对“人是什么”的认识发生了飞跃性的发展。而这一飞跃的产生是围绕着人性与兽性的区别而展开的。在中国思想史上，孔子最早提出了“性相近、习相远”的看法，但并未提出人性的内容。第一个提出人性界说的告子说：“生之谓性，食、色、性也。”(《孟子·告子上》)他认为生而具有的叫作性，性的内容就是“食色”。孟子批评告子说：“生之谓性也，犹白之谓白与?”曰：“然。”“白羽之白也，犹白雪之白；白雪之白，犹白玉之白与?”曰：“然。”“然则犬之性犹牛之性，牛之性犹人之性与?”(《孟子·告子上》)孟子指出了告子的观点不能把“犬之性”“牛之性”与“人之性”区别开来。这个诘问是十分有力的。

孟子在反驳告子的同时，提出了自己的人性界说是“人之所以异于禽兽者”。他说：“人之所以异于禽兽者几希，庶民去之，君子存之。”(《孟子·离娄下》)又说：“人之有道也，饱食、暖衣、逸居而无教，则近于禽兽。”(《孟子·滕文公上》)那么，这种异于禽兽的人性是什么呢？孟子说：“人皆有不忍人之心。……所以谓‘人皆有不忍人之心’者，今人乍见孺子将入于井，皆有怵惕、恻隐之心，非所以内交于孺子之父母也，非所以要誉于乡党朋友也，非恶其声而然也。由是观之，无恻隐之心，非人也；无羞恶之心，非人也；无辞让之心，非人也；无是非之心，非人也。”(《孟子·个公孙丑上》)又说：“恻隐之心，人皆有之。羞恶之心，人皆有之。恭敬之心，人皆有之。是非之心，人皆有之。恻隐之心，仁也。羞恶之心，义也。恭敬之心，礼也。是非之心，智也。”(《孟子·告子上》)由此可见，孟子的人性界说是“人之所以异于禽兽者”，其内容是仁、义、礼、智等伦理道德观念。

第三个提出人性界说的是荀子，荀子一方面倾向于告子“生之谓性”的观点，提出：“生之所以然者谓之性。”(《荀子·正名》)“凡性者，天之就也。”(《荀子·性恶》)；另一方面，他也受孟子“人之所以异于禽兽者”的启发，也讲“人之所以为人者”。他说：“然则人之所以为人者，非特以二足而无毛也，以其有辨也。……夫禽兽有父子而无父子之亲，有牝牡而无男女之别。故人道莫不有辩。辨莫大于分，分莫大于礼。”(《荀子·相非》)他认为“人之所以为人者”在于“有辨”，即有认识“父子之亲”“男女之别”的能力，而这个“辨”则是由作为伦理道德规范的“礼”所规定的。荀子还说：“水火有气而无生，草木有生而无知，禽兽有知而无义，人有气有生有知亦且有义故最为天下贵也。”(《荀子·王制》)

孟子和荀子，一个主张人性善，一个主张人性恶，这是由于他们对人性概念理解的差异性所至，但在“人之所以异于禽兽者”或“人之所以为人者”的认识上却是基本一致的。孟子认为人有仁、义、礼、智，荀子认为人有义、礼、辨。正是因为他们对人性概念的不同理解，他们在道德教育和道德修养的主张上也有一定区别。孟子主要倾向于用“思”“内省”的方法，使仁、义、礼、智这四端，“扩而充之”，从而达到“尽心”“知性”的境地。荀子则主要倾向于用“起礼义”“制法度”的方法，“化性起伪”，达到“性伪合而天下治”的目的。

二、西方近代关于人的学说

古希腊神话中曾经提出这样一个问题：什么动物早上四条腿走

路，中午两条腿走路，晚上三条腿走路？这就是以“人”为谜底的“斯芬克思之谜”。可见，在西方探讨“人是什么”的问题也是由来已久。

最早力图把人和动物区别开来的是古希腊哲学家苏格拉底，他把人定义为：人是一个对理性问题能给予理性回答的存在物。或者说，人是理性动物。亚里士多德进一步说：人是“陆栖两脚动物”，人是“政治动物”。然而，他们用属加种差的定义方法，仍然是把人和动物看作是一类，因此也不能把人和动物真正地区分开来。

对人作系统的和富有成果的研究的，是近代资产阶级思想家和科学家。文艺复兴运动以来，随着自然科学、社会科学和哲学的发展，人们对自身的认识有很大的发展。哥白尼的“日心说”，推翻了“地心说”的长期统治，从而也就震撼和动摇了“上帝造人说”。人们开始把人的本质问题从宗教神学的禁锢中解放出来，用人本身以及人赖以生存的环境来解释人的本质和人性。17世纪是自然科学和技术兴起发展的时期。英国的机械唯物主义哲学正是在这个基础上产生的。在认识自身的问题上，不可避免地带有浓厚的机械唯物论的色彩。现代实验科学的始祖培根就说过：人不过是自然的仆役和翻译员。霍布斯继承并发展了培根的思想，他同样从自然哲学出发来论述人性，认为“自我保存”是人的天性和行为的根本动力。他指出“人对人是狼”，为了“自我保存”，可以侵犯别人的利益，这是人的“自然权利”。18世纪是法国资产阶级革命的时代。启蒙思想家关于人的观点一般与他的社会政治思想相联系，反对封建专制，主张开明专制或民主共和，宣传人人都是平等的、自由的。它的主要代表卢梭的“社会契约论”，集中反映了“天赋人权”的思想。18世纪中叶，法国“百科全书派”的唯物论哲学家在反对封建专制的思想斗争中居于领导地位，但是在对人自身的认识上仍然没有跳出机械唯物论的圈子。比如，爱尔维修就把唯物论的感觉论运用到人身上，他认为物体的感受性在人身上表现为“趋乐避苦”的感情，并称之为“自爱原则”，他认为这是永恒不变的天性，是人的一切思想和行为的本源。他的主要著作《论人》(1773 年)正是反映了机械唯物论的观点。

德国古典哲学是近代资产阶级哲学的最高峰。黑格尔的人性论同他的哲学体系一样是唯心主义的，他把人看成是“绝对精神”的外化。但当谈到人性善恶问题时却表现出丰富的辩证法思想。他说：“恶同善一样，都是导源于意志的，而意志在它的概念中既是善的又是恶的。”[①]费尔巴哈是德国古典哲学最后一位哲学家，他站在唯物主义立场上反对把神和“绝对精神”作为哲学研究的对象，主张把人作为哲学研究的对象。因此，他把自己的哲学称为人本主义哲学。人本主义哲学的任务是要揭示现实的、肉体的人的本性。人本主义打击了唯心主义和宗教神学，恢复了唯物主义和无神论的应有地位，无疑是一个巨大进步。然而，由于费尔巴哈阶级和历史的局限性，他在历史观上仍然是唯心主义的，因此对人的本质的了解也是不彻底的。费尔巴哈认为人的本性是理性和道德。他说：“理性是人类的人性。”[②]又说：“道德不是别的，而只是人的真实的、完全健康的本性；因为错误、恶德、罪过不是别的，而只是人性的歪曲……真正有道德的人不是根据义务、根据意志……而是根据本性就是道德。”[③]他还说，在人的身上，真正的人的特点是什么呢？理智、爱情与意志的力量，这就是人的绝对的优越之点。人的本身最高的、绝对的本质及其生存的目的，

① 黑格尔：《法哲学原理》，北京：商务印书馆 1961 年版，第 145 页。

② 费尔巴哈：《费尔巴哈著作选(上)》，上海：生活·读书·新知三联书店，1962 年版，第 255、590 页。

③ 同上。

是在于意志、思维与情感之中。人的生存就是为了认识、爱和希望。费尔巴哈对人的本质的了解有两个误解：第一，他不是把人当作社会的人。而是把人当作自然的人去考察人的本质。他只是在生物学的意义上，把人看成一种具有理智、意志、情感等理性的生物，他根本不了解社会存在对于人的理性或意识的决定作用，根本不了解社会关系对人的本质的决定作用。第二，他不是具体地、历史地，而是孤立地、抽象地考察人的本质。他假设出一个能够代表全人类本质的标本——“人类个体”来，这个人不属于哪个时代、哪个社会、哪个阶级，只具有人类的共同性——理智、意志和情感。这样费尔巴哈就陷入了一般的、抽象的人性论。

三、马克思主义关于人的本质的理论

马克思和恩格斯吸取了人类思想史上的一切优秀文化成果，批判了在人的问题上的历史唯心论，特别是批判了费尔巴哈的人本主义，把对人的本质的理解建立在辩证唯物主义和历史唯物主义的基础上，实现了人的本质理论的变革。

马克思主义关于人的本质理论的形成与马克思主义科学世界观一样，经历了一个从唯心主义经过费尔巴哈的半截唯物主义，到彻底的唯物主义的逐步深化和科学化的过程。这个过程，从马克思在中学毕业时写的论文《青年在选择职业时的考虑》开始对有关人的问题发表议论算起，到标志着其唯物史观基本思想形成的《关于费尔巴哈的提纲》写出为止，大体经历了十年左右的时间。在这十年的科学研究和艰苦探索中，从认为人的本质是“自我意识”或“理性和自由”，到“类存在物”；从具有“人类天性”的抽象的人，到具有“社会特质”的“现实的人”，大体反映了马克思的人的本质观由唯心主义到一般唯物主义的转化过程。从探讨人的“类本质”，到研究作为人的本质的“自由自觉的活动”即人的劳动本质；从具有“社会特质”的“现实的人”，到“一切社会关系的总和”，大体反映了马克思的人的本质观从一般唯物主义到历史唯物主义转化的过程。

马克思在《关于费尔巴哈的提纲》中指出：“人的本质并不是单个人所固有的抽象物。在其现实性上，它是一切社会关系的总和。”①这是对人的本质的科学论断，同时也为考察人的本质提供了科学思维方法。因此，它是马克思主义关于人的本质理论的核心内容。

那么，应该怎样理解这一论断的科学含义呢？

(一)人的本质是现实的、具体的

马克思在这里彻底否定了费尔巴哈把人的本质归结为“单个人所固有的抽象物”的错误观点。在费尔巴哈看来，人的本质不是表现在现实的、具体的人身上，而是抽象地存在于人的共同性、统一性之中，即人的“类本质”。费尔巴哈抽象出一个人类个体来，这个“人”是一种有意志、思维、情感的生物，至于这个“人”具有什么样的意志、思维和情感，则不必去考察了。这样，费尔巴哈就抽去了人的社会性、历史性、阶级性和个性，把人看成抽象的、一般的人了。马克思主义关于人的本质的理论，不是研究抽象的“类本质”，而是研究现实的、具体的、活生生的人的本质。就是说，研究人的本质问题，必须把人放在特定的历史条件下和具体的社会关系中来考察。

(二)人的本质是由社会关系决定的

要正确理解马克思关于人的本质的科学论断，还必须把“社会关系”这一概念弄清楚。按照列宁的理解，社会关系可分为两类：物质

① 《马克思恩格斯选集》第1卷，北京：人民出版社，1972年版，第18页。

的社会关系和思想的社会关系，这两类社会关系又是多层次、多方面的。物质的社会关系一般指生产关系即经济关系，生产关系又可分为生产、分配、交换、消费诸关系。思想的社会关系也是很复杂的，它包括政治的、法律的、道德的、宗教的关系等。这两类社会关系一般是盘根错节、交叉纠缠在一起，互相渗透、互相影响。如家庭关系、地缘关系、业缘关系、阶级关系、民族关系等。每一个人当他来到人世间那一天起，就置身于一定的社会关系之中。人最初接触的是家庭关系，随着年龄的增长，生活内容的丰富，他所接触的社会面逐渐扩大，进而置身于一定的地缘关系、业缘关系、生产关系、政治关系、法律关系、道德关系之中。正是在这些社会关系的长期影响、陶冶和制约下，才使一个自然人转变为一个能够掌握一定的社会文化，学会参与社会生活，扮演某种社会角色的社会人。这个过程就是人的社会化的过程，也是人的本质的形成过程。如果一个人从生下来就脱离人类的各种社会关系，尽管他先天具有发达的大脑和健全的躯体，但他决不会具备人的本质。外国几起“狼孩”事件就是一个很好的说明。可见，人的本质是由社会关系决定的，“是一切社会关系的总和”。

(三)一切社会关系的“总和”是诸多社会关系的有机统一

以上讲到社会关系具有多样性和层次性，各种社会关系纵横交错构成了一个复杂的社会关系网，而每一个人就是这个庞大而复杂的社会关系网上的“纽结”。要了解一个人的本质，必须用系统论的方法，从总体上去把握，从层次上去分析，从横纵联系上去考察一个人在社会关系中所表现出来的属性。从横的方面来说，就要分析、考察与之相关的尽可能全面的社会关系，然后在此基础上再加以综合考察，而不能只依据他在某一种或几种社会关系中所表现出来的属性，就轻易给一个人的本质下结论。从纵的方面讲，就必须分析、考察与其人相关的一切关系的发展变化，分析了解他在这些变化发展的社会关系中所表现出来的属性，然后加以科学的综合，而决不把他在某一特定历史条件下、特定时间、地点下所表现出来的属性断定为他的本质。在对社会关系做了横纵多方面的考察之后，再进行去粗取精，去伪存真，由此及彼，由表及里的加工制作，即进行科学的综合，才能得出对一个人的本质认识的科学结论。这种分析综合的过程，就是对“一切”社会关系的“总和”的认识过程。因此，说一切社会关系的“总和”，决不是一切社会关系的简单的机械的相加，而是诸多社会关系的有机的统一。

此外，在理解“一切社会关系的总和”问题上，还必须注意一点，这就是诸种社会关系不是平行的、并列的，它们在决定人的本质过程中不具有同等的意义。一般地说，在诸多社会关系中，物质关系，特别是生产关系是最基本的、主要的，它决定着、制约着其他一切思想关系。总之，我们在理解“一切社会关系的总和”，以及运用这一论断对人的本质进行分析、考察的时候，一是要坚持全面的观点，不要以偏概全；二是要有辩证的观点，“总和”不是机械相加；三是坚持重点论，不能主次不分，更不能主次颠倒。

(四)人的本质随着历史的发展而发展

人的本质“是一切社会关系的总和”，而社会关系不是固定不变的。因此人的本质也不是永恒的，它是随着社会生产力和生产关系的矛盾运动不断发展变化的。正如马克思指出的，个人借以进行生产的社会关系，即社会的生产关系，是随着物质生产资料、生产力的变化和发展而变化和改变的。生产关系总和起来就构成所谓的社会关系，构成所谓的社会，并且是构成一个处于一定历史发展阶段上的社会，具有独特特征的社会。根据人类社会每个阶段社会关系的不同特点，我们把迄今为止的人类历史划分为五个社会形态，这就是原始社会、奴隶社会、封建社会、资本主义社会和社会主义社会。不同社会形态下的社会关系不同，人的本质也就不同。因此马克思说，“人的本性”是“在每个时代历史地发生了变化的”①，“整个历史也无非是人性的不断改变而已”②。由此可见，人的本质不是抽象的、永恒的，而是具体的、历史的，是随着生产力的发展，随着社会关系的发展而发展变化的。

(五)人的自然属性是人的社会属性的物质承担者，但不是人的本质属性

人性和人的本质是既有区别又有联系的两个不同的概念。人性是人的各种属性的总称。它相对于兽性和神性而言，是人类区别于动物的特性。人的本质不仅是人与动物相区别的本质特征，而且是一个阶级区别于其他阶级，一个人区别于其他人的本质特征。马克思主义认为人的本质是一切社会关系的总和。同时也承认人有多种属性，并且科学地说明了人的诸种属性与人的本质的关系。人的属性多种多样，但概括起来说可分为两大类，即自然属性和社会属性。

所谓自然属性，就是人的生理构造和自然本能。例如：发达的大脑，灵活的四肢，直立的躯干；饿了要吃食物，冷了要穿衣服，遇到危险要躲避，性成熟了要寻求配偶等。自然本能，不是人类独有的，而是人与动物共有的，它不是人与动物相区别的标志，反倒是人类起源于动物的佐证。人的自然属性在生理意义上，与动物有着极大的共同点。因为任何生物个体都要不断地和周围的事物进行物质和能量交

---

① 《马克思恩格斯全集》第 23 卷，北京：人民出版社，1975 年版，第 669 页。
② 《马克思恩格斯全集》第 40 卷，北京：人民出版社，1975 年版，第 174 页。

换，通过新陈代谢使得自身生长发育，并按照一定的遗传变异规律进行繁衍，使种族得以延续和进化。因此，自然属性是人类生存和延续的前提条件，但不是人与动物的根本区别。这种不能把人自身与其他事物区别开来的属性，不是人的本质属性。

然而，人的自然属性不是和人的本质毫不相干的，而是受人的本质制约的。因此，人的自然属性与动物的自然属性也是不同的，二者虽然都是由肉体器官引起的生理本能，但是，动物的自然属性是纯粹自然状态的，而人的自然属性则是社会化了的自然属性。例如，动物吃东西仅仅是为了生存，并且永远是茹毛饮血，而人吃东西除了维持生命以外，还有许多社会内容：美食是为了享受，食疗是为了治病，请客是为了交谊，有时为了达到某种目的还可能出现绝食。再如，人和动物都有性本能，都需要发生两性关系和生育繁衍，动物的求偶、生育完全出自本能，而人类的两性之爱、生儿育女，则是爱情的结晶，包含着丰富的社会内容：人选择恋爱对象不仅要考虑对方生理功能是否健全，而且要考虑他(她)的文化修养和经济状况等。再说人类的婚姻制度、生育政策也是随着社会的发展而不断变化的。这与动物的纯自然状态是不能相提并论的。所有这些说明，人的自然属性是受人的本质制约的，我们不能离开人的本质来理解人的自然属性，更不能把人的自然属性当作人的本质。

在人生观问题讨论中，有人提出"人的本质是自私的"的错误观点。概括起来有"动物本能论"和"普遍规律论"等。有人认为"人性就是动物性"，"生存竞争，弱肉强食是人的本性"，并进而推论"人的本质是自私的"。这种在人的本质问题上的"动物本能论"，混淆了事物运动的多样性，把社会运动等同于生物运动；他们不了解人的本质的社会性和历史性，把人的本质混同于动物的本能，因此是错误的。另一些人认为人的自私本质是“绝对的”“永恒的”“普天之下概莫能外”，这种“自私普遍规律论”也是错误的，它不仅违反了辩证法和人类社会的发展规律，而且也不符合历史上和现实社会中存在着许多大公无私、公而忘私、舍己为人、舍生取义等英雄人物这样一个历史事实。

个人与社会是辩证统一的关系

我们在了解了什么是人，什么是社会之后，再来讨论个人与社会的关系，这就顺理成章了。人是社会的人，社会是人的社会，这就决定了个人与社会的关系是辩证统一的关系。人与社会，二者不可分割，它们互相依存，互相制约，互相影响，共同发展。“人创造环境，同样环境也创造人。”①人作为社会的主体，形成社会关系，创造自己的社会生活；同时，人又是社会的产物. 人的认识和实践活动，又受着社会的客观必然性的支配。那么，如何认识人对社会的依赖性和能动性？我们如何在社会中求得个人发展呢？

一、个人对社会的依赖性

人类在对自然的认识和改造过程中，不是单个人孤立地进行的，也不是完全从头开始的，而是结成一定的社会关系，在前人的基础上进行的。马克思主义认为，只有在

① 《马克思恩格斯选集》第1卷，北京：人民出版社，1972年版，第43页。

社会中，自然界对人来说才是人与人联系的纽带，才是他为别人的存在和别人为他的存在，才是人的现实的生活要素。只有在社会中，自然界才是人自己的人的存在的基础。因此，人从其本性来说是社会的人。人在社会之中生活，并从社会中获得自身发展和认识自然、改造自然所必需的一切手段。

在历史上，谁也不是完全从头开始的。每一代人进入生活时，都会遇到某些早已为他们的生存准备好了的起始条件，即社会文化环境。人不能脱离社会和文化生活，只能在这个基础上向前发展。正如马克思所指出的："人们自己创造自己的历史。但是他们并不是随心所欲地创造，并不是在他们自己选定的条件下创造，而是在直接碰到的、既定的、从过去继承下来的条件下创造。"①

毫不夸张地说，个人只有在社会中并通过社会才能生存和发展。个人对社会的这种依赖性可以从以下三个方面来说明。

1. 个人的生存依赖于社会生产

人生伊始，遇到的第一个矛盾就是生存本能弱与生存条件高的矛盾。人与动物相比，靠生物本能生存的能力比动物相差甚远，候鸟可以南飞，蟒蛇可以冬眠，而人既不会飞上天空，也不会潜入地下，一般动物所具有的本能的保护和生存能力，人们多不具备。不仅如此，一般动物大多在出生不久就能独立生存。而人却要经历十几、二十年的依赖生活期。从第一声啼哭到牙牙学语，从学习知识到成家立业，没有人能够计算父母操了多少心，社会费了多少力。离开父母，离开家庭，离开社会，人是无法成长、生活的。

人的生存本能很弱，但生存条件却很高。就饥食渴饮而言，动物

① 《马克思恩格斯全集》第 42 卷，北京：人民出版社，1975 年版，第 122 页。

可以直接向自然索取，而人只有把自然物进行加工改造后才能享用，这个加工改造的过程则不是单纯个人的事情。衣、食、住、行对个人而言缺一不可，但离开他人的协助，那就会一无所得。因为，单个人，一是不可能同时具有多种能力满足自己的各种需要；二是即使有多种能力也不可能同时创造各种必需的物质和条件。人之所以为人，不仅因为他既不是神仙，也不是一般动物，而且是因为他创造了超越人寿的“社会”。正是靠了这个社会，每个人才能求得生存，才能继往开来。

2. 个人的生活依赖于社会规范

人类群体生活在于它有社会模式，这与动物根本不同。动物的群体生活都是遗传得来的生物模式，是固定不变的。以卵生动物为例，把卵生动物的两代隔开，下一代长大了，自然和上一代一模一样地生活。人则不同，它是在后天通过学习得来的符合于一定社会规范的行为进行社会生活的。这套社会规范，其中包括政治规范、法律规范、道德规范等，是在同一社会生活中的人们把一代代的经验有选择地积累而成的。社会强制个人学习规范，个人必须按照这些规范去生活。规范本身超越个人也先于个人，与社会共存。它既要通过一个个人的行为表现出来，又要依靠一代代人传递下去。每一个人学习规范，遵守规范的过程，就是人的社会化的过程。如果一个人生下来就脱离社会，没有经过社会化过程，那只能是一个自然人，根本无法参与社会生活。

3. 个人的发展也依赖于社会进步

社会的进步包含着个人的发展，个人的发展是社会进步的重要内容，个人的发展程度是社会进步的重要标志。但是，个人的发展程度最终依赖于社会的进步程度。生活中，每个人都在自觉不自觉的追求自身的发展，而这一理想目标的实现，需要社会提供条件。在历史上，给人们提供的社会条件不同，人们的生活状态和发展水平就不同。今天，看电视、坐飞机是人们生活中平常的事情，可是封建社会至高无上的皇帝也没有这个奢望。改革开放以来，几十万学生出国留学，实现了个人发展的愿望，可是在十年“文革”期间，这是人们可望而不可即，甚至连想也不敢想的事。可见，个人的发展依赖于社会，并且包含在社会每一次进步的过程中。社会进步，归根结底要靠生产力的发展，生产力发展到一定水平，必然要求经济基础和上层建筑进行调整、改革或变革。如果说现实生活中个人发展还受到某种限制的话，最根本的是加快生产力的发展，推动社会进步，以此来创造每个个人发展的社会条件。相反，不顾生产力的发展水平和社会进步的程度而片面强调和追求个人发展，那样只是无源之水，无本之木。

二、个人对社会的能动性

马克思主义在充分肯定个人对社会的依赖性的同时，深刻地阐述了个人对社会的能动性。恩格斯曾指出：“在社会历史领域内进行活动的，全是具有意识的、经过思虑或凭激情行动的、追求某种目的的人；任何事情都不是没有自觉的意图，没有预期的目的。”①人是社会实践的主体，是社会关系中所产生的能动的和创造的存在物。人们每日每时都在各种极不相同的情况下决定着做什么和怎么做，辨别真假、好坏、善恶、美丑，并决定是适应它还是改造它。个人并不是被动地由社会所决定，而是在能动地发挥作用。个人对社会的能动性主要表现在以下几个方面。

① 《马克思恩格斯选集》第4卷，北京：人民出版社，1972年版，第243页。

1. 个人通过参加社会劳动创造一定的社会生产力，推动社会的发展

人民群众其中包括人民群众中的每一个个人，是人类历史的创造者。这是因为人民群众是社会发展的最终决定力量——社会生产力的体现者。人类要生存，就要有吃、穿、住、行等必需的物质生活资料，而这一切都是劳动群众创造的。劳动群众在生产劳动中不断积累经验，改进生产工具和生产技术，进行科学研究和发明创造，推动了生产力的发展、生产方式的变化，乃至整个社会历史的进步。这里所讲的劳动群众，包括体力劳动者和脑力劳动者两部分。生产工具的改进，新的科学成就的发明创造，就是这两部分人的共同贡献。没有体力劳动者创造的丰富经验，脑力劳动者的创造发明就失去了基础。没有脑力劳动者的总结和概括，生产经验也不能形成新的科学技术。大学生是未来的脑力劳动者，其中大部分人将从事科学技术工作，科学技术是第一生产力，对社会的发展起着直接的推动作用。大学生在期间不仅要努力学好专业知识，而且要有良好的思想道德修养。这样，在走向工作岗位之后才能很好地与体力劳动者相结合，更好地发挥聪明才智，有所发明、有所创造，推动生产力发展和社会进步。

2. 个人通过参加变革生产关系的实践，推动社会的发展

生产关系一定要适合生产力状况的规律，是人类社会发展的普遍规律。社会生产力发展到一定水平，必然要求生产关系发生变革。生产关系落后于生产力状况需要变革，生产关系“超越”了生产力水平也需要变革。生产关系的变革一般有两种形式：一是根本变革，即用社会革命、阶级斗争的方式推翻旧的社会制度；二是局部变革，即用调整和改革的方式，改变不适合生产力状况的部分生产关系。这两种方式的变革都是通过人民群众的伟大实践来完成的。作为人民群众一分

子的个人，只有投身到当时变革生产关系的伟大实践中，才能发挥自己的作用，推动社会发展。历代改革家、政治家之所以有历史作为，推动社会前进，主要是因为他们能够审时度势，顺应社会发展规律，顺乎民心所向。青年是社会的未来和希望，是整个社会力量中最积极、最有生气的一部分。在社会大变动中，青年往往起着先锋队的作用。但是，在历史的大潮中，有激流也有回流，有浪尖也有漩涡，要想认清方向，顺应历史潮流前进，往往是不容易的。这里的关键是审时度势。现在，我国正处在社会主义初级阶段，坚持党的“一个中心，两个基本点”的基本路线，建设中国特色社会主义，是这个历史阶段的根本任务。当代大学生只有认清社会主义初级阶段的国情，看准社会发展的大趋势，积极投身于改革的洪流之中，站在历史大潮的前面，才能认识社会，改造社会，推动社会前进。

3. 个人通过参与政治活动和精神生活，促进社会上层建筑和意识形态的发展和变化，推动社会发展

社会上层建筑和意识形态的发展和变化，最终决定于社会经济基础的发展和变化。但是，政治生活是离不开个人的活动的，国家、军队只有通过具体活动的个人，才能发生作用。至于社会意识，离开了个人的意识活动，就成为不可理解的东西。人类思维不是一般的抽象物，而是仅仅作为无数过去、现在和未来的人的个人思维而存在。人类思维的无限性，只能在完全有限的思维着的个人中实现。各种社会意识形态，必须通过作为阶级的或集团的代表的个人(思想家、政治家等)的自觉能动性，才能形成和发展。大学生作为知识分子队伍的新生力量，在社会政治生活和精神生活中具有较强的参与意识和进取精神，这是十分可贵的。然而，个人对社会发展究竟起何种影响和作用以及这种影响和作用的大小，是由许多主客观条件促成的。离开了

一定的客观条件，个人将一事无成；而离开了一定的主观条件，个人也将无所作为。从主观条件上说，一个人的立场、才能、智慧、个性等，对他的活动都有直接影响。一个人只有自觉地站在人民的立场上，顺应社会发展的客观需要，而又有丰富的知识和杰出的才能，他的个人活动才能成为社会历史发展必然链条中的重要一环，对社会历史发展起促进作用。

总之，个人对社会的能动性可以从以上三个方面得到说明。必须指出，个人对社会具有能动性，个人的活动在社会历史发展中起着程度不同的影响和作用，但其性质是各不相同的。一般说来，凡是促进生产力发展、符合社会发展规律的个人活动，便是进步的、革命的。反之，凡是阻碍生产力发展，违背社会发展规律的个人活动，则是保守的、反动的。因此，衡量每个人的活动是否有益，归根到底，要看他的活动是否符合生产力发展的要求，是否顺应社会历史的发展规律。

三、个人发展与社会发展的辩证关系

马克思和恩格斯在《共产党宣言》里对未来共产主义社会的预言是："在那里，每个人的自由发展是一切人的自由发展的条件。"①但他们还曾经说过："只有在集体中，个人才能获得全面发展其才能的手段，也就是说，只有在集体中才可能有个人自由。"②这两段话表明了马克思主义的一个基本观点：个人发展与社会发展是辩证统一的。

从历史发展过程的必然趋势和最终意义上看，个人发展与社会发

① 《马克思恩格斯选集》第1卷，北京：人民出版社，1972年版，第273页。
② 《马克思恩格斯全集》第3卷，北京：人民出版社，1975年版，第84页。

展是一致的。这种一致性表现为人的发展是社会发展的手段，又是社会发展的目的。人的发展是社会发展的结果，又是社会发展的原因。这种手段与目的的统一，原因与结果的统一，根本在于人是历史的主体，又是历史的客体。

人是历史的主体。但是，人在变革自然，推动社会发展的同时，也把自身确立为客体，作为自己认识和实践的对象，使自身不断被锤炼和发展，这是主体自身的双重规定。在社会与人的关系的范围内，当人作为主体时，社会就成了人的活动的指向对象，成为客体。人以自身的需要为内在动因，在变革社会的活动中不断地把人的本质或“本质力量”对象化为社会的发展，并通过发展的社会映现人的发展。相对于社会的发展，人的发展具有主动性，人的发展成为社会发展的手段。当人作为客体时，人便成为社会发展的手段。当人作为主体时，人便成为主体人的自我确立、自我改造的对象，被融合到社会变革的过程之中。社会在其被变革的同时，也以自身的规定性影响、作用和改造着人，并通过人的发展实现和确立社会自身的发展。可见，主体对客体的作用，客体不断主体化的过程，与客体对主体的作用，主体不断客体化的过程是统一的。

在人类历史的一定阶段上，存在着个人发展与社会发展不一致的现象。而社会发展与个人发展不一致的现象中，仍然内在地运行着社会的发展与人的发展的一致性的规律，是这一规律的特殊的表现形式。

人的发展是人的个体的发展与人的“类”的发展的统一，但最终体现为人的个体的发展。在人类历史的一定阶段上，人的个体的发展与“类”的发展往往是对立的。社会发展直接表现为人的“类”的发展，而人的“类”的发展又以个体自身的完整性的牺牲为代价的。这种对立，在私有制社会中直接表现为阶级对抗。本来个人发展是社会发展的手段，又是社会发展的目的，资本主义却导致了手段与目的的相互脱节、颠倒。工人的发展只是当作榨取剩余价值的手段，资本家则是以追求价值的增值为唯一目的。这对于人的发展无疑具有根本的否定意义。然而，这种否定中又包含着肯定，它肯定了生产力所得到的巨大发展。因为资本家“狂热地追求价值的增殖，肆无忌惮地迫使人类去为生产而生产，从而去发展社会生产力，去创造生产的物质条件；只有这样的条件，才能为一个更高级的、以每人的全面而自由的发展为基本原则的社会形式创造现实的基础”①。可见，在资本主义条件下，靠牺牲多数人来强制创造社会生产力是对工人乃至整个工人阶级发展的否定，而社会生产力的充分发展又是构成“自由人类社会”——共产主义社会的“物质基础”。所以，这种对立的形式是必须经过的，它是人类社会发展的必经之点。

在社会主义制度下，消除了阶级分裂，消除了个人和社会的对抗，就绝大多数社会成员而说，在根本上可以达到个人发展与社会发展的一致。我们党和国家十分重视人才，大力培养人才，而且是不拘一格使用人才。特别是改革开放以来，党和国家为个人的全面发展提供越来越充分和有利的条件。九年义务教育的实施，中等教育结构的调整、高校招生制度的改革、出国留学政策的放宽都为有志青年创造了学习深造以求个人发展的机会。大学生毕业分配制度的改革，实行了“双向选择”；国家劳动人事制度的改革，实行了“聘任制”“合同制”；为大学生就业和充分发挥自己的聪明才智创造了良好社会环境。祖国的“四化”大业需要数以千万计的各行各业的高级专门人才，同时

---

① 马克思：《资本论》第1卷，北京：人民出版社，1953年版，第649页。

也为青年提供了施展才华的天地。从这个意义上说，个人发展与社会发展是完全一致的。

另一方面，个人和社会又还存在矛盾。社会主义现代化建设固然是整个社会的利益所在，也是每个人的根本利益所在，但它是在困难和复杂的条件下进行的。毛泽东说，社会主义制度的建立给我们开辟了一条达到理想境界的道路，而理想境界的实现还要靠我们的辛勤劳动。实现个人的充分的高度的发展，并且使每个人的自由发展成为一切人自由发展的条件，这是马克思所预言的理想境界，即共产主义的理想社会状态。这个理想境界的实现依赖于经济、政治、思想文化等各方面的充分的条件，而这些条件的创造又只能依靠我们的辛勤劳动，而且是几代人的辛勤劳动。如果不顾客观的具体历史条件企图超越具体历史条件所规定的客观进程，把马克思所预言的理想境界看成现实的社会状态，以“自由王国”的公民自居，抽象地谈论个人的自由发展，那就是对马克思所阐述的共产主义原理的简单化理解。

此外，所谓“每个人自由发展是一切人的自由发展的条件”，这在任何意义上也不能理解为个人的发展应当置于社会的发展之上。没有社会的发展就谈不上个人的发展，个人的发展总是受到社会本身发展状况的制约的。人总是社会的人，任何个人的生存和发展都有不可摆脱的社会制约性。脱离社会的个人发展是从来也不可能存在的。我们只有投身到社会主义现代化建设的伟大洪流之中，才能获得全面发展个人才能的手段；只有每个人的才能都充分发挥出来，从而推动社会进步，才能在社会发展中实现个人发展。

道德的本质、功能与评价*

一、道德的本质

马克思主义产生之前，伦理思想史上对于道德的本质一直争论不休。客观唯心主义认为，道德是从上帝的意志和神的启示中引申出来的，是神、上帝指示圣人制定出来的行为规范。主观唯心主义认为道德是先天的、与生俱来的，是人头脑中固有的，它能够判断什么是恶、什么是善。此外，还有一种观点认为，人生来有一种追求幸福的欲望，能满足这种欲望的行为使人感觉快乐，就是善；不能满足这种欲望的行为使人感觉痛苦，就是恶。由于受生产力和科学发展水平的制约，受历史的和阶级的局限，马克思主义以前的思想家都未能科学地揭示道德的本质。

马克思主义把辩证唯物主义和历史唯物主义的原理应

---

* 本文和以下3篇文章是作者参与国家教委思想政治工作司组织编写的、罗国杰教授主编的全国高等学校通用教材《思想道德修养》中的一章，北京：高等教育出版社，1993年版。

用于道德研究，强调社会存在决定社会意识，经济基础决定上层建筑，认为道德作为上层建筑和意识形态，并不是孤立存在的，而是被社会存在、经济基础决定的。因此，马克思主义伦理学认为：道德是由一定的社会经济关系所决定的，通过社会舆论、内心信念和传统习惯来评价人们的行为，调整个人和个人、个人和社会之间关系的原则和规范的总和。道德是人类社会的特有现象，它是由一定的经济基础所决定的，并在其之上产生的一种特殊的社会意识形态。不同的阶级有其不同的道德。同时，道德是适应社会发展的需要而产生的，有些道德规范是人类不可缺少的共同的行为规范。马克思主义的创始人应用辩证唯物主义和历史唯物主义的基本原理，从对经济基础与上层建筑关系的考察中，第一次从本质上真正揭示了道德的含义，给我们正确进行道德认识，选择道德行为，加强自我修养提供了强大的思想武器。

二、道德的功能

马克思主义伦理学在考察道德与社会物质生活的关系时，既是唯物的，又是辩证的。在强调社会经济关系对道德的决定作用时，又明确地肯定和说明道德有相对独立性，有对社会生活的重大能动作用。这种能动作用具体体现在道德的功能上。道德的功能概括起来有三个方面。

第一，调节功能。它作为最基本和重要的社会功能，指的是运用道德行为规范去调整人们之间以及个人与社会之间的关系，告诉人们应当怎样，不应怎样。它既指导和纠正个人的行为，也指导和纠正集体的行为。其目标是使个人与他人，个人与社会之间的关系完善和谐。

第二，认识功能。它表现为人们通过掌握道德和不道德的界限，在社会生活中按照道德规范去处理与他人和社会的关系，对他人的社会行为做出评价。道德的认识功能，能使人明辨道德的是非、善恶，从而自觉崇善抑恶。

第三，教育功能。它通过社会舆论和道德评价来影响人们的道德意识和道德行为。不同的社会总是希望培养合乎其道德要求的人。我们的道德教育就是要通过规范引导、舆论评价、榜样激励等方式去指导人们的行为，提高人们的社会主义道德水准和精神境界。

三、道德的评价

道德的作用是靠道德评价来实现的。一个社会的道德风貌如何，很大程度上取决于道德评价活动开展的深度和广度。道德评价是扬善抑恶的精神力量，是形成社会道德风尚和个人道德品质的重要道德活动。

所谓道德评价，就是人们依据一定的道德准则，通过社会舆论或个人心理活动等形式，对他人或自己的行为进行善恶判断，表明褒贬态度的一种活动。道德评价主要有三种形式：

第一，社会舆论。它指的是众人的议论，通常我们多指群众言论。形成社会舆论的手段主要有报刊、广播、电视、电影、文艺等宣传工具，也包括人们所在集体的评价和周围人们的议论。

社会舆论对影响人们的意识和行为具有强大的力量。我们经常说“舆论的谴责”“舆论的压力”就是指它的力量而言的。这种对人们善行的赞扬和恶行的谴责对个人是一种约束力。在许多情况下，人们之所以这样做而不是那样做，并非出于对法律的畏惧，而是出于对同伴的舆论的顾忌。

社会舆论可分为正确与错误或先进与落后两种。错误的、落后的舆论不利于我们实施正确的道德行为。因此，我们应该大力宣传和提倡社会主义道德，反对和谴责那种不顾社会、不顾他人的极端个人主义，扶正祛邪，形成正确舆论导向。而在正确的舆论面前，一个有良知的人，应该自觉反省自己的思想行为，近善远恶，树立正确荣辱观，增强自己对他人、对社会的道德责任感。

第二，传统习惯。它是指人类在社会生活中逐渐形成的习以为常的行为倾向和社会风俗。传统习惯是人们在长期的社会生活中形成的，它具有源远流长这一特点，加上它总是和民族文化、社会心理交织在一起，成为社会风俗。因此，比起一般的社会舆论来，它又具有稳定性的特点，且简洁明了，易于掌握，在道德评价中往往先声夺人，影响很大。事实上，传统习惯在道德评价中发挥了一种特殊作用，它用“合俗”与“不合俗”来评价人们的行为，判断人们的行为善恶，使人们感到它是一种生活常规，从而规范人们的行为，把人的行为纳入一定的生活轨道。

就其本质来说，传统习惯也具有积极和消极两方面的作用。其积极的方面是保持了道德评价上应有的那部分传统观点，消极的方面则是它往往不顾历史的发展和道德的发展而墨守成规，阻碍变革。因此，在道德评价中对传统习惯必须具体分析，吸收其中适应历史发展的合理部分，剔除那些为历史证实确已陈旧、落后的部分，并在此基础上形成新的符合社会发展方向的传统习惯，促进社会主义精神文明建设。

第三，内心信念。它是人们发自内心地对某种道德义务的真诚信仰和强烈责任感，是人们对于自己的行为进行善恶判断的一种内在的精神力量。这种内在信念同人们的世界观、道德认识和道德情感等联系在一起，通过人们的良心来发挥作用，具体表现一个人道德水准的高低。人们是根据内心信念来评价自己行为的，一个人如果做了违背道德规范的事情，一经反省而认识到自己的错误，就会受到良心的责备，感到内疚和不安。反之，如果做了符合道德要求的事情，虽然别人不知道甚至被误解但行为者会觉得问心无愧，内心感到安慰，体验到自己人格的尊严。这种心灵上的快慰感或耻辱感是任何别的东西都无法代替的，只能是发自内心的坚定信念。

社会舆论、传统习惯是道德评价的社会能力，反映道德评价的群众性、广泛性，是个人道德行为选择的“外来压力”。内心信念是道德评价的自我能力，反映道德评价的自觉性、深刻性，是个人道德行为选择的内控力量。尽管三者有不同的性质和特点，但相互之间是有联系的，社会舆论、传统习俗的加强，能促进人的内心信念的增强；而人们内心信念的增强，又能为社会舆论和传统习惯的加强提供精神支柱。这两者的结合，才能产生英雄行为和坚贞品德，为我们的道德活动提供力量源泉。

道德品质的构成、特征与作用

道德品质，亦称品德或德性。它是一定社会的道德原则、规范在个人身上的体现和凝结，是处理个人与他人、个人与社会之间关系的一系列行为中所表现出来的比较稳定的特征和倾向。那么，它由哪些因素构成，它有哪些特征呢?

一、道德品质的构成

道德品质是综合性范畴，它由认识、情感、意志、信念、行为五个方面的要素构成。

第一，道德认识。它主要指行为者对个人与他人、个人与社会的关系以及调节这些关系的理论、原则和规范的了解与掌握。道德认识的形式一是感性认识，即道德生活中的感觉与经验；二是理性认识，即道德概念及运用概念做出的判断。道德品质形成的认识过程，是从感性认识上升到理性认识的过程。这一过程与道德实践紧密相连，通过道德生活实践，将获得的道德经验经过头脑的加工，形成概念与判断，从而去评价指导自己与他人的行为，使行为成为真正的道德行为。所以说，道德认识，是使社会的道德要求转化为个人内在品质的首要因素，是形成道德品质的思想基础。

第二，道德情感。它是人类诸种复杂情感之一，主要是指善善、恶恶的心理体验与态度倾向。在人的道德品质的形成过程中，道德情感有三种相互联系的作用。一是评价作用，即通过赞赏、鄙夷、愤怒等情绪表现对某种道德关系或行为的评价态度。二是调节作用，以某种情绪态度强化或弱化自己或他人的道德观念与道德行为。三是信息作用，即通过各种表情动作传递道德信息或示意行为的道德价值。总之，道德情感，可以使行为者有所为或有所不为。

第三，道德意志。它指行为者在具体的道德情境中，做出道德决断，使之付诸实践坚持下去的能力。在道德品质的形成过程中，道德意志的主要功能，是依据某种道德认识和道德情感，果断地确定道德行为的方向和方法，并克服和排除来自外部或内部的诸种障碍和干扰，使行为者长时间地专注于所确定的行为的完成。故此，没有道德意志的作用，道德认识、道德情感不会转化为道德行为，更不可能始终保持高尚的道德情操。

第四，道德信念。它是行为者对道德理想、道德人格、道德原则、道德规范的坚定不移的信仰。它同时又是道德认识、道德情感、道德意志的集中体现，具有恒久性。道德信念的功能是使行为者不折不扣地完成道德准则的要求，忠诚地履行自己的道德义务。道德信念是道德品质构成的核心要素，是道德行为发动与坚持下去的最深层次的根据与保证。

第五，道德行为。它是道德品质的外部状态，表现为道德活动和道德习惯。在道德品质的构成要素中，道德认识、道德意志、道德信念均属道德意识范畴，如果到此为止不去行动，不去履行道德义务，那么，还不能说已经形成了道德品质。人的道德品质的形成过程同人的认识过程相仿佛。人们在社会道德生活实践中形成道德意识，再回到社会道德生活实践中去，即践行社会道德要求，完成道德义务。如此日积月累，就变成了一种道德习惯即道德品质。

总之，道德行为是道德品质的载体，或者说，道德行为是道德品质的体现。某种道德行为反复多次，便形成相应的道德品质。

二、道德品质的特征

第一，知行统一性。人的道德品质，一方面指个人内在的心理和意识上的特质，另一方面又指行为特质，即是说心理、意识与行为、行动的同一性。换言之，作为道德品质的客观内容的道德行为，必须是符合一定社会道德原则或规范的行为。这就要对道德原则或规范从内心深处有明确的认识与领会。就此而言，道德品质不是别的，正是一定社会的道德原则或规范的凝结。

第二，自觉意志性。人的道德品质是一种行为习惯，这是确定无疑的。然而，它不是随意养成的行为习惯，也不是自然形成的行为习惯，而是个人凭借意志的力量审慎选择之后逐步形成的习惯。这也就是说人们在每一个时期，每一个场合的行为都要有意地选择，并凭借意志顽强地坚持下去，需要排除种种妨碍实行道德行为的私心杂念或不良嗜好，才能形成好的行为习惯，进而铸成优秀的道德品质。

第三，综合体现性。道德品质是行为者道德行为的“总体”。所谓道德行为的总体，一是指行为者主观的动机、情感、意志与客观行为的结果、效益的有机统一；二是指行为者各个时期、各个场合下一系列行为的综合表现。这也就是说由行为构成的品质，不是某种行为或某个时期的行为表现，而是指各个领域、各个时期、各个方面的一系列行为综合起来的总体。

第四，稳定倾向性。道德品质之所以具有稳定的倾向和特征，是因为道德品质是在长期反复的道德行为中形成的习惯。这种行为习惯一经形成，往往具有相对的稳定性，不作大的努力，就很难改变。这就是通常说的“江山易改，秉性难移”的道理。

三、道德品质的作用

道德品质对一个人的成长和成才、塑造完美人格乃至建功立业具有十分重要的作用。

第一，道德品质不仅是人才的基本构成条件，而且是人才成长的内在动力。古今中外，人们历来重视人才的品德素质。在我国，早在先秦时期的儒家、墨家就提出了“选贤任能”“尚贤”的主张。此后在长期的历史发展过程中逐渐形成了“德才兼备”这个中华民族鉴别和选择人才的标准。宋代的司马光对德与才的关系做了分析，他说：才者，德之资也；德者，才之帅也。他认为“德”不仅是人才构成的基本内容，而且在人才成长中具有统帅和导向的作用。在世界各国，同样十分重视人才的道德品质。爱因斯坦说，用专业知识教育人是不够的。通过专业教育，可以成为一种有用的机器，但是不能成为一个和谐发展的人。要使学生对社会道德准则有所理解并且产生热烈的情感，那是最基本的。他认为一切人类的价值的基础是道德。人才学研究表明，与一般的人比较，人才在社会责任感、献身精神、积极进取的精神、与人合作精神、自觉性和自制力等方面要强烈得多。这些精神都与人的道德品质有关。可见，高尚的道德品质是个人成才的内在动力，是促进人健康成长的精神力量。

第二，道德品质不仅是完美人格的构成要素，而且是塑造完美人格的必要条件。人格是一个较为抽象的概念，法学、美学、社会学、心理学、伦理学各有不同的解释。我们这里讲的人格是指人的地位和尊严、气质和风度、学识和才华、品质和品格的总和。其中的品质和品格主要是指道德品质。完美的人格在道德品质上表现为对己对人两个方面：对自己要自尊、自爱、自立、自强；对他人要尊重、友爱、关心、帮助。具有高尚的情操、优秀的品质、坚强的意志和文明的行为，这是完美人格不可缺少的构成要素。一个人完美人格的塑造，既受社会条件的制约和影响，又靠自己的锻炼和修养。一个人只有具备优秀的道德品质，才能受到他人的尊重，实现做人的尊严；一个人如果道德品质败坏，再好的气质和风度也会黯然失色，再多的学识和才华也会无用武之地。因此，道德品质不仅是完美人格的构成要素，而且在塑造完美人格的过程中发挥着重要作用。

第三，道德品质是一个人在社会主义现代化建设事业中建功立业的重要保证。今天的大学生是跨世纪的一代，是21世纪社会主义现代化建设事业的中坚力量。党和人民对大学生寄托着殷切的希望。每一个大学生都希望自己在将来为实现四化、振兴中华的伟大事业中建功立业。要实现这个抱负，除了要有真才实学和健康体魄之外，还必须具备良好的道德品质。

青少年学生应具备的道德品质

我们在了解了道德和道德品质的基本概念和基本理论之后，需要进一步探讨当代青少年学生应当具备怎样的道德品质。青少年学生应当具备的道德品质，是我国社会主义现代化建设时期社会主义道德原则和规范在青少年学生个人身上的体现和凝结，也是中华民族传统美德在新一代青少年学生身上的继承和弘扬。它是青少年学生在处理个人与他人、个人与社会之间关系时应当表现出来的品德或德性。

一、孝敬父母

孝敬父母，即尊重、敬爱、赡养父母。作为子女应当感激父母的生育、养育、教育之恩，履行子女对父母双亲的责任和义务，这是做人的最基本的道德品质。

中华民族历来重视“孝道”，认为孝是“德之本”，是“百善之先”，“忠臣必出孝悌之家”，“夫孝，始于事亲，中于事君，终于立身”。(《孝经》)人生在世，首先形成的人际关系就是和父母的亲子关系。一个人如果对生身父母都不能尽孝，怎么可能处理好和兄弟、亲友、师长、同事、集体和国家的关系呢？

敬，是孝之要义。曾子说：“孝有三，大孝尊亲，其次弗辱，其下能养。”(《艺文类聚·孝》)孔子说：“今之孝者，是谓能养。至于犬马，皆能有养；不敬，何以别乎？”(《论语·为政》)古代强调孝，首先要求尊敬父母，贫富有差，奉养有别，是自然的，但关键是要在思想感情上去尊敬热爱双亲。仅仅“能养”是不够的，《礼记》中说：“孝子之有深爱者必有和气，有和气者必有愉色，有愉色者必有惋容。”强调了对父母孝顺的发自内心的“爱”。

古代的孝，还强调要“推恩”。孟子说：“古之人所以大过人者无他焉，善推其所为而已矣。”要求“老吾老以及人之老，幼吾幼以及人之幼”(《孟子》)，提倡“人不独亲其亲，不独子其子，使老有所终，壮有所用，幼有所长，矜寡孤独废残者皆有所养”(《礼记·礼运》)，把孝推及到人际关系的一切方面，使孝得到了升华。

在父母与子女的伦理关系中，古代也不是只讲子女对父母的单方面的尽孝，同时也强调“父慈子孝”、父与子各自承担人伦规范责任。主张父母有过，子女应“谏而不逆”；子女有错，父母应“教而不弃”。

在中华民族传统道德中，有民族性的精华，也有封建性的糟粕。然而，尊亲、敬亲、养亲这一孝的普遍意义，在今天仍具有合理性和积极性，值得我们批判继承并赋予其新的含义，作为当代青年学生应具备的道德品质加以提倡。

中华人民共和国成立后，进一步继承发扬了“孝敬父母”的传统美德，共和国的宪法中不仅将赡养父母列为儿女的义务，而且在公共福利事业中，建立、发展了社会主义的敬老事业，形成了良好、健康的社会道德环境。

孝敬父母，是做人的最基本的道德品质。不可想象一个不懂得孝敬父母的人却能够成为一个热爱祖国、热爱人民的人。可是，某些同学上大学之后反而忘记了父母的养育之恩，瞧不起在乡下辛勤劳动、文化水平不高的父母，甚至“一年土，二年洋，三年不认爹和娘”。这种情况说明，在高等学校中仍然需要重视孝敬父母的教育。青少年学生一般来说没有赡养的能力，但应当树立“孝敬父母光荣，不孝敬父母可耻”的观念；在行为上做到体贴、关心、尊敬、热爱父母。

二、勤劳节俭

勤劳节俭就是不辞辛苦地劳动或工作，努力创造财富，节约资源，爱惜劳动成果。与勤劳节俭相对立的则是懒惰奢侈。

勤劳节俭，是我们的祖先在长期生产生活实践中总结出来的，成为中华民族最基本最突出的传统美德。早期的经典文献《周易》中，就有这种思想的总结，即“节以制度，不伤财，不害民”；孔子也认为“礼，与其奢也宁俭”“君子惠而不费”。各个历史时代的广大人民群众，乃至封建统治阶级的有识之士，无不以勤俭为做人的美德、持家的要诀、治国的法宝。

第一，“成由节俭，败由奢”，这是安邦治国之大道。汉文帝、唐太宗、明太祖等开国明君，无不以勤俭治国，而使国富民强；隋炀帝的穷奢极侈、挥霍无度，终于导致覆灭的命运。纵观中华五千年的历史，勤俭兴邦，奢侈覆国，可以说是一条普遍的规律。

第二，“克勤克俭，开源节流”，这是治家之法宝。勤俭是个人、家庭、民族、国家生存和发展的必要手段。一个人、一个家庭只有勤劳生产，才能得到生存所必需的生活用品；同时，如果对有限的财富无节制地消费，不能节俭，财富必然亏空。正如汉代贾谊指出的，

“一夫不耕，或为之饥，一妇不织，或为之寒，生之有时，而用之无节，则物力必屈”。所以早在二千多年前的《礼记》中，就记载了“量入以为出”的施政方针。一个国家如此，一个家庭也如此。一方面要辛勤劳作，创造财富；另一方面要节衣缩食，减省开支，以丰补歉。这样才能使国家强盛，家庭富裕。

第三，“勤以立志，俭以养德”这是做人之美德。《左传》中说，“俭，德之共也；侈，恶之大也”。这就是说，俭是道德要求，是道德根本，侈是万恶之首，是万恶之源。俭则无欲，无欲则刚。唯其廉洁，才能克己奉公。中华民族的优秀分子，无论居朝在野，不管士农工商，几千年来倡俭尚廉，鄙弃奢侈，而且把这一美德代代相传。

三国时期的诸葛亮曾说：“君子之行，静以修身，俭以养德。非淡泊无以明志，非宁静无以致远。”这是千古传颂的至理名言。

勤俭是中华民族的传家宝。在中国共产党领导的无产阶级革命斗争和社会主义建设中，这一传统得到进一步发扬光大，并且上升到一种新的思想境界。毛泽东视勤俭节约为社会主义建设的根本原则之一，他说，社会主义制度的建立给我们开辟了一条达到理想境界的道路，而理想境界的实现还要靠我们的辛勤劳动。要使全体干部和全体人民经常想到我国是一个社会主义大国，但又是一个经济落后的穷国，这是一个很大的矛盾。要使我国富强起来，需要几十年艰苦奋斗的时间，其中包括厉行节约，反对浪费这样一个勤俭建国的方针。革命年代的“延安精神”“井冈山精神”，建设年代的“雷锋精神”“好八连精神”都是勤劳节俭美德的体现。

当代青少年学生所处的社会环境发生了深刻的变化，志向高远的青少年学生应当继承和发扬勤劳节俭的传统美德，自觉养成勤劳节俭的品质。可是，目前有的青少年学生追求“房间电器化、出门小车化、购物名牌化、吃饭小店化”，超前消费、人情消费、攀比消费、负债消费在青少年学生中屡见不鲜，这种现象当引以为戒。

“勤能补拙”，“俭以养德”。勤劳节俭是一切美德的基础，而懒惰奢侈则是一切罪恶的根源。过去曾有人对腐败分子产生、发展的规律做过概括，这就是“懒、馋、占、贪、变”。无数事实证明这不是没有根据的。今天的青少年学生是未来21世纪的国家栋梁，从现在起就应当严格要求，防微杜渐，树立勤劳节俭光荣，懒惰奢侈可耻的荣辱观；自觉参加校内外公益劳动，在家里应主动做家务劳动；在个人生活上不摆阔气，不图虚荣，不与他人攀比，不向父母提出超越家庭经济条件的要求；节约用水、用电、用粮、爱护公共财物，敢于向铺张浪费、破坏公物的现象做斗争；养成勤劳节俭，艰苦奋斗的好思想、好习惯、好品质。

三、尊师敬长

尊师敬长，是中华民族传统美德，也是当代青少年学生应具备的道德品质。

中国古代的思想家、教育家孔子把“教”与“政”视为同等重要，主张实行礼义教化。墨子充分肯定教师在传播思想文化方面的贡献，他说：“教天下以义者功亦多。”荀子将君师并称，认为“国将兴，必贵师而重傅”。唐代的韩愈说：“举世不师，故道益离。”认为只有尊师敬业，整个社会才能按照“道统”的方向顺利发展。宋代的苏轼说：“斯文有传，学者有师。”认为教育对于发展文化，培养人才具有重要作用。

尊师敬长的美德在近现代更加得以发扬。毛泽东、李大钊、刘少奇、陈毅等都是尊师敬长的典范。他们身为领袖人物，对自己的老师仍执弟子之礼；他们博学多才，仍虚心好学；他们不仅重视学业上的进步，更重视自己品德和意志的修养。为确立人民教师在社会中的地位，国家决定从1985年起，每年的9月10日为教师节。经全国人大常委会通过的《中华人民共和国教师法》从1994年1月1日起正式实施。《教师法》以法律手段保障教师的合法权利，提高教师的待遇和社会地位，鼓励教师安心从教，它是加强教师队伍建设的根本大法，对中国牢固树立尊师重教、尊师敬长的社会风尚将起到重要的稳定的保障作用。

继承和发扬中华民族尊师敬长的传统美德，是人类生存、发展和社会文明、进步的需要。青少年学生尊师敬长应自觉做到：树立尊师敬长的观念，懂得"国之将兴，必尊师而重傅"的道理；尊重老师的劳动，服从教职员工的管理；听从老师教导，刻苦学习，以优异的学习成绩和工作成果回报老师的辛勤教诲。

四、团结和睦

团结和睦，是中华民族人际关系的重要伦理准则，是社会稳定和国家统一的精神力量，也是当代青少年学生在处理同学关系和各种人际关系时应当具备的道德品质。

团结和睦作为一种社会公德，在中华民族历史发展过程中已经形成了优良传统。在社会主义现代化建设新的历史时期，特别是在建立社会主义市场经济体制的过程中，竞争意识和竞争行为已经成为一种新的道德品质。然而社会主义道德原则主张竞争应当是公平的、公正的、合理的竞争，反对不正当的竞争。竞争与团结和睦是辩证统一的，不能因为竞争就破坏团结和睦的人际关系，也不能为了维护团结和睦就放弃正当的竞争。

当代青少年学生要具有团结和睦的道德品质，一般应做到：要关心人、团结人，遇事要为他人着想，不能只顾自己，不顾别人；要同情人、帮助人，对学习、生活有困难的人，特别是残疾人，要主动给予帮助；要尊重人、信任人，不侮辱人，不讥笑人，尊重少数民族风俗习惯；要容让人、原谅人，对别人误伤自己或者错怪了自己，要豁达大度，不要得理不饶人；要讲大团结，不搞小圈子。要坚持公平、公正、合理、合法的竞争，坚持团结协作，反对不正当竞争；要团结大多数人，不要讲哥们义气，要勇于开展批评与自我批评。

五、立志勤学

立志勤学通过“立志”与“勤学”两者之间紧密相连，揭示了求知成才的方向和道德之间的辩证关系。只有立下宏伟坚定的志向，才会产生勤学苦练的决心；只有坚持不懈地勤学，才能真正实现宏伟坚定的志向。

中国古代立志勤学的名人很多，事迹很生动，其主要特点：一是自孔子始，逐步形成了读经研史的传统。特别是汉代“独尊儒术”之后，儒家经典便成了历代知识分子立志勤学的范本。二是治学严谨，攻读不辍，活到老学到老。三是艰苦勤奋，坚韧不拔。如“头悬梁”“锥刺股”“囊萤映雪”“凿壁”，都生动地描述了读书人在极其艰难的条件下，坚持自学，不懈不馁，卓有造就的感人事迹。四是在民间形成了注重立志勤学的时尚，流传了许多勤学格言，如“铁杵磨成针，功到自然成”“勤学如春起之苗，不见其增，日有所长；辍学如磨刀之石，不见其损，日有所亏”，等等。

立志勤学是求知启智的根本途径，也是育人成才的重要条件。当代青少年学生继承、弘扬立志勤学这一传统美德，就要像老一辈无产阶级革命家那样继承和弘扬古代传统美德，把“救国救民”“为中华之崛起”作为自己人生奋斗目标。

在学习中，要讲求科学的学习方法，变苦学为乐学，有效地利用时间，提高学习效率。学习要持之以恒，要有一个“挤”劲、“钻”劲、“韧”劲，切忌浅尝辄止，不求甚解。要坚持理论联系实际的好学风，即不但向书本学习，更要向实践学习，学了就要用，在实践中增长才干。在学习中，不要弄虚作假，测验或考试一定要诚实，应向人民汇报真实成绩。

六、谦虚礼让

谦虚礼让，指人的言行举止合乎一定的礼仪规范，待人接物，和蔼可亲，彬彬有礼，不目空一切，不盛气凌人。这是青少年学生应有的文化修养和道德品质。

谦虚是一种虚心好学的人生态度和永不自满的进取精神，与骄傲自大相对。谦虚的人能平等待人，善于解剖自己，对自己有一个切合实际的评价。谦虚的核心是善于发现自己的短处和别人的长处，能够乐于采人之长，补己之短。礼让指语言、动作谦逊、恭敬，与粗野蛮横相对。它包括友好诚恳与人为善的态度，亲切文雅的语言，和颜悦色的表情，以及各种文明进步的礼节等。礼让的关键是尊敬他人，是发自内心地对他人的尊敬的一种态度与表现，是真诚的、毫不做作的。

从某种意义上说，谦虚是礼让的内在根源，礼让是谦虚的行为表现，二者密切相关。其共同的思想基础是尊重他人，正确地认识和评价自己。谦虚礼让是维持人与人之间友好、协调、和睦相处的必不可少的条件。可以说，谦虚礼让是一个人的精神面貌和文化素养的突出标志。

谦虚礼让的美德在我国老一辈革命家身上得到了发扬光大。毛主席说，虚心使人进步，骄傲使人落后。陈毅说，九牛一毫莫自夸，骄傲自满必翻车；历览古今多少事，成由谦逊败由奢。周恩来说，不要不懂装懂，要老老实实地学，学到老，做到老，改造到老。徐特立说，一分钟一秒钟自满，在这一分一秒间就停止了自己吸收的生命和排泄的生命。只有接受批评才能排泄精神的一切渣滓。只有吸收他人的意见才能添加精神上新的滋养品。

大学生是接受高等教育的知识分子，理应在谦虚礼貌方面有较高的要求，与人交往要平等待人，友好相处；在公共场所要举止文雅，文明礼貌；待人接物要主动热情、落落大方；对外宾要以礼貌相待，不卑不亢，维护国格人格。

七、严己宽人

严己宽人就是严以律己，宽以待人。严己指遵循一定的道德准则和行为规范来严格要求自己、约束自己。宽人指用宽宏大量的心胸、团结友爱的态度来对待他人，严己是宽人的基础，宽人是严己的延伸。宽人不是不坚持原则，不是丧失立场去迁就他人的过错，去求得一团和气，而是在维护大局和整体利益的前提下个人之间的友善礼让。

严己宽人一向是中华民族仁人志士所具有的优秀品质。孔子说："其身正，不令而行，其身不正，虽令不从。"(《论语·子路》)他强调"见贤思齐焉，见不贤而内自省也。"(《论语·里仁》)这些都是关于律己的精辟论述。林则徐有个座右铭：海纳百川，有容乃大；壁立千仞，无欲则刚。这些名句，都寓含着宽人的深刻哲理。

在现实生活中，人与人之间发生矛盾冲突是常见的，被人误会，嫉妒的情况也是有的，因此，严己宽人的品质就显得很重要。常言说："人和万事兴。"如果每个人都能"以责人之心责己，以恕己之心恕人"，那么，就能化分裂为团结。严己宽人能使人格优化，品德升华，使人们心情舒畅，推进事业兴旺发达。

当代青少年学生如何在实践中严己宽人？具体讲要注意以下方面：要善于自我评价，"吾日三省吾身"，定期检查自己的言行，知道自己的缺点和不足，能找出原因和改正方法；要树立"成人之美"的友爱思想，遵守"仁义谦和"的待人原则，遇事设身处地为他人着想，摒弃虚伪、猜疑、嫉妒和偏见，与人为善，富有爱心和真情；当与他人发生矛盾冲突时，要严以解剖自己，反躬自省，在主观上找原因；"己所不欲，勿施于人"，自己不愿意做的事，不要强行让别人做；要心胸宽阔，当被人嫉妒、遭人诽谤时，要做到"卒然临之而不惊，无故加之而不怒"，要宽宏大量，善于团结与自己意见不同的人一起工作。

八、诚实守信

诚实守信，就是言行跟思想一致，不伪装，不虚假，说话、办事实事求是，讲信用。诚实与守信二者有着密切的联系，诚实是守信的思想基础，守信是诚实的外在表现，只有内心诚实，待人诚恳真挚，做事才能讲信用，有信誉。

中华民族历来崇尚诚实守信这一做人的美德。孔子说："人而无信，不知其可也。"(《论语·为政》)讲信誉才能立身于社会。孔子的学生把"信"作为"每日三省"的内容，曾子说："吾日三省吾身——为人谋而不忠乎？与朋友交而不信乎？传不习乎？"(《论语·学而》)"言必信，行必果”一直是中华民族所推崇的优秀品质。

诚实守信这一传统美德，在我国老一辈革命家身上也得到了发扬光大。毛泽东指出，老实人，敢讲真话的人，归根到底，于人民事业有利，于自己也不吃亏。周恩来也历来倡导说老实话，干老实事，做老实人。他说，自以为聪明的人往往是没有好下场的。世界上最聪明的是最老实的人，因为只有老实人才能经得起事实和历史的考验。这些至理名言告诉我们诚实守信应当是做人最起码、最基本的品质。

青少年学生应当牢固树立诚实正直、实事求是、“言而有信，无信不立”的观念，自觉抵制“老实人吃亏”“不说谎话办不成大事”等错误思想的影响。自觉养成以下良好的行为习惯：表里如一，言行一致，老师在与不在同样遵守纪律，严格要求自己；襟怀坦白，光明磊落，不掩盖过失，做错了事要勇于承认并认真改正；开诚布公，不欺人，不自欺。刚正不阿，不说违心的话，不奉迎他人；君子一言，快马一鞭，与人交往要讲信用，不失信于人；惜时如金，一诺千金，开会、办事、参加各项活动、赴约、作客不迟到。

九、见义勇为

见义勇为是指为了真理和正义，无畏无惧、英勇斗争的品德。

什么是义？《礼记·中庸》中说：“义者宜也。”韩愈在《原道》中说：“行而宜之之谓义。”宜，即相宜、适宜，指思想或行为适合一定社会的道德原则和规范的要求，亦即公正、正义、真理之意。什么是勇？孔子说“勇者不惧”，即不畏强暴，不避艰险，不辞劳苦，百折不挠，英勇不屈的意思。现代意义的勇，还有勇敢进取，敢作敢为，敢于冲破旧传统，打破旧秩序，提出新见解，建立新秩序，不断开拓，勇于创新之意。见义勇为，既有遇到邪恶或危险奋不顾身，无惧无畏，挺身而出，英勇斗争之意；又有为主持公道，伸张正义，坚持真理而勇敢进取，敢做敢当，发展创新之意。与见义勇为相对立的是怯懦自卑，软弱无力，消极无为，畏缩不前。

在中华民族传统美德中，有所谓“三达德”，即知、仁、勇。孔子曰：“知者不惑，仁者不忧，勇者不惧。”(《论语·子罕》)意思是说，聪明的人不疑惑，仁德的人不忧虑，勇敢的人不畏惧。孔子还说：“见义不为，无勇也。”即见到违反社会道德的事，不敢挺身而出，就是没有勇敢精神，就是懦夫。可见，孔子非常重视见义勇为的品德。

在民主革命和社会主义建设时期，毛泽东特别推崇见义勇为的品质。他说，彻底的唯物主义者是无所畏惧的，他希望一切革命同志都能够勇敢地负起责任，克服困难，不怕挫折，英勇奋斗，前赴后继，百折不挠，将革命进行到底。他还经常教导青年一代要敢想、敢做、敢当，具有大无畏的革命精神。

在社会主义市场经济条件下，仍然需要见义勇为的优秀品质。对社会生活中那些腐败现象，经济生活中的假冒伪劣、坑蒙拐骗现象，文化生活中的黄、毒、赌现象，社会治安中的抢劫、偷盗、黑社会现象，仍然需要人们挺身而出，不畏强暴，不避艰险，英勇斗争。

青少年学生应当具有见义勇为的品质，努力做到：见到社会上的消极腐败现象要敢于揭发检举，主动向有关部门报案；见到老弱病残人遇到危险或困难，要挺身而出，上前救助或支援。

十、公正无私

公正无私，是一种办事公平、公道，为人正直、正派，不偏袒、不自私的道德品质。

公正，意思是公平、公道、正直、正派。无私，意思是不自私自利，不徇私舞弊，不以权谋私。同公正无私相对立的是自私自利，办事不公平、不公道、偏心眼；对人欺软怕硬，对权势阿谀奉承，对人民趾高气扬；在对待权利与义务、责任与利益的关系上，有偏有向，甚至假公济私、损公肥私，以权谋私。

在中华民族传统美德中，公正无私历来是做人的美德之一。早在《尚书·洪范》中，就把“正直”作为一种基本的道德品质。鲁哀公问孔子：何为则民服？孔子回答说：“举直错诸枉，则民服；举枉错诸直，则民不服。”(《论语·为政》)这就是说，只有推举和选拔正直、正派的官吏，罢黜偏私、邪恶的官吏，老百姓才可以服从统治，可见，起用官吏、选拔干部，公正无私是不可缺少的道德品质。

社会主义国家选拔领导干部、任命政府官员，同样十分重视公正无私的品质。社会主义的道德原则是集体主义，公正无私是集体主义道德原则在个人品质上的集中体现，是道德品质的较高层次。毛泽东指出：“共产党员在政府工作中，应该是十分廉洁，不用私人，多做工作，少取报酬的模范。”①在社会主义现代化建设的今天，特别是在建立社会主义市场经济的过程中，由于市场经济的负面效应的影响，社会生活中滋生了急功近利、重利轻义、见利忘义的思想，甚至产生了拜金主义、享乐主义、个人主义。在这种情况下，选拔干部更要重视廉洁奉公，公而忘私，先公后私的品质。

党的教育方针规定，要把青少年学生培养成有理想、有道德、有文化、有纪律的社会主义事业的建设者和接班人。青少年学生中的一部分人将来成为我们党和政府的各级领导干部。他们不仅应该具备以上各项基本的道德品质，而且应当具有公正无私这一较高层次的道德

---

① 《毛泽东选集》第2卷，北京：人民出版社，1977年版，第522页。

品质。具备公正无私的品质应当做到：正确认识和处理个人与集体、与社会、与国家的关系，一事当前，应先公后私，公而忘私，大公无私；正确认识和处理个人与人民群众的关系，尊重人民，热爱人民，关心人民，树立为人民服务的思想；在日常生活中自觉养成公正无私的品质，办事公平、公道，为人正直、正派，不自私自利，不徇私舞弊，不以权谋私。

道德品质的形成与发展

道德品质的形成，从根本上说，是人的道德意识与道德实践互动的过程。同时也是社会占主导地位的道德原则、规范为行为者所认同，并具体化、个性化的结果。由于道德意识(认识)指导道德实践(行为)，而道德实践又为道德意识的升华提供丰富的资料，两者互动接连不断，永无停息，故人的道德品质也在不断地发展变化。

一、道德品质形成发展与道德认同

集体主义原则是社会主义道德的基本原则。社会主义道德的基本规范就是中华人民共和国宪法规定的“五爱”，即“爱祖国、爱人民、爱劳动、爱科学、爱社会主义”。所谓“爱祖国”，就是热爱祖国的山河与文化，愿为祖国的繁荣富强而工作；所谓“爱人民”，就是关心人民的疾苦，愿意为人民谋利益、为人民服务；所谓“爱劳动”，就是不仅视劳动为谋生的手段，而且视劳动为公民的权利与义务，诚实地劳动、勤奋地工作、刻苦地学习；所谓“爱科学”，就是努力掌握现代文化科学知识，用之造福祖国与人类；

所谓“爱社会主义”，就是坚持社会主义道路，发展社会主义的经济与文化。此外，还有社会主义社会公共生活中的道德准则，诸如尊老爱幼、谦虚礼让、见义勇为、爱护公物等。这就是我们所说的社会主义道德。

社会主义道德的集体主义原则和“五爱”要求以及社会公共生活中的道德准则，经过学习和生活中的体验，必然内化在人们的意识中，并表现在行为上，久而久之，自觉或不自觉地就成为人们的道德品质。

道德品质形成发展首先需要道德认同，而道德认同离不开知识。无论社会道德的进步，还是个人道德品质的升华，都同科学文化知识水平联系在一起。知识不仅是征服自然、改造自然的巨大力量，也是陶冶人的心灵、推动道德进步的重要力量。人的知识越丰富，对道德的理解就越深刻，辨别善恶的能力就越强。我们常常看到，勇敢、诚实、正直、无私的美德总是与知识相联系，而粗暴、虚伪、偏狭、自私又常和愚昧分不开。这就是我们党和国家尊师重教、尊重知识、尊重人才、大办教育、提高全民族科学文化水平的重要原因之一。

然而，一个人要形成高尚的道德品质，光有一般的科学文化知识或掌握一般的道德知识是不够的，还必须通过日常的道德修养实践，把道德知识升华为道德情感和意志，形成坚定的道德信念，养成良好的道德习惯，如此循环往复，一次比一次发展提高。

二、道德品质形成发展的心理机制

道德行为，一般地说，由道德意识与道德行动两个方面构成，前者是行为的内在方面，即心理方面；后者是行为的外在方面，即实践方面。道德的心理方面，主要表现为欲望、动机(包括目的与手段)、情感、意志四者的总和，即行为的内在机制。

欲望是形成人的活动的心理基础，是行为者接受外界的刺激与影响而产生的达到某种目的或取得某种事物的冲动与要求。欲望是人的意识活动的根源与动力，是人类的最基本的情感之一。人的欲望不同于动物的欲望，它是社会化的产物，尽管如此，欲望还是有一定的非理性成分，常常表现为本能的冲动，具有自发性、随机性和多向性的特点。所谓自发性，就是不受理智控制产生的行为倾向，缺乏明确的价值目标；所谓随机性就是只要引发欲望的条件存在，就会产生相应的行为，而不顾这种行为是否合理；所谓多向性，就是欲望多种多样，指向不同的对象。故此欲望必须以理智加以调节。欲望在人的心理中进一步发展，就构成动机。

动机是理性范畴，是人的行为的真正的内在动因。动机是激励人达到一定价值目标的思想意识。人的欲望只有转化为动机，才能使人真正地行动起来，就此而言，人的行为是从动机开始的。动机不仅具有多样性，而且具有自觉性。动机确立要经过人们的思虑，经过思想斗争，排除恶的动机，树立善的动机，或克服利己的动机，树立先人后己、先公后私或大公无私的动机。这就是说动机是一种自觉的意识。行为动机规定行为的目的，而目的又决定手段。目的是行为者欲达到的行为结果，手段则是行为者为达到目的的方法与途径。目的是行为的灵魂，贯穿行为的始终。

情感是构成人的行为的心理机制的重要因素。情感是感性范畴，也是理性范畴，可以说两者兼而有之。情感是行为者的一种心理体验，也是行动的动力之一。行为者对社会的道德准则有了认同，就会产生善恶感、正义感、荣辱感、义务责任感，从而去追求真理和正义。从这个意义上说，没有人的情感，便没有人的行为，同样没有人的道德情感，也就不会有人的道德行为。情感与情绪不同，其最大的特点是稳定性即执着。情感与信念理想结合，会给人的行为带来巨大的动力。

意志是人的行为心理机制的具有决定意义的环节。意志是行为者使自己的动机、目的付诸实践而自觉努力的心理状态。意志是一种内在的精神力量，具有果断性、坚韧性、自控性的特点。所谓果断性是指行为者依据意志的力量坚决把动机目的贯彻行为的全过程；坚韧性是指不怕挫折与排除万难的精神；自控性指随时调节行为的方向，保证行为不受外界的干扰。

行为的外在方面，主要表现为活动与效果。活动是内在心理机制的实行或实现，具有外显性的特点，即人们可以明显感受到、观察到一些现象或事实。此外行为的外在方面，还有过程性的特点，即行为从发生到终止，呈现若干阶段。各阶段既相互区别，又相互联结。效果则是行为的终结和完成，具有客观性、效应性的特点。行为终结了，效果如何自有公论，它是客观的，不是可以随意改变的。效果具有一定的价值，不是正面的价值，就是负面的价值。要想使我们的行为取得好的效果，实现它的正价值，还必须考察道德行为的选择问题。

三、道德品质形成发展与行为选择

道德不单是认识或心理问题，更重要的是践行问题，即实实在在地做道德的事情。因此，必须把道德认识、情感、意志化为行动，进行道德选择，养成习惯，这样才能形成道德品质。

所谓道德选择，是指行为者在有许多可能选择的具体情境中，根据一定的道德行为准则，选择某种行为。客观环境一方面制约着道德行为的选择，同时也提供了选择的可能性。

人的行为的选择，总是受社会的客观条件和历史环境的制约。马克思恩格斯写道："如果他[①]要进行选择，他也总是必须在他的生活范围里面、在绝不由他的独自性所造成的一定的事物中间去进行选择的。"[②]人生活在一定的具体历史环境中，当历史环境还没有提供选择某种行为的客观可能性时，此种行为的选择便不可能发生。制约人们道德行为选择的客观条件，包括社会性质、人们在社会关系体系中的地位、人们具体的生活环境以及当时社会的道德规范、习俗、风尚等。

人虽然受社会环境的制约，但人在社会环境面前，又不是无能为力的。人的思想、认识、情感、意志是社会存在的反映。但又能够能动地反作用于社会存在。当面临几种可供选择的方案时，人总是可以凭自己的道德觉悟、道德良心、道德意志来确定自己的行为方案。这也就是说，在客观限定的范围内，人有选择行为的自由。

人有选择道德行为的自由，这就是通常所说的道德自由。道德自由是人的意志自由的一种表现。恩格斯在解释意志自由时说："自由不在于幻想中摆脱自然规律而独立，而在于认识这些规律……无论对外部自然界的规律，或对支配人本身的肉体存在和精神存在的规律来说，都是一样的……因此，意志自由只是借助于对事物的认识来做出决定的那种能力。"[③]这就是说，意志自由是指人们在对客观必然性认识基础上的自主行为的能力。而道德自由，不是指人们随心所欲地选

① 指施米特——作者注。

② 《马克思恩格斯全集》第 3 卷，北京：人民出版社，1975 年版，第 355 页。

③ 《马克思恩格斯全集》第 20 卷，北京：人民出版社，1975 年版，第 125 页。

择行为的自由，而是指人们在对道德领域里必然性认识的基础上所获得的辨别和选择道德行为的能力，社会的道德关系和道德规范体系对行为主体来说，也是客观必然性的东西。人们只有深刻地认识社会道德关系和道德规范体系的内容、意义及发展的规律性，并把它变成个人内心信念，这时外在的道德要求才会变成内在的道德需要，社会的道德规范才会变成个人自觉自愿遵循的行为准则。只有这时，人们才具有选择道德行为的意志自由。

道德自由不单是人们对现行道德规范、社会道德要求的认同和使自己的行为符合道德性，它也包含有对现行社会道德关系、道德规范不合理性，或行将走向生活反面的深刻洞察，从而选择一种新的、虽为习惯势力所不容许，然而随着时间的推移，终究会被社会认同的道德行为。

道德自由是相对的，不断变化的，永远不会停留在一个水平上。人们在社会道德教育和自我道德修养过程中，不断地提高认识水平和道德觉悟，这样道德自由的能力就会不断地增长，越来越成为自己道德行为的主人。

道德自由意味着自主地决定道德行为。人们在现实道德生活中常常处于两难的境地，面临道德选择中的冲突或困惑，这就是所谓道德冲突情况下的选择。当这种选择不是在善与恶、是与非、道德与不道德间的选择，而是在善与善、是与是、“应当”与“应当”之间进行选择时，行为主体就会感到困惑。李存葆的著名小说《高山下的花环》，描写部队即将开赴前线，梁三喜和赵蒙生面临非此即彼的选择：是毅然奔赴前线，痛击侵略者，还是留下来照顾年迈的母亲呢？前者是作为革命军人应尽的义务，后者是作为儿子应尽的责任。两者都是应尽的道德义务，到底如何选择？梁三喜选择了奔赴前线，赵蒙生却做了相反的选择。这是两种不同道德义务间的冲突：选择一种道德义务，就要牺牲另一种道德义务，无论如何不能两全其美。在种种复杂的道德困惑面前做出正确恰当的选择，首先需要较高的道德觉悟、道德知识和道德经验，因此学习道德理论就成为不可缺少的条件之一，其次还要学会价值分析，明白道德价值等级次序，高一级的道德义务必须置于优先地位来考虑。

道德选择包括目的的确立、动机的形成、手段的采取以及计划的制定与实施等一系列环节，其中目的与手段尤其重要。

目的是行为者预计所要达到的行为效果。手段是行为者为实现目的所采取的方法和措施。行为的目的一经确立之后，必须确定相应的手段，否则再好的目的也无法实现。目的规定并制约着手段，道德的目的，要求以道德的手段来达到；反之，手段也制约着目的，手段不正当，就会改变道德目的的性质。例如，以抢劫社会公共财物去救济生活困难的人，这种行为手段是不道德的，不仅不会受到赞扬，反而会遭到指责。使用不正当的手段，不但不能达到预期的目的，反而会歪曲甚至改变目的。手段的性质直接、间接地影响道德目的的性质和价值。基于这样的认识，行为者确定正确的道德目的，必须采取相应的道德手段，自觉地使目的与手段达到统一，这样才能确保道德行为的价值。

人们在社会现实生活中有选择行为的自由，因此就有责任。正如古希腊哲学家伊壁鸠鲁所说，我们的行动是自由的，这种自由就形成了我们承受褒贬的责任。恩格斯也说：“一个人只有在把握意志的完全自由去行动时，他才能对他的这些行为负完全的责任。”①道德选择

① 《马克思恩格斯选集》第4卷，北京：人民出版社，1972年版，第76页。

中的意志自由与道德责任，亦应作如是观。

道德行为主体，有行为的自主权，即行为的选择与践行，完全是个人意志自由的体现，由此，必然引申出道德的责任来。

依据马克思主义的科学观点，人既然有意志的自由，就必然有相应的责任。意志自由的程度决定责任的限度，有多少行为的自由就有多少责任，行为自由度大，责任就大；行为自由度小，责任就小。行为根本没有自由，自然无所谓责任问题。

总之，大学生在自身道德品质的形成与发展过程中，要自觉遵循道德品质形成和发展的规律，努力学习道德知识，实现对社会主义道德原则和规范的认同；在日常的道德实践中，把道德知识升华为道德情感和道德意志，形成坚定的道德信念；道德品质不单是道德认识和道德情感等心理过程，更重要的是必须把道德认识、情感、意志、信念化为行动，进行正确的道德选择，养成良好的习惯，这样才能形成并发展优秀的道德品质。

第八编　德育实践调查研究

“八五”规划大型德育现状调查概况

“八五”期间，中央教科所德育研究中心承担了国家教委重点课题——“我国各级各类学校德育现状调查研究”。这项调查研究既包括大、中、小学德育工作现状的调查研究，又包括大、中、小学生思想道德素质现状的调查研究。调查样本涉及23个省（自治区、直辖市），225所学校，12500名学生。这个课题是首次全国性、系统性、全方位的大型德育现状调查研究。在大面积问卷调查研究的基础上，还分别召开了各种类型的座谈会进行典型调查，把定量分析与定性分析相结合，撰写了45份分门别类的调查报告。在此基础上，撰写了总体研究报告。

总报告指出：在改革开放和建立社会主义市场经济体制的过程中，学校德育面临着许多新情况和新问题。例如：在经济体制转轨、经济形式多元存在的情况下，如何坚持社会主义意识形态的一元导向？在扩大对外开放，吸收国外先进技术、经验的情况下，如何振奋民族精神，树立民族自信心和自豪感？在社会生活中存在着“一切向钱看”思想的影响下，如何树立正确的人生观、价值观？在社会生活中出现“黄毒赌邪”“假冒伪劣”“坑蒙拐骗”等消极影响的情况下，如何教育学生增强遵纪守法观念和诚信意识？在人际交往日益频繁、复杂的情况下，如何培养学生具有待人接物和立身处世的良好道德品质？在升学考试、就业竞争激烈的情况下，如何培养学生承受挫折、适应环境、积极进取的健康心理素质？面对这些问题，德育工作者做了大量工作和坚持不懈的努力。但是，从总体上来看，学校德育还有许多不和谐、不适应的地方，还存在不少亟待解决的问题。

首先，大、中、小学没有形成整体化德育大纲。现行的《小学德育纲要》《中学德育大纲》和《高等学校德育大纲》是分别制定的，对大、中、小学德育的衔接没有给予充分的考虑，因此不同程度地存在着倒挂、脱节、不必要的重复、脱离学生身心发展特点和品德形成发展规律的问题。这三个大纲都是“八五”规划以前制定的，随着时间的推移和形势的发展，它们也需要不断地发展和完善。

其次，大、中、小学的德育途径没有形成有效的教育合力。小学思想品德课、中学思想教育课、大学马克思主义理论课和思想品德课，是德育的主要实施途径。但是这些课程并不能涵盖德育的全部内容，有的甚至已经学科化、应试化，削弱了德育功能。尽管可以把其他德育内容放在学校的党团工作、班主任工作、“三育人”、课外活动、社会实践中来实施，但是这些德育实施途径并没有整体规划、明确分工和形成合力，在时间、空间、人力、物力上得不到保证，容易落空或流于形式。

最后，大、中、小学没有建立起可行的德育评价机制。目前，学校德育工作没有建立起科学、简明、便于操作的评价体系。没有形成检查、督导、评估德育质量的有效机制。因此，智育一手硬，德育一手软的问题依然在一些地方和学校严重存在着，德育“说起来重要，干起来次要，忙起来不要”的情况难以得到根本转变。

总报告的结论部分是《加强和改进学校德育工作的对策性建议》，共提出四项建议：整体制定大、中、小学一体化德育大纲；整体制定大、中、小学德育课程系列教学大纲，整体构建大、中、小学德育体系，建立科学化、系统化、规范化的、整体和谐的、有中国特色的社会主义德育体系。这个建议初稿刊登在中央教科所的内部刊物《科研与决策》1994 年第 4 期上。中共中央政治局常委、国务院副总理李岚清同志看到这个材料之后，于 5 月 14 日做了明确批示：“教委：调查中的有些建议，可以纳入‘加强和改善德育工作’讨论稿。”国家教委有关领导也做了批示，要求：“组织文件起草小组的同志仔细商量一下，与全教会主报告、中央常委讨论意见一并吸收有关精神，写入文件稿。”这里所说的“文件稿”就是 1994 年 8 月 31 日颁布的《中共中央关于进一步加强和改进学校德育工作的若干意见》，这个文件采纳了我们的建议，第 5 条明确规定要“整体规划学校的德育体系”。

调查报告之一：理顺和健全德育管理体制*

大、中、小学生的政治思想道德素质如何，是衡量各级各类学校德育工作最基本的标准。从调查数据分析来看，大学生中的深层次思想问题并未解决，中小学生的思想品德还有许多令人忧虑的地方，对青少年学生的政治思想道德素质不能盲目乐观和估计过高。因此，全面提高学生素质，特别是政治思想道德素质，是关系到21世纪中国的面貌，关系到我国社会主义现代化建设战略目标能否实现，关系到能否坚持党的基本路线一百年不动摇的具有战略意义的大事，是当前教育战线亟待解决的重大问题之一。

造成青少年学生政治思想道德素质下降的原因是多方面的，既有社会大气候的原因，又有教育小环境的原因，在社会原因中，既有社会政治思潮、思想道德氛围和大众传播媒介的影响，又有深藏在其背后的经济根源；在教育

---

* 调查报告之一到之六，是全国教育科学“八五”规划国家教委重点课题“我国各级各类学校德育现状调查研究”总体报告的结论部分。曾发表在中央教科所内部参考《科研与决策》1994年第4期，又被收入《中国当代教育科研成果大典》第二卷。

的原因中，既有教育指导思想和行政管理的原因，又有学校德育工作自身的原因。单就教育管理和学校德育工作自身来看，德育工作领导体制尚未理顺；德育地位问题还未落实；德育财力、物力投入严重不足；德育的内容、方法亟待改进；大、中、小学德育衔接问题亟待解决。

我国现行的教育行政部门德育领导体制是：中小学德育由国家教委基础教育司领导，德育处分管；大学德育由国家教委思想政治工作司领导，学生处分管。省一级则很不统一，有的省（市）教委设政教处或德育处，大中小学德育、由处长和副处长分管；有的省（市）中小学德育由教育厅政教处管，大学德育由高教局管，有的省（市）大学德育由省（市）委高校工委管。这种领导体制的弊端是：高等教育和基础教育分司或分局管理，彼此间缺乏沟通和联系，各自为政，政令不统一，不利于大中小学德育衔接，不利于形成系统化德育管理体系。

建议改革现行德育领导体制，国家教委设德育管理司，下设大学德育处、中学德育处、小学德育处、职教德育处；省教委设德育管理处，下设大学德育科、中学德育科、小学德育科和职教德育科。这样大中小学德育可以做到统筹规划，统一领导，分级管理，上下理顺，有利于大中小学德育衔接，形成科学化、系统化、规范化德育管理体制。在德育领导体制改革的时机或条件尚未成熟的情况下，国家教委和省教委可临时组成德育工作小组，以便协调大中小学的德育工作。

从学校基层的情况看，现行的学校德育领导体制是：中小学建立了校长负责德育、党支部发挥政治核心作用的德育领导体制，形成了分管德育的副校长—教导主任—班主任三级管理体制。大学的领导体制一般实行党委领导下的校长负责制，而德育则是由一名党委副书记主管，形成党委—系党总支—学生班级三级管理体制。这样，大学便形成了党委管德育，校长管智育的局面，似乎德育只是党的工作的组成部分而不是教育行政工作的一部分。因此，德育与智育“两张皮”的问题难以解决。鉴于此，建议改革大学德育领导体制，德育是学校教育的一部分，大学校长要对学校教育全面负责，必须亲自抓德育，在党委的统一部署下，建立和完善校长及行政系统为主实施的德育领导体制，形成校长—系主任—年级(班)主任三级德育管理体制。学校要有一名副校长协助校长负责德育实施，校一级要成立德育工作领导小组或委员会，建立校系两极党政联席会议，德育工作要纳入校系领导班子工作日程。

调查报告之二：稳定和提高德育教师队伍

目前，德育教师队伍的状况是：流失严重，后继乏人，素质不高。据北京市调查，德育教师队伍年龄结构很不合理，青年、中年和老年教师的比例，小学是3∶2∶5，中学是2∶3∶5，大学是5.4∶3.4∶1.2。由此看出，中小学的问题是中青年教师数量不足，后继乏人；大学的问题青年教师多，且流失严重。有人把中学德育教师队伍的状况概括为："人数少，年龄老，素质差，往外跑。"担任高中班主任的绝大多数是老教师，繁重的教学任务、社会工作和家务劳动使他们长期超负荷运转，体质普遍下降。多数青年教师只想教课，不愿当班主任或做团的工作，认为太累，没出路。有的一心想"跳槽"，不安心工作。有的中学，政治课教师缺编，只好用"圣(剩)贤(闲)"人员来充数。

据北京一所大学反映，1982年从77级、78级选30名品学兼优的毕业生留校充实德育工作队伍。10年后除了下海的、改行的、出国的、转教学的、正常调动的只剩下5人，流失率为83%，大学德育教师队伍极不稳定，几乎是年年流失，年年靠留校生补充。这样造成两个结果：一是德育教师年龄偏低，据对北京48所大学的调查，在562人中，30岁以下的302人，占54%；二是素质较差，刚刚毕业的本科生，所学专业各异，缺乏马克思主义基本理论、人文社会科学知识和实际工作经验，上来就当辅导员就教德育课，这与高中经验丰富的班主任相比，在学生心目中形成鲜明的对比和落差。

德育教师队伍的状况必须改变，建议采取有力措施稳定和提高这支队伍。第一，优化结构，建设一支专兼结合、功能互补、信念坚定、业务精湛的德育教师队伍。第二，提高待遇，适当增加中小学班主任和大学辅导员津贴。第三，重奖有突出贡献的模范班主任和优秀辅导员，真正使其成为令人羡慕的职业。第四，优先考虑评定职称，至少不晚于同届毕业的专业课教师，培养和造就一批德育专家、教授、特级教师和理论家。第五，扩大思想政治教育专业研究生招生规模，使德育教师在学历上不低于专业课教师。第六，加强在职德育教师培训，经常开展德育课教学研讨、观摩活动，定期组织参观考察，全面提高这支队伍的素质。

调查报告之三：设立和增加德育专项经费

目前德育经费投入太少。在调查中无论是小学、中学还是大学，负责德育工作的领导同志对此很有意见。有的同志说："巧妇难为无米之炊，德育工作简直是无米下锅、等米下锅、借米下锅，这样怎能收到好效果?"有的同志说："论地位，德育为首；比经费，还是老九。只让马儿跑，不让马儿吃草，这是啥道理?"难怪有人发牢骚，在学校的各项经费预算中，唯独没有德育专项经费。日常的德育活动开支完全是人为的、随机的，领导重视就多给点，领导不重视就少给或不给。

从大、中、小学德育经费投入比例来看是依次递减。据统计，北京市中小学德育经费年均开支800元左右的中学占85%，小学占78%。800元也就相当于组织学生看一场电影的门票钱。其他省市，尤其是老少边穷地区德育投入就更少得可怜。一方面，德育手段需要更新，社会实践需要加强，教师需要参观、考察、进修；另一方面，军训要钱，社会实践要钱，参观博物馆、展览馆、名胜古迹都要钱。这是一个尖锐的矛盾。

解决这个矛盾的唯一办法是：设立和增加德育专项经费，使其不低于体育专项经费，约占学校总经费的5%—10%。德育专项经费应当包括：德育日常活动经费、大型德育活动经费、德育教师培训经费、德育科研经费、德育奖励经费等。要明确制定关于德育专项经费的政策法规，确保各级各类学校贯彻实施。这是德育由软变硬，由虚变实的必不可少的条件。

调查报告之四：整体规划和制定大中小学德育大纲

目前，大中小学德育目标和要求，缺乏系统性、连续性、和谐性和层次性。教育领导部门、第一线实际工作者和教育科研工作者虽然对德育总体目标的认识是趋于一致的，都认为德育目标应该包括政治素质、思想素质、道德素质、法纪素质和心理素质。但是，对小学、中学、大学各个阶段的具体目标是什么，看法却不一致，并且经常发生变动。《小学思想品德纲要》《中学德育大纲》和《大学德育大纲》的制定，都是各定各的调，缺乏整体研究和设计，没有把它作为一个系统工程来统筹规划，在认识上、提法上、操作上存在很大差别，因此缺乏系统性、连续性、和谐性和层次性。这种情况说明，德育还远没有像智育那样形成一整套科学化的、系统化的、规范化的体系，在教育实践中不可避免地出现盲目性和随意性。过去在社会政治经常变动的情况下，难以解决这个问题，现在社会政治稳定，党的基本路线一百年不动摇，给我们研究解决这个问题提供了前所未有的大前提。建议由国家教委组织大中小学德育工作者形成三结合的工作班子，统一制定大中小学一体化德育大纲。

大中小学一体化德育大纲要以马列主义、毛泽东思想、邓小平同志建设有中国特色社会主义理论和党在社会主义现代化建设时期的基本路线为指导，坚持唯物辩证法的系统原则，运用中国文化的整体和谐思想，把大中小学校德育作为一个系统加以整体规划。从静态来看，学校德育是由德育目标、德育内容、德育途径、德育方法、德育管理、德育评价等子系统构成的一个统一的整体；从动态来看，学校德育是由小学德育、中学德育(含中等专业技术学校德育)、大学德育等子系统组成的一个统一整体。总体纲要的基本框架要以静态系统为纬，以动态系统为经构建而成。

学校德育是一个整体的动态的过程，学生健康的心理素质，文明的行为习惯，良好的道德品质，科学的世界观、人生观、价值观，崇高的理想信念，坚定正确的政治方向，是通过小学、中学、大学等各个阶段的教育逐步形成的。学校德育的总体目标要统一制定，一以贯之，以保证在整个德育过程中品德结构的完整性和连续性。各教育阶段的具体目标的高低，德育内容的深浅和侧重点，德育途径和方法的选择，德育管理方式的运用，要针对学生不同年龄阶段的身心特点和理解接受能力的不同，由浅入深，由低到高，由感性到理性，由认识到实践，再由实践到认识，逐步提高，螺旋式上升，以保证各个教育阶段德育工作的层次性和渐进性。各个阶段都应有德育整体意识，总揽全局，加强相邻阶段的和谐衔接，防止简单重复或脱节，不断提高德育的整体效果。

调查报告之五：整体规划大中小学德育课程教学大纲

目前，德育课程的设置和教学内容存在着简单重复和严重脱离实际的问题。一方面存在着同年级德育课与文化课的横向重复，如初中的《社会发展史》与《历史》课重复；另一方面存在着中学与大学的纵向重复，如初三的《中国社会主义建设常识》与大学的《中国社会主义建设问题》，高二的《人生观和世界观常识》与大学的《人生哲理》《哲学原理》重复。有些课程的内容与学生思想实际和社会生活实际严重脱离，不能很好地回答学生所关心的实际问题，因此收效甚微。据此，建议改革大中小学德育课的课程设置和教学内容。总的思路是：以邓小平建设有中国特色的社会主义理论为指导，以爱国主义、集体主义、社会主义教育为主旋律，培养健康的心理素质、文明的行为习惯、良好的道德品质、科学的人生观、价值观、世界观和坚定正确的政治方向。

课程的名称，大中小学统称“德育”课。课程的内容，则必须依据各年龄阶段学生的身心特点和知识水平，本着系统性、连续性、层次性的原则，由浅入深、由低到高、由感性到理性地进行科学的规划和设计。这如同体育课、美育课、语文课、数学课一样，课程的名称是不变的，但课程的内容则随着年级的升高而不断扩充、提高和深化。“德育”的名称不能回避，也不应该回避，它是党和国家教育方针的体现，有利于强化教师和学生的德育意识，有利于涵盖不同年级的教育内容，有利于建设科学化、系统化、规范化的德育体系。

小学德育课的内容以良好品德行为习惯的养成教育和“五爱”情感教育为重点。良好的品德行为习惯养成教育包括：自己的事情自己做的个人生活习惯的培养、文明礼貌用语和正确待人接物习惯的培养、自己动手动脑的学习习惯的培养和小学生日常行为规范的训练。“五爱”情感教育要从爱父母、爱老师、爱同学逐步上升到爱人民，从爱家乡、爱街道、爱国旗国歌上升到爱祖国，从爱学习上升到爱科学，从自己的事情自己做上升到爱劳动，从爱护文具爱护桌椅上升到爱护环境、爱护公共财物。教材要文字简洁(可用三字歌的形式)、图文并茂。教学方法要生动活泼，注重行为训练。

初中德育课的内容以良好的心理品质教育、道德品质教育、遵纪守法教育为主。心理品质教育包括自尊自爱、诚实正直、勇敢进取和青春期心理健康等内容；道德品质教育要在小学“五爱”教育的基础上进一步进行爱祖国、爱人民、爱劳动、爱科学、爱环境的教育，中华民族传统美德教育，青春期性道德教育；遵纪守法教育包括有关宪法、刑法、未成年人保护法等法律常识的教育，知法守法和运用法律武器自我保护的教育，遵守学校和公共场所的纪律和规章制度的教育。教材文字要优美(可用诗歌、散文、故事等形式)选材精当。教学方法要用启发式，注重情感陶冶和行为指导。

高中(职高和中专)德育课的内容以人生观教育、理想教育和职业道德教育为主。人生观教育包括人生目的、人生态度、人生价值的教育，引导学生立志成才，报效祖国；理想教育要进行社会主义共同理想和共产主义最高理想教育，普通高中要结合高考志愿进行升学指导教育，职业高中和中专中技要结合专业进行就业指导教育。教材要生动活泼，教法要注重案例教学，理论联系实际。

大学的德育课程（这里暂不包括马克思主义理论课）要向学科化的方向发展，开设一系列人文社会科学的必修课和选修课。这些课程应包括政治学、法学、伦理学、社会学、人生学，这些学科不应是原来专业意义上的纯理论学科，而应是德育意义上的应用学科，它旨在教育学生正确地认识社会，正确地认识人生，树立正确的法律意识、道德观念，树立科学的人生观、世界观、价值观，确立正确的政治方向。教材应由有关学科的专家教授和德育专家教授共同组成编写队伍，理论要少而精，联系实际要密切。教法要注重讨论式，调动学生的学习积极性。

调查报告之六：加强大中小学衔接薄弱点的德育工作

搞好大中小学德育衔接的关键在结合部，即小学、初中、高中的毕业班和初中、高中、大学的新生班。这个结合部是德育工作最薄弱的环节。而导致结合部薄弱的根本原因就是片面追求升学率严重冲击着德育工作。小学、初中、高中的升学考试主要是考书本知识，录取根本不考虑学生的思想品德如何。结果德育成了软指标，智育成了硬指标，升学率的高低事实上成了评价学校、教师和学生的唯一标准。毕业班压倒一切的中心任务是上课、背书、做题、模拟考试。许多学校德育时间被挤占，德育内容被减少甚至取消。这样就造成了小学六年级、初中三年级和高中三年级这三个关键阶段出现了德育空白点。

另一方面，由于升学的压力，各校在毕业班都配备了较强的业务教师和班主任，虽然正常的德育工作受到很大冲击，但在教学和管理上还是比较严的。一旦升入初一、高一和大一后，很多学生感到不适应。因为初一、高一、特别是大一的任课教师和班主任一般年龄较轻，教学经验和管理能力较弱，相对于原来毕业班的情况又出现了三个明显的落差。

鉴于上述情况，建议采取有力措施加强大中小学衔接结合部的德育工作。建立和完善学校德育评价的指标体系，加强对毕业班的德育督导工作；建立和完善对学生思想品德测评的指标体系，加强对毕业生思想品德鉴定的检查工作；德育工作不合格的学校不能评为先进校，思想品德不合格的学生如同体育不合格的学生一样中考和高考不能录取。必须加强新生班的德育管理工作，配备业务能力较强的任课教师和管理经验较丰富的班主任加强新生班的教学和管理工作。

道德现状的三大问题*

70年代末，中国发生了历史性的伟大转折，改革开放的政策极大地解放了社会生产力，国民经济以每年递增10%以上的高速度向前发展，1990年已经实现了翻一番的目标。与此同时，还有一个我们不愿看到的数字也在迅速增长，1989年青少年犯罪率较10年前上升了13个百分点，犯罪绝对数增加了一倍多。我不同意“经济发展必然以牺牲道德为代价”的论点。但下面的事实毕竟是不容否定的：我们虽曾多次强调物质文明和精神文明要“两手抓，两手都要硬”，可是事实上总是“一手硬，一手软”。尽管在精神文明建设中也曾取得不少成绩，但我们不能不看到当前我国道德现状仍存在着三大突出的问题：青少年犯罪增多、道德水准滑坡、价值观念转变。

* 此文和以下两篇文章是为1993年8月中国当代社会研究中心召开的青少年犯罪与道德建设研讨会写的论文，后收入田森主编的《青少年犯罪与道德建设》论文集，北京：中国人民大学出版社，1993年版。

一、犯罪增多

犯罪当然不是纯粹的道德问题，但它却是社会道德水准滑坡在少数极端分子身上的恶性反映。因此，犯罪问题是社会道德现象中少数道德败坏分子的特殊的极端的表现，是道德现状三大问题的表层现象。据有关部门的调查资料证明，80 年代以来的犯罪问题有以下 5 个特点。

(一)青少年犯罪增多，并呈发展趋势

根据我国有关部门的统计，80 年代青少年犯罪大体呈持续增长趋势。青少年犯罪率 1980 年为万分之 14.9，1981 年为万分之 19.5，1982 年为万分之 18.1，1983 年为万分之 17.5，1984 年为万分之 10.6，1985 年为万分之 11.6，1986 年为万分之 12.2，1987 年为万分之 13.6，1988 年为万分之 18.7，1989 年为万分之 27.4。

青少年犯罪占全部刑事犯罪的比重：1980 年为 61.2%，1981 年为 64%，1982 年为 65.9%，1983 年为 67%，1984 年为 63.3%，1985 年为 71.3%，1986 年为 72.5%，1987 年为 74.4%，1988 年为 75.7%，1989 年为 74.1%。

无论从青少年犯罪率，还是从青少年犯罪占全部刑事犯罪的比重来看，都说明 80 年代青少年犯罪大体呈持续增长趋势。由于 1983 年 8 月开始“严打”，所以 1984 年犯罪明显减少。但 1985 年又开始回升，直到 1989 年上升势头始终不减。1989 年青少年犯罪率达到历史峰顶，有的省份甚至超过万分之 30，比 10 年前上升了 13 个百分点，青少年犯罪绝对数增加了一倍多。

(二)青少年侵财和图财犯罪增多

青少年犯罪在罪种分布上以盗窃、抢劫等直接涉及财产的犯罪为

最多(见下表)盗窃和抢劫两项合计占总犯罪的比例，乌鲁木齐市为76%，贵阳市为74.8%，黑龙江省则高达81.1%。另据调查四川省以侵财和图财为目的犯罪，占整个刑事犯罪的90%以上。

1990年部分省市青少年犯罪情况统计表

犯罪类型	盗窃		抢劫		强奸		流氓		伤害		杀人		其他	
	人数	万分之	人数	万分之	人数	万分之	人数	万分之	人数	万分之	人数	万分之	人数	万分之
黑龙江省	16377	71.6	2403	10.5	1401	6.1			813	3.6				
乌鲁木齐市	221	60	59	16	55	14.9	6	1.6	13	3.5	8	2.2	6	1.6
贵阳市	285	32.8	365	42	97	11.2	38	4.4	58	6.7	14	2	5	0.6

(三)青少年团伙犯罪增多，且暴力性严重

近年来青少年拉帮结伙进行团伙犯罪情况明显加剧。1989年河南省查获的各类犯罪团伙成员中，青少年占73%。山东淄博市公安局对1988年、1989年全市抓获的各类刑事犯罪团伙分析，青少年占78.4%。在犯罪团伙中有些带有黑社会的性质。青少年团伙犯罪的突出情况是暴力性增强。他们凭借人多势众，称霸一方，横行霸道，作大案，连续作案。他们盗窃、抢劫、强奸、杀人、故意伤害，甚至劫机、劫船、劫车、绑票，手段残忍，无所顾忌。1983年沈阳的“二王”、1986年黑龙江的“三张”、1989年鞍山的“三李”、1990年河北的“九虎”、1992年吉林省浑江市的“曾市长”集团等几起恶性案件都是团伙犯罪。

(四)青少年女性犯罪增多，卖淫嫖娼呈蔓延趋势

80年代以来，卖淫嫖娼等丑恶现象沉渣泛起，屡禁不止，并且有从沿海开放城市向内地大城市和乡镇蔓延的趋势。女性犯罪增多则主要表现在卖淫活动中，从深圳市女收容教育所对943名卖淫妇女的调查中可以看到，这943名卖淫妇女从来源地域分布上看，她们来自全国25个省(市、自治区)；从年龄结构上看，最大的41岁，最小的14岁，其中18至25岁的居多；从文化结构上看，大专以上文化程度26人，小学、文盲18人，绝大多数都是高中文化程度以上的知识女青年；从卖淫的目的来看，为赚钱享乐的占30%，为淘金误入邪道的占15%，为打工被迫沦落的占40%，为逃避不满婚姻的占5%，为寻求“新鲜感”“强刺激”的占10%。这种情况说明，当今妇女卖淫不是像旧社会为生活所迫，逼良为娼，而大部分是为赚钱享乐或寻找“新生活”而自愿为娼的。值得注意的是卖淫嫖娼这种丑恶现象已经像瘟疫一样从深圳等沿海城市蔓延到内地，甚至首都北京。1992年1至11月北京市公安机关共查获卖淫嫖娼者1980人。

(五)青少年吸毒增多，且日趋严重

80年代以来，世界毒品泛滥成灾。我国南边境毗邻世界著名毒品产地“金三角”。国内外贩毒分子互相勾结、串联贩毒，烟毒又在中国死灰复燃，泛滥之势迅猛。云南省近几年毒品泛滥最为严重，据云南省禁毒委员会新闻发言人公布，1989年云南省公安局查破贩毒案件328起，抓获贩毒分子449人。1990年共查破贩毒案件2143起，比上年增加近6倍，抓获贩毒分子3420人，比上年增加近8倍。目前，贩毒和吸毒活动正在向内地扩散，根据1990年对9个省份的不完全统计，吸毒者超过了40万人，其中90%以上是青少年。

二、道德滑坡

道德滑坡与犯罪有着必然的联系，二者之间没有不可逾越的鸿沟。个人道德品质的堕落，必然滑向犯罪的边缘，如果道德滑坡超过一定的度，触犯了法律就变成了犯罪。整个社会道德水准的滑坡，就造成了少数犯罪分子的温床；少数犯罪分子的恶行，又会把整个社会的道德水准拉向后退。因此，我把道德滑坡认作道德现状三大问题的中间层次。当前，道德滑坡现象已为世人所瞩目，概括地说道德滑坡现象在政治道德生活、职业道德生活和社会公共道德生活三大领域无处不有。

(一)在政治道德生活领域中，党政机关的腐败现象滋长蔓延，令人深恶痛绝

拜金主义、享乐主义、极端个人主义在一部分党员干部中有所滋长，有些人不择手段地以权谋私，甚至贪污受贿、敲诈勒索，消极腐败现象变换形式在某些方面蔓延，严重损害了党和政府的形象和威信。他们有的大兴土木盖豪华楼堂馆所、购买高级小轿车供个人享用，这种例子不胜枚举；有的大肆请客送礼、挥霍浪费，据报载去年全国吃喝公款 1000 亿元；有的借考察之名用公款出国旅游，据北方一个省统计，半年期间该省就有 66 个公费出国旅游团，人数多达 1771 人；有的干部私自用公款安排子女进重点学校，四川省查处邻水县 169 名干部用公款送子女上学；有的甚至贪污受贿、敲诈勒索，如铁道部一原副部长前脚查处某铁路局一个贪污受贿案，后脚自己也踏入了受贿的泥潭；有的甚至私设公堂、非法管制、欺压百姓、致伤人命，如大邱庄的“庄主”禹作敏已被判刑 20 年。广大群众对此深恶痛绝、颇有怨言。“上梁不正下梁歪”，党员干部这种腐败之风具有极大的破坏性和腐蚀性，既是社会风气败坏、道德滑坡集中表现，又是社会风气败坏、道德滑坡的直接原因。

（二）在职业道德生活领域中，行业不正之风和假冒伪劣产品触目惊心，令人愤慨

行业不正之风，特别是垄断性较强的行业和执法部门的不正之风的共同特点是利用职权和行业垄断地位巧立名目乱收费，加重企业和群众负担，为小团体和个人谋私利。行业不正之风无孔不入，渗透到社会生活的各个方面。工商、税务部门发证、发照，不给钱不办事；金融部门发放贷款，大吃回扣；物资、土地管理、工程发包部门雁过拔毛；“电老虎”“煤老虎”“气老虎”张着虎口吃、拿、卡、要；甚至买火车票、装电话、住房、看病、生小孩……也要发“红包”；新闻媒介也搞“有偿服务”；行业不正之风到处可见，广大群众强烈不满。在职业道德领域还有另一种道德滑坡现象，就是假冒伪劣商品充斥市场。一些商品生产者和经营者为了牟取暴利，采取不正当手段，偷工减料、以次充好、以假乱真、哄抬物价，以至“坑、蒙、拐、骗”。假烟、假酒、假食品、假药品、假化肥、假农药猖獗一时，假车票、假发票、假证明时有发生，甚至假文凭、假教授、假主编、假专家等也常有耳闻。这种现象严重地败坏了社会风气，腐蚀着广大青少年的思想。

（三）在公共道德生活领域中，社会风气每况愈下，令人忧虑

我们历来倡导在公共场所要讲社会公德，如尊老爱幼、助人为乐、文明礼貌、谦虚礼让、爱护公物、遵纪守法、见义勇为。可是在现实生活中却出现了道德无序状态，社会公德被抛到了脑后。在公共场所，我们随时可以看到下列现象：公共汽车进站了，青年人蜂拥而上，老人小孩只好靠边站，名曰“挤”公共汽车，尊老爱幼被遗忘了；在公共汽车上，给老幼病残孕让座的人越来越少了，助人为乐被抛弃了；在自由市场里骂人、吵架，甚至大打出手时有发生，文明礼貌飞到了九霄云外；大街上的公共电话亭常有毁坏，电线、电缆、下水口铁箅子等公共财物常常被盗，爱护公物化为泡影；遇到歹徒行凶、拦路抢劫、打架斗殴，人们往往不敢上前阻拦，休管闲事，避之大吉，见义勇为的人越来越少了。这种道德滑坡现象引起了各界群众的关注和忧虑。

三、价值观转变

价值观转变较比犯罪增多和道德滑坡是更为深层次的道德问题，尽管价值观不仅仅是道德层面上的东西。犯罪分子所以犯罪绝大多数是非理性的，道德滑坡是理性和非理性兼而有之，价值观转变则完全是理性的。理性的思考往往是非理性行为的直接或间接的思想根源。如上所述犯罪增多与道德滑坡有着密切的联系。

同样，价值观转变与道德滑坡乃至犯罪增多也不是没有关系的，虽然这三大问题不是表现在同一群体范围内。犯罪增多主要表现在无业青少年、农村青少年和城市流动人口这些群体之中，道德滑坡表现在包括青少年在内的社会各界人群中，而这里要论及的价值观转变则是限定在大学生这一特殊群体中。这不仅是因为其他群体尚无系统的关于价值观调查的资料，而且是因为大学生群体在理性思考上更具有典型性和代表性。大学生价值观转变主要表现在以下 4 个方面：

(一)在理想与现实的关系中，他们的价值取向趋于面向现实、讲求实际

理想是人生的精神支柱，青年人应该最富于理想，总是对未来充满美好的向往和追求。可是在调查中发现“理想渺茫论”在大学生中仍有很大市场，他们认为：“理想是天上的星星，现实是眼前的灯，我爱天上的星星，却离不开眼前的灯。”“凡是现实的都是合理的，凡是合理的都是现实的。我愿做一个现实的人。"这种思想既是对过去理想教育中"假、大、空"的逆反，又是对现实分配不公、脑体收入倒挂的感叹。一名同学写道："青年人应该有所追求，但我们不能一味沉醉于美好的理想之中，光喊那响亮、诱人的口号；我们应该勇敢地面对现实，从实际出发，科学地思考人生的意义和价值。"这可以说代表了当代大学生面向现实、讲求实际的价值取向。目前，社会上还流行着这样的顺口溜："前途前途，有钱就图；理想理想，有利就想。"人生精神支柱的倾倒，必然带来物欲横流。"讲实惠、向钱看"这种价值观一旦被社会上大多数所接受，那么道德滑坡和犯罪增多就是不可避免的了。

（二）在个人与社会的关系中，他们的价值取向是公私兼顾，公私结合

在调查中关于如何处理公私关系的回答，选择"大公无私、公而忘私"的占 7.84％，"公私兼顾、公私结合"的占 91.45％。"自私自利，损公肥私"的占 0.71％。主张"公私兼顾、公私结合"的人数竟然占到了 90％以上，这在若干年前是不可想象的。这说明大学生的价值观发生了深刻的变化。当然主张"公私兼顾、公私结合"的人思想境界也不完全一样，这里有一个以谁为本位，当二者发生矛盾时谁服从谁的问题。在公有制和计划经济条件下，"大河无水小河干"人们有切身体会，必然产生个人依赖集体，以社会为本位的价值观。在市场经济和个人承包的条件下，人们看到的是"小河无水大河干"，自然产生了以个人为本位的价值观。主张"公私兼顾"的人中有相当一部分是以个人为本位的公私兼顾，或者是"主观为自己，客观为别人"。这种价值观一旦在社会上通行，就会导致道德滑坡。

(三)在道义与功利的关系中，他们的价值取向是义利并行，重利轻义

请看下表：

大学生义利观自我评价统计表

重视功利	7	6	5	4	3	2	1	重视道义
比例	12.9	12.5	14.1	31.1	11.7	10.1	7.5	比例

统计表中，4是重视功利和重视道义的中项，选择此项的占31.1%，趋向重视道义的1、2、3项相加占29.4%，趋向重视功利的5、6、7项相加占39.5%，趋向重视功利的比趋向重视道义的多10个百分点。而极端重视功利的12.5%比极端重视道义的7.5%多5个百分点。由此可见，当代大学生的义利价值观趋向重视功利，可以概括为义利并行，重利轻义。这与老一代知识分子羞于言利、耻于言利、不敢言利的价值观念形成强烈对比。他们不再信奉“君子喻于义，小人喻于利”(孔子语)、“何必日利，亦有仁义而已矣”(孟子语)和“正其宜不谋其利，明其道不计其功”(董仲舒语)等传统格言，转而推崇“正其宜以谋其利，明其道而计其功”(清代颜元语)的思想。长于理性思考的大学生尚且在义利价值观上发生了如此重大的转变，更何况那些处于非理性状态的其他青年群体呢？有些人只知有利不知有义，唯利是图、见利忘义，甚至利令智昏，怎能不出现像道德滑坡和犯罪增多的现象呢？

(四)在贡献与索取的关系中，他们的价值取向是贡献与索取相结合，既要贡献又要索取

在调查中关于“你如何看待人生价值”的选择答案是：贡献越大价值越大占33.48%，索取越多价值越大占0.71%，贡献与索取相结合

占65.81%。“人生的价值在于贡献”，这是新中国成立以来几代人形成的传统的价值观，可在当代大学生中只有1/3的人认同它，近2/3的同学则认为不能单方面强调贡献，贡献与索取相结合才是人生的价值所在。在人生价值观大讨论中，有的学生投书报端主张“既要贡献，又要索取；既不占便宜，也不吃亏；我们应取这样的价值观”。有的人认为在贡献与索取的天平上最好是平衡的，贡献大于索取不甘心，贡献小于索取不体面。这纯粹是市场经济等价交换的原则在价值观上的反映。还有人把“按劳取酬”颠倒为“按酬付劳”，重复马克思曾经批评过的拉萨尔的“不折不扣”的按劳分配的论调。如果在全社会推崇这种价值观，道德不滑坡、犯罪不增多那才是怪事。

道德问题的三大原因

中国在社会主义现代化建设的过程中，出现了严重的道德问题，它直接延缓了精神文明建设的进程，干扰和阻碍了改革开放的顺利进行和社会主义市场经济体制的建立，引起了全党和全国人民的极大关注。一些有识之士强烈呼吁加强社会主义道德建设。要有效地解决上述道德问题，搞好道德建设，就必须认真分析道德问题产生的原因。造成道德问题的原因当然是多方面的，概括起来说不外乎以下三大原因。

一、经济转轨的失衡效应

经济是深藏在道德背后的使道德由之产生和发展变化的根本原因。在产品经济向商品经济、计划经济向市场经济转轨之际，旧的体制还未完全打破，新的体制还未真正建立起来之时，必然带来人们之间利益关系的尖锐矛盾，打破原有人际关系的平衡状态。利益失衡、生活失衡、心理失衡必然造成道德无序，产生道德问题。

首先，从所有制关系来看。产品经济和计划经济时期实行单一的社会主义全民所有制和劳动群众集体所有制，人们之间的利益矛盾较少。虽然也存在着国家、集体和个人三者之间的利益矛盾，但属于根本利益一致基础上在具体利益和差别的矛盾，范围小，表现形式并不尖锐。进入商品经济和市场经济时期所有制形式多元化，人们之间的利益矛盾大大增加。外资、合资、私营、个体、集体和全民经济之间，各种经济成分内部矛盾纷繁复杂，既有根本利益的冲突，也有大量具体利益的矛盾。新旧体制的转换过程，实际上就是权利的再分配和利益的再调整的过程。原来农村大队书记摇身一变成为乡镇企业的总经理或包工头；原来的人民公社社员由主人翁变成了雇工或伙计，甚至变成盲流或打工仔、打工妹；原来的城市职工停薪留职“下海”当了老板；原来的干部子弟变成了“国际倒儿爷”；原来的国家职工变成了外国资本家的代理商；等等。权力、地位的变化，必然带来利益的冲突。老板与伙计之间、雇主与雇员之间、包工头与打工仔之间等在某种意义上说必然存在着剥削与被剥削的矛盾，而这种矛盾从本质上说又是对抗性的。一旦这一矛盾激化到不可调和的地步，人们又不能够通过正当的手段打破这种不平等、不平衡的时候，就不得不用非正当甚至非法的手段来进行，这就必然导致犯罪。

其次，从分配方式来看。产品经济和计划经济时期采取平均主义的分配方式，使贫富差别缩小，共同的贫穷也有利于安定，这当然是一种落后的安定。商品经济和市场经济时期实行多种分配方式，有按资本分配、按承包经营效果分配、按劳分配，这就使人们之间的贫富差别拉大。在当前，个体经营者与全民、集体劳动者，体力劳动与脑力劳动，领导干部与普通干部、职工的收入差距都超过了正当的距离。特别是私营企业主与雇工、包工头与工人、老板与伙计的收入差距已大得惊人。尤其是那些千万富翁、亿万富翁的暴发户，有谁是靠诚实劳动发财的呢？有些人就是在新旧体制转换过程中钻了价格双轨制的空子。据统计仅钢材双轨差价就达3500亿元，其中官倒占80%，私倒占20%，就是说仅此一项私倒就牟取暴利700亿元，如果每个私倒平均赚700万元的话，那么仅此一项就培养了100万个百万富翁。面对着这些惊人的数字，哪一个诚实劳动的公民能够心理平衡呢？有钱的用钱买权，有权的用权换钱，于是就演出一幕幕“权钱交易”的丑剧，既无权又无钱的老百姓，又该怎么办呢？于是道德滑坡、犯罪增多便一发不可收拾。

再次，从市场经济的特点来看。市场经济对社会进步具有双重效应，一方面它对发展生产力、繁荣经济具有积极作用，即正效应；另一方面它又具有诱发人们产生个人主义、拜金主义、享乐主义的消极作用，即负效应。市场经济这种双重效应可以从市场经济的主要特征中得到说明。一般地说，市场经济有以下4个特征：(1)凡是商品其交换和流通都必须通过市场。这一特征对调节供求、配置资源、引导经济发展无疑具有进步意义。但是市场主要反映眼前的、局部的利益，有一定的自发性和盲目性，它诱导人们追逐利润、急功近利、重利轻义，至少一切向钱看，产生拜金主义。(2)市场经济的一般法则是等价交换。市场是天生的平等派，市场交易是公开的、公平的、公正的，这对发展经济当然是有积极意义的。但是价格和价值往往是背离的，随着供求关系的变化而上下波动的，这就造成了市场交换中的可乘之机，容易诱发人们的投机思想。另外，等价交换的原则往往被引申到社会生活的其他领域，使人际关系变成等价交换的金钱关系，以至出现“按酬付劳”和“权钱交易”。(3)市场经济的又一个特征是竞争。竞争是激励先进，鞭策落后，刺激效率的有效机制，这对改善经营管理，降低成本，提高生产率是有积极意义的。但是在法制不健全和转轨过程中容易诱发一些人采取不正当手段，如偷工减料、以次充好、以假乱真，甚至大搞假冒伪劣。(4)企业是市场的主体，这是市场经济的又一个特征。企业摆脱了行政的干预，自主经营、自负盈亏、自我发展，这对增强企业活力，发展生产具有积极意义。但是有些企业不是靠质量靠信誉求生存求发展，而是靠不正当手段如请客送礼、拉关系、走后门等，这就助长了社会不正之风的蔓延。

二、社会控制的弱化效应

社会控制是保证社会稳定，调节社会矛盾，建立社会道德风尚的有效机制。新中国成立以来在社会控制问题上我们有许多成功的经验，然而在以经济建设为中心的今天，各级党政领导的注意力都集中在经济建设上，社会控制则相对减弱，这表现为社会组织程度的大大弱化，各种组织的作用也大为降低，基层政权组织的功能减弱，人口流动的失控，法制不够健全等方面。这是造成道德滑坡和犯罪增多的又一个重要原因。

首先，农村基层政权组织的功能减弱，作用范围缩小，影响力降低。农村家庭联产承包责任制的推广，广大农民成为一家一户独立生产的经济实体，人们再也不会被集中在生产队里从事集体劳动，他们有大量自由支配的闲散时间，这就使社会控制难度增大，犯罪的机会和条件增多。同时，农村的社会组织程度大大弱化，各种组织的作用也大为降低。本来每个乡村都有严密的组织，党、政、青、妇一应俱全，都可以发挥组织群众、教育群众、调解纠纷、疏导矛盾、维护治安的作用。但是，目前这些社会组织在相当多的地区已经瘫痪，或有名无实、名存实亡。过去曾经行之有效的措施，如评选“五好社员”“五好家庭”“优秀青年”“妇女标兵”，已成为历史。党团组织生活也处于半瘫痪状态，甚至有的地方连党员大会、团员大会也开不起来了。农村社会控制的弱化给封建迷信、赌博、吸毒、黄毒和各种刑事犯罪造成了可乘之机。只有加强农村基层政权建设才能改变道德滑坡和犯罪增多的现象。

其次，城市基层政权组织功能弱化，对个体户、闲散人员、流动人口的社会控制减弱。城市的居民委员会、治保委员会、调解委员会在教育群众、调解纠纷、维护治安方面曾经发挥过重大作用。过去一旦发生犯罪，这些组织都能大力协助公安司法机关工作，有效地预防犯罪和打击犯罪。现在城市情况发生了很大的变化，工作量增大了，难度加重了，相对来说基层组织的能力和手段减弱了，与当前的情况很不适应，出现了“四多四难”：(1)青少年人口增多。由于新中国成立初期人口政策的失误，70年代后，青少年人口迅速增长。青少年生理和心理不成熟，处于人生中易于犯罪的危险期。在市场经济和改革大潮的冲击下，青少年的心理和行为易于冲动和走极端。而基层政权组织的工作人员趋于老龄化，恰恰缺乏做青少年工作的经验，这就给工作带来了困难。(2)闲散人员增多。过去实行低工资高就业的原则，几乎没有闲散人员，减少了不安定因素。现在国家开放就业政策，允许自谋职业，开发第三产业，但仍难以解决青年待业问题，社会闲散人员逐年增多。过去街道工作往往是与职工的工作单位相结合，可现在相当一部分人没有工作单位，这就加重了街道工作的难度。(3)个体户增多。据不完全统计，北京市登记注册的个体户已达50万。个体户经营范围广，工作无定点，生活无规律，对于个体户的管理出现了“工商税务可以管但不好管，居委会难以管且不愿管”的局面。(4)流动人口增多。农村的改革使得农民可以“离土又离乡”，造成了全国几百万的流动人口大军，这些流动人员涌入大城市，是城市治安最难解决的一个问题。总之，这“四多四难”造成城市社会控制的弱化，是道德滑坡和犯罪增多的隐患，必须强化城市基层政权组织，适应新形势的需要。

再次，法制不健全，无法可依，有法不依，执法不严的情况仍然存在。从反腐败斗争来看，虽然党中央、国务院和地方党政机关发布了大量的有关倡廉肃贪的文件，国家也制定了一些防治腐败的法律规定，并且建立了纪检监察系统和举报制度，然而目前腐败现象尚没有得到有效的控制，反而愈演愈烈。从法制上找原因有以下7点：(1)我国没有行政程序法、政府活动参与法、行政文件公开法等，因而政府工作的透明度低，群众难以监督；(2)没有新闻法，“腐败分子不怕通报，就怕见报”，新闻监督的反腐败威力是很大的，由于没有新闻法，新闻机关揭发腐败分子的权利难以保障，许多腐败现象难以“曝光”；(3)没有廉政法，腐败分子以及查处腐败分子不力者的法律责任难以追究；(4)腐败现象和反腐斗争没有受到严格而经常的检查和督促；(5)部分国家工作人员通过请客送礼、培植亲信等不正当手段在上下级之间、同级之间结成关系网，一人被查，多方庇护；(6)认为国家工作人员工资太低，因而对一些不大严重的腐败问题采取姑息迁就的态度；(7)对腐败分子的处理不坚决，经常出现以党纪政纪处分代替刑事处罚的现象。前三条属无法可依，中间二条属有法不依，后二条属执法不严。

从打击刑事犯罪来看，增多的犯罪分子与疲软的打击机制严重失衡。表现之一是警力匮乏，我们的全部警力不足人口的万分之十，而犯罪率则接近有的地区甚至超过万分之三十，一个警察平均要对付三个罪犯，但实际情况绝非如此简单，对付一名罪犯作案要动用几名甚至十几名干警，花费数天或数十天的侦破时间；表现之二是公安技术装备落后，当前犯罪具有智能化特点，他们利用现代交通工具和通信设备作案，而公安机关的技术装备和侦破手段则相对落后，跟不上形势需要；表现之三是法律不健全，比如在盗窃案中法律规定以数额为限而不考虑情节，在拐卖人口案中法律规定必须具备拐与卖双重情节，这就给办案、量刑和处罚带来困难，对打击罪犯十分不利；表现之四是群众防范和配合公安办案的传统减弱，在打击犯罪的斗争中，相当多的群众具有“事不关己”“惧怕坏人”和“舍财保安”的心理。从“扫黄”斗争来看，往往是“雷阵雨”，雷声大雨点小，雨过地皮湿，缺乏经常性的、常扫不懈的法规和措施；群众对黄毒已是见怪不怪，防范、打击、憎恨的心理减弱，甚至竟有人提出繁荣必然“娼”盛的怪论；有的地区正不压邪，致使犯罪分子气焰嚣张。两年前在我国中南某大城市的一条繁华大街上居然发生一场卖淫团伙“古城八秀”大示威的闹剧，这场闹剧竟有数十辆豪华小轿车和摩托车开路，鞭炮喧天，鼓乐齐鸣，围观者数以万计。试问警察何在？法律何在？正义何在?!

三、文化开放的渗透效应

文化环境是道德风尚的土壤。优良的文化环境是滋润良好道德风尚的沃土；被污染的文化环境则是产生犯罪和道德滑坡的温床。我国素有“文明古国”和“礼仪之邦”的美称，它孕育了中华民族的优秀传统美德。人们至今仍怀念五六十年代良好的社会风气，但同时怀着摆脱贫穷向往富裕的期冀。人民要的是富裕加文明，于是改革开放的政策应运而生了。改革开放是强国富民之路，决不能动摇。然而，我们必须清醒地看到，国门大开、窗户大开使新鲜空气进来了，苍蝇蚊子也乘机涌入了。恶草与新笋一并出土，苍蝇与蝴蝶同时破蛹。西方的意识形态、价值观念和生活方式悄然渗透进来，它的消极和腐朽的方面污染了我们的文化环境，这是当今我国三大道德问题产生的又一重要原因。

首先，西方个人主义思潮的渗透对我国青年一代的价值观产生强烈冲击。80年代中期以来，社会上翻译出版和介绍外来哲学和社会科学的著作大量涌现，萨特的《存在与虚无》、弗洛伊德的《梦的解析》、卡西尔的《人论》、科恩的《自我论》、瓦西列夫的《情爱论》、卡耐基的《人性的弱点》、柏杨的《丑陋的中国人》等，几乎成为大学生的课外必读物，大学校园里曾出现了“西方思潮热”和“中西文化比较热”。有些人不加分析和批判地“客观”介绍西方思潮；有的大肆吹捧、美化西方文化，甚至鼓吹“全盘西化”；有的“挖祖坟”“鞭古人”，把中华民族的传统文化骂得一文不值，鼓吹民族虚无主义、历史虚无主义；有的甚至不加掩饰地说：“亚细亚的太阳陨落了”，“蓝色文明终将代替黄色文明”。这股思潮对正在成长的大学生和社会知识青年产生了强烈的冲击，西方奉行的个人主义价值观偷偷地嫁接到中国大地培植起来的幼树上。

其次，西方拜金主义思潮的渗透对我国社会道德滑坡产生了巨大影响。拜金主义是资本主义商品经济条件下的产物。这种拜金主义在刚刚实行商品经济的中国大地上滋长、蔓延着，使我们的文化环境充满了“铜臭气”。其表现形式至少有两种：(1)拜金主义者以金钱衡量自己，把人的价值归结于金钱。马克思在揭露拜金主义时指出：“金钱确定人的价值：这个人值一万英镑，就是说，他拥有这样一笔钱。谁有钱，谁就值得尊敬。”①当今纵欲、斗富、显阔、挥霍、浪费成为一种时尚，一个个体富豪点燃用2000元人民币卷成的4个爆竹，使

① 《马克思恩格斯全集》第42卷，北京：人民出版社，1975年版，第154页。

之变为纸屑；两个大款为了斗富在众目睽睽之下比赛烧人民币；海南一家酒店两个款爷攀比订座，一桌酒席从 5000 元暴涨至 3 万元；一个肥得流油的老板为选“小秘”，让 3 位应聘的女士脱光了比美，许以重金；等等。这些人的逻辑是毁掉的、挥霍掉的、玩掉的人民币越多，他的“价值”越大。(2)拜金主义认为金钱可以买到一切，甚至可以改变人的一切。莎士比亚在《雅典的泰门》中这样讽刺拜金主义：“金子！黄黄的、发光的、宝贵的金子！……这东西只一点点，就可以使黑的变成白的，丑的变成美的；错的变成对的，卑贱变成尊贵；老人变成少年，懦夫变成勇士。”当前的中国这些现象不是已经发生了吗？通过权钱交易，平头百姓使用处长、局长；通过“有偿新闻”，恶棍变成英雄，等等。在拜金主义者眼里“有钱能使鬼推磨”。

再次，境外黄毒、烟毒等颓废、腐朽的生活方式的渗透是我国犯罪率上升的直接诱因。新中国成立后，经过党和政府的努力，旧社会遗留下来的卖淫嫖娼、贩毒吸毒等丑恶现象曾一度绝迹。30 年后昔日的丑恶东西突然在社会主义中国的大地上再次沉渣泛起。尽管我国政府一再扫黄、禁毒，然而不法分子仍十分猖獗，把大量的黄毒、烟毒源源不断地偷带入境。国内不法分子进行内外勾结，致使黄毒、烟毒泛滥成灾，严重污染了我们的文化环境。广东省与香港、澳门毗邻，是对外开放的前沿。卖淫嫖娼于 70 年代末最早在这里沉渣泛起。据调查 1981 年，包括当时海南在内的广东全省 107 个市县中，仅发现 53 个市县出现嫖娼卖淫活动，参与嫖娼卖淫的也仅仅是来自港澳的游客和早先暴发的个体户。到 1987 年年底，已遍及广东各市县，1990 年查获的卖淫嫖娼人员比 1980 年激增 52.3 倍，并且已经向内地扩散、蔓延。烟毒的死灰复燃始于 80 年代初的云南省。云南毗邻世界著名毒品产地“金三角”。境外毒品泛滥严重，侵入我国的毒品就容易增多。我国西南边界仅云南省就有 4061 公里的边境线，有 13 个民族跨境而居，又没有天然屏障，在一定程度上是“有边难防”。仅平远街这个弹丸之地就有贩毒团伙 16 个，吸毒卖淫十分普遍，仅政府登记注册的吸毒者就 300 多人，各种犯罪数以千计。犯罪分子还从境外贩入枪支，转手高价卖往全国各地。据统计全国有 25 个省市发现从平远贩出的枪支和毒品。由此可见，境外颓废、腐朽的生活方式是我国黄毒、烟毒犯罪的直接诱因。

道德教育的根本出路

我国道德现状的三大问题触目惊心，道德问题的三大原因发人深思。如何解决这些问题呢？这是摆在我们面前的重大课题。

一种观点认为：既然道德问题的根本原因是经济体制转轨的失衡效应，那么就应该从根本上抓起，加快经济体制改革的步伐，尽快实现并轨，建立起市场经济体制。毫无疑问这个观点是正确的，但是它离解决眼前的道德问题相去太远。“一个中心，两个基本点”是党的基本路线，一百年不动摇。集中精力加快经济建设是党的既定方针，不能犹豫彷徨。建立市场经济体制是我们的改革目标，不能偏离方向。20 世纪末达到小康，下世纪中叶接近或赶上中等发达国家的水平，这是我们的目的。但是，不要说这些目标和目的的实现对于当前解决道德问题是远水解不了近渴，就是真的到了那时，人们的利益矛盾就消失了吗？难道经济上去了道德问题就自然而然地解决了吗？回答应该是否定的。因此，解决道德问题只靠发展经济是不行的，必须两手抓；两手都要硬。

另一种观点认为：既然社会控制的弱化效应是道德滑坡的原因之一，那么就应当加强基层政权组织的力量，加强法治建设，实行严刑重罚，严厉打击各种犯罪。这个观点虽也正确，但不全面。“严打”只能对犯罪起到一时的震慑和遏制作用，对道德滑坡和价值观问题则不能用“严打”的方法。即便是对犯罪问题只用“严打”一手也不能从根本上和长期上解决问题。孔子说：“道之以政，齐之以刑，民免而无耻；道之以德，齐之以礼，有耻且格。”(《论语・为政》)意思是说，统治者如果只用政治手段，施加刑罚，最多只能使老百姓不敢犯罪，但不能使他们感到羞耻。如果能用道德教育和感化他们，用礼仪规范来约束他们，老百姓不但不会犯罪，还会感到犯罪是可耻的事。汉代贾谊也指出：法令“可以诛恶，非所以劝善”，“礼者，禁于将然之前；而法者，禁于已然之后”。历代统治者运用“德威并重”“宽猛相济”的统治术来治理国家不是没有道理的。今天，我们扬弃其阶级局限性，运用它来解决道德问题不是不可借鉴的。因此，只强调用政治和法律手段解决道德问题也是不全面的。

笔者认为：对道德问题必须采取综合治理的方针，在加快经济建设的同时要抓好精神文明建设，做到“两手抓，两手都要硬”。在加强法制建设的同时要抓好道德建设，做到“德威并重”“宽猛相济”。道德建设较比用发展经济的手段解决道德问题更直接，比加强法制的手段更长效。因此，本文的重点是论述道德建设的几个理论问题。

当前的道德建设面临着三大难题：一是中西方价值观念的冲突；二是传统道德与现代观念的冲突；三是道德理论与道德实践的冲突。我认为加强道德建设，解决三大难题的根本出路是：把道义论与功利论相结合，建立义利辩证统一的道德价值观。

伦理道德理论历来有两大流派：道义论和功利论。在中国伦理思想史上，这两种道德理论的争论由来已久，表现为“义利之辩”和“理欲之辩”。

儒家是道义论的代表，在道德价值观和行为价值取向上主张“义以为上”(《论语·阳货》)、“义以为质”“先义后利”“重义轻利”。孔子曰：“君子喻于义，小人喻于利。”(《论语·里仁》)孟子曰：“鸡鸣而起孳孳为善者，舜之徒也；鸡鸣而起孳孳为利者，跖之徒也。”(《孟子·尽心上》)可见，孔孟把“义”作为道德价值的标准，把“行义”与“求利”作为划分君子与小人、善与恶的界限。因此，这是一种道义论的伦理价值观。当然，孔孟也不是完全不讲利，而是主张“勿见小利”，着眼“天下大利”，强调“见利思义”“先义后利”。这同样反映了儒家重利轻义的道义论思想。汉代的董仲舒把孔孟的思想神圣化、定型化，并且把道义与功利完全对立起来，主张：“正其宜不谋其利，明其道不计其功。”(《汉书·董仲舒传》)到了宋代，程朱理学把“义利之辩”演变为“理欲之辩”，朱熹曰：“义者天理之所宜”“利者，人情之所欲”(《朱子全书》卷五十七)，并主张“存天理，灭人欲”，把道义论引向了极端。

功利论的代表是墨家和法家。管子说：“百姓无宝，以利为宝，一上一下，唯利是处。”(《管子·侈靡》)商鞅说：“礼乐，淫之徵也；仁慈，过之母也。”(《商君书·说民》)韩非说：“行仁义者非所誉，誉之则害功；工文学者非所用，用之则乱法。”并主张“以法为教”，“以吏为师”。(《韩非子·八说》)法家代表这些观点反映了他们“重利轻义”“重法轻义”的功利论思想。墨家则主张把“爱”和“利”，“志”与“功”，“义”与“利”结合起来，提出“兼相爱、交相利”(《墨子·兼爱下》)，“合其志功而观焉”(《墨子·兼爱上》)，“义，利也”(《墨子·经上》)的观点。这反映了墨家“义利并重”的又一种功利论思想。南宋时期的陈亮、叶适反对程朱理学空谈“天理”，提出“功到成处，便是有德；事到济处，便是有理”(《四乾学案》)的功利论观点。清代的颜元针对董仲舒的观点反其道而用之，提出“正其宜以谋其利，明其道而计其功”，表达了道义必须与功利相结合的思想。

在传统伦理思想中，虽然功利论也占有一席地位，但是占主导地位的、影响最大的、最深远的则是正统儒家的道义论。在社会主义道德理论中由于受传统道义论的影响，从某种意义上说占统治地位的仍然是一种道义论，或者说是社会主义的道义论。这种道义论的伦理价值观在市场经济的条件下遇到了严峻的挑战。首先，传统的道义论是在自然经济下宗法制度的产物，那么，在今天建立市场经济体制的条件下，作为一种伦理价值观的模式，道义论已经丧失了它赖以存在的基础。其次，道义论是从道德本体论出发，只是在道德领域本身之中确立道德原则和价值标准，道义本身即是目的，只是为了道义而道义，因而与经济相脱离，排除了功利目的。这与党和国家鼓励人们为四化大业建功立业的政策和生产力标准是相悖的。再次，道德的根源在于社会的经济关系，而每一个社会的经济关系首先是作为利益表现出来的，“在这个意义下，可以说，利益是道德的基础”①。道义论要求人们羞于言利、耻于言利，不敢言利，这在市场经济条件下是绝对办不到的，因此被人们讥为“空洞的道德说教”而丧失了道德威信。道义论在人们心目中逐渐贬值，相反，功利论却在生活中悄然升值。功利论主张从道德领域之外的经济世界和客观事实中去寻找、确定道德原则和价值标准，一般来说是以功利效果为价值尺度，因而在行为选择中，不是为道义而道义，而是以一定的功利为目的。正因为如此，

① 列宁：《普列汉诺夫哲学著作选》第2卷，上海：生活·读书·新知三联书店，1962年版，第48页。

功利论作为一种道德价值观的模式，更符合经济活动的需要，当然也更符合市场经济的需要。但是，功利论基于功利与道义的对立关系，认为要实现功利，就必须放弃道德，主张为功利目的而取消一切道德规范。这种非道德倾向容易从社会功利主义滑向利己功利主义。因此，为了弘扬“道义论”和“功利论”两种道德价值观各自的优点，克服二者各自的缺点，必须把道义论和功利论结合起来，建立义利辩证统一的道德价值观。这一新型道德价值观包括三层含义。

第一，承认“义利两有”、义利统一。荀子说：“饥而欲食，寒而欲暖，劳而欲息，好利而恶害，是人之所生而有也，是无待而然者也，是禹、桀之所同也。”(《荀子·相非》)同时他又说：“义与利者，人之所两有也。虽尧舜不能去民之欲利，然而能使其欲利不克其好义也。”(《荀子·大略》)荀子从朴素唯物主义出发尚可承认人的物质需要和精神需要“两有”，难道我们辩证唯物主义者就不承认吗？其实不然，马克思早就说过“衣、食、住”等物质生活资料是人的“第一需要”；“人们首先必须吃、喝、住、穿，然后才能从事政治、科学、艺术、宗教等”①。马克思主义不但承认“义利两有”，而且认为作为物质利益的“利”是人的第一需要，而包含道义在内的精神需要则是第二位的。马克思主义主张道义与功利是辩证统一的，反对把道义与功利相割裂、相对立的观点。马克思在批评康德的道义论时指出：“康德只谈‘善良意志’，哪怕这种善良意志毫无效果他也心安理得，他把这个善良意志的实现以及它与个人的需要和欲望之间的协调都推到彼岸世界。”②同时，马克思又赞赏英国功利主义原则是“表明了社会的一

① 《马克思恩格斯选集》第3卷，北京：人民出版社，1972年版，第574页。

② 《马克思恩格斯全集》第3卷，北京：人民出版社，1975年版，第211—212页。

切现存关系和经济基础之间的联系”，并称此是功利主义的“一个优点”。[①] 马克思批评道义论的缺点也好，赞赏功利论的优点也罢，无非是想说明一个道理：道义和功利是互相联系、互相依存、互为目的、互为手段，它们之间是辩证统一的。如果只讲道义不讲功利，只能是脱离实际、脱离群众的虚伪的道德说教。这样不但道德教育的目的难以达到，就是道德理论自身也终将丧失威信。如果只讲功利不讲道义，就可能滑向狭隘的功利主义或利己主义。这样不但整体利益和长远利益得不到保障，就是个人利益也终将受到损害。因此，道义和功利是一损俱损、一荣俱荣，共而则进，分而则退，合而则生，离而则亡。

第二，主张“德得相通”“正宜谋利”。中国道德价值观的真谛是“德得相通”。最先揭示这一真谛的是老子，他说：“德者，得也。”故“德”便具有“内得于己，外施于人”之意。这里的“得”有两层含义：一是得“道”。就是说个体人获得了作为普遍生活准则的“道”，便内化为自己的“德性”，凝结为自己的信念，并见诸于道德行为。二是“得于人”。因为自己有德，便会得到社会和他人的尊重、爱戴，并得到相应的报应和利益。文王有惠，所以能得天下；纣王缺德，故而失天下。这就是此一理论的证明。儒家的“内圣外王”之道，同样是“德得相通”理论的体现。“外王”必先“内圣”，“内圣”为了“外王”；“外王”是“内圣”的目标，“内圣”是“外王”的条件。沿着这一逻辑，便推导出“王者必然为圣”和“王者必须为圣”的双重内涵。前者强调政治的道德价值，后者为政治作道德上的辩护。由此可见，“德”既是手段，又是目的。作为手段，它是为了实现“得”；作为目的，它与“得”融为一

① 《马克思恩格斯全集》第3卷，北京：人民出版社，1975年版，第484页。

体。在中国伦理思想史上,“德”“得”关系实际上表现为“义”与“利”的关系。“义”是“德”的内容,“利”是“得”的内容。董仲舒讲“正其宜不谋其利,明其道不计其功”,是因时而发,把“德”“得”对立起来。朱熹讲“正其宜则利自在,明其道则功自在”,实际上说明了“得”在“德”中的道理,只要有“德”自然就会“得”到“功”和“利”。颜元讲“正其宜以谋其利,明其道而计其功”,则进一步从行为层面上强调了“德得相通”。

在社会主义市场经济条件下,“德得相通”应该成为全社会的道德价值观,成为各级政府的政策导向。应该确立这样一种舆论:有道德的人或道德高尚的人不但应受到尊重、获得荣誉,而且应得到奖励、得到利益;不道德的人或道德败坏的人不但应受到鄙视、受到谴责,而且应受到处罚,受到经济制裁。要像重奖有突出贡献的科技人员那样重奖在精神文明建设中有突出贡献的人。各级政府、各个部门和单位,都应设立精神文明奖励基金,像评选“十佳运动员”“十佳歌星”那样,定期评选好公民、好市民、好村民、好职工,并给以物质奖励。同时要设立若干专项奖,如见义勇为奖、助人为乐奖、揭发举报奖等。另外,对道德败坏的人,不但要批评教育而且要施以经济制裁,从重处罚。只有这样道德疲软才能改变,道德威信才能高扬,道德滑坡才能回升,犯罪率才能下降。

第三,坚持“义以为上”,“以义制利”。孔子讲“义以为上”(《论语·阳货》),荀子讲“以义制利”(《荀子·正论》)“使其欲利不克其好义”(《荀子·大略》),“先义而后利者荣,先利而后义者辱”(《荀子·荣辱》)。这些思想对于树立道义论与功利论辩证统一的道德价值观都具有借鉴意义。在今天,我们提倡适应社会主义市场经济的功利主义,决不是利己功利主义,而是社会主义功利主义,这正是道义论与功利论统一的基础。社会主义功利主义的要义，或者说道义论与功利论相统一的本义，就是确立一种正确对待功利的原则。这个原则就是追求功利必须限定在法律、政策和道德范围之内，必须奉公守法，不能用行贿受贿、偷税漏税、走私贩私等违法的手段牟取暴利；必须执行政策，不能用“上有政策，下有对策”的做法从中渔利；必须遵守职业道德，不能靠假冒伪劣和坑蒙拐骗等不道德手段追逐利润。在确立社会主义“功利原则”的同时还要树立社会主义“道义原则”。社会主义“道义原则”就是坚持爱国主义、集体主义、社会主义，反对拜金主义、享乐主义和个人主义。在“道义原则”的指导下，人们才有可能做到忠于职守、积极进取、平等待人、自尊自爱、助人为乐、见义勇为。这样道德滑坡现象才能得到有效地控制，社会风气才能好转。社会主义的“功利原则”与“道德原则”是辩证统一的。在“道义”和“功利”的关系上，我们必须坚持以义为上、以义制利的观点，主张以义谋利、见利思义，反对见利忘义、唯利是图。只有这样，道德滑坡才能控制，犯罪率才能下降，社会风气才能好转，社会主义精神文明建设才能上一个新的台阶。